# LOS REYES MAGOS

Adrian G. Gilbert

Ediciones B
GRUPO ZETA

Barcelona • Bogotá • Buenos Aires • Caracas • Madrid • México D.F. • Montevideo • Quito • Santiago de Chile

Título original: *The Magi*

Traducción: Camila Batlles

1.ª edición: noviembre 1997


Bailén, 84 - 08009 Barcelona (España)

Printed in Spain
ISBN: 84-406-7891-6
Depósito legal: B. 39.927-1997

Impreso por LIBERDÚPLEX, S.L.
Constitució, 19 - 08014 Barcelona

# LOS REYES MAGOS

Adrian G. Gilbert

*A los Maestros de la Sabiduría,*
*¡estén donde estén!*

# PRÓLOGO

El mundo está lleno de misterios, unos grandes y otros pequeños. Incluso el pueblo más sencillo esconde una incógnita, al igual que, en mayor escala, la historia. El mayor secreto del mundo posiblemente sea el que rodea los orígenes de la religión cristiana. ¿Quién era ese hombre llamado Jesús? ¿De dónde provenía? ¿Cuál era realmente su misión? A diferencia de Buda o Mahoma, cuyas vidas están bien documentadas y quienes dejaron sus propios escritos, el Jesucristo histórico continúa siendo un enigma.

La historia bíblica es muy fragmentaria y, aunque consideremos que los Evangelios son unas biografías auténticas, la luz que arrojan sobre el Jesús histórico es sorprendentemente limitada. Durante el período de su vida que media entre los doce y los treinta años, es decir, sus años de formación, lo perdemos de vista totalmente. Si los santos evangelistas Mateo, Marcos, Lucas y Juan sabían lo que le había ocurrido durante esos años críticos de la adolescencia y juventud, su mutismo al respecto es asombroso, al igual que el de la Iglesia fundada en su nombre. Dado el contexto de los Evangelios, muchos deducen que el cristianismo es simplemente una versión reformada y actualizada del judaísmo. A fin de cuentas, Jesús era judío y, si debemos creer la genealogía contenida en el Nuevo Testamento, era descendiente directo del legendario rey David. Realizó su ministerio, que duró tres años, sobre todo entre los judíos, y sus seguidores lo consideraban el esperado Mesías. ¿Por qué, en vista de ello, sus enseñanzas eran tan poco judías? En cuanto profeta lo lógico es que hubiera arengado a la gente al estilo de Jeremías y Ezequiel, exhortándole a abandonar a los falsos dioses para adherirse a la ley de Moisés. Aunque en los Evangelios se hallan numerosas referencias al Antiguo Testamento y a las profecías de Isaías en particular, no son unos elementos importantes en las enseñanzas del cristianismo. El Jesús sobre el que hemos leído es un hombre inteligente y nada fanático que cura a los enfermos y a quien le complace comer con los pecadores. La prohibición de trabajar el Sabbath no le preocupa demasiado y aboga en sus predicaciones por la tolerancia, la misericordia y el perdón a nuestros semejantes. Asimismo, parece que tenía tratos amistosos con extranjeros, incluidos los romanos. Una de sus parábolas más importantes, la del buen samaritano, declara abiertamente que un hombre compasivo es un hombre virtuoso a los ojos de Dios, independientemente de su raza y nacionalidad. En contra de lo que algunos suponen, Jesús no fue un revolucionario. Según la historia del Evangelio cayó en una trampa, fue capturado, juzgado y crucificado. A diferencia de Josué, lejos de acaudillar a su pueblo en una gran revuelta contra Roma, Jesús dice a sus seguidores que den al César lo que es del César, palabras que no son propias de un líder rebelde. La lectura de los Evangelios muestra que las autoridades judías de la época consideraban peligrosa la influencia de Jesús. Éste se mofaba abiertamente de los fariseos y saduceos, a menudo ridiculizándolos en público cuando trataban de tenderle una trampa planteándole preguntas difíciles. El desprecio de Jesús hacia la autoridad de fariseos y saduceos en cuestiones como la lapidación de una adúltera lo convirtió en un personaje aún más sospechoso. Es evidente que había algo en ese hombre y en sus enseñanzas que repelía al Sanedrín, el consejo supremo de sumos sacerdotes. Jesús era tenido por un peligroso hereje; tan peligroso que, si hemos de creer en los Evangelios, los miembros del Sanedrín estaban de acuerdo con los romanos en que debía morir.

El cristianismo suele ser presentado por la Iglesia como una revelación totalmente nueva que aparece de forma repentina en la historia del mundo como un rayo que cae sobre la Tierra. Pero ¿es eso cierto? ¿Acaso no existen antecedentes de esta sublime religión? Si examinamos la historia del Evangelio con objetividad, comprenderemos que los sumos sacerdotes judíos consideraban a Jesús un apóstata. Ello no se debía únicamente a sus opiniones, un tanto flexibles, sobre la ley mosaica, sino a que algunas de sus enseñanzas derivaban claramente de fuentes ajenas al judaísmo. Esto, a su vez, plantea otra pregunta: ¿cuáles eran esas fuentes y cómo pudo Jesús conocerlas? Esto es lo que yo he querido averiguar y el motivo de que me interesen tanto las figuras de los magos, puesto que al parecer estaban de alguna forma relacionados con esa fuente secreta de sabiduría.

Durante más de dos decenios, desde que visité Belén cuando acababa de cumplir veinte años, he ido buscando la verdad oculta tras la leyenda de los reyes magos. Por algún motivo la historia de los tres reyes de Oriente había dejado una fuerte impronta en mi mente, probablemente porque tenía la sensación de que ocultaba un profundo misterio. Recuerdo que en una ocasión, siendo yo niño, corté por la mitad una de las pelotas de golf de mi padre para averiguar por qué pesaba tanto pese a su tamaño. Me asombró descubrir que debajo de la resistente envoltura se ocultaba un pedazo de goma, como una tira elástica muy larga. Después de desenrollarla llegué por fin al núcleo de la pelota, que resultó ser un pequeño globo lleno de pasta de plomo blanca. Al parecer, este oculto y más bien frágil objeto es el motivo de que las pelotas de golf no se desvíen de su trayectoria.

Para mí, esta inesperada revelación evoca la búsqueda del conocimiento esotérico y secreto[1]. Mi búsqueda de los magos y de la tradición secreta de la que, a mi juicio, procedían ha sido una larga empresa que ha requerido descifrar numerosos símbolos y conceptos «elásticos» para desvelar lo que yace debajo de la mitología. Al igual que el día en que dividí por la mitad la pelota de golf, he hallado, oculto bajo muchas capas de simbolismo, historia, ciencia y misticismo, un secreto que yace en el corazón de la religión cristiana. Este secreto, un misterio dentro de un misterio, no está hecho de plomo blanco como el centro de la pelota de golf, sino de polvo de estrellas. Creo que Jesús, el Mesías a quien gran parte del mundo ha llegado a venerar como el Hijo de Dios, no actuaba solo. Había sido instruido por unos maestros secretos de la sabiduría tanto en el papel histórico que había de desempeñar —su destino— como en ciertos conocimientos esotéricos.

Comprendo que lo que voy a decir les disguste a quienes se adhieren fielmente a lo que se denomina doctrina «monofisita», es decir, que Jesús y Cristo, el Hijo de Dios, son la misma entidad; que el cuerpo y el alma de Cristo están ligados indisolublemente a través de toda la eternidad y que Jesús niño era por tanto plenamente consciente de su papel desde el momento de su concepción. Sólo puedo pedir a esas personas, tal vez la mayoría de cristianos modernos, su benevolencia, e invitarles a analizar las pruebas que presento en este libro antes de rechazar de lleno mis afirmaciones. Por definición, la historia esotérica y secreta del mundo es invisible. No es evidente y resulta difícil probarla. No obstante, mediante un proceso de ciencia forense podemos reunir las piezas y presentar nuestro caso. Es posible descubrir un rastro oculto que conduce hacia los magos y más allá de ellos. Las nuevas y asombrosas pruebas que aparecen aquí por primera vez, me hacen pensar que no sólo el cristianismo sino también el judaísmo hunden sus raíces en una misteriosa tradición secreta que se pierde en la noche de los tiempos. Por razones no inmediatamente obvias, esta tradición, que hoy en día sigue viva, se ha vinculado siempre a la estrella Sirio y a la constelación de Orión. En mi opinión, una vez que comprendamos y descifremos la importancia de esta conexión estelar, buena parte de lo que todavía permanece oscuro en la Biblia, y buena parte de la mitología universal, cobrará sentido. La historia, sin embargo, comienza en Belén.

## NOTA

1. Por «esotérico» me refiero a conocimientos reservados a unos pocos, en contraposición a «exotérico» o accesibles para el vulgo.

1

# PEREGRINAJE A LA CIUDAD DE DAVID

Era un día soleado de principios de septiembre. Unas nubes blancas y ligeras se deslizaban por el cielo y las aves migratorias, como si presintieran que el buen tiempo no iba a durar, se disponían a emprender su largo periplo hacia el sur, hacia África. Nervioso y emocionado, preparé mi mochila dispuesto también a emprender un largo viaje —o más bien debería decir un largo peregrinaje—, pues había decidido dirigirme en bicicleta a Tierra Santa. Las dos semanas anteriores habían sido muy ajetreadas ya que mi compañero y viejo amigo John y yo estábamos ultimando los preparativos para viajar en bicicleta no sólo por motivos económicos, sino por la aventura que ello representaba. Teníamos grabada en la mente la imagen de los cruzados ensillando sus monturas y partiendo hacia Jerusalén, lo que se traducía en un deseo de hacer las cosas del modo más difícil, a fin de que el viaje resultara lo más duro posible y nuestro peregrinaje más agradable. Partimos con poco dinero y una gran dosis de optimismo, dispuestos a llegar a Belén el día de Navidad. Qué poco imaginábamos que éstas serían las últimas Navidades que los israelitas pasarían sintiendo la reconfortante satisfacción que les había procurado su extraordinaria victoria de seis días, antes de que la guerra del Yom Kipur de 1973 restituyera el orgullo de los árabes.

A los veintidós años John y yo éramos unos viajeros experimentados, pues los dos veranos anteriores los habíamos pasado recorriendo Escandinavia en autostop y antes habíamos ido a España en un Mini. Nada, sin embargo, nos había preparado para el esfuerzo físico que iba a suponer este viaje ni para el mal tiempo que íbamos a encontrar. Durante muchos kilómetros no dejó de caer una lluvia torrencial mientras pedaleábamos a través de la llana campiña de Picardía. Nos topamos con fantasmagóricos recordatorios de un atroz pasado al avanzar frente a los cementerios de la Primera Guerra Mundial y los restos cubiertos de hierba de las trincheras que habían estado en el centro de la contienda más terrible de la historia. Por las noches dormíamos bajo puentes o en coches viejos y abandonados, cubiertos con unos impermeables procedentes de los artículos sobrantes del Ejército que no lograban protegernos de la incesante lluvia. Como no podíamos permitirnos el lujo de malgastar nuestros escasos recursos para gozar de los placeres de la cocina francesa, nuestra dieta consistía básicamente en *muesli* muy dulce. Cambrai, San Quintín, Laon, Reims..., lo que habían sido simplemente unos puntos en el mapa se convertían en ciudades y poblaciones antes de que las dejáramos a nuestras espaldas, envueltas en una densa bruma. Los conductores tocaban el claxon insistentemente al pasar junto a nosotros en sus cómodos coches, poniéndonos perdidos de agua y barro; no sabíamos si estaban irritados por toparse con nosotros en la carretera o manifestaban solidaridad con unos ciclistas solitarios en la tierra del Tour de Francia. A medida que los días se sucedían sin que la lluvia remitiera, empezamos a dudar de que fuera a cesar. Finalmente nos dejamos vencer por el pragmatismo y abordamos un tren que nos llevó al otro lado de las montañas del valle del Saona-Ródano, mientras rezábamos para que el tiempo mejorara. Al llegar a Dijon, conocida por su mostaza y antiguamente capital de la Borgoña independiente, nos dimos un respiro y fuimos a visitar la catedral local.

Es difícil definir los rasgos que hacen que un edificio sea importante, pero ello tiene mucho que ver con el ambiente y la forma de ser de la gente que habita en la zona. Entre los libros que yo había leído el año anterior había uno con el curioso título de *A New Model of the Universe* del filósofo y periodista ruso P. D. Uspienski. En esta extraordinaria obra había aventurado, entre otras, la tesis de que la catedral de Nôtre-Dame, en París, albergaba un secreto. Su construcción no había sido fortuita, ni tampoco una mera cuestión de arte, por muy edificante que fuera. Uspienski creía que los constructores que la habían levantado estuvieron, al menos durante cierto tiempo, en posesión de unos conocimientos superiores y eran los herederos de una tradición que se remontaba al tiempo de las pirámides e incluso antes. Uspienski no explicaba cómo habían llegado a adquirir esos conocimientos, pero cuando leí sus palabras intuí que eran ciertas. Presentí que Uspienski tenía razón, que las catedrales medievales de Francia e Inglaterra eran manifestaciones de conocimientos secretos. La Catedral de Dijon, frente a la cual me hallaba en esos momentos, pertenece a la misma tradición que la celebérrima Catedral de Nôtre-Dame, y poseía un cierto misterio. Se trata de una obra de arte gótico de finales del siglo XIII, que aunque no inmensa comparada con otras catedrales francesas, posee un carácter y una presencia peculiares. Los borgoñones, los equivalentes franceses a los escoceses, eran muy conscientes de que su fértil ducado era distinto del resto de Francia. Aquí, enterrados en la catedral, se hallan Felipe el Atrevido y Ana, hija de Juan sin Miedo, unos apodos muy exprcsivos. Su catedral refleja la audacia de esos hombres y casi me pareció oír unas voces del pasado que decían: «No somos franceses ni germanos, sino borgoñones.» Pero lo que más me impresionó fue la extraordinaria cripta románica. Aquí, en una cámara sostenida por pilares, semejante al útero materno, experimenté cierta sensación de privación. De golpe comprendí por qué los aspirantes a convertirse en caballeros debían soportar un período de aislamiento y oración, que a veces duraba varios días, antes de que el monarca los armara caballeros, en una fastuosa ceremonia. Entre las cuatro paredes de aquella cripta imaginé, casi recordé, lo que debían de sentir al enfrentarse en silencio y soledad a la oscuridad que reinaba dentro de su cráneo.

Un caballero de la Edad Media no experimentaba las distracciones a las que estamos sometidos actualmente en nuestras ajetreadas vidas. Quizá por este motivo su vida interior fuera mucho más rica. La religión significaba para él una sola cosa: el cristianismo. Si se topaba con otra, digamos el judaísmo o el islam, era sabiendo que sólo el cristianismo podía garantizarle la vida eterna en el cielo. Aunque probablemente se hacía pocas ilusiones sobre los representantes de Dios en la Tierra (es muy posible que el obispo de la localidad fuera su hermano o un primo), el caballero medieval tenía la certeza de que, de acuerdo con el plan divino y siempre y cuando él cumpliera con su deber, la sangre de Cristo lo había salvado de sus pecados. Arropado por su candorosa fe era capaz de enfrentarse a los enemigos de la Iglesia con la convicción de que si moría en este servicio sagrado sería mártir y ascendería inmediatamente al cielo. Sin embargo, seguramente nuestro caballero era profundamente ignorante. Sin duda no había leído las traducciones del Corán, su conocimiento de las culturas griega y romana debía de ser escaso y lo único que sabía sobre la antigua Persia y Egipto era lo que estaba escrito en la Biblia. Sobre el budismo, el zen, el taoísmo o, por supuesto, las tradiciones indígenas americanas, no sabía nada en absoluto y, por lo que a él se refería, esas tradiciones no sólo existían en otros continentes sino en otros planetas.

Esas ideas y muchas otras pasaron por mi mente mientras meditaba en la cripta. A diferencia de nuestro imaginario caballero, yo había practicado yoga durante varios años, había leído los *Upanishads* y, como muchos otros de la generación de los sesenta, ansiaba ir a la India. También había estudiado los escritos de Platón y deseaba saber más sobre la tradición mística occidental. Fue ese deseo, que John compartía conmigo, lo que nos llevó a emprender nuestra búsqueda. Como todos los peregrinos que han existido a lo largo de la historia, teníamos la esperanza de hallar algo en Tierra Santa. Confiábamos en encontrar allí a alguien o algo que nos indicaría el camino. Confiábamos en descubrir la pista de unos conocimientos ocultos imposibles de hallar en Inglaterra.

En la cripta de la Catedral de Dijon sentí el peso del tiempo comprimido en un instante de una duración casi infinita. Por primera vez comprendí aquello a lo que Uspienski se refería cuando escribió que en realidad existían dos historias del mundo paralelas, una visible y relatada hasta la saciedad por los libros; la otra, una historia oculta. Recordé sus palabras:

> Una historia pasa ante nosotros y, hablando en términos estrictos, constituye «una historia de crímenes», pues si no hubiera crímenes no habría historia. Todos sus hechos y etapas están jalonados por crímenes: asesinatos, actos de violencia, robos, guerras, rebeliones, matanzas, torturas, ejecuciones... Ésta es la historia que todos conocemos, la que nos enseñan en la escuela.
>
> La otra es la historia que muy pocos conocen. Para la mayoría permanece oculta tras la historia de crímenes. Pero lo creado por esta historia oculta pervive durante mucho tiempo, a veces durante muchos siglos, como la Catedral de Nôtre-Dame. La historia visible, la que discurre por la superficie, la historia de crímenes, se atribuye lo que la historia oculta ha creado. Pero en realidad la historia visible siempre se engaña respecto a lo que la historia oculta ha creado[1].

Cuando leí esas palabras quedé vivamente impresionado. La idea de que hay una historia oculta detrás de los hechos más visibles que configuran la historia que nos enseñan en la escuela tenía sentido. En aquellos momentos, en la oscuridad de la cripta, evoqué las interesantes palabras de Uspienski. Estaba seguro de que tenía razón, de que existía un vínculo invisible entre los constructores de la catedral y los antiguos y misteriosos conocimientos de Egipto y Mesopotamia. En aquel entonces yo apenas sabía lo que eso significaba en la práctica ni cómo había ocurrido, pero estaba decidido a averiguarlo. Luego, con la mente llena de pensamientos vagos e inconcretos, abandoné la cripta y salí a la calle, iluminada por la cegadora luz del sol que bañaba la ciudad de Dijon.

Al día siguiente, empujados por el viento, proseguimos nuestro viaje a través del valle del Saona-Ródano. Nuits-St. George, Beaune, Chalon, Mâcon..., los nombres parecían componer una lista del catálogo de un vinatero. A ambos lados de la carretera maduraban las uvas y durante unas horas el tiempo mejoró lo suficiente como para permitirnos gozar del paisaje, los sonidos y los olores que nos rodeaban. Para entonces ya no nos alimentábamos únicamente de *muesli* y habíamos aceptado la necesidad psicológica, y también física, de comer una dieta más variada. Tras detenernos frente a un pequeño café en la Provenza, explicamos al patrón en nuestro deficiente francés que éramos unos peregrinos y nos dirigíamos a Tierra Santa. El dueño del café, entre divertido e incrédulo, nos invitó a pasar y nos ofreció un vaso de vino tinto de la casa. Ni a John ni a mí nos apetecía bebernos un vaso de aquel vino peleón a las diez y media de la mañana, pero el dueño del café insistió en que vaciáramos nuestras cantimploras de agua y, recordándonos el episodio de las bodas de Caná, las llenó de vino. Al cabo de un rato apareció su hijo Jean, que hizo de traductor. Nos explicó que el vino era de elaboración propia, procedente de sus viñedos, y que su padre deseaba que tuviéramos éxito en nuestro peregrinaje. Mi compañero y yo les dimos las gracias por el vino y prometimos enviarle a Jean una tarjeta postal en cuanto llegáramos a Belén.

El patrón probablemente no comprendió la importancia de su gesto, pero para nosotros significó mucho. John y yo tuvimos la sensación de haber tocado una veta profundamente histórica de camaradería entre hostalero y peregrinos, que en la antigüedad debía de extenderse a través de Europa. Aquí, en una pequeña población francesa, sentimos aprobación y entusiasmo hacia nuestra empresa, unos sentimientos que trascendían los límites de lenguaje y nación. En cuanto herederos modernos de innumerables peregrinos y cruzados, que durante siglos habían atravesado el valle del Saona-Ródano, poseíamos una categoría mayor que la nuestra. Al ofrecernos su vino el patrón había hecho algo más que agasajar a unos peregrinos; de alguna forma era como si participara en nuestro viaje, en nuestra gran aventura. De este modo, al menos en espíritu, se unía también a nuestra empresa. Esas experiencias debían de ser muy comunes antiguamente, cuando la gente viajaba a caballo o a pie en lugar de hacerlo en un reactor. Para nosotros significó uno de los momentos más entrañables de nuestro viaje.

Después de atravesar Italia casi siempre en tren, fuimos a Grecia en barco. De nuevo, como muchos peregrinos antes que nosotros, aprovechamos unos días para visitar Atenas y su majestuoso pasado antes de partir hacia Israel. Nuestro transbordador, heredero de aquellos comerciantes venecianos y genoveses que vendían sus mercancías entre las islas griegas y los ricos territorios del Imperio Bizantino, atracó en Rodas. Mientras subían a bordo más pasajeros, conducidos hasta el barco en lancha, me entretuve contemplando la impresionante fortaleza de los Caballeros de San Juan. Me pareció curioso que aquí, en esta hermosa joya del Mediterráneo oriental, se librara una de las últimas batallas de las Cruzadas. El 24 de junio de 1522, un ejército otomano formado por unos 200.000 hombres desembarcó en Rodas con la intención de destruir de una vez por todas ese último baluarte de poder de los cruzados. A ellos se enfrentó un contingente compuesto tan sólo por 500 caballeros, más 1.500 mercenarios y rodios resueltos a resistir hasta el final. La batalla duró seis meses, hasta que los defensores, superados en número por sus enemigos, se vieron obligados a deponer las armas y aceptar unas honrosas condiciones de rendición. La víspera de Navidad, el sultán Solimán el Magnífico, que había estado presente durante prácticamente todo el asedio, rindió tributo a la gallardía de los caballeros permitiéndoles a ellos y a todos los que desearan acompañarlos abandonar la isla conquistada, ofreciéndoles sus barcos para conducirlos a puerto seguro. De haber sabido el sultán que al cabo de poco más de cuarenta años los Caballeros de San Juan, instalados en su nueva sede de Malta, regresarían con sus ejércitos y le privarían de la conquista de Italia, seguramente no se habría mostrado tan generoso. Ésta, sin embargo, fue la batalla que pondría punto final a la extensión del Imperio Otomano. A todos los efectos, 1522 fue el año en que las

Cruzadas llegaron a su fin y ello ocurrió en las playas de Rodas.

Yo ignoraba los pormenores de esta historia mientras contemplaba los grandes baluartes de la ciudadela. No obstante, pude captar el ambiente del lugar; y comprendí la importancia estratégica de la isla respecto a los barcos que navegaban entre los puertos del Mediterráneo oriental. En cierto aspecto todo había cambiado durante los últimos cuatrocientos cincuenta años, pero en otro, más profundo, todo continuaba igual. Seguía existiendo la misma animosidad entre griegos y turcos, la misma rivalidad entre Oriente y Occidente. La historia parecía haber cumplido un ciclo completo, pues ahora no sólo habían recuperado los griegos el control de Rodas sino que se había implantado en Palestina un nuevo estado «cruzado»: la república de Israel. Aunque no era cristiano sino judío, al igual que el antiguo reino franco de Jerusalén, estaba financiado y armado por Occidente. Todo ello se me antojaba portentoso, como si encerrara una parte importante de la «historia oculta», aunque ignoraba su significado.

Al arribar a Haifa, la tercera ciudad más importante y puerto principal de Israel, John y yo vimos en los muelles a unos soldados que portaban metralletas. Tuvimos la sensación de haber penetrado en el campamento de los espartanos, pues a diferencia del norte de Francia, donde las cicatrices de la Primera Guerra Mundial eran todavía visibles pero ya no estaban abiertas, este lugar repleto de llagas purulentas se encontraba todavía muy militarizado. Sobre Haifa se alzaba el monte Carmelo, hoy en día curiosamente presidido por un templo bahai adornado con una cúpula dorada. Aquí se halla la tumba del Bab, un profeta persa del siglo XIX según sus seguidores. Al contemplar su cúpula reluciente bajo el sol matutino, recordé que en Israel la religión no es un asunto sencillo, pues todos los cultos de Oriente Medio reivindican que su herencia proviene de lo que, a fin de cuentas, es un país muy pequeño. El monte Carmelo albergó tiempo atrás la antigua escuela de los profetas hebreos cuyos libros llenan la Biblia. Posteriormente prestó su nombre a la orden carmelita de frailes mendicantes. Ésta fue fundada en el siglo XII cuando un cruzado llamado Bertoldo y diez compañeros que compartían sus ideas se establecieron como eremitas cerca de la supuesta cueva de Elías en el monte Carmelo. John y yo no vimos rastro de eremitas cuando visitamos el monte, que ofrecía el aspecto de un suburbio rodeado de jardines.

Dejando atrás el azul del Mediterráneo nos dirigimos hacia el interior a través de las escarpadas colinas de Zafed y el reseco valle de Megiddo (el Armagedón de la Biblia) antes de descender al frondoso valle de Hulah. Aquí, en una especie de oasis de fertilidad, estaban situadas algunas de las más prósperas y productivas granjas colectivas, o *kibbutz*, de Israel. Al poco rato John y yo nos encontramos cogiendo pomelos en Kefar Szold, un viejo asentamiento en el que habitaban numerosos supervivientes del Holocausto. Estas gentes, algunas de ellas tan traumatizadas por sus vivencias que hacía tiempo habían abandonado toda pretensión de fingirse cuerdos, eran un reproche viviente a la bestialidad de la humanidad. No dejaba de ser una cruel ironía que a pocos metros de nuestras cabañas hubiera unas alambradas de espino. Esos refugiados de los campos de muerte de Hitler se hallaban todavía en la línea del frente.

Más allá de la alambrada de espino se encontraban los Altos del Golán, una pequeña parte de Siria capturada por los israelíes durante la Guerra de los Seis Días, en 1967. Aquí, a través de campos minados y otros restos de la guerra, serpenteaban unos caminos trillados por los que podíamos ascender hacia las cimas de las colinas, aunque nos advirtieron que no nos alejáramos mucho y no nos apartáramos del sendero. Por las tardes, cuando trepábamos por esos caminos mientras el sol del atardecer empezaba a declinar y el monte Hermón adoptaba una tonalidad anaranjada, dejaba volar mi imaginación y me preguntaba si Jesús habría subido también por estas colinas. ¿Habría contemplado, al igual que yo, el monte Araxes que surgía entre las rocas? ¿Habría observado a los buitres que volaban y describían círculos sobre los restos de un animal? ¿Sería aquí donde Jesús maldijo una higuera —quizá como las que yo veía crecer salvajes junto a la carretera— por no dar frutos? Todas estas preguntas y más cobraron de pronto vida en mi mente como jamás lo habían hecho antes de pisar esa extraña tierra, aspirar sus olores y beber su agua. Saqué la Biblia de mi mochila y la abrí al azar. «Busca y encontrarás; llama y se te abrirá —decía—. Pues todo aquel que pida recibirá, y a todo aquel que llame se le abrirá.» «No dejo de llamar», pensé, pero quizá no con suficiente insistencia. De lo más profundo de mi alma brotó la respuesta: «Todavía no, pero ten paciencia y la puerta se te abrirá; con el tiempo todo te será revelado.» Conservé estas palabras en mi corazón, decidido a no cejar en mi búsqueda de la verdad, convencido de que un día conseguiría averiguar el significado de los Evangelios y la verdad sobre ese hombre tan singular llamado Jesús.

Aquella Navidad John y yo fuimos a Belén y nos mezclamos con la muchedumbre que abarrotaba la plaza del Pesebre. Hacía frío, nevaba y todo era muy distinto de lo que habíamos supuesto, pues todo estaba impregnado de un crudo afán comercial. Se produjo un leve tumulto cuando Harold Wilson, entonces primer ministro de Gran Bretaña, era escoltado hasta la iglesia, con su famoso abrigo abrochado hasta el cuello para protegerse del frío. Al igual que María y José frente a la posada, no pudimos entrar en la iglesia para gozar del calor que ofrecían sus muros, pues había muchos dignatarios que tenían prioridad sobre unos simples peregrinos como nosotros. Así pues, nos dirigimos a la oficina de correos y enviamos a Jean, el joven al que habíamos conocido en una pequeña población francesa, la postal que le habíamos prometido. De vuelta a la plaza, oímos unos coros americanos que cantaban unas estrofas de *Érase una vez en la Ciudad del rey David* y *Nosotros los reyes magos*, indiferentes, al parecer, a la ciudad árabe que les rodeaba. En medio de la plaza, en alto, en una tosca imitación de la historia del Evangelio, había una estrella de plástico iluminada. Refulgía como un cartel de neón en Oxford Street, tan increíblemente hortera que yo no sabía si reír o llorar. Durante lo que me pareció una eternidad, me quedé contemplando esa estrella con una mezcla de repugnancia y fascinación. ¿Cómo era posible, pensé, que hubieran convertido el lugar de la Natividad en un circo? ¿Qué habría pensado Jesús del hecho de que un coro religioso visitara su lugar de nacimiento para entonar unos himnos bajo una estrella de plástico? Yo sabía que era una costumbre tradicional, pero de pronto me pareció de lo más extraña. A fin de cuentas estábamos en Belén, llamada en la Biblia la Ciudad de David. Sin embargo, la estrella de David, que aparece sobre las sinagogas y en todas las banderas israelíes, tiene seis puntas. ¿A qué venía que la estrella de Belén tuviera cinco puntas en lugar de seis? Más tarde averigüé que esta diferencia, aparentemente trivial, constituye un elemento crucial a la hora de comprender el significado esotérico del símbolo.

Al mirar más allá de la estrella, pensé en la leyenda de los tres magos, generalmente representados como reyes y llamados tradicionalmente Melchor, Gaspar y Baltasar. Fueron los primeros peregrinos que se dirigieron a Belén, y durante los últimos meses John y yo habíamos estado siguiendo literalmente sus pasos. Recordé que a los seis años me había disfrazado de Melchor para participar en un obra navideña en la escuela, pero nadie, ni entonces ni posteriormente, me había explicado el significado de los reyes magos. ¿Quiénes eran esos reyes? ¿De dónde provenían? ¿Estaban quizá vinculados a alguna tradición mística? De golpe, aunque sin saber por qué, estas preguntas me parecieron muy importantes y decidí hablar con alguien que conociera el tema y pudiera aclarar mis dudas. Tenía la dirección de un discípulo de Uspienski que residía en Inglaterra, y decidí que a mi regreso le haría una visita. Ese hombre era sin duda una de las personas más extraordinarias de su generación, pero, según comprobé más tarde, esto era sólo el comienzo de lo que habría de convertirse en una búsqueda muy larga.

## La historia del Evangelio sobre los tres reyes magos

La historia de los reyes magos figura sólo en uno de los Evangelios, el de Mateo:

> Éste es el relato del nacimiento de Jesús. Su Madre María estaba desposada con José; y antes de vivir juntos, resultó que ella había concebido en su seno por obra del Espíritu Santo. Pero José, su esposo, como era realmente bueno y no quería denunciarla, determinó repudiarla en secreto. Y mientras andaba cavilando en ello, un ángel del Señor se le apareció en sueños y le dijo: «José, hijo de David, no temas llevarte a casa a María tu esposa, porque lo engendrado en ella es obra del Espíritu Santo. Dará a luz un hijo, a quien le pondrás por nombre Jesús, porque él salvará a su pueblo de sus pecados.» Todo esto sucedió en cumplimiento de lo que había dicho el Señor por el profeta:
>
> «He aquí que la Virgen concebirá en su seno y dará a luz un Hijo, y lo llamarán Emmanuel.»
>
> Después de nacer Jesús en Belén de Judea, en tiempos del rey Herodes, unos magos llegaron de Oriente a Jerusalén, preguntando: «¿Dónde está el rey de los judíos que ha nacido? Porque hemos visto su estrella en Oriente y venimos a adorarlo.»
>
> Entonces Herodes llamó en secreto a los magos y averiguó cuidadosamente el tiempo transcurrido desde la aparición de la estrella. Y encaminándolos hacia Belén, les dijo: «Id e informaros puntualmente acerca de ese Niño; y cuando lo encon-

tréis; avisadme para que yo también vaya a adorarlo.» Después de oír al rey, se fueron. Y la estrella que habían visto en Oriente iba delante de ellos, hasta que vino a pararse encima del lugar donde estaba el Niño. Al ver la estrella, sintieron inmensa alegría. Y entrando en la casa, vieron al Niño con María, su Madre, y postrados en tierra lo adoraron; abrieron sus cofres y le ofrecieron regalos: oro, incienso y mirra. Y advertidos en sueños de que no volvieran a Herodes, regresaron a su tierra por otro camino[2].

El papel de los reyes magos en la Natividad según Mateo es muy misterioso. Aparecen cual hadas madrinas en el nacimiento, ofreciendo cada uno de ellos un regalo que simboliza el destino de Jesús: oro para un rey, incienso para un sacerdote y mirra para un sanador. Si bien cabe aducir que la historia es pura invención por parte de Mateo (yo no creo que lo sea), éste debió de tener una razón para incluirla en su Evangelio Se mire como se mire, existe algo muy extraño y esotérico sobre esta leyenda.

## Constantinopla y la sabiduría sagrada

La historia de los reyes magos es uno de los relatos más conocidos del Nuevo Testamento y su «Adoración» constituye una de las escenas representadas pictóricamente con más frecuencia en el arte religioso. En la Edad Media, la historia de los magos era ya muy popular, entre otras cosas porque procuraba a los pintores y escultores una excusa para recordar a sus propios reyes que debían rendir tributo a la autoridad suprema de Cristo. Sin embargo, los reyes y los emperadores deseaban aparecer como devotos seguidores de Cristo y se hacían pintar ofreciendo unos presentes simbólicos a Jesús o a la Virgen María. Entre las mejores y tal vez la más antigua de estas representaciones pictóricas, se cuenta un mosaico del siglo X que está sobre la entrada del vestíbulo de la Catedral de Santa Sofía en Constantinopla (Estambul). En él hay dos eminentes emperadores haciendo unas ofrendas a la Virgen y al Niño. A la derecha está Constantino el Grande, el primer emperador cristiano de Roma, ofreciendo a la Virgen su nueva ciudad de Constantinopla y, a la izquierda, aparece Justiniano presentando su creación: la misma Catedral de Santa Sofía.

Esta catedral fue consagrada el 27 de diciembre del 537 de la era cristiana. En la época en que fue instalado ese mosaico, unos cuatrocientos cincuenta años más tarde, constituía la estructura religiosa más grande e imponente de la cristiandad y atraía a peregrinos de toda Europa. Éstos se sentían impresionados no sólo por las dimensiones y la opulencia de lo que sigue siendo un espléndido edificio, sino por lo que expresaba sobre la sociedad que lo había creado. Europa Occidental acababa de emerger de la época de los bárbaros y reinaba una gran sensación de pérdida, de un vacío cultural que era preciso llenar. En Francia, Gran Bretaña y Alemania pocas personas sabían leer y escribir, incluso entre la aristocracia. Reiteradas olas de invasiones bárbaras —vándalos, godos, hunos y vikingos— habían borrado prácticamente el legado de Roma en Occidente. No obstante, aquí en Constantinopla perduraba el viejo Imperio, sin que su esplendor hubiera sufrido merma y con su civilización cristiana intacta. No es de extrañar, por tanto, que a medida que la vida civilizada regresaba a Occidente los intelectuales buscaran en Bizancio una fuente de inspiración. Asimismo, la consideraban una mina de conocimientos perdidos, pues tenía unas bibliotecas como no se habían visto en Europa durante mil años. Algunos confiaban en que la «sabiduría sagrada», de la que la Catedral de Santa Sofía era expresión tangible, se asentara en las capitales de Occidente y aportara una nueva ilustración, una renovada civilización occidental.

Según la mentalidad occidental la historia de los tres magos representaba lo exótico y lo civilizado. No eran unos meros potentados o embajadores del pagano Oriente, sino peregrinos de primer orden. Eran unos hombres sagrados que reconocían que pese a su inmensa riqueza material y poder, no dejaban de ser unos vasallos del Niño Jesús. En el arte y la escultura de la Edad Media, los artistas occidentales plasmaban este sentimiento de humildad en el rostro de una majestad superior pero al mismo tiempo tomaban prestada de los bizantinos la idea de la analogía. Al igual que en el mosaico sobre la entrada del vestíbulo de la Catedral de Santa Sofía aparecen los emperadores bizantinos Constantino y Justiniano haciendo unas ofrendas a la Virgen y al Niño, los reyes europeos deseaban ser representados del mismo modo. El ejemplo más famoso es también posiblemente la pintura más esotérica del medievo. Un detenido análisis de la misma revela unos conocimientos ocultos y, a mi entender, indica cierto contacto entre al menos una de las testas coronadas de Europa y una tradición secreta del hermetismo cristiano que solía aparecer bajo vestimenta de magos.

## Ricardo II y el Díptico de Wilton

En 1993 se celebró una importante exposición en la National Gallery de Londres, que contenía la que se considera la obra de arte más sobresaliente del siglo XIV: el Díptico de Wilton. Esta pequeña pieza portátil de un altar fue encargada por uno de los reyes menos comprendidos de Inglaterra, Ricardo II. Se trata de una de las grandes obras del arte mundial, comparable a la *Mona Lisa* de Leonardo da Vinci, *La ronda de noche* de Rembrandt y los *Girasoles* de Van Gogh. Lamentablemente, la fama de Ricardo II reside en el hecho de que fue durante su reinado cuando el Parlamento obligó a un rey a reconocer su supremacía. Ricardo II tuvo la desgracia de vivir en una época en que esas cuestiones alcanzaron su punto culminante, pues era un hombre inteligente y sensible. No merecía haber sido arrastrado por la corriente, como ocurrió, ni, tras haber abdicado en favor de su inculto primo Enrique IV, ser asesinado en el castillo de Pontefract a la temprana edad de treinta y tres años. El historiador John Harvey dice lo siguiente sobre él:

> Ricardo II es una figura importante porque fue el máximo representante de su familia, la Casa de Plantagenet, y porque presentaba de forma muy personal el caso supremo de reinado divino. Su insistencia en la naturaleza sagrada e indisoluble de la soberanía que le había sido conferida por su consagración, y en el mantenimiento de los plenos poderes de la corona, se debía a su presentimiento de lo que iba a ocurrir, una vez que esa barrera fuera eliminada. No es sentimentalismo ni romanticismo lo que nos lleva a ver en Ricardo II a un hombre extraordinariamente inteligente y culto, enterado de los hallazgos intelectuales de su época, y dotado de una mayor perspicacia que la que tiene gran parte de los hombres, incluso la mayoría de soberanos, con respecto a la esencia de cómo gobernar.
>
> [...] Uno de los errores más comunes y extendidos es suponer que cuanto más remota es una época en el tiempo, más bárbara es, con menos posibilidades y menos refinada. La impecable elegancia de la Grecia de los siglos VI y V a.C. y la exquisita línea de la escultura, pintura y literatura del faraón Akhenatón, mil años antes, basta para demostrar lo equivocados que estamos. De igual manera, en el siglo XIV se alcanzó la

cúspide de la existencia europea, y acertaríamos más si consideráramos a Ricardo II un superhombre, más sabio y culto que nosotros, que un tosco potentado que vivió en una época de espléndida barbarie. Es probable que en Europa propiamente dicha no haya existido, desde el siglo XIV, un individuo capaz de apreciar a Ricardo II en su justo valor[3].

En la obra de Shakespeare *Ricardo II*, que es la primera de su ciclo referente a las Guerras de las Dos Rosas, se presenta al rey como un personaje débil, afeminado y sometido a la influencia de sus vulgares amigos plebeyos, con quienes se supone que ha mantenido una relación homosexual. Esto último es casi con toda certeza una calumnia puesta en circulación por sus enemigos para justificar su derrocamiento. En 1382 Ricardo se casó con Ana de Bohemia, la hija del emperador Carlos IV. Aunque la pareja no tuvo hijos, fue un matrimonio por amor y Ricardo quedó muy apenado cuando su esposa murió en 1394. Es posible que el rey presentara un aspecto un tanto afeminado, pues era muy apuesto, y sin duda se sentía más interesado por la ciencia y las artes que por proezas viriles como la guerra, pero eso no significa que fuera homosexual.

El pedigrí de Ricardo era igual que el de la reina, y de haber tenido hijos la historia de Europa en el siglo XIV habría tomado unos derroteros muy distintos. Era hijo del Príncipe Negro y nieto de Eduardo II, a quien sucedió en el trono. Por esa rama de su familia descendía de Felipe el Hermoso de Francia y de su hermanastra, Margarita. Más lejanamente, descendía de los emperadores de Bizancio y estaba emparentado con la familia real húngara. También tenía fuertes vínculos galeses, pues descendía de Llewellyn, esposo de Juana, hija del rey Juan. Dada su indudable inteligencia y su privilegiada posición como descendiente de tantas familias reales, no es de extrañar que tuviera acceso a una ciencia secreta.

El Díptico de Wilton que encargó Ricardo consiste en dos tablas articuladas pintadas por ambos lados. Recientemente ha sido limpiado y sometido a un extraordinario trabajo de investigación desde que fuera restaurado. A primera vista constituye un sencillo instrumento devocional que probablemente fuera utilizado, como otros dípticos, a modo de telón de fondo de un altar provisional. En la tabla derecha hay un retrato de la Virgen sosteniendo en brazos al Niño Jesús. La Virgen aparece cubierta de pies a cabeza por una capa azul. La Madre y el Niño están rodeados por un grupo de ángeles, once en total, vestidos también de azul y luciendo unas coronas de flores. La mayoría de los ángeles están situados discretamente detrás de María, observando la escena en silencio. Uno de ellos, colocado a la derecha de la Virgen, empuña el estandarte de san Jorge, emblemático de Inglaterra, mientras otros tres, dos de los cuales están arrodillados junto a la Virgen, señalan con las manos y tratan de atraer la atención del observador hacia la escena que se desarrolla en la tabla contigua. Ésta nos muestra a un joven Ricardo II, también postrado de rodillas, mientras detrás de él aparecen tres santos, adornados por unos halos, que obviamente son sus benefactores. Dos de ellos son unos reyes que gobernaron antiguamente en Inglaterra, san Eduardo el Confesor, que falleció en 1066, y san Edmundo, el último rey de East Anglia, quien fue martirizado por los daneses en el 870. Existían cultos populares relacionados con los dos santos, el primero centrado en su célebre sepulcro en la Abadía de Westminster y el último en Bury St. Edmunds. La tercera figura, la más próxima a la derecha, y por tanto a la Virgen, es san Juan Bautista.

En la pintura, Ricardo aparece con las manos vacías y extendidas, como si esperara recibir algo. La idea de que la Virgen le devuelva una de las ofrendas hechas por los magos, aunque no es mencionada en el Evangelio según san Mateo, ocupa un importante lugar en otro documento escrito, el Evangelio Apócrifo que al parecer fue utilizado por los gnósticos en el siglo II. Este Evangelio, además de relatar el nacimiento de Jesús en una cueva en las afueras de Belén, narra una interesante historia referente a los magos y los pañales en que estaba envuelto el Niño Jesús.

> Después de nacer Jesús en Belén de Judea, en tiempos del rey Herodes, unos magos llegaron de Oriente a Jerusalén, según la profecía de Zoroastro, y le llevaron unas ofrendas: oro, incienso y mirra; lo adoraron y le ofrecieron sus regalos.
>
> La Virgen María tomó uno de los pañales en los que estaba envuelto el Niño, y se lo dio en lugar de una bendición, que los magos recibieron de ella como el más noble de los regalos[4].

Ante la sorpresa de los magos, el pañal en que estaba envuelto el Niño resultó poseer poderes milagrosos.

A su regreso los reyes y los príncipes les preguntaron qué habían visto, si su viaje de ida y vuelta se había desarrollado sin percances y qué gentes se habían encontrado en el camino.

Pero los magos les mostraron el pañal que les había entregado María, por cuyo motivo celebraron una fiesta.

Y tras haber encendido una hoguera, según la costumbre de su país, lo adoraron.

Luego arrojaron al fuego el pañal, que quedó entre las llamas.

Cuando la hoguera se extinguió, los magos extrajeron de entre las brasas el pañal que estaba intacto, como si las llamas no lo hubieran tocado.

Y empezaron a besarlo, y se cubrieron la cabeza y los ojos con él, diciendo: «Esto es sin duda una verdad innegable, es asombroso que el fuego no lograra quemarlo ni destruirlo.»

Luego, con gran respeto, lo guardaron entre sus tesoros[5].

La interpretación que ofrece la National Gallery es que al igual que Constantino en el pórtico del vestíbulo de la Catedral de Santa Sofía en Estambul, Ricardo ofrece a la Virgen su reino. Sin embargo, ésta no es la única interpretación. A menos que uno suponga que el estandarte de Inglaterra sostenido por el ángel se lo acaba de ofrecer Ricardo a la Virgen, no existe una imagen equivalente al regalo que hace Constantino de su ciudad. Ricardo tiene las manos vacías y parece disponerse a recibir algo. Dado que el díptico probablemente fuera usado como adorno de un altar durante la celebración de la misa y observando la postura y lenguaje corporal de todas las figuras que aparecen en él, parece más que probable que el rey se disponga a recibir al Niño Jesús en sus brazos. Una interpretación espiritual sería que Ricardo pide que la Virgen le entregue al Niño Jesús, como haciendo referencia a la comunión durante la misa. Como católico devoto que era, el rey sin duda creía que al tomar el sacramento estaba recibiendo el cuerpo y la sangre de Jesucristo vivo. No obstante, es probable que existiera otro mensaje secreto: que Ricardo solicitara a la Virgen que le diera un hijo. Como monarca sin herederos su posición estaba amenazada por las ambiciones de su primo Bolingbroke y las maquinaciones de una serie de poderosos nobles. De haber tenido un hijo varón, Ricardo probablemente hubiera conseguido resistirse a sus enemigos.

Pero esta pintura esotérica en extremo contiene otros aspectos interesantes. La elección de esos tres santos como benefactores de Ricardo (casi podríamos llamarlos sus «guías» o «ángeles de la guarda») evidentemente no fue arbitraria. Según el catálogo de la exposición, está demostrado que Ricardo sentía una devoción especial hacia esos tres santos. La elección de los primeros dos es relativamente fácil de comprender puesto que ambos eran antiguos reyes de Inglaterra (o al menos de una parte de ella), que habían cumplido con las mismas responsabilidades y deberes que Ricardo. La elección de san Juan como su tercer benefactor resulta, a primera vista, menos evidente.

El cumpleaños de Ricardo era el 6 de enero, una fecha, como es sabido, de gran importancia para los cristianos: la Epifanía o llegada de los magos para ofrecer sus regalos al Niño Jesús. No es de extrañar, por tanto, que el Díptico de Wilton contenga unas alusiones a los magos. La presencia de los tres reyes, entre los que se halla Ricardo, repite la escena de innumerables pinturas, pero hay algo más. La Iglesia concedía tal importancia a la leyenda de los reyes magos que la Epifanía, celebrada en honor de su supuesta visita, constituye una de las fiestas cristianas de mayor relieve. No obstante, el 6 de enero no siempre fue vinculado al nacimiento de Jesús. En los primeros tiempos de la Iglesia, era una fecha sagrada pero no tenía nada que ver con la Natividad, sino que era considerado el día del bautismo de Jesús en el río Jordán y era llamado «el Día de las Luces», aludiendo a la iluminación de Jesús y a la luz que brilló sobre el Jordán. En el Evangelio según Mateo leemos lo siguiente a propósito de este acontecimiento:

> Entonces Jesús llegó de Galilea al Jordán, y se presentó a Juan para que lo bautizara. Pero Juan quería impedírselo, diciendo: «Yo soy quien debería ser bautizado por ti, ¿y tú vienes a mí?» Pero Jesús le contestó: «Permítelo por ahora; porque es conveniente que así cumplamos toda disposición divina.» Entonces Juan se lo permitió. Una vez bautizado, Jesús salió enseguida del agua; y en esto se abrieron los cielos y vio al Espíritu de Dios descender, como una paloma, y posarse sobre él, mientras de los cielos salía una voz que decía: «Éste es mi Hijo amado, en quien me he complacido.»[6]

Ricardo II evidentemente sabía que la fiesta de la Epifanía, el 6 de enero, día de su cumpleaños, antiguamente se celebraba en honor del bautismo de Jesús en el Jordán, lo que explica el motivo de que considerara a san Juan como su santo patrón.

El hecho de que el simbolismo implícito en el Díptico de Wilton tuviera una profunda importancia para Ricardo y su creencia en los derechos divinos de los reyes es resaltado de nuevo en su tratamiento de la Abadía de Westminster, el venerable sepulcro de Eduardo el Confesor y donde los reyes son coronados todavía hoy. Ricardo sentía un interés especial por la abadía; el pórtico norte se edificó durante su reinado y él mismo contribuyó a la construcción de la nave. El rey solía acudir allí en tiempos difíciles, y en cierta ocasión hizo que los miembros del Parlamento pronunciaran un juramento de lealtad a él frente al sepulcro de Eduardo. Ricardo se mostró generoso con la abadía y le hizo numerosos regalos, entre ellos los estandartes de san Eduardo y san Edmundo y unas vestiduras bordadas con el escudo de armas de esos reyes así como el suyo propio y el de su reina. En esas vestiduras aparecían la Virgen y Juan Bautista. La ubicación de otras capillas alrededor del sepulcro de Eduardo el Confesor imita la disposición de ciertos elementos en el Díptico de Wilton. En la cúspide de la vieja iglesia aparece el sepulcro del santo. Hacia el norte hay una pequeña capilla dedicada a santa María y a san Juan Bautista, mientras que en una posición equivalente hacia el sur se halla la Capilla de San Edmundo. Ricardo deseaba que su tumba fuera colocada junto a la del Confesor, frente a la Capilla de San Edmundo. Por tanto, es evidente que Ricardo deseaba gozar una vez muerto de la compañía de esos santos al igual que había gozado de ella en vida. Sin embargo, su devoción especial hacia Juan Bautista, quien en el díptico es el santo que lo toca y lo presenta a la Virgen, queda claro por la inscripción que figura sobre su tumba: *O clemens Christe - cui devotus fuit iste; Votis Baptiste salves quem pretulit iste*. Traducido, significa: «Oh Cristo misericordioso de quien él (Ricardo) era devoto, sálvalo a través de las oraciones del Bautista que fue quien lo presentó.» Esta humilde oración parece a primera vista casi blasfema por lo que implica, pues la persona a quien Juan Bautista presenta en los Evangelios no es otra que Jesús. Lo que parece indicar es que Ricardo deseaba asemejarse a Jesús, cuyo ministerio comenzó con su bautismo en el Jordán; desea iniciarse en la misma orden que Cristo. ¿Pero se trata simplemente de la obsesión personal de un rey cuyo cumpleaños era el 6 de enero o existe algo más profundo? ¿Actuaba Ricardo solo o estaba en contacto con una corriente secreta de ideas centradas en una tradición mística asociada con el Bautista y los magos? Estoy convencido de que esto último es cierto y de que esa corriente tenía su origen en el Imperio Bizantino y llegó a Europa en la época de las Cruzadas.

## Los magos góticos

El movimiento de las Cruzadas comenzó oficialmente en noviembre de 1095 con el concilio de Clermont convocado por el papa Urbano II. No obstante, existe una fuerte tradición en la Borgoña que afirma que ya se había producido una reunión secreta de treinta y seis obispos en Autun a principios de aquel año y que fue allí donde se decidió por primera vez ir a Jerusalén[7]. Aunque por supuesto existían muchas catedrales y grandes abadías en Europa Occidental cuyos cimientos tenían cientos de años de antigüedad, con anterioridad a las Cruzadas no existían edificios con las ventanas y puertas de forma ojival características del estilo gótico. Las iglesias más antiguas, como la Catedral de Durham, construidas según el estilo románico o normando, ofrecían limitadas oportunidades para instalar vidrieras. La estructura de los edificios era maciza, con unos pilares y muros enormemente gruesos que permitían únicamente unas ventanas muy pequeñas. Eran por tanto lugares bastante oscuros y tenebrosos. La decoración consistía sobre todo en murales, dada la escasa oportunidad de utilizar vidrieras. La aparición del gótico, con unos contrafuertes que aligeraban el peso del techo y unas columnas de tamaño más reducido en el interior, permitió a los constructores una mayor utilización del vidrio. A partir de entonces las iglesias se convirtieron en templos llenos de luz, poniendo de relieve la relación entre esos edificios religiosos y el reino de los cielos al cual representaban. La luz que penetraba por las ventanas se refractaba en brillantes colores, cambiando y modificando el ambiente interior según la intensidad del sol y qué ventanas iluminara a una determinada hora del día. Estas nuevas iglesias, orientadas hacia el este y a menudo con grandes rosetones sobre el pórtico occidental, eran de hecho templos del sol. En cuanto instrumentos para elevar el espíritu humano no tienen rival; sin embargo, su aparición en el paisaje de Europa fue tan súbita como la de las pirámides de Egipto. Es evidente que el impulso que propició ese acontecimiento estaba ya plenamente formado antes de que el primero de esos templos, la Catedral de Chartres, hubiera aparecido en boceto. Todo parece indicar que este conocimiento fue traído de Oriente en el siglo XII por los cruzados, ¿pero de dónde? En aquella época las iglesias de Constantinopla y Jerusalén no eran de ese tipo, sino de contornos redondeados carentes del arco ojival.

El propósito de una catedral era múltiple. Por una parte constituía la sede del obispo de la localidad y, por consiguiente, debía reflejar la dignidad y prestigio de su ministerio; por otra cumplía también la función de manual de instrucción para educar al pueblo ignorante. Ello se conseguía principalmente a través de las imágenes utilizadas, en vidrio y piedra, que representaban las historias contenidas en la Biblia. En Chartres, probablemente la más enigmática de todas las catedrales góticas, hay una inmensa vidriera que narra la historia de la Natividad y varios paneles que muestran a los reyes magos. En el primero aparecen con Herodes, luego visitando a la Virgen y al Niño y, por último, tras haber sido advertidos por el ángel, regresan a casa por otra ruta. La estrella de Belén ocupa un lugar destacado en estas vidrieras. Aparece con María y José en el pesebre en el momento de producirse el nacimiento, guía a los reyes magos de regreso a Belén y, curiosamente, sigue con ellos cuando el ángel los despierta.

Es probable que todas las catedrales en Europa tuvieran, en cierto momento, una o más vidrieras que representaban la historia de los magos, pero en Autun, en la Borgoña, donde se celebró la reunión secreta de los obispos en 1095, su historia está relatada en piedra. El terreno sobre el que se erigió la Catedral de Autun fue cedido al obispo Étienne de Bagé por el duque de Borgoña, primo del papa Calixto II en 1119. Las obras de la catedral comenzaron al año siguiente, en 1120, y concluyeron veinticinco años más tarde, en 1145. La historia de los reyes magos está deliciosamente representada en tres escenas esculpidas sobre unos capiteles por un excelente y enigmático escultor llamado Gislebertus. Es muy poco lo que se sabe de él pero por fortuna su obra, aunque deteriorada, ha sobrevivido hasta el presente. En la primera escena los magos aparecen presentándose ante Herodes. En la segunda, haciendo sus ofrendas; el incienso y la mirra están en unos recipientes redondos mientras que el oro se halla dentro de un pequeño cofre. En la tercera escena, y la más divertida, aparecen acostados en la cama con las coronas puestas. Sobre ellos luce la estrella y uno de los magos, que a diferencia de los otros tiene los ojos abiertos, es tocado en la mano por el ángel, ansioso de advertirles que deben seguir otra ruta.

Además de las vidrieras y esculturas, las catedrales contenían normalmente numerosos cuadros, pintados en los muros o sobre lienzo. Esos cuadros solían regirse por unos cánones bien definidos. María aparece sentada, el Niño Jesús en su regazo, y José, el marido, junto a ellos. Visten ropas sencillas, las de la Virgen consisten en una capa azul sobre una túnica roja. Por lo general, María tiene la cabeza cubierta por una capucha o manto azul, aunque a veces aparece luciendo un tocado más de la época. Casi siempre está rodeada de un halo o una luz dorada, para indicar que es santa. Los magos, por el contrario, suelen aparecer ricamente vestidos y adornados, acompañados por un nutrido séquito de sirvientes. Puesto que proceden de Oriente, presentan un aspecto exótico y a veces llevan extraños animales como leopardos domesticados y camellos, a fin de demostrar que provienen del este. Según la tradición europea, los magos son invariablemente reyes por derecho propio y por tanto lucen coronas (aunque en ocasiones se las quitan por respeto hacia el Rey de Reyes). Uno de ellos, generalmente el mayor, aparece postrado de rodillas ante la Virgen y el Niño para ofrecer sus regalos, o bien besando el pie de Jesús. Los otros permanecen en un discreto segundo plano, esperando el momento de hacer también sus ofrendas. Igualmente, según la tradición, uno de ellos es negro, bien un africano o un indio del subcontinente. Huelga decir que ninguno de esos detalles consta en el relato de Mateo, que es, como mínimo, sucinto. No obstante, el culto a los magos, aunque muy popular en Francia y en Gran Bretaña, no alcanzaría su apoteosis en esos países sino en Alemania, o mejor dicho en el Sacro Imperio Romano. El motivo de ello es otra historia y transcurrirían varios años antes de que me encontrara de pie ante el sepulcro donde presuntamente yacen sus huesos. Mucho antes había emprendido otra aventura: averiguar si existían algunos maestros en posesión de los conocimientos secretos que yo creía habían constituido el motivo de la construcción de las catedrales góticas.

# NOTAS

1. P. D. Uspienski, *A New Model of the Universe* (Routledge & Kegan Paul Ltd., Londres, 1967), pp. 344-345.

2. Mateo, 1:18-2:1-2.

3. John Harvey, *The Plantagenets* (Penguin Books, Glasgow, 1976), pp. 149-150.

4. Hone, W., (trad.), *The Lost Books of the Bible* (Gramercy Books, Nueva York, 1979), p. 40.

5. Ibíd., p. 40.

6. Mateo, 3:13-17.

7. Jonathan Riley-Smith, *Oxford Illustrated History of the Crusades* (Oxford University Press, Oxford, 1995), p. 1.

## 2

# ENCUENTRO CON UN MAGO

En mayo de 1973, tras mi regreso de Israel, fui en tren desde Londres hasta Cheltenham, una ciudad inglesa célebre por su balneario. Iba a reunirme con John Godolphin Bennett, un extraordinario personaje cuya autobiografía había leído el año anterior. En aquella época Bennett, que había cumplido ya setenta años, dirigía una escuela esotérica experimental en Sherborne House, una gran mansión rural situada a escasa distancia de Cheltenham. La publicidad de esa escuela indicaba que se trataba de un lugar donde los estudiantes aprendían danzas sagradas, meditación y otras técnicas encaminadas a potenciar el desarrollo personal. Yo ansiaba averiguar en qué consistían exactamente esas técnicas. Sentía más que un poco de curiosidad por el propio Bennett, pues por lo que había leído me daba la impresión de que era un caballero inglés filósofo nada parecido a los gurús hindúes, tan de moda entonces. De hecho, parecía pertenecer a otra época.

Llegué un soleado sábado a media mañana y me recibió afablemente su esposa Elizabeth, una dama muy activa con aire de maestra de escuela privada. El edificio era espacioso y antiguo, e imaginé las elegantes fiestas que debían de celebrarse allí en otros tiempos. Todo el lugar poseía un ambiente irreal, como si al cruzar por sus puertas uno retrocediera de pronto a los años veinte. Aunque el interior presentaba un aspecto algo destartalado, el magnífico parque que ocupaba varias hectáreas de terreno mostraba un césped perfectamente cuidado y unos atractivos macizos de flores junto al edificio. Enseguida me di cuenta de que uno de ellos estaba dispuesto en forma de eneagrama, el símbolo de nueve puntas comentado ampliamente por Uspienski en su último libro, *In Search of the Miraculous [En busca de lo milagroso].* No me sorprendió pues sabía que Bennett había sido discípulo de Uspienski. Al poco rato apareció Bennett, un hombre alto y desgarbado, con unas manos enormes y una cabellera blanca e indomable. Con sus botas de goma y ropas viejas, parecía más un jardinero profesional que un filósofo. Tras explicarme que tenía unos asuntos urgentes que resolver, me condujo afuera, cogiendo de paso una regadera. Nos dirigimos a un pequeño jardín, una zona apartada y protegida de la mirada de intrusos por unos árboles. Allí había un estanque y Bennett me llevó hacia él.

—Adrian —dijo—, ten la amabilidad de regar las flores. No tardaré; media hora a lo sumo, y luego dispondremos de veinte minutos para hablar de lo que quieras.

Al mismo tiempo Bennett me entregó la regadera y, dejándome en el silencio del pequeño jardín, se encaminó de nuevo hacia la casa. Confundido e irritado, llené la regadera con agua del estanque y observé las apretadas hileras de pensamientos y petunias. Esto no era lo que yo imaginaba. Había recorrido ciento sesenta kilómetros para hablar con el gran hombre sobre derviches y esperaba, si no que me recibiera con todos los honores, al menos que me ofreciera una taza de té. En cambio me encontré a solas en un extraño jardín regando unos macizos de flores. No había ido a Cheltenham para eso y, tras llenar la regadera un par de veces y regar las plantas más cercanas, me senté y empecé a pensar en lo que debía preguntarle durante los veinte minutos que Bennett iba a concederme. Al cabo de lo que me pareció mucho rato, reapareció y comenzó inmediatamente a inspeccionar mi trabajo. Al contemplar las hileras posteriores de los macizos de flores notó que todavía estaban secas. Yo me sonrojé, pues de pronto comprendí que lo que había tomado como una tarea sin importancia era en realidad una prueba que evidentemente no había superado.

Bennett y yo abandonamos el jardín y regresamos a la casa para tomar una taza de té y charlar. Nuestra conversación se desarrolló en su estudio, que si no recuerdo mal consistía en una pequeña habitación situada en el primer piso del edificio. Tras invitarme a pasar, Bennett me indicó que me sentara en una silla junto a su sencillo escritorio de madera.

—Estás sentado en la silla que ocupó Uspienski cuando escribió *In Search of the Miraculous.* Es posible que no volvamos a vernos y dispones de veinte minutos para hablar de lo que desees. ¿Quieres hacerme algunas preguntas?

Yo había leído *In Search of the Miraculous* unos años antes, durante un viaje a Suecia, y su contenido me había fascinado, en especial su presunción de que todavía existían maestros de sabiduría —como los magos bíblicos— que vivían en Oriente. En aquel momento, no sólo me encontraba sentado en la silla del escritor, sino que ante mí se hallaba una de las pocas personas vivas que habían estudiado con él personalmente y podían contarme más cosas sobre ese extraño libro. ¿De dónde procedían las ideas que contenía? ¿Sabía Uspienski más de lo que había dejado escrito? ¿Existía todavía, según dejaba entrever, una hermandad secreta de iniciados en el Próximo Oriente? Éstas y muchas otras eran las preguntas que hacía tiempo deseaba formular a Bennett. Sin embargo, mientras me hallaba sentado en su estudio, mi mente, que hasta entonces había estado llena de ideas, se quedó en blanco. Restregué nerviosamente el suelo con los pies, incapaz de pensar, pues de golpe nada me parecía importante. Mientras el silencio se hacía cada vez más tenso, en lugar de formular a Bennett una pregunta inteligente y filosófica, me eché a reír. No me reía de él ni de algo concreto, sino de lo contradictorio de mi situación. Me sentía como el personaje del cuento al que cuando le ofrecen la oportunidad de formular tres deseos sólo se le ocurre pedir una salchicha. Por fin, al cabo de varios minutos, logré serenarme y empezamos a hablar sobre el destino. En aquel entonces yo no entendía lo que significaba. Más tarde, cuando leí ciertos libros que no se publicaron en vida de Bennett, comprendí el auténtico significado de nuestra conversación.

Para Bennett las palabras «destino» y «suerte» tienen unos significados totalmente distintos. La suerte, según Bennett, comprende todo lo que es ajeno a nuestro control y constituye el armazón dentro del cual se desarrolla nuestra vida. Así, el color de los ojos, la raza, la nación y familia en las que nacemos, nuestro horóscopo astrológico, nuestras aptitudes y talento forman parte de nuestra suerte. Todo ello está comentado sucintamente en el libro *Deeper Man [La profundidad del hombre]*, publicado después de su muerte y en el que se recogen sus notas:

> No se trata sólo de la decisión de nacer, sino de dónde nacer, a través de qué padres y con qué herencia [...]. La nueva vida que nace lleva consigo un determinado patrón; tiene determinado aspecto y forma y esto constituye unas limitaciones inevitables. La más obvia es la configuración genética a través

de la cual el niño tiene sus cualidades hereditarias, la mitad de las cuales provienen del padre y la otra mitad de la madre. En el momento en que la semilla del padre penetra en el óvulo de la madre, queda establecido el patrón de la vida física. Por otra parte existe el patrón de la suerte, que no se origina a partir del padre y de la madre sino que es determinado por el entorno de influencias planetarias en el momento de la concepción. La herencia física y la «herencia astral» o suerte quedan decididas en el momento de la concepción y constituyen las leyes que rigen la nueva vida[1].

La suerte actúa a través de la vida procurándonos oportunidades, presentándonos a personas tales como nuestro futuro cónyuge y propiciando las cosas que nos ocurren en la vida. El destino, sin embargo, es otra cosa: es, según Bennett, el propósito y motivo de que nuestra alma cobre vida.

> Aparte del patrón físico transmitido genéticamente y del «patrón espiritual» o suerte, existe un orden de un nivel superior denominado «destino» [...]. El destino del niño es único, y le es concedido independientemente de quiénes sean sus padres. No proviene de ellos ni de nada «ajeno» al niño. Puede decirse que proviene de Dios. Tiene que ver con la misión que el niño debe cumplir por haber nacido, y a través de este destino tiene el poder de elegir las correspondientes circunstancias vitales. Pero ese poder no es ilimitado. A veces no se consigue que el patrón del destino y las circunstancias vitales encajen. Puede producirse un fallo en la concepción, problemas físicos o un aborto espontáneo; algo que impida que el destino se encarne. O es posible que el niño nazca y la suerte o sus circunstancias vitales le impidan cumplir su destino. Los niños con un destino muy elevado no son frecuentes y para que se realicen su concepción y nacimiento deben darse unas condiciones especiales[2].

El éxito y fracaso en la vida dependen de la medida en que logremos cumplir nuestro destino, que puede armonizar o no con nuestra suerte. El destino es activo mientras que la suerte es en cierto sentido pasiva. El destino va unido al concepto de una «voluntad» personal como fuente de todo propósito y se manifiesta en el individuo como ambición. Una de las funciones principales de la escuela esotérica de Bennett, por tanto, era hacer que sus alumnos tomaran conciencia del propósito de su alma, pues sólo si cumplimos nuestro destino logramos alcanzar una satisfacción duradera en la vida.

El propio Bennett estaba marcado por un destino especial. De joven había luchado en las trincheras durante la Primera Guerra Mundial, pero en 1918 cayó herido y fue repatriado a Inglaterra para que se recuperara. Durante su convalecencia aprendió turco[3] y solicitó el cargo de ayudante de oficial de espionaje en Constantinopla. A partir de entonces su vida tomó un nuevo rumbo, pues la grave herida sufrida durante la guerra cambió mucho su forma de ver la vida. La Primera Guerra Mundial propició numerosos cambios políticos no sólo en Europa sino también en Oriente Medio. Durante buena parte del siglo XIX al Imperio Otomano se le había conocido como «el enfermo de Europa». Una serie de guerras y revoluciones había evitado que Grecia, Serbia y otros estados balcánicos siguieran controlados por los otomanos, quienes también perdieron los territorios de Oriente Medio de Arabia, Mesopotamia, Siria y Palestina, cuando el sultán cometió el error de aliarse con los alemanes y austríacos. Estas provincias se convirtieron en protectorados británicos y franceses, recordando ligeramente los antiguos estados cruzados de hacía ochocientos años. Como consecuencia de la Gran Guerra, Turquía corrió el peligro de verse desmembrada cuando en 1920 un ejército griego, bajo la protección de las armadas francesa y británica, desembarcó en Esmirna. Los griegos ya habían ocupado la Tracia oriental hasta las líneas Chatalja[4] y presionaron a los aliados para que les permitieran conquistar Constantinopla. Apremiado por los franceses e italianos, el sultán firmó el Tratado de Sèvres en agosto de aquel año, en virtud del cual los territorios restantes de Anatolia fueron divididos en unas «áreas de influencia» entre Francia, Gran Bretaña e Italia. Esto significaba la destrucción de Turquía como estado independiente y lógicamente suscitó las iras del pueblo. En consecuencia el movimiento nacionalista, liderado por Mustafá Kemal (Atatürk), adquirió mayor fuerza. Estalló una guerra de independencia, que obligó a retirarse a las fuerzas británicas y francesas y consiguió la derrota de los griegos. El 17 de noviembre de 1922, Mohamed VI, el último sultán, huyó a Malta a bordo de un buque inglés: el *Malaya*, y el 29 de octubre de 1923 Turquía pasó a ser una república.

A fin de subrayar la ruptura con el pasado, Atatürk, el primer presidente de Turquía, trasladó la capital de Constantinopla (ahora llamada Estambul) a Ankara. Asimismo secularizó el país, creando una división entre la mezquita y el estado, que persiste hoy en día. Fue adoptado el alfabeto romano en lugar del árabe para escribir en turco y se llevaron a cabo muchos otros cambios, entre ellos la abolición del fez y la supresión de movimientos religiosos como el de los derviches danzantes[5]. Casi de la noche a la mañana los turcos pasaron de ser un pueblo medieval a un estado moderno, abandonando sus tradiciones.

Fue en esta singular situación en la que Bennett se encontró tras su experiencia casi mortal en 1918. No tardó en distinguirse como agente de inteligencia y cuando las fuerzas británicas se retiraron a finales de 1920, se encontró a cargo de todo el Departamento de Espionaje Británico, que cubría la inmensa área de lo que antiguamente había sido el Imperio Otomano, desde la costa dálmata hasta las fronteras de Persia, Egipto y Rusia. Bennett vino a ser, en un sentido muy real, «nuestro hombre en Constantinopla», y pese a que sólo había cumplido veintidós años, ostentaba el rango de teniente coronel.

Mientras desempeñaba el papel de maestro de espías para el Imperio Británico, un trabajo que evidentemente le complacía, Bennett entabló gran amistad con un príncipe otomano llamado Sabaheddin. Éste era hijo de Damad Mahmud Bajá, un célebre reformador y visir turco que había sido desterrado por el despótico Abdul Hamid II. Era también sobrino del sultán reinante, Mohamed VI. El príncipe Sabaheddin era un hombre de gran cultura que prefería hablar en francés antes que en turco y que había heredado las ideas políticas liberales de su padre. También, se sentía muy atraído por el misticismo, había estudiado en profundidad la teosofía de madame Blavatski[6] y era amigo personal de Rudolf Steiner, el fundador del movimiento antroposófico que se deriva de aquélla. En cierto sentido Sabaheddin representaba una casta que no tardaría en extinguirse. Era un vínculo viviente con un pasado que se remontaba a la época de Bizancio, con un mundo que prácticamente había desaparecido en 1920. Bennett, el joven espía, alto y un tanto desgarbado, se sintió intrigado por este hombre menudo y delicado, de modales exquisitos, y al parecer el sentimiento fue mutuo. Cenaban juntos una vez a la semana, en ocasiones solos, a veces acompañados por otros comensales, como la amante y futura esposa de Bennett, la señora Winifred Beaumont.

Estas cenas que siempre tenían lugar en el palacio de Kuru Chesme, pues Sabaheddin nunca salía por las noches por temor a sufrir un atentado, debieron de ser unas reuniones magníficas. Ambos amigos conversaban hasta bien entrada la madrugada, hablando sobre filosofía y misticismo, temas que adquirían mayor realidad gracias al esplendor barroco de Kuru Chesme. Debido a la influencia de Sabaheddin, Bennett comenzó a interesarse también por el hipnotismo y otros tipos de fenómenos extraños. Fue una afición que cambiaría su vida y que al cabo de unos cincuenta años le llevaría a fundar la Academia Internacional de Formación Continua en Sherborne House, que visité en 1972.

## En busca de milagros

En 1920, Constantinopla, o Estambul, como no tardaría en llamarse, estaba repleta de refugiados de diversas nacionalidades. Las consecuencias de la Primera Guerra Mundial, las revoluciones en Rusia, los conflictos políticos en Armenia y la invasión griega de Turquía causaron grandes movimientos de población. Muchos rusos, griegos, turcos, armenios y otros acabaron en Constantinopla, donde se afincaron de forma definitiva o, en su mayoría, donde se detenían provisionalmente antes de trasladarse a otros lugares. Como maestro de espías y jefe de los servicios secretos británicos y amigo de príncipes otomanos, Bennett tuvo contacto con muchos personajes pintorescos, incluyendo a un recién llegado de la Unión Soviética: Piotr Demianóvich Uspienski. Éste, más aún que Sabaheddin, tendría una profunda influencia en los derroteros que tomaría la vida de Bennett.

Uspienski, un periodista de San Petersburgo con ideas rotundamente anticomunistas, era un hombre dotado de un extraordinario intelecto que poseía la rara habilidad de ser capaz de lograr que las ideas complicadas parecieran sencillas y las ideas sencillas profundas. ¿Quiénes somos? ¿De dónde provenimos? ¿Cuál es nuestro destino? Éstas eran preguntas que confundían y preocupaban a Uspienski más que a otras personas. Comprendía que vivimos en un mundo lleno de complejidades y contradicciones pero también creía en la existencia de unos maestros. A lo largo de la historia ha imperado la creencia de que en alguna parte existe una autoridad humana superior a los profesores y políticos que nos enseñan y gobiernan; una escuela o comunidad oculta de sabios, quienes, aunque no controlan directamente los destinos de la humanidad, cuando menos conocen las respuestas a esas importantes preguntas. La creencia en los maestros de la sabiduría, pues es así como debemos llamarlos, constituye una parte fundamental, si bien se le da poco relieve, de toda religión importante. ¿Pero quiénes eran esas personas? ¿De dónde procedían? ¿Qué pruebas había de su existencia? Según la teosofía eran instrumentos de Dios, una sociedad secreta de iniciados que impulsaban y conducían el mundo hacia un destino superior. No obstante, a diferencia del papa o del Dalai Lama, esas personas eran desconocidas; Uspienski era incapaz de identificarlas. Como un científico forense, sólo era capaz de reconocer sus actos retrospectivamente por las huellas que habían dejado tras ellos. Uspienski sabía dónde habían estado pero no dónde se encontraban en aquel momento ni adónde irían en el futuro.

Resuelto a descifrar el misterio, antes de la Primera Guerra Mundial Uspienski se embarcó en una búsqueda para hallar a esos maestros. Recorrió toda la India, Ceilán y Egipto en busca de los extraños conocimientos que pudieran ocultarse en esos países exóticos. Al igual que Sabaheddin y muchas otras personas de aquella época, Uspienski estaba muy influido por los escritos de H. P. Blavatski, la madre de la teosofía, y confiaba en que si buscaba en los lugares adecuados lograría dar con sus maestros, o al menos con alguna persona que le indicara dónde podría hallarlos. Huelga decir que cuando llegó a la India se llevó una profunda decepción, pues no tardó en darse cuenta de que buena parte de las personas que se dedicaban a tareas presuntamente esotéricas, lo que hoy en día llamaríamos «Nueva Era», se engañaban a sí mismas y a los demás. Por cada auténtico maestro de ideas esotéricas había cientos de charlatanes que se aprovechaban de las debilidades de los demás. Éstos, según comprobó Uspienski, existían tanto en Oriente como en Occidente.

Cabe decir que Uspienski no era simplemente un *protohippie*, sino un matemático y filósofo que había escrito un libro sobre el oscuro tema del tiempo y el espacio. Este libro, que llevaba el llamativo título de *Tertium Organum*[7], presentaba unas ideas extraordinariamente novedosas sobre la conciencia psíquica, la realidad de unos ámbitos superiores y lo que ello significaba en términos de tiempo y espacio. Era un libro muy original que abarcaba numerosos temas, desde la geometría de cuatro dimensiones a los escritos de Lao Tsé. Aunque la búsqueda de los maestros de la escuela de Blavatski había resultado infructuosa, este libro le valió una gran fama en Rusia y más tarde le permitió el acceso a la sociedad londinense.

Tras haber sobrevivido milagrosamente a la revolución bolchevique y sus consecuencias, Uspienski llegó a Constantinopla en el año 1920 acompañado por un pequeño grupo de amigos. Allí conoció a Bennett y, gracias a su influencia, consiguió un visado que le permitió viajar a Inglaterra. En agosto de 1921 llegó a Londres y, con ayuda de lady Rothermere, esposa de un magnate de la prensa y admiradora de su obra *Tertium Organum*, casi inmediatamente reunió a un pequeño círculo de seguidores. Eran en su mayoría lectores de dos revistas marginales, *The New Age* y *The Quest*. En el año 1931, Uspienski publicó su segundo libro, *A New Model of the Universe*, basado principalmente en unos ensayos que había escrito durante sus días de búsqueda antes de la Primera Guerra Mundial. En el prefacio de la segunda edición, publicada en 1934, Uspienski insistía en su convencimiento de que habían existido en el pasado (y quizás existían en el presente) unas personas dotadas de una mente superior. Estas mentes superiores, según Uspienski, eran responsables de todas las grandes obras de arte que contemplamos en el mundo, tales como los Evangelios, los *Upanishads*, la Gran Esfinge de Gizeh y otros monumentos[8]. En su primer capítulo, titulado «Esoterismo y pensamiento moderno», el autor aborda el tema en profundidad, vinculando los conocimientos esotéricos a la labor de las escuelas bajo la dirección de unos maestros para quienes la mente superior no es sólo un concepto sino una realidad. Basándose en sus experiencias personales, Uspienski aclara que los conocimientos esotéricos no se adquieren fácilmente:

> El esoterismo es remoto e inaccesible, pero todo hombre que conozca o intuya la existencia del esoterismo tiene la ocasión de ponerse en contacto con una escuela o conocer a personas que le ayuden a hallar el camino...
>
> [...] Pues las puertas del mundo de lo milagroso sólo se abrirán para aquel que busque[9].

Para Uspienski, era evidente que la civilización no sólo era consecuencia de la labor de las escuelas esotéricas sino que sólo podía continuar si era sostenida por la ayuda continua de unas fuentes ocultas. Así, un declive en la religión, o sea en el número de personas que desearan iniciarse en «los misterios», provocaría inevitablemente el correspondiente declive en la civilización. Los conocimientos científicos o técnicos no podían sustituir esta evolución humana, pues sólo a través de ésta era posible entrar en contacto con la mente superior, sin la cual la raza humana no tendría una guía y degeneraría inexorablemente.

En un ensayo posterior contenido en el mismo libro Uspienski abundaba en el vínculo entre el esoterismo y nuestro conocimiento de los hechos que configuran la historia. Él no estaba interesado en la «historia de crímenes», como la que muestran los viejos documentales y nos es presentada cada noche como «las noticias» en las pantallas de nuestros televisores. Lo que le interesaba era la transmisión secreta de ideas, la forma en que los conocimientos esotéricos habían pasado a través de los siglos de un grupo a otro, de una sociedad, una religión e incluso una civilización a otra. Ésta, es decir, el rastro de la obra de sus admirados maestros de sabiduría, era a su entender la verdadera historia del mundo.

Entre la Primera y la Segunda Guerra Mundial, Uspienski se convirtió en un personaje bien conocido en los círculos esotéricos, un tanto formales, de Londres. Sin embargo, las conferencias privadas que dio y a las que a veces asistía gente como Aldous Huxley y A. E. Waite, así como A. R. Orage, el editor de *The New Age*, tenían poco que ver con su búsqueda personal y se basaban en unas ideas que le había transmitido otro ruso: George Ivanóvich Gurdjieff. Éste era un griego de origen armenio que se había criado en la turbulenta región de la frontera ruso-turca durante la segunda mitad del siglo XIX. Gurdjieff, un experimentado viajero y buscador de la verdad, había recorrido el Cercano, Medio y Lejano Oriente en busca de una ciencia perdida. Afirmaba que durante sus peregrinajes se había topado con numerosos y extraños monasterios y templos que no sólo conservaban unos conocimientos teóricos sino también unas técnicas prácticas destinadas a la transformación del hombre. Al igual que lo había hecho madame Blavatski una generación antes, Gurdjieff llevó estas ideas a Rusia, asegurando que su «labor» era auténtica.

## El maestro de Armenia

George Ivanóvich Gurdjieff fue indudablemente uno de los hombres más extraños de su época. Había nacido en Armenia, un país de accidentado relieve situado entre Irán, Turquía, Georgia y

Azerbaiyán. Como entidad política ha estado casi siempre sometido a control extranjero y, durante buena parte del siglo XIX, se lo disputaron Rusia y el Imperio Otomano. La ciudad de Kars, donde se crió Gurdjieff, se halla actualmente en el lado turco de la frontera, pero cuando él era niño, se encontraba en la Rusia imperial. En aquella época, por tanto, era un lugar más favorable para los cristianos que en la actualidad, y Gurdjieff consiguió una buena educación en la escuela catedralicia rusa local. Esto, sin embargo, no bastaba a un chico ávido de conocimientos. Desde muy joven, al igual que Uspienski, Gurdjieff estaba convencido de que el mundo antiguo poseía unos conocimientos que habíamos perdido debido a nuestro insensato afán de materialismo, y emprendió una búsqueda de esta antigua ciencia que se prolongaría a lo largo de toda su vida. Durante varios años se dedicó a viajar por Oriente, hasta el Tíbet y la India, y Occidente, visitando Egipto y Abisinia. No obstante, la mayor parte de sus viajes la realizó por Turquestán y Mesopotamia, en el centro de este vasto territorio.

Gurdjieff aseguraba que los antiguos, al menos en algunos aspectos, estaban más avanzados que nosotros. Que si bien hemos hecho grandes progresos tecnológicos durante los últimos siglos y hemos aprendido a utilizar nuestras energías para elevar el nivel de vida, al mismo tiempo se ha producido una pérdida de otros tipos de conocimientos, que, relacionados con nuestro bienestar espiritual, psicológico y moral, han pertenecido siempre al ámbito de la religión. Gurdjieff opinaba que incluso las personas inteligentes y cultas del siglo XX padecen una lamentable ignorancia con respecto a estas cuestiones en comparación con sus remotos antepasados; que en cierto sentido vivimos en una «época oscurantista» en lugar de una era de ilustración, como solemos pensar. Nuestra ciencia, aunque nos ha liberado de los aspectos más desagradables de la naturaleza, nos mantiene aferrados al mundo material impidiéndonos hallar nuestro auténtico fin o destino. Así, nuestro mundo y nuestro lugar en él no es como imaginamos. Nuestros valores están trastocados, hasta el extremo de que hemos dejado de preguntarnos sobre el propósito de la vida y más aún de tratar de hallar la respuesta.

Sin embargo, no todo estaba perdido. Gurdjieff creía que la gente inteligente y culta de tiempos pasados había imaginado que eso ocurriría. Intuían que sus propias civilizaciones acabarían desapareciendo al cabo del tiempo y que una profunda ignorancia reinaría en la Tierra. Por consiguiente, habían codificado los aspectos más importantes de sus conocimientos y creencias en lo que Gurdjieff denominaba «legominismos». Éstos solían ser unas estructuras materiales, tales como templos o pirámides, que previsiblemente perdurarían a lo largo de miles de años. En otros casos consistían en escritos o canciones y danzas tradicionales. Existían también ciertos legominismos como la baraja de naipes, que en sus cuatro palos de trece cartas encarnaba, de forma resumida, una serie de ideas esotéricas. Gurdjieff creía que mediante estos métodos se habían logrado conservar y transmitir ciertos conocimientos secretos a futuras generaciones, y decidió emprender una serie de largos viajes en busca de esta ciencia perdida.

Según Bennett, la búsqueda de Gurdjieff duró aproximadamente dieciséis años, desde 1891 hasta 1907, y culminó cuando lo aceptaron como miembro de un templo secreto dirigido por una sociedad esotérica llamada la Hermandad Sarmoung o Sarman[10]. La mayoría del capítulo 5 del libro semiautobiográfico de Gurdjieff, titulado *Meetings with Remarkable Men*, se refiere a la búsqueda de esta misteriosa hermandad, que según él se había fundado en Babilonia hacia 2500 a.C[11]. Aproximadamente por esa época los egipcios habían comenzado a construir la Gran Pirámide. Bennett creía que los descendientes de esa hermandad secreta de sabios habían iniciado a Pitágoras, el padre de la filosofía occidental, mientras se hallaba cautivo en Babilonia. Bennett observa que existe una vieja tradición que afirma que Pitágoras viajó por el mundo en busca de conocimientos. Mientras residía en Egipto, el rey persa Cambises obligó a todos los sabios del país, incluyendo a Pitágoras, a que fueran a Babilonia. Este hecho es consignado en la obra de Jámblico (hacia el 260-330 d.C.), el filósofo griego neoplatónico, titulada *Vida de Pitágoras*:

> [...] él [Pitágoras] visitó a todos los sacerdotes egipcios, adquiriendo todos los conocimientos que cada uno de ellos poseía. Así, pasó veintidós años en los santuarios de los templos, estudiando astronomía y geometría, y siendo iniciado de forma no frívola ni superficial en todos los misterios de los dioses. Al cabo de un tiempo, sin embargo, fue capturado por los soldados de Cambises y trasladado a Babilonia. Allí tuvo la dicha de conocer a los magos, quienes le instruyeron en sus venerables conocimientos y en la veneración perfecta de los dioses. Asimismo, mediante la ayuda de aquéllos, completó sus estudios de aritmética, música y todas las otras ciencias.

Al cabo de doce años, cuando contaba aproximadamente cincuenta y seis, regresó a Samos[12].

Bennett cita otra leyenda según la cual Pitágoras, mientras vivió en Babilonia, pudo haber conocido a Zoroastro (Zaratustra). Éste fundó la religión persa que lleva su nombre y se cree que fue el mentor de Ciro, el padre de Cambises. Esta historia se contiene en otra *Vida de Pitágoras*, escrita por Porfirio, maestro de Jámblico:

> En Egipto, él [Pitágoras] vivió con los sacerdotes, aprendió la sabiduría de los egipcios, su lenguaje y sus tres tipos de escritura: la epistolográfica, la jeroglífica y la simbólica; la primera imita la forma común de hablar, mientras que las otras expresan el sentido de la alegoría y la parábola. En Arabia conversó con el rey. En Babilonia trató con los caldeos, entablando gran amistad con Zaratas [Zaratustra], por quien fue purificado de las corrupciones de su vida anterior y le enseñó los engaños de los que un hombre virtuoso debía librarse[13].

En un capítulo anterior, Porfirio explica que cada cultura antigua sobresalía en una u otra ciencia y que Pitágoras aprendió de todas ellas:

> En cuanto a sus conocimientos, se dice que aprendió las ciencias matemáticas de los egipcios, caldeos y fenicios; pues los antiguos egipcios destacaban en geometría, los fenicios en números y proporciones, y los caldeos en teoremas astronómicos, ritos divinos y veneración de los dioses; otros secretos referentes al curso de la vida los recibió y aprendió de los magos[14].

Sin entrar en detalles referentes a sus viajes, es evidente que Gurdjieff trató de imitar a Pitágoras. Es posible que conociera la leyenda que afirma que el padre de la filosofía griega había sido iniciado por los magos babilonios cuando emprendió su búsqueda personal. De lo que no cabe duda, según Bennett, es de que «en cierta medida» Gurdjieff creó su propia academia imitando la escuela de Pitágoras[15].

En el transcurso de sus viajes Gurdjieff conoció a varias personas que compartían su afán por descubrir esos conocimientos secretos. A fin de hacer su empresa más llevadera, formaron una sociedad semioficial llamada «Los buscadores de la verdad» y acordaron compartir con los demás miembros los resultados de su investigación. Uno de los miembros de este grupo era un amigo armenio de Gurdjieff llamado Pogossian. Al igual que Gurdjieff, disponía de tiempo y compartía la afición de su amigo por los misterios. A fin de satisfacer ese interés y tratar de hallar la antigua sabiduría, realizaron varios viajes juntos, uno de los cuales los llevó a pasar una temporada entre las ruinas de la capital armenia de Ani y realizar algunas investigaciones arqueológicas[16].

Hoy en día sería inconcebible que un par de jóvenes armenios se divirtieran cavando entre esas ruinas, pero en los años siguientes a 1890, la arqueología estaba en pañales y constituía principalmente un deporte para aficionados. En aquel entonces no tenía nada de particular que dos jóvenes resueltos montaran su campamento entre las viejas iglesias y los palacios de sus antepasados y se dedicaran a las actividades que les complacían.

Durante sus excavaciones hallaron un pasadizo subterráneo y después de traspasar un muro al final del mismo, penetraron en una pequeña cámara abovedada que obviamente había sido la celda de un monje. La habitación contenía poco más que unas vasijas rotas y los restos podridos de unos muebles. Pero en un rincón de la habitación hallaron un nicho que contenía pergaminos antiguos. Teniendo en cuenta que Ani había sido destruida por los turcos en 1064, los documentos debían de datar al menos del siglo XI y quizá fueran mucho más antiguos. Aunque algunos de los pergaminos al entrar en contacto con el aire quedaron inmediatamente reducidos a polvo, la mayor parte permaneció intacta. Llenos de emoción por su hallazgo, ambos jóvenes recogieron con cuidado esos escritos y regresaron a Alejandrópolis[17]. Allí, en un ambiente de relativa tranquilidad, podrían examinar su tesoro y en caso necesario recurrir a un experto para que les ayudara a descifrar los documentos.

Los pergaminos resultaron ser unas cartas entre dos monjes, uno de los cuales se llamaba «Arem», y estaban escritos en armenio antiguo. Entre esta correspondencia, que casi en su totalidad versaba sobre asuntos eclesiásticos ordinarios, se incluía una carta que, desde el punto de vista de Gurdjieff y Pogossian, era más interesante que las otras. Aludía a la misteriosa «Hermandad Sarmoung», un nombre con el que Gurdjieff se había tropezado en un libro armenio llamado *Merkharvat*, y afirmaba que por la época en que había sido escrita la carta, su monasterio principal estaba ubicado «en el valle de Izrumin, a tres días de viaje de Nivssi». Pogossian y Gurdjieff comprobaron rápidamente que Nivssi era el antiguo nombre de la ciudad de Mosul, en el norte de Irak. Ésta se halla cerca de las ruinas de Nínive y, en la época en que se escribió la carta, era la capital de una provincia llamada Nievi. Con las pistas que les había procurado la carta, ambos jóvenes decidieron ir en busca del valle de Izrumin y, suponiendo que todavía existiera, el misterioso monasterio de la Hermandad Sarmoung. Así pues, en cuanto se presentó la oportunidad hicieron las maletas y partieron en busca del valle y el monasterio.

El viaje resultó más complicado de lo que habían imaginado. Las normales tensiones políticas entre turcos, armenios y kurdos les obligaron a dar un rodeo y dirigirse a su destino por el monte Egri Dagh, disfrazados de tártaros caucásicos para evitar verse envueltos en los conflictos étnicos locales. Tardaron exactamente dos meses desde el momento en que atravesaron el río Araxes, que constituía la frontera entre Turquía y Armenia, hasta llegar a la población que Gurdjieff llama de forma enigmática «Z». Todo iba perfectamente y estaban a punto de alcanzar su destino cuando ocurrió un desastre:

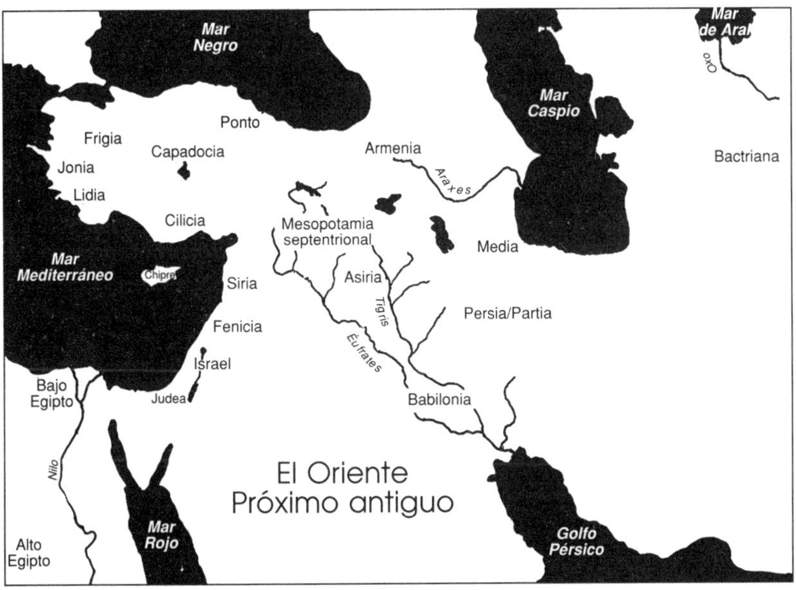

Exactamente dos meses después de haber cruzado el río Araxes, llegamos por fin a la población Z, más allá de la cual tuvimos que atravesar un paso en dirección a Siria. En este paso, antes de alcanzar la famosa cascada K, doblamos hacia Kurdistán confiando hallar a lo largo de la carretera el lugar que era el objetivo principal de nuestro viaje.

Durante nuestro peregrinar habíamos aprendido a adaptarnos a las circunstancias que nos rodeaban y todo salía a pedir de boca, hasta que un inesperado accidente cambió nuestras intenciones y nuestros planes[18].

Dicho accidente consistió en que a Pogossian lo mordió una araña muy venenosa. A partir de entonces, en lugar de continuar su viaje hacia el supuesto emplazamiento del valle de Izrumin, se dirigieron a una población llamada «N». Allí, un sacerdote armenio se compadeció de ellos y accedió a alojarlos mientras Pogossian se recuperaba de la improvisada intervención quirúrgica que Gurdjieff le había practicado para salvarle la vida. Los dos jóvenes permanecieron casi un mes con el sacerdote, del que se hicieron muy amigos, y que les confió que poseía un mapa muy antiguo. El mapa no estaba trazado sobre papel sino sobre pergamino y, según el sacerdote, había pertenecido a su familia desde hacía muchas generaciones. Cuando Gurdjieff lo vio sintió una profunda impresión:

> Fui presa de un fuerte nerviosismo, que se intensificaba a medida que trataba de dominarme y ocultar mi emoción. ¡Lo que vi fue precisamente lo que hacía meses venía quitándome el sueño!
>
> Era un mapa del antiguo Egipto[19].

Abandonando de momento la búsqueda del Monasterio de Sarmoung, tan pronto como Pogossian se recuperó partieron hacia Egipto, llevando con ellos una copia del mapa, que Gurdjieff había hecho subrepticiamente mientras el sacerdote estaba ocupado en otros asuntos. Después de numerosas aventuras, Gurdjieff, esta vez sin Pogossian, se encontró en El Cairo trabajando como guía de las pirámides de Gizeh. Utilizando su misterioso mapa estudió minuciosamente la zona, que se había convertido en el centro de su búsqueda:

Debo decir que dedicaba todo mi tiempo libre a pasearme entre esos lugares como un poseso, confiando hallar, con la ayuda de mi mapa del antiguo Egipto, una explicación de la Esfinge y otros monumentos de una gran antigüedad[20].

Gurdjieff no menciona los motivos que le llevaron a abandonar su búsqueda de la Hermandad Sarmoung y su intenso interés en el antiguo Egipto. Tampoco declara en un principio que ambos estén relacionados. No obstante, en capítulos posteriores del libro regresa a Asia y, mientras se halla en Bujará, se entrevista con un emisario de la orden que anda buscando. El emisario lo conduce, con los ojos vendados, a un monasterio secreto, oculto en un valle casi inaccesible. Durante su estancia allí, Gurdjieff es iniciado en ciertas prácticas y conocimientos secretos. Esta experiencia fue para él como hallar el Santo Grial.

Entre 1907 y 1914 Gurdjieff se dedicó principalmente a formar un «sistema» general con todas las piezas sueltas que había ido reuniendo. Este sistema comprendía filosofía, psicología y cosmología, y aunque en algunos aspectos se asemejaba a la teosofía de Blavatski, era mucho más detallado y tenía una aplicación más práctica. Gurdjieff unió el lado teórico de su trabajo con un programa de música y movimientos de danza, muchos de los cuales aseguró que le habían enseñado en los monasterios secretos que había visitado durante sus viajes. Este exhaustivo programa fue el que Uspienski conoció en Moscú en 1916, y que Gurdjieff llevó primero a Constantinopla y posteriormente a Europa Occidental y América. Uspienski conoció a Gurdjieff en Moscú pocas semanas después de su infructuoso viaje a Oriente y al momento se sintió cautivado por él. Durante cuatro años «G», como era conocido, se convirtió en su mentor, enseñándole multitud de ideas originales y extraordinarias. Uspienski estaba convencido de haber hallado al fin a un auténtico maestro de sabiduría. En 1920 Gurdjieff inauguró su propio instituto en Francia, en el castillo de la aldea de Avon, en las afueras de Fontainebleau. Allí impartía clases de danza y arte dramático, así como de los temas esotéricos que tanto habían fascinado a Uspienski durante el tiempo en que habían permanecido juntos en Rusia.

A lo largo de los dos años siguientes, Gurdjieff logró reclutar un gran número de estudiantes, muchos de ellos procedentes de América. En 1924, a raíz de un grave accidente de carretera que casi le costó la vida, cerró el instituto y se dedicó a escribir sus propios «legominismos». En esos años acuñó tres «series» bajo el título colectivo de *All and Everything*. La primera de ellas consistía en un voluminoso tomo compuesto por tres libros titulado *Beelzebub's Tales to His Grandson*. Esta extraña obra, redactada en un estilo a la vez prolijo y difícil de entender, parece un libro de ciencia ficción. Escrito desde la perspectiva de un ángel caído pero arrepentido (un anciano Belcebú, quien debido a sus pecados de juventud se ve condenado a vivir exiliado en los límites del universo dentro del Sistema Solar), describe su regreso a casa, un planeta mejor situado llamado Karatas. Para matar el tiempo durante este largo viaje espacial, Belcebú entretiene a su nietecito, que viaja con él, relatándole anécdotas de su vida. De igual manera, le cuenta la historia del planeta Tierra y el motivo de que sus extraños pobladores sean tan distintos de las inteligentes formas de vida que habitan en otros planetas del universo. El libro, divertido e irrespetuoso, constituye una hábil mezcla de instrucción y sátira difícil de descifrar salvo para los lectores más perseverantes. Esto no es casual. Bennett dice que Gurdjieff encubrió deliberadamente el significado de *Beelzebub's Tales* a fin de que sólo los más persistentes de sus lectores comprendieran lo que decía:

> Él mismo [Gurdjieff] escuchaba capítulos que le leían en voz alta y si comprobaba que los pasajes clave resultaban demasiado fáciles de comprender —y por tanto eran inevitablemente demasiado superficiales— los reescribía a fin, según decía, de «enterrar al perro más profundamente». Cuando alguien le corregía advirtiéndole que suele decirse «enterrar el hueso más profundamente», él replicaba que no era el «hueso» sino el perro lo que uno debía hallar. El perro al que se refería es Sirio, la estrella de la constelación del Can Mayor, que representa el espíritu de sabiduría según la tradición zoroástrica[21].

El segundo libro, *Meetings With Remarkable Men* —que contiene la historia de la búsqueda de la Hermandad Sarmoung—, es una obra más inteligible. Aunque a primera vista se trata de una autobiografía en realidad es mucho más. Entretejidas en la narración aparecen varias historias morales y lecciones sobre la forma en que distintos tipos de personas pueden sacar provecho de sus aptitudes. También contiene ciertas pistas, aunque no explícitas, sobre dónde podemos hallar la fuente de esta sabiduría. A diferencia de *Beelzebub's Tales*, el estilo de *Remarkable Men* es fluido y fácil de leer, si bien en muchos aspectos resulta aún más esotérico que el primero. De su tercer libro, *La vida es real sólo cuando yo soy*, existen sólo fragmentos: según parece el propio Uspienski destruyó algunos capítulos antes de su publicación porque creía que revelaban demasiado. Lo que queda es la descripción de algunos de sus métodos de enseñanza, de nuevo en forma autobiográfica, que explica en parte su singular y despótico comportamiento hacia sus alumnos. Se trata de una obra breve que presenta mucho menos interés para el lector no comprometido que sus libros anteriores, y de hecho no fue publicada hasta finales de los años setenta.

Aunque en 1924 Uspienski rompió por completo con Gurdjieff, jamás dudó de que las enseñanzas que había recibido de éste eran muy valiosas o que su antiguo profesor hubiera sido el emisario del tipo de escuela de sabiduría que él mismo no había conseguido localizar ni en Egipto ni en la India. Hasta el momento de su muerte, acaecida en 1948, Uspienski siguió dando conferencias sobre el «sistema», como se denominaba la ecléctica colección de ideas y técnicas de Gurdjieff. A partir de la Segunda Guerra Mundial, reunió numerosas notas de sus conferencias, junto con anécdotas de sus tiempos con Gurdjieff, en un libro, que fue publicado después de su muerte en 1950 bajo el título de *In Search of the Miraculous*.

El título original de *In Search*, que se conservó como subtítulo en la edición publicada, era *Fragmentos de una enseñanza desconocida*, y parece ser una referencia indirecta a otra importante obra, *Fragments of a Faith Forgotten*, de G. R. S. Mead, el teósofo más destacado de su época. Mead era el editor de la revista *The Quest*. Sus monumentales obras, *Thrice Greatest Hermes* y *Fragments of a Faith Forgotten*, eran y siguen siendo unos trabajos revolucionarios sobre los temas del gnosticismo y la tradición hermética. Muchas de las primeras reuniones convocadas por Uspienski tuvieron lugar en la redacción de *The Quest*, lo que indica que ambos hombres mantuvieron estrecha relación. No tenemos constancia de lo que hablaron entre sí, pero Mead, que a la sazón era un anciano, prestó su apoyo al emigrante ruso. Uspienski, al adoptar el título *Fragmentos de una enseñanza desconocida*, probablemente quería indicar a «aquellos que tuvieran ojos para ver» la relación entre las ideas que exponía en *In Search of the Miraculous* y los trabajos de Mead sobre el cristianismo gnóstico.

Los grupos londinenses de Uspienski tuvieron gran éxito, generando después de su muerte numerosas sociedades y círculos derivados del grupo original. A su regreso de Turquía, Bennett se convirtió en uno de los principales discípulos de Uspienski y heredó la silla de su maestro, silla en la que, veinticinco años más tarde, yo mismo me sentaría, sintiéndome bastante incómodo, por cierto. Tras haber permanecido con Gurdjieff durante los últimos días de su vida, en 1949, Bennett estaba convencido de que el cetro de su maestro también había pasado a él. Creía que su destino se encontraba en continuar la obra emprendida por ambos hombres y, a tal fin, fundó sus propias escuelas, primero en Kingston, en las afueras de Londres, y posteriormente en Sherborne.

Desde su muerte en 1949, se han escrito muchos libros sobre la «obra» de Gurdjieff, pero sobre ésta ha pendido siempre un interrogante: ¿promovía simplemente un culto inventado por él mismo o había logrado localizar la fuente de una sabiduría oculta? ¿Era, tal como insinuaba, el emisario de una hermandad secreta —los maestros de la sabiduría a los que se refería Blavatski y que Uspienski había buscado en vano— o simplemente otro charlatán? Estas preguntas, que a primera vista sólo deberían de interesar a sus seguidores, tienen mayor importancia de lo que parece. Si Gurdjieff halló realmente a los maestros, los sucesores de los magos que inciaron a Pitágoras, su trabajo no sólo adquiere mayor interés como objeto de estudio sino que tiene además unas importantes implicaciones que nos alcanzan a todos.

## Gurdjieff y la tradición gnóstica

*In Search of the Miraculous*, el libro más famoso de Uspienski, sigue siendo la Biblia de muchas escuelas y grupos surgidos de la tradición marcada por Gurdjieff. Se trata de un libro aparentemente sencillo pero que es una auténtica mina de información, pues proporciona no sólo un compendio de creencias extrañas sino también una descripción de cómo fueron presentadas originalmente. Yo me topé con esos «fragmentos de una enseñanza desconocida» durante mi viaje a Suecia en 1971. Unos meses antes, mientras estudiaba en la universidad, había leído *Tertium Organum*, pero el contenido de este libro era infinitamente más esotérico. No era un libro de fácil lectura, ya que las ideas que contenía me eran totalmente desconocidas. Desprendía una curiosa energía, pues estaba escrito en un estilo que resultaba al mismo tiempo desconcertante e iluminador. ¿De dónde provenían esas ideas? ¿Había conseguido Gurdjieff, según creía Uspienski, entrar en contacto con una escuela secreta? Éstas eran las preguntas que me daban vueltas por la cabeza cuando partí en bicicleta hacia Israel dos años más tarde y tuve tiempo de meditar profundamente en estas cuestiones.

Según Uspienski, Gurdjieff aseguraba que su trabajo estaba basado realmente en el «cristianismo esotérico», esto es, derivado de unas tradiciones secretas que en la actualidad no son comprendidas por la Iglesia, y que, según afirmaba, procedían originalmente de Egipto:

> La Iglesia cristiana, la religión cristiana, no fue inventada por los padres de la Iglesia. Fue transmitida y asumida, plenamente formada, de Egipto, no sólo el Egipto que conocemos sino el que no conocemos. Ese Egipto se hallaba en el mismo lugar que el otro pero había existido mucho antes. Sólo sobrevivieron pequeños fragmentos del mismo en tiempos históricos, y estos restos han sido conservados tan en secreto que ni siquiera sabíamos que existieran[22].

El concepto de esoterismo en el cristianismo hoy en día es acogido con extrañeza y escepticismo en círculos clericales. No obstante, el propio Jesús era un esotérico. Impartía sus enseñanzas a través de parábolas abiertas a una interpretación a numerosos niveles y, en ocasiones, explicaba a los apóstoles en un aparte el verdadero significado de sus palabras. Con todo, los Evangelios indican que Jesús no explicaba todo lo que hacía ni siquiera a sus discípulos. Muchas de sus obras y buena parte de sus enseñanzas no eran comprendidas por sus coetáneos, pues no poseían «ojos que ven y oídos que oyen». Las ideas que Gurdjieff enseñaba a sus alumnos y que Uspienski codificó en un sistema eran muy extrañas y totalmente ajenas al cristianismo convencional. Poseían una lógica y autoridad que intrigaban a muchas personas, entre las cuales me cuento. Sin embargo persiste el interrogante de si consistían simplemente en un amalgama de ideas que Gurdjieff había leído en libros y mezclado con ciertas percepciones y hallazgos propios, o si había conocido una o más escuelas secretas en el transcurso de sus extensos viajes. En vida de Gurdjieff sus discípulos apenas tuvieron motivos para profundizar en esas cuestiones. El culto que se desarrolló a su alrededor era, en cualquier caso, autosuficiente y pocos alumnos suyos disponían de tiempo o de los conocimientos de lenguaje suficientes para investigar los pasos de su maestro. Incluso después de su muerte, la mayoría se contentó con seguir como hasta entonces, leyendo, estudiando y comentando los escritos legados por su maestro mientras creaba sus propios círculos. Bennett, sin embargo, no se contentó con este planteamiento, al menos a largo plazo. En la década de los cincuenta decidió emprender la búsqueda de las fuentes del conocimiento de Gurdjieff. Creía categóricamente en la existencia de los maestros de sabiduría y el título de su último libro, en el que trabajaba cuando lo conocí en 1973 y que se publicó póstumamente en 1975, era *The Masters of Wisdom*.

Bennett creía que los maestros existían y que estaban relacionados con la Hermandad Sarmoung o Sarman citada por Gurdjieff. Gracias a sus conocimientos de lenguas consiguió arrojar luz sobre la etimología del nombre e identificar, al menos teóricamente, lo que este grupo representaba:

> Una de las pistas ofrecidas por Gurdjieff es la mención en varios pasajes de la Hermandad Sarmoung *(sic)* o Sarman. Las dos grafías se pronuncian del mismo modo y esta palabra puede ser atribuida al persa antiguo. De hecho, aparece en algunos textos persas para designar a aquellos que seguían y conservaban las doctrinas de Zaratustra. La palabra puede ser interpretada de tres formas. Significa «abeja», que ha sido siempre un símbolo de quienes recogen la preciosa «miel» de la sabiduría tradicional y la conservan para futuras generaciones. Existe una serie de leyendas, conocidas en los círculos armenios y sirios con el título de *Las abejas*, que fue revisada por Mar Salomón, un archimandrita nestoriano del siglo XIII, o sea en la época de Gengis Kan. *Las abejas* se refiere a un misterioso poder transmitido desde la época de Zaratustra y que se manifestó en tiempos de Cristo.
>
> Otra lectura más obvia sería interpretar *man* según su significado persa como la cualidad transmitida por herencia y por ende una familia o casta distinguida. Ésta podía ser la depositaria de una importante herencia o tradición. La palabra *sar* significa «cabeza», tanto literalmente como en el sentido de principal o jefe. La combinación *sarman* significaría, por

tanto, el principal depositario de la tradición, que ha dado en llamarse «la filosofía perenne» que ha pasado de una generación a otra a través de unos «seres iniciados», para utilizar la descripción de Gurdjieff.

Otra posible interpretación de la palabra *sarman* es «aquellos que han sido iluminados»; literalmente, aquellos que han sido purificados[23].

Abandoné Sherborne con la cabeza llena de ideas y conjeturas. Había pasado un fin de semana participando en actividades como danzas sagradas y sesiones de meditación, así como asistiendo a conferencias, pero no me sentía en armonía con ese trabajo. Asimismo, no me atraían los ideales sociales ni la forma de vida en común que formaba parte de la experiencia de Sherborne. Aunque no dudaba de que la escuela tenía mucho que ofrecer, no era lo que yo andaba buscando. Deseaba averiguar algo más sobre los maestros de sabiduría y no creía que apuntándome a la escuela de Bennett pudiera adquirir una visión amplia del tema. De mala gana, hice las maletas, convencido de que fuera cual fuere lo que el destino me tenía reservado, no lo hallaría allí. Mientras me dirigía por el camino enlosado de la mansión hacia la parada del autobús me topé con Bennett, sentado sobre una cortadora de césped. Aquel día toda la comunidad observaba una jornada de silencio, por lo que Bennett no dijo nada al despedirnos. Cuando le estreché la mano y le expliqué los motivos que me impulsaban a irme antes de lo previsto, Bennett me miró con expresión vacua, como si estuviera pensando en otras cosas. Aunque volví a verlo en un par de ocasiones antes de su muerte, ocurrida dieciocho meses más tarde, y asistí a unas conferencias que dio en Londres, yo estaba seguro de haber tomado la decisión acertada. No obstante, estaba convencido de que la Hermandad Sarmoung y las extrañas tierras orientales plenas de montañas y ríos de las que procedía, estaban de algún modo relacionadas con los magos de Mateo. Transcurrirían más de dos décadas antes de que yo mismo recorriera ese camino, pues al margen de lo que el destino me reservara, antes tenía que cumplir muchas otras tareas.

# NOTAS

1. J. G. Bennett, *Deeper Man* (Turnstone Press, Londres, 1978), p. 148. [*La profundidad del hombre*, Sirio, Málaga, 1990.]

2. Ibíd., pp. 148-149.

3. Una de entre más de una docena de lenguas extranjeras, incluyendo el griego, indonesio, tibetano y sánscrito, que llegó a dominar.

4. Las líneas Chatalja constituían una posición fortificada situada cuarenta kilómetros al oeste que protegía Constantinopla.

5. Los *mevlevi*, conocidos como «los derviches danzantes» debido a su peculiar danza ejecutada en estado de trance, constituyen la más famosa de las hermandades sufistas. Hoy en día, aunque sus conventos siguen clausurados oficialmente, han comenzado a reaparecer.

6. La Sociedad Teosófica fundada por madame Blavatski fue la precursora de los numerosos grupos modernos de la «Nueva Era». Fue y sigue siendo una iglesia muy flexible que abarca el misticismo oriental y el occidental.

7. El nombre *Tertium Organum* era una referencia indirecta al *Organon* de Aristóteles, que significa «instrumento de pensamiento» y al *Novum Organum* o «nuevo instrumento de pensamiento» de Roger Bacon. Al titular su libro «tercer instrumento de pensamiento» Uspienski daba a entender que éste era una versión actualizada del trabajo de esos tres filósofos.

8. Véase P. D. Uspienski, *A New Model of the Universe* (Routledge & Kegan Paul Ltd., Londres, 1967), pp. XIII-XIV.

9. Ibíd., p. 32.

10. Según Bennett es otra forma de escribir este nombre, siendo Sarmoung la versión armenia del mismo.

11. Gurdjieff hace unas veladas referencias a ello en *Beelzebub's Tales to his Grandson*, capítulo XXX, donde lo denomina el «Club de los Adherentes del Legominismo».

12. Kenneth Guthrie (trad. y comp.), *The Pythagorean Sourcebook and Library* (Phanes Press, Grand Rapids, Michigan, 1987), p. 61.

13. Ibíd., p. 125.

14. Ibíd., p. 124.

15. J. G. Bennett, *Gurdjieff Making a New World* (Turnstone Press, Londres, 1973), p. 59.

16. Las ruinas de Ani son muy extensas y ocupan la frontera entre Turquía y la nueva república de Armenia; en estos momentos es peligroso visitar este lugar debido a que la frontera es políticamente muy inestable.

17. Alejandrópolis se llama en la actualidad Leninakán y desde la desmembración de la Unión Soviética ha pasado a ser la capital de la nueva república de Armenia.

18. G. I. Gurdjieff, *Meetings with Remarkable Men* (Picador, Londres, 1978), p. 96.

19. Ibíd., p. 99.

20. Ibíd., p. 120.

21. J. G. Bennett, *Gurdjieff Making a New World* (Turnstone Press, Londres, 1973), p. 274.

22. P. D. Uspienski, *In Search of the Miraculous* (Routledge & Kegan Paul Ltd., Londres, 1977), p. 30. [*En busca de lo milagroso*, R.C.R. Edic., Madrid, 1955.]

23. J. G. Bennett, *Gurdjieff Making a New World* (Turnstone Press, Londres, 1973), pp. 56-57.

3

# BÚSQUEDA ENTRE LOS SUFÍES

Después de la muerte de Gurdjieff en octubre de 1949, Bennett, que había pasado mucho tiempo con él durante los últimos meses de su vida, decidió emprender un viaje a Oriente en busca de la misteriosa Hermandad Sarman. Puesto que hablaba perfectamente el turco, la *lingua franca* no sólo de Turquía sino también de lo que anteriormente comprendía el Imperio Otomano, concentró su búsqueda en esa región. Partiendo de Estambul, donde había trabajado antiguamente como espía británico, viajó a Konia, Damasco, Jerusalén, Bagdad y la antigua Babilonia antes de regresar a Europa.

Bennett estaba muy interesado en el sufismo, el corazón místico del islam. En su autobiografía *Witness*, escrita en 1920, relata que visitó en Constantinopla el *Tekke* de los mevlevi, o derviches danzantes, quizá la más famosa de las órdenes sufistas[1]. Bennett debió de ser uno de los últimos visitantes occidentales que vio a los mevlevi ejecutar su danza en Constantinopla, pues poco después su orden, al igual que todas las demás, fue prohibida por el movimiento modernizador de Atatürk. Por esa época, la extraña danza de los derviches, tocados con un sombrero de fieltro, apenas tenía significado para él, pero en 1953, cuando Bennett regresó a Turquía, una de las primeras cosas que hizo fue visitar de nuevo el *Tekke*, abandonado tiempo atrás. Creyendo que sus dimensiones pudieran encerrar algún secreto, Bennett se dispuso a medir la *Sema Hané* o sala de baile. Y escribió:

> Mientras permanecía de pie en medio del polvoriento suelo de la habitación, contemplando el deteriorado revestimien-

to de madera, comprendí lo que había significado para los turcos la actitud de los derviches hacia la vida durante más de siete siglos: habían constituido la levadura del misticismo práctico que había impedido que la vida religiosa de Turquía degenerara en formalismo[2].

Sus percepciones místicas sobre el poder y la intención de la arquitectura religiosa turca se acrecentaron cuando Bennett se desplazó a la ciudad santa de Konia y visitó el *Tekke* original de los mevlevi, donde Djellaludin Rumi, fundador de la orden, se halla enterrado[3].

> Cada día, mientras permanecí en Konia, iba a visitar el célebre *Tekke* de los mevlevi, el hogar del poeta Djellaludin Rumi, fundador de los derviches mevlevi. La *Sema Hané* fue construida en el siglo XII bajo la dirección de su hijo, el sultán Valed, por los reyes selyúcidas de Konia. Es el prototipo de trescientos sesenta y cinco edificios similares, distribuidos por todo el sudoeste de Asia. Mientras lo estudiaba, me convencí de que el tamaño y las proporciones del edificio derivaban del arte de crear una concentración de energías psíquicas, que pudieran influir en el estado de ánimo de quienes se reunían en él para adorar a Dios[4].

Inspirado por su visita al mausoleo de Rumi pero sin haber fijado todavía su itinerario, Bennett se dirigió a Adana y luego, tras partir de Turquía hacia Siria, fue a Alepo y Damasco. Al cabo de un tiempo Bennett decidió «viajar y vivir como un turco, con poco dinero», y a partir de entonces rehuyó la compañía de otros occidentales. En Siria, visitó más *Tekkes* y templos sagrados, encontrándose esta vez con representantes vivos de la orden de los mevlevi, quienes al hallarse fuera de Turquía no estaban sometidos a la prohibición de Atatürk. No obstante, aunque quedó impresionado por la sencillez y el compromiso religioso de los derviches, Bennett sintió deseos de proseguir su viaje. Estaba ansioso por encontrarse con el pasado en cuanto presente y de visitar algunos de los importantes yacimientos arqueológicos que abundan en esta parte del mundo. Tras partir de Siria hacia Irak pasó un tiempo entre las ruinas de la antigua Babilonia, el lugar donde estaban ambientados muchos de los relatos de *Beelzebub's Tales*, de Gurdjieff, pero su hallazgo más significativo en Irak sería un valle perdido llamado Sheik Adi, el santuario principal de un pueblo poco conocido llamado yazidíes.

Sheik Adi debe su nombre al «santo» que está enterrado allí y que, según los yazidíes, vivió hace mil años, quizás en la época de Abraham. Bennett dedicó un día a visitar el santuario y habló a través de un intérprete kurdo con los guardias que lo custodian. Resumiendo sus impresiones en un diario, escribió lo siguiente:

> Creo que los yazidíes proceden de los antiguos caldeos. Según su tradición emigraron del sur, y es posible que sean los últimos descendientes de los magos babilonios que desaparecieron después de la época de Alejando de Macedonia[5].

Tras abandonar Sheik Adi, Bennett volvió a Constantinopla y de allí se dirigió a Londres. Aunque durante el resto de su vida mantuvo estrecha relación con varios grupos sufistas y se sentía profundamente atraído por la religión islámica, no se decidió a salvar el abismo que yace entre la cruz y la media luna y terminó sus días como católico. No obstante, se sentía fascinado por otra religión más antigua que el cristianismo y el islam y que había dejado una profunda impronta en ambos: el zoroastrismo. Ésta, la religión de los magos babilonios, era, según creía Bennett, si no la más importante de todas las revelaciones del mundo, sí la que casi había conseguido serlo en su aplicación práctica. Bennett estaba convencido de que sus enseñanzas habían sido un importante elemento en la filosofía de autotransformación de Gurdjieff, según sugiere éste en su comentario sobre Sirio y el hecho de enterrar al perro y no el hueso. Asimismo, Bennett estaba convencido de que Zaratustra, el fundador de esta religión, era la verdadera identidad oculta tras un personaje que Gurdjieff llama Ashiata Shiemash en su libro *Beelzebub's Tales*, el cual consigue persuadir a la gente para que renuncie a los sacrificios de animales. Dicha práctica, según Gurdjieff, había alcanzado en Asia proporciones de epidemia en determinado momento.

Tanto si los «magos babilonios» eran los ancestros de los yazidíes como si no, el caso es que tuvieron una gran importancia en la búsqueda que Bennett llevó a cabo de los maestros de Gurdjieff, ¿pero era posible que estuvieran relacionados con la misteriosa Hermandad Sarmoung? Esta pregunta me interesaba vivamente pero Bennett no podía ofrecer una respuesta categórica. Sin embargo, es evidente que si existe alguna verdad en los legendarios magos de Mateo, tiene que existir cierta relación entre ellos y el zoroastrismo, la religión de las gentes que los griegos llamaban *Magoi*. Así pues, decidí investigar esa relación.

## La religión buena

Aunque existen ciertas dudas al respecto, parece que Zaratustra nació en un lugar que actualmente es territorio fronterizo entre Irán y Azerbaiyán, en las márgenes del río Araks[6]. Se cree que nació hacia el 630 a.C.[7] y la religión que fundó es esencialmente dualista.

Al igual que Egipto y Mesopotamia, Persia es un país muy antiguo. Sus raíces religiosas son muy profundas, remontándose a los albores de la civilización. En ese período de la antigüedad, antes de que se construyeran las pirámides y mucho antes de que Abraham hiciera su épico viaje desde Ur de Caldea a Hebrón, había gentes de extracción indoeuropea que habitaban en Irán y en la India. Este pueblo, antepasado de los persas y los europeos modernos, estaba organizado en tribus gobernadas por dinastías de reyes. Todo indica que su religión se basaba en el culto y muchos elementos son todavía reconocibles en las culturas contemporáneas de la región. Sus celebraciones se basaban en la veneración de los elementos, en particular el fuego y el agua, y el deseo de que éstos se mantuvieran «puros». Una parte de sus rituales consistía en derramar libaciones y en sacrificar animales, por lo general toros.

Zaratustra fue un sacerdote ungido de esta antigua religión pero sentía una vocación casi bíblica de convertirse en profeta. Según las leyendas conservadas en los Gathas[8], a la edad de treinta años tuvo una visión en la que se le apareció Ahura-Mazda, el dios supremo del panteón iraní. Zaratustra, que no era apreciado por su propio pueblo, se dirigió a la corte de un rey vecino, Vistrapa, y lo convirtió a la nueva religión. Según Bennett los sacerdotes de la religión primitiva, anterior al zoroastrismo, se llamaban «magos» y fue crucial que aceptaran al profeta:

> Los magos eran miembros de una casta o clase que existía en Asia Central desde antes de los tiempos de Zaratustra. Lo aceptaron cuando llegó a la corte de Vistrapa, el rey bactriano de Jorasán. El rey asignó a dos magos la tarea de verificar las

credenciales de Zaratustra y comprobaron que su iniciación iba más allá de todo cuanto ellos mismos sabían. El rey, por consejo de los magos, se convirtió a la nueva religión[9].

La religión que promulgaba Zaratustra y que los reyes persas abrazarían era radicalmente distinta de los cultos primitivos, pues afirmaba que el mundo, aunque creado por Dios, había sido hecho para servir de campo de batalla entre las fuerzas del bien y del mal. Según Zaratustra, el dios bueno, Ahura-Mazda (u Ormuz, como es llamado en textos posteriores) existía como la luz eterna, y el tiempo. No obstante, su enemigo Angra Mainyu (posteriormente llamado Ahriman), el espíritu de las tinieblas y del mal, también existía, aunque sólo potencialmente. Al comprender el peligro que representaba el mal para la pureza de su ser eterno, Ormuz concibió un plan para atrapar y destruir a Ahriman. Esta trampa era nuestro mundo material; un mundo que, por estar sometido al espacio y el tiempo, forzaría al enemigo a darse a conocer. Ormuz sabía que el perverso Ahriman trataría de destruir este mundo pero, a diferencia de su adversario, Ormuz conocía el futuro y sabía que el diablo fracasaría en su intento, cayendo en la trampa del tiempo y el espacio. Así, aunque el mal consiguiera algunas victorias al principio y causara sufrimientos al mundo, al final sería derrotado y el bien triunfaría.

Según la tradición zoroástrica, el prototipo de hombre (el equivalente del Adán bíblico) se llamaba Gayomart. Éste, junto con un toro celestial y la primera planta, fue creado el sexto día. Ahriman respondió al desafío de Ormuz insuflando la muerte en estas primeras creaciones de vida. No obstante, aunque sucumbieron, sus semillas pervivieron y se multiplicaron; del toro se generaron todos los otros animales, de la planta todas las otras plantas y del hombre el género humano. Así, aunque Ahriman había traído la muerte al mundo no consiguió destruir la vida. La batalla entre Dios y el diablo, el bien y el mal, la vida y la muerte, no cesaría jamás.

Según Zaratustra, la humanidad desempeñaba un papel especial en esta prolongada guerra contra el mal, pues su alma constituía el principal campo de batalla para la lucha entre ambas fuerzas. Ormuz sabía desde el principio de los tiempos que Ahriman trataría de tentar al hombre para que pecara, haciendo que muriera. Sin embargo, aunque a corto plazo el hombre acabaría cayendo inevitablemente, más tarde recordaría sus orígenes divinos y actuaría como el agente de Dios en el mundo físico. Para el practicante devoto del zoroastrismo, las obras y enseñanzas del profeta superaban todo lo que había sucedido con anterioridad y ofrecían unos puntos de referencia para llevar una vida ética. Esperaba ilusionado el momento en que, al final de los tiempos, nacería Saoshyans[10]. Entonces el diablo sería destruido de una vez por todas, el mal sería eliminado y el mundo recuperaría su equilibrio. Entretanto, el hombre sabio seguía fielmente los preceptos establecidos por Zaratustra, luchaba por que se impusiera el bien y por encima de todo trataba de mantener su persona y el mundo puros.

Durante aproximadamente doscientos cincuenta años los magos atendieron las necesidades religiosas de su pueblo. No obstante, la invasión de Alejandro Magno en el 334 a.C. causó enormes alteraciones en lo que había sido el Imperio Persa. Cuando los magos del Evangelio viajaron a Belén para asistir al nacimiento de Jesús, el zoroastrismo en cuanto religión se hallaba en un eclipse casi total. Aunque más tarde cobraría renovada vitalidad y experimentaría su época dorada bajo la dinastía persa sasánida, ello no sucedería hasta mucho más adelante.

En el siglo I a.C. la mayor parte de Mesopotamia estaba incorporada al Imperio Parto[11], aunque éste no estaba tan centralizado como el Imperio de los aqueménidas que precedió a la conquista de Alejando o el Imperio Sasánida (hacia el 224-651 d.C.) que apareció más tarde. Antes de que los romanos asumieran el control de esa área, existía una considerable libertad, tanto religiosa como política, en varios pequeños estados de Turquía oriental y Mesopotamia. En estas circunstancias de marcada tolerancia, prosperaron muchos cultos locales, el más importante de los cuales fue el de Mitra, un dios venerado por los arios[12] mucho antes del nacimiento de Zaratustra. La existencia de esos cultos en los aledaños del Imperio Parto, me hizo sospechar que los magos del Evangelio no procedían de Persia propiamente dicha sino de Mesopotamia, y decidí investigar la relación con Mitra.

## Mitra el héroe

Cuando J. G. Bennett visitó el Santuario de Sheikh Adi en el año 1953, buscaba algo más que una vieja tumba. Sospechaba que los yazidíes estaban en posesión de una antigua sabiduría y podían ser una de las fuentes más importantes de Gurdjieff. Tenía sobrados motivos para pensarlo, puesto que el propio Gurdjieff se refiere a los yazidíes en *Meetings with Remarkable Men*. En este libro describe un hecho asombroso que él mismo presenció: si se traza un círculo en el suelo alrededor de un yazidí, éste no puede abandonarlo voluntariamente. El círculo se convierte en una jaula y, por más que lo intenta, no logra escapar de ella.

> Una extraña fuerza, mucho más poderosa que su fuerza normal, le impide salir del círculo [...].
>
> Si un yazidí es sacado del círculo por la fuerza, cae inmediatamente en un estado de catalepsia, del cual se recobra tan pronto es colocado de nuevo dentro de él. Pero si no vuelven a colocarlo en el interior del círculo, no recupera su estado normal, tal como hemos constatado, hasta al cabo de trece o de veintiuna horas.
>
> Hacer que recupere su estado normal por otros medios es imposible. Al menos mis amigos y yo no lo conseguimos, a pesar de disponer de los medios conocidos por la ciencia hipnótica contemporánea para sacar a una persona de un estado cataléptico. Sólo los sacerdotes podían hacerlo, mediante unos breves encantamientos[13].

Si Bennett albergaba la esperanza de asistir a un fenómeno semejante se llevó una decepción. O bien sus anfitriones en Sheikh Adi evitaron situarse dentro de un círculo o, con más probabilidad, se negaron a practicar ese esotérico rito ante un extraño. Lamentablemente, a despecho de lo que Bennett pensara sobre la importancia de los yazidíes y su singular culto, no aceptó su invitación de permanecer una temporada con ellos para conocer sus misterios más recónditos. Lo único que pudo decir fue que creía que constituían un vínculo de los antiguos cultos que habían configurado el cristianismo primitivo.

> Su culto viene a ser una mezcolanza de tradiciones sabeas, cristianas e islámicas; es probable que de vez en cuando tomaran prestadas unas leyendas a fin de ligar sus creencias con las que imperaban en el mundo que les rodeaba. También es posible que los yazidíes estuvieran relacionados con el antiguo culto mitraico. Si comparamos los símbolos que se encuentran fuera del Santuario de Sheikh Adi con los del Templo de Hatra[14], podemos reconocer la serpiente y quizás el escorpión[15].

El mitraísmo suele considerarse una rama herética del zoroastrismo, pero esto no es sino una burda simplificación. La relación entre ambas religiones es mucho más compleja y en muchos aspectos imita los paralelismos entre el cristianismo y el islam. Pues al igual que en cierto sentido el islam es una versión reformada del cristianismo (ya que es una redefinición radical del planteamiento del Antiguo Testamento con respecto a Dios por medio de la sumisión a su voluntad en la vida cotidiana), el mitraísmo era también en muchos aspectos un regreso a un pasado anterior a Zaratustra.

Según la tradición persa aria que precedió a la reforma llevada a cabo por Zaratustra, existía un Mitra[16] quien, junto con Varuna e Indra, constituía uno de los grandes dioses. Mitra estaba estrechamente asociado con el concepto de justicia y era invocado para testificar en casos de pruebas de fuego, en las que el acusado debía recorrer un espacio angosto entre dos pilas de troncos ardientes. El vínculo entre Mitra y el fuego se vio reforzado con el paso del tiempo y, al igual que el arcángel cristiano Miguel con quien podemos compararlo, se convirtió en una divinidad solar. Personificaba el calor abrasador del sol así como su luz. A un nivel exotérico u ordinario de enseñanza, Mitra venía a ser un resplandeciente dios del sol, promotor de alianzas y personificación de la cualidad abstracta de la justicia. Esto, sin embargo, no fue lo que llevó a sus partidarios romanos a convertirse en seguidores de su culto. Para ellos Mitra encarnaba el arquetipo del héroe. Su culto, que se propagó como el fuego a través del Imperio Romano en los siglos I y II d.C., era más subjetivo que el zoroastrismo clásico. Para los griegos y los romanos, Mitra era una divinidad heroica, antropomorfa, equiparable a Hércules y a los dioses del sol Apolo y Helios[17].

Lamentablemente, muy pocos escritos referentes al mitraísmo romano han llegado hasta nosotros, aunque existen numerosos relieves y estatuas que nos ofrecen una idea general de ese culto. Su leyenda central tiene unos vínculos evidentes con los mitos zoroástricos y bíblicos sobre la creación. Mitra, al igual que Gayomart, es una criatura divina. Nace de una roca junto a un río sagrado a los pies de un árbol[18]. Pero también es un «Adán», que come la fruta del árbol y confecciona unas ropas con sus hojas. Tal como comenta Joseph Campbell, el gran mitógrafo, no hay ningún pecado vinculado al hecho de que coma la fruta.

En el Mitra persa están unidos los dos «Adanes»[19] pues no existe ningún pecado, ninguna caída en su actuación, que marque para siempre la vida temporal. Con su cuchillo el niño corta la fruta y se hace unas ropas con las hojas del árbol: al igual que Adán, pero sin pecado. Y hay otra escena en la que aparece disparando flechas desde una roca de la que mana agua para refrescar a una persona que suplica arrodillada. Nosotros no poseemos el mismo mito, pero el episodio ha sido comparado al de Moisés extrayendo agua de una roca en el desierto con su cayado (Éxodo, 17:6). No obstante, Moisés pecó y le fue impedida la entrada en la tierra prometida, al igual que pecó Adán y le fue negado el paraíso. Pero Mitra el salvador comió la fruta del árbol madre y extrajo el agua de la vida de su madre roca, sin pecar[20].

Estela de Mitra, anverso.

Estela de Mitra, reverso.

La leyenda de Mitra es bien conocida por su relación con la suerte del toro celestial. A diferencia de la historia zoroástrica de la creación, en la que el toro primitivo muere como consecuencia de las actividades de Ahriman, según el mitraísmo este toro muere sacrificado. Por motivos que no están claros Mitra debe capturar al toro vivo y transportarlo sobre sus hombros hasta la cueva en la que habita. Aquí, en una célebre escena que aparece representada en multitud de estatuas y estelas como la que se halla expuesta en el Museo Británico, Mitra sacrifica al toro. Este hecho está preñado de simbología:

> El toro primitivo pastaba en una ladera cuando el joven y atlético dios, tras agarrarlo por los cuernos, montó sobre él y el animal, lanzándose a un desenfrenado galope, lo derribó; Mitra se aferró a sus cuernos y el toro lo arrastró hasta que, agotado, cayó al suelo. Entonces Mitra lo asió por sus patas traseras, lo colocó sobre sus hombros, y comenzó el llamado *transitus*, o difícil tarea de transportar al toro vivo, tumbado boca abajo, hasta su cueva sorteando los numerosos obstáculos con que se topaba en el camino. Esta dolorosa prueba, tanto para el héroe como para el animal, se convirtió en símbolo del sufrimiento humano en general y de las pruebas específicas que debe superar el iniciado en su camino hacia la iluminación, lo que se corresponde (aunque con una fuerza no comparable) con el Vía Crucis del culto cristiano posterior. Cuando Mitra llegó a su cueva, un cuervo enviado por el Sol llevó al Salvador el mensaje de que el momento del sacrificio había llegado, y, sujetando a su víctima por el morro, Mitra hundió el cuchillo en su flanco [...]. De la espina dorsal del toro brotó trigo y de su sangre la vida, de ahí el pan y el vino de la comida sacramental. Su semilla, recogida y purificada por la Luna —como en el mito zoroástrico ortodoxo— generó los animales útiles creados para servir al hombre [...] los animales de la diosa madre de la muerte y la reencarnación aparecieron para llevar a cabo las diversas tareas que debían cumplir: el escorpión, el perro y la serpiente[21].

La descripción del dios arrastrando al toro primitivo hasta su cueva y sacrificándolo era reproducida en ciertos ritos en las prácticas del culto. Podemos imaginar una especie de «rodeo» en el que participaban valerosos jóvenes luchando con toros y arrastrándolos quizás hasta una cueva para sacrificarlos. Esos animales eran muy comunes en todo el mundo antiguo y en las corridas de toros que se celebran en España se advierten vestigios de ese culto.

En la Biblia, Moisés hace que la ira de Dios caiga sobre los israelitas cuando los sorprende adorando a un becerro de oro y bailando alrededor de su efigie. Esto no era un invento de los israelitas, sino que la idea les fue transmitida por los egipcios, quienes, en aquella época, también veneraban a un toro sagrado llamado Apis. El centro del culto al toro egipcio se encontraba en Menfis, y Apis, del que existía sólo un ejemplar al mismo tiempo, vivía rodeado de lujos hasta su muerte. Una vez muerto, su cadáver era momificado y enterrado en un gigantesco mausoleo llamado Serapeum. Éste se halla cerca del cementerio real de Saqqara y consiste en un laberinto de catacumbas que contienen los inmensos sarcófagos en los que reposaban los restos momificados de los toros. Fue descubierto en 1850 por Auguste Mariette, el eminente arqueólogo francés, revelando al mundo moderno el alcance de la obsesión egipcia por su Apis. Cada sarcófago mide tres metros de altura, dos de ancho y cuatro de largo y está tallado en granito de una sola pieza. El trabajo que suponía tallar y trasladar cada uno de esos sarcófagos —de los que existen docenas— demuestra el poder que ejercía este culto sobre los egipcios.

En Persia las cosas siguieron por otros derroteros. La forma exacta de las creencias indo-iraníes antes del nacimiento de Zaratustra no está definida pero se sabe que existía también el culto al toro, que comportaba el sacrificio de estos animales. En un principio se trataba de un acto sagrado que no era realizado a la ligera, pero en la época en que nació Zaratustra, probablemente hacia el 630 a.C., el culto había decaído y se sacrificaban grandes números de toros innecesariamente. La reforma de la religión primitiva del Irán emprendida por Zaratustra, que al parecer se centraba en la veneración (o cuando menos propiciación) de los elementos y espíritus de la naturaleza, tuvo considerables repercusiones. Ante todo, puso en tela de juicio la práctica del sacrificio de animales, que, por lo que respectaba a Zaratustra, no tenía cabida en la religión. Según escribe el profesor R. C. Zaehner:

> La reforma de Zaratustra demonizaba la clase de divinidad llamada *deva* y eliminaba la otra clase de divinidad llamada *ahura* por los iraníes y *asura* por los hindúes con la sola excepción de Ahura-Mazda (llamado posteriormente Ormuz), que fue elevada a categoría de Dios verdadero del que emanaban las otras divinidades. Contra este Dios se alzaba Angra Mainyu (Ahriman), el espíritu destructivo; y la vida en la Tierra era representada como una batalla entre Ahura-Mazda y sus poderes por un lado, y Angra Mainyu y sus hordas demoníacas por el otro. Para Zaratustra se trataba de una batalla muy real, puesto que los adoradores de las *devas* seguían siendo los representantes de la religión tradicional, a quienes identificaba con todo lo perverso. Entre otras prácticas se dedicaban al sacrificio de animales, en el que la víctima era un toro, un sacrificio enérgicamente rechazado por Zaratustra[22].

Teniendo en cuenta que Zaratustra estaba totalmente en contra de los sacrificios de animales, resulta extraño que el toro desempeñara un papel tan central en el mitraísmo. La respuesta reside en que este último no era, como se suele creer, un derivado herético del zoroastrismo, sino que ambos descendían, si bien con algunas interacciones mutuas, de la misma protorreligión original y habían evolucionado por caminos distintos aunque paralelos. Según sabemos, existió una religión aria de gran antigüedad —que algunos creen que se remonta al último período glacial— que se practicaba en todo Oriente Medio y el norte de la India mucho antes de la época de Zaratustra[23]. No obstante, las referencias más antiguas a los dioses védicos o arios no se hallan ni en Persia ni en la India sino en lo que actualmente constituye Turquía.

En una de las grandes migraciones de la historia, hacia el año 2200 a.C., o antes, el pueblo de los hurritas se trasladó de las colinas que rodeaban el lago Urmia a las fértiles llanuras del norte de Mesopotamia. Al igual que los persas los hurritas eran arios y aportaron un nuevo invento: el carro de guerra. Este vehículo ligero y muy maniobrable tenía sus orígenes en las estepas del sur de Rusia y hasta entonces no se había visto en los pueblos de las antiguas civilizaciones de Egipto y Babilonia. Armados con la nueva máquina de guerra, el equivalente antiguo de un tanque, los hurritas consiguieron vencer a todos sus adversarios y establecieron un reino, llamado Mitani, en lo que actualmente se denomina Kurdistán. Continuaron con sus conquistas y en 1800 a.C. alcanzaron el golfo Pérsico. Desde allí se dirigieron al oeste, a Siria y Palestina, mezclándose con los semitas que ya se encontraban establecidos en la región. En un tratado firmado hacia 1400 a.C. entre los mitanis y sus vecinos hititas, con los que probablemente estaban emparentados, se cita a cinco dioses arios: Indra, Mitra, Varuna y los dos Asvin. Así pues, el dios Mitra era una divinidad conocida en Turquía oriental mucho antes del nacimiento de Zaratustra, hacia el 630 a.C.

La sugerencia de Bennett de que la actual religión de los yazidíes desciende, al menos en parte, del culto de Mitra tuvo para mí una gran relevancia en la búsqueda de la tradición de los magos. El mitraísmo era un tema que me interesaba desde hacía tiempo y que había venido a considerar no sólo una de las fuentes de los conocimientos de Gurdjieff sino una poderosa influencia en el desarrollo del cristianismo. Según parece, la mitra, el característico tocado de los obispos cristianos, debe su nombre al culto de Mitra, lo que no resulta tan sorprendente si se tiene en cuenta que la emergente religión del cristianismo copió de ese culto algo más que el curioso tocado de los obispos. Por embarazoso que les resulte a los cristianos, lo cierto es que existen numerosos paralelismos entre el mitraísmo y el catolicismo, como por ejemplo la elección del 25 de diciembre, el cumpleaños de Mitra, como fecha de la Navidad. De hecho existe incluso una capilla dedicada a Mitra oculta en las catacumbas debajo del Vaticano en Roma. Si bien desconocemos el carácter exacto de las ceremonias que se celebraban en esas grutas mitraicas, disponemos de los datos suficientes como para afirmar que dicho culto tenía muchos rasgos en común con su posterior rival, el cristianismo.

## Cristo y Mitra

Mientras analizaba la cuestión comprendí que el cristianismo estaba más que un poco en deuda con el mitraísmo. En aquel entonces no comprendía el motivo, aparte del hecho de que los dos cultos eran asiáticos con, presumiblemente, ciertas ideas en común. No obstante, a medida que profundizaba en el tema se hizo evidente que había algo más. No sólo eso, sino que el hecho de estudiar el mitraísmo arrojó luz sobre ciertas ceremonias cristianas.

El mitraísmo, al igual que otros cultos que hunden sus raíces en el Oriente Medio, estaba estrechamente identificado con la astrología. Aunque se conservan pocos escritos de los mitraístas, el estudio de los relieves esculpidos en sus templos nos permite comprender bastante sobre el culto. Según parece, éste se basaba en la idea de una iniciación progresiva al igual que la masonería moderna. Según un autor contemporáneo, que cita un ensayo titulado *Le Culte de Mithra* de M. Layard, existían doce.

> Estos grados se dividían en cuatro fases, lo Terrestre, lo Aéreo, lo Ígneo y lo Divino, cada una de las cuales consistía en otras tres. Lo Terrestre comprendía el Soldado, el León y el Toro. Lo Aéreo, el Buitre, el Avestruz y el Cuervo. Lo Ígneo, el Grifón, el Caballo y el Sol. Lo Divino, el Águila, el Gavilán y el Padre de los Padres[24].

El origen de la mayor parte de esos nombres es un misterio, pero la referencia a los cuatro elementos y los tres grados que corresponden a cada fase indican que se trata de un zodíaco. Sin embargo, según Joseph Campbell el zodíaco representaba el telón de fondo inalterable sobre el que se movían los planetas.

> [...] el zodíaco venía a representar la esfera, que gira sin cesar, del tiempo-espacio-causalidad, dentro de la cual opera libremente el espíritu, inamovible pero moviéndolo todo. Las órbitas de siete esferas visibles —la Luna, Mercurio, Venus, el Sol, Marte, Júpiter y Saturno— eran concebidas como unas cubiertas que envolvían la Tierra, a través de las cuales el alma descendía al nacer[25].

Para alcanzar el título de maestro debían superarse siete grados, o iniciaciones, que correspondían a las siete esferas planetarias. El primer grado se denominaba *Corax* (cuervo) y simbolizaba la esfera de la Luna. La segunda iniciación se denominaba *Cryphias* (el maestro oculto) y se asociaba a la esfera de Mercurio; la tercera era *Miles* (el soldado), la esfera de Venus; la cuarta era *Leo* (el león), la esfera del Sol; la quinta *Perses* (el persa), la esfera de Marte; la sexta era *Heliodromus* (el mensajero del sol), la esfera de Júpiter; y la séptima y última era *Pater* (padre), la esfera de Saturno. Aunque sólo podemos hacer conjeturas sobre el significado místico de esos nombres o las ceremonias de graduación que se llevaban a cabo, sabemos que los candidatos a la iniciación vestían unos trajes adecuados a dichas ceremonias. Lo importante es su conexión astrológica y la creencia de que era posible subir por la escalera que conduce al cielo, ascendiendo, por decirlo así, a través de las esferas planetarias. Éste es un concepto común que hallamos en numerosas tradiciones secretas, por ejemplo la cábala, la mística senda interior del judaísmo[26]. Según la cábala, las siete luces del candelabro judío de siete brazos, o menorá, representan los siete planetas o «astros errantes» (incluidos el Sol y la Luna).

Los movimientos de los planetas eran cuidadosamente controlados por los sacerdotes y astrólogos en el mundo antiguo porque creían que de este modo controlaban el destino humano. Estaban convencidos de que imbuían a los hombres y a las mujeres de poderes astrales según su naturaleza. Sin embargo, esos «dones», que se manifestaban como habilidades innatas, constituían un arma de doble filo: podían ser virtudes o vicios según la forma en que se utilizaran[27]. El desarrollo personal en el plano astral o planetario significaba aprender a reconocer el tipo planetario al que uno pertenecía, esto es, los «dioses» o «luces» que predominaban en la naturaleza de uno, y desarrollar la autodisciplina necesaria para controlar esas fuerzas a fin de que se manifestaran de forma positiva en lugar de negativa. No obstante, el verdadero propósito de esos cultos esotéricos como el mitraísmo era, al igual que la escuela de Bennett en Sherborne, enseñar al individuo a superar ese nivel. La escalera de iniciación, compuesta por siete peldaños, estaba destinada a liberar el alma de las fuerzas simbolizadas por un dragón de siete cabezas. Luego, después de su muerte, el alma del individuo podía abandonar el Sistema Solar y viajar al cielo más allá de las estrellas. Según afirma Campbell:

> El individuo obtenía de cada esfera planetaria una cualidad temporal-espacial específica, que por un lado contribuía a configurar su carácter pero por otro constituía una limitación. Por tanto, las siete etapas de iniciación estaban destinadas a facilitar el tránsito del espíritu, una tras otra, más allá de las siete limitaciones, culminando en la realización del estado absoluto[28].

En el cristianismo existe un concepto similar sobre el mundo planetario o astral, que se concibe como la fuente de la que emanan nuestras habilidades y defectos. Así aparece claramente en el Libro de la Revelación, el último libro de la Biblia. En él, los siete planetas son representados como siete estrellas sostenidas en la mano derecha de «uno semejante al Hijo del Hombre». Están relacionadas con siete candelabros y siete iglesias arquetípicas:

> En cuanto al misterio de las siete estrellas que viste en mi diestra y de los siete candelabros de oro: las siete estrellas son los ángeles de las siete iglesias; y los siete candelabros, las siete iglesias[29].

Las siete iglesias de Asia Menor, a las cuales va dirigida la primera parte de la Revelación, poseen cada una de ellas una fuerza particular, por la que es alabada, y una debilidad que tiende a conducir al pecado. Al igual que el mitraísmo, su gran rival de los siglos I y II d.C., el cristianismo ofrece siete iniciaciones, llamadas sacramentos, para ayudar al alma en su lucha por alcanzar la salvación. Los siete sacramentos pueden interpretarse como una especie de escalera y se corresponden una vez más con las esferas planetarias. Así, tenemos el bautismo (la Luna); la penitencia (Mercurio); el matrimonio (Venus); la eucaristía (el Sol); la confirmación (Marte); las órdenes sagradas (Júpiter) y la extremaunción, (Saturno).

Con todos estos paralelismos entre el cristianismo y el mitraísmo, resulta tentador pensar que éste debió de ser la religión estelar de los magos. No obstante, existen otros argumentos en contra de esa suposición, como el hecho de que la Navidad no se celebrara el 25 de diciembre hasta el 353 d.C., cuando fue instituida como tal por el papa Liberio. Con anterioridad a ello la principal festividad cristiana del tiempo era el bautismo de Jesús, que se celebraba el 6 de enero. Según parece la elección de esa fecha para una festividad tan importante no tiene sus antecedentes en Persia ni en Mesopotamia sino en Egipto.

### El Eón y el Cristo

Durante los tiempos de los romanos, en la ciudad portuaria de Alejandría existía un inmenso templo llamado Koreion. En él se celebraba el 6 de enero el nacimiento del Eón[30]. Dado que consta en los escritos de san Epifanio (hacia el 315-402), suponemos que la fiesta pagana del Eón debía de celebrarse también en su época. Escribe san Epifanio:

> [...] en Alejandría, en el Koreion, según se denomina —un templo inmenso, es decir, el Recinto de la Virgen—, después de haber permanecido en vela toda la noche con cantos y música, cantándole a su ídolo, cuando concluye la vigilia, al amanecer, descienden con unas luces a la cripta subterránea, y suben transportando una imagen de madera que yace desnuda sobre unas parihuelas, ostentando la señal de la cruz en oro sobre su frente, y unas señales idénticas en cada mano, y en las rodillas otras dos, siendo las cinco señales hechas de oro. Transportan la imagen siete veces alrededor del templo interior[31], al son de flautas, tamboriles e himnos, y luego la trasladan de nuevo a la cripta subterránea. Y si se les pregunta el significado de este misterio, responden: «Hoy en esta hora la Doncella (Kore), es decir, la Virgen, dio a luz al Eón.»[32]

La sorprendente evidencia de una relación entre el parto de la Virgen y la festividad de la antigua Navidad, que en Occidente celebramos hoy en día como la Epifanía, señala al Antiguo Egipto como una fuente alternativa de la leyenda de los reyes magos. Esto no es tan improbable como pudiera parecer. En la época de Jesús, Alejandría era posiblemente la ciudad más civilizada del mundo y albergaba a una inmensa comunidad judía. Su filósofo más importante era judío, un eminente ciudadano llamado Filón (hacia el 30 a.C.-45 d.C.), cuyo hermano Alejandro era banquero de los Césares. En los voluminosos escritos de Filón, uno de los mejores documentos contemporáneos de que disponemos, éste nos explica muchas cosas sobre las creencias y prácticas de los «sabios» de su época. Entre ellos se cuentan los magos de Persia: «Quienes en virtud de un meticuloso examen de las obras de la naturaleza con el fin de conocer la verdad, en apacible silencio, y por medio de unas imágenes [místicas] de deslumbrante claridad, se convierten en iniciados en los misterios de las virtudes divinas, y a su vez inician a quienes siguen sus pasos.»[33] Pero Filón no era tan sólo un observador de religiones exóticas, sino que parece que mantenía una estrecha relación con una comunidad, de la que quizá fuera miembro, de místicos denominados los Terapeutas. Éstos tenían su centro en el sur de Alejandría y buena parte de lo que Filón nos refiere sobre ellos y sus creencias curiosamente prefigura el cristianismo.

En cuanto filósofo, Filón tiene mucho en común tanto con Bennett como con Mead, quien en su *Thrice Greatest Hermes* analizó la obra de Filón en profundidad. Para Filón era evidente que la obra de un filósofo no tenía propósito alguno fuera de una estructura religiosa. Esta estructura estaba estrechamente aliada con la idea de la iniciación y ocultaba secretos a las masas porque no podían comprenderlos. Así, escribe:

> Estas cosas penetran en vuestras almas, oh místicos, cuyos oídos están purificados, como verdaderos misterios sagrados, de los cuales no debéis hablar con nadie que no esté iniciado, sino que debéis guardarlos en vuestros corazones, como si fuera un tesoro; no un tesoro de oro y plata, meros objetos perecederos, sino como el más valioso de los bienes, el conocimiento de la causa [de todo] y de la virtud, y de lo tercero, el fruto de ambos[34].

Este sentimiento, de no revelar los misterios sagrados a los no iniciados se repite en el Evangelio según Mateo: «No deis lo santo a los perros, ni echéis vuestras perlas a los cerdos, no sea que las pisoteen con sus patas, y luego se revuelvan para destrozaros a mordiscos.» Uno de estos grandes secretos, según Filón, es la doctrina del logos como Hijo de Dios. Según escribe:

> Dios, en cuanto Pastor y Rey, dirige [y gobierna] con ley y justicia la naturaleza del cielo, los períodos del Sol y la Luna, los cambios y las progresiones de los otros astros, delegando [esta tarea] en su propia Razón *(Logos)*, su Primogénito, para que se haga cargo del rebaño sagrado, como si fuera el virrey del gran Rey[35].

Mead, en su comentario sobre este párrafo explica que este «hombre divino» representaba para Filón el Mesías celestial de Dios. Luego cita otro párrafo que cuando lo leí me pareció muy misterioso pero que, según comprobé más tarde, constituye la clave para entender mucho más.

> Por otra parte, he oído a uno de los compañeros de Moisés pronunciar esta palabra [logos]: «He aquí al Hombre cuyo nombre es Éste», un apelativo muy extraño, si uno imagina que se refiere a un hombre compuesto de un cuerpo y un alma; pero si uno lo interpreta como el Hombre Incorporado que no difiere en modo alguno de la Imagen Divina, es preciso reconocer que el nombre de Éste se ajusta a él perfectamente.
>
> Pues el Padre de todas las cosas lo creó como su Hijo mayor, a quien en otras ocasiones denomina su Primogénito, el cual, cuando fue concebido, imitando a su Padre, y contemplando sus esquemas arquetípicos, creó las especies [de las cosas][36].

Estas palabras son curiosamente semejantes al comienzo del Evangelio según san Juan, que solía leerse al término de las misas católicas:

> Al principio ya existía la Palabra, y la Palabra estaba junto a Dios, y la palabra era Dios. Ella estaba al principio junto a Dios. Todo llegó a ser por medio de ella; y sin ella nada se hizo de cuanto fue hecho. En ella estaba la vida, y esta vida era la luz de los hombres; y esta luz resplandece en las tinieblas, pero las tinieblas no la recibieron[37].

Así, en la filosofía de Filón, al igual que en el Evangelio según san Juan, el Hijo de Dios, es decir el Logos Primitivo, crea el universo según la imagen y los esquemas arquetípicos dispuestos por su Padre. La «vida que es la luz de los hombres» y que «resplandece en las tinieblas» es, por supuesto, el Sol. El que Jesucristo, el Logos o palabra hecha carne, esté relacionado con el Sol constituye uno de los grandes misterios del esoterismo cristiano. Filón, sin embargo, propone una «estrella de estrellas», que se halla en el centro de la creación y da luz a los otros cuerpos celestes, incluyendo las estrellas visibles, nuestro Sol, la Luna y los planetas.

> [Esta Luz] es [La] estrella, más allá de [todos] los cielos, el origen de los astros que son visibles a nuestros sentidos, a la cual no sería descabellado llamar Toda-luminosidad, y de la que el Sol y la Luna y todos los astros, errantes y fijos, obtienen su luz, cada cual conforme a su poder[38].

Según se observa en el párrafo citado más arriba, Filón era aficionado a las alegorías, hasta el extremo de que en ocasiones resultaba casi ininteligible. Lo que se desprende claramente de sus escritos es que existía un pensamiento filosófico judío en Alejandría que guardaba una estrecha semejanza con otra escuela egipcia que floreció hacia la misma época, la de Hermes Trimegisto. Éste, según pude comprobar, continuó influyendo decisivamente en el pensamiento occidental hasta el Renacimiento y con posterioridad a éste. ¿Es posible que la idea propuesta por Filón de una «estrella maestra», que da luz a los otros astros, esté relacionada con la veneración de Sirio, la estrella más rutilante del cielo, por parte de los antiguos egipcios? En tal caso, ello nos ofrecería un interesante vínculo entre Egipto y la historia de los magos pues, según comprobé, los escritos de Hermes no se conservaron en Egipto sino en Mesopotamia, el lugar donde Gurdjieff había buscado la Hermandad Sarmoung.

# NOTAS

1. Los *Tekkes* sufíes son comparables a los monasterios cristianos, salvo que los derviches, el equivalente de los monjes occidentales, suelen ser padres de familia que trabajan y no viven en una comunidad cerrada. Sin embargo, están obligados a obedecer a su jeque, quien, en cuanto «abad» del *Tekke*, actúa a modo de *murshid* o guía de la vida religiosa.

2. J. G. Bennett, *Witness* (Turnstone Press, Londres, 1975), p. 289.

3. En 1986, siguiendo los pasos de Bennett, visité el *Tekke* de Konia. Es uno de los edificios más singulares que he visto jamás: un templo sagrado que simula ser un museo. Fuera, en un patio que hay frente al edificio, estaban las acostumbradas instalaciones de agua para purificaciones que solemos asociar con el islam y varios ancianos ocupados con su *zikr*. Ésta es la práctica espiritual principal de los sufíes, consistente en el control de la respiración y unas oraciones repetitivas, aunque la forma exacta difiere de una orden a otra y depende del tipo de iniciación. Su propósito es elevar la conciencia psíquica, a fin de permitir la unión con Dios. Dentro del *Tekke* reinaba un extraordinario ambiente de amor y de paz. Junto a la puerta estaba la suntuosa tumba de Rumi, cubierta con hermosos brocados en una capilla adornada con diseños caligráficos desde el suelo hasta el techo. Cerca estaban las tumbas de varios importantes seguidores de Rumi, cada una coronada por un elaborado turbante que ostentaba su rango. El *Sema Hané* era más reducido de lo que suponía y estaba ocupado por unas vitrinas llenas de instrumentos, escritos y otros objetos pertenecientes a la orden. No obstante, el recuerdo de la extraña danza inundaba la habitación, hasta el extremo de que sentí deseos de ponerme a girar vertiginosamente, abandonándome a la danza. Era una sensación muy extraña y deduzco que era a lo que Bennett se refería al afirmar que el edificio parecía concentrar las energías psíquicas.

4. J. G. Bennett, *Witness* (Turnstone Press, Londres, 1975), p. 290.

5. J. G. Bennett, *Journeys in Islamic Countries* (Coombe Spring Press, Gloucestershire, 1977), vol. 2, p. 49.

6. Según el Avesta (Yasna, 9, 17), Zaratustra provenía de Airyanem Vaejo, junto al río Daitya. En el Bundehish (29, 32 y 24, 15) se afirma que el río Dareja se hallaba en Airan Vej, y que el padre de Zaratustra tenía una casa a orillas del mismo. En el Bundehish se afirma también que Airan Vej se hallaba en Atropatena, la región del norte de Media situada al oeste del mar Caspio. Por tanto suele creerse que el río Daitya (Dareja) es el Araxes (Araks) y que Zaratustra provenía de esa zona.

7. Algunos cronistas creen que pudo haber vivido en una época más antigua, hacia 1400-1200 a.C. La confusión no es de extrañar teniendo en cuenta que muchos de los escritos originales del zoroastrismo fueron destruidos hacia la época en que Alejandro Magno conquistó el Imperio Persa en el 334 a.C. Asimismo, gran parte de la tradición oral se perdió debido a que muchos magos perecieron cuando los conquistadores macedonios saquearon sus templos y santuarios. No obstante, los documentos y tradiciones que lograron sobrevivir permitieron que la fe siguiera iluminándoles durante los días tenebrosos de la dominación griega antes de adquirir renovada energía como la religión estatal del Imperio Sasánida.

8. Los libros sagrados de los parsis zoroástricos actuales.

9. J. G. Bennett, *The Masters of Wisdom* (Bennett Books, Santa Fe, 1995), p. 51.

10. Del mismo modo que los budistas esperan la llegada de Maitreya y los cristianos la «segunda venida» de Jesucristo, los zoroastras creían que cuando se produjera el fin del mundo nacería un hijo póstumo de Zaratustra, llamado Saoshyans («salvador»), que salvaría al mundo.

11. Un estado sucesor del viejo Imperio Persa que fue refundado hacia el 248 a.C.

12. La palabra ario suele aplicarse a las tribus de gentes procedentes de Persia y la India que hablan una lengua indoeuropea común. La relación entre estas antiguas tribus y los europeos modernos es un tema complicado y polémico.

13. G. I. Gurdjieff, *Meetings with Remarkable Men*, p. 66.

14. Hatra era una fortaleza situada en el desierto al sur de Mosul, cuya población era en su mayor parte aramea. Las inscripciones indican que antiguamente los dioses de Mesopotamia septentrional, denominados Be'elshamin (rey de los dioses, probablemente equivalente a Ahura-Mazda), eran venerados en dicho templo junto con Sin-Marilaha, el dios de la luna local.

15. J. G. Bennett, *Journeys in Islamic Countries*, vol. 2, p. 49.

16. Otras variaciones del nombre son Mithra, Mithras y Mihr.

17. El mitraísmo ha sido descrito como una filosofía griega con una vestimenta persa, pero se trata de una definición errónea.

18. Supuestamente el árbol de la vida.

19. El segundo «Adán» es Jesucristo, quien remedia el pecado del primero.

20. Joseph Campbell, *The Masks of God - Occidental Mythology* (Souvenir Press, Londres, 1974), p. 261. [*La máscara de Dios*, Alianza, Madrid, 1992.]

21. Ibíd., pp. 261-262.

22. R. C. Zaehner, *The Teachings of the Magi* (Sheldon Press, Londres, 1975), p. 15.

23. En la India pasó a convertirse, a través de los vedas, en la religión brahmánica actual. Curiosamente, en el subcontinente los *asuras* (equivalente a los *ahuras* iraníes) fueron demonizados mientras que los *devas* (diablos según el zoroastrismo) fueron elevados a la categoría de dioses importantes. Posteriormente, el politeísmo hindú fue refinado y modificado por maestros iluminados tales como Krisna y Buda, de forma que la subestructura original del pensamiento védico resulta casi invisible en la religión tal como se practica hoy en día en el subcontinente. Con todo, sigue existiendo y constituye la inspiración en la que se basa lo que podría denominarse la tradición de los yoguis.

24. E. Wynn-Tyson, *Mithras, The Fellow in the Cap* (Rider, Londres, 1958), p. 40.

25. Joseph Campbell, *The Masks of God - Occidental Mythology*, p. 225. [*La máscara de Dios*, Alianza, Madrid, 1992.]

26. El «árbol de la vida» cabalístico con sus diez *sefirot* o «luces» es en rigor el candelabro de siete brazos judío, o menorá.

27. Por ejemplo, los individuos imbuidos del poder de Marte eran unos buenos soldados. Ello les proporcionaba el valor, la fuerza y el dinamismo necesarios para emprender arriesgadas aventuras. Pero al mismo tiempo les daba un temperamento colérico y hacía que la persona tendiera a la crueldad.

28. Joseph Campbell, *The Masks of God - Occidental Mythology*, p. 255. [*La máscara de Dios*, Alianza, Madrid, 1992.]

29. Revelación 1:20.

30. Eón significa literalmente «era», pero también significa el espíritu de una era o período de tiempo personificado como un «dios».

31. ¿Una vez por cada esfera planetaria?

32. G. R. S. Mead, *Thrice Greatest Hermes* (John M. Watkins, Londres, 1964), vol. III, p. 99.

33. Ibíd., vol. I, p. 144.

34. Ibíd., p. 146.

35. Ibíd., p. 157.

36. Ibíd., p. 157.

37. Juan: 1:1-5.

38. G. R. S. Mead, *Thrice Greatest Hermes*, vol. I, p. 161.

## 4

# HERMES TRIMEGISTO

En 1986, doce años después de la muerte de Bennett, acaecida en 1974, me tropecé con una vieja edición de un libro muy extraño titulado *Hermetica*, que consistía en una colección de antiguos escritos traducidos del latín y el griego. Entre éstos se incluían unos ensayos o *libelli*, conocidos como *Poimandres* o *Corpus Hermeticum*. En muchos aspectos se asemejaban a los diálogos de Platón, salvo que su origen era egipcio y las enseñanzas que contenían no eran las de Sócrates sino las de Hermes Trimegisto, un nombre griego aplicado a Tot, el dios egipcio de la sabiduría. En aquella época la alquimia filosófica era un tema que me interesaba extraordinariamente, hasta el extremo que en mi primer libro[1] escribí sobre ella en el contexto de la astrología. Yo había visto muchas referencias en escritos alquimistas a Hermes Trimegisto, el supuesto autor de esos textos, pero no me había dado cuenta de que existiera esa selección de obras escritas por el propio maestro. Ya fuera obra del destino o de la suerte, el caso es que los textos resultaron ser la clave que andaba buscando desde hacía muchos años, lo cual renovó mi interés en el tema no sólo de Egipto sino de un invisible colegio de maestros. Esos escritos herméticos me proporcionaron también numerosas pistas respecto a la verdadera identidad de las fuentes de Gurdjieff y dónde buscar para hallar el rastro de los magos del Evangelio.

Sabemos muy poco sobre los orígenes de los escritos contenidos en *Hermetica* salvo que probablemente dimanaron de Alejandría hacia el comienzo de la época cristiana. Puesto que en su mayoría están escritos en griego y el tema resulta a menudo similar al comentado en las obras de Platón, los eruditos modernos suelen calificar esos escritos como «neoplatónicos» y por tanto indignos de un análisis serio.

Sin embargo, existe cierta confusión al respecto. Aunque probablemente sea cierto que los ensayos contenidos en el *Corpus Hermeticum* son relativamente tardíos y su estilo es parecido al de los diálogos de Platón, pues se trata de unas conversaciones entre un maestro (por lo general el propio Hermes) y uno o varios discípulos suyos, las enseñanzas que contienen son mucho más antiguas.

Los griegos de la época de Platón, Sócrates y otros anteriores a él, consideraban a los egipcios los custodios de la sabiduría antigua. Muchos de los grandes filósofos griegos viajaron a Egipto para iniciarse en sus ritos secretos, los cultos de Isis y Osiris. Según ellos la senda de los *hippies* no conducía a Katmandú sino a Sais. De hecho, fueron los sacerdotes de Sais quienes, según Platón, instruyeron a Solón (hacia el 638-588 a.C.) en los misterios y le revelaron la historia de la Altántida que Platón repetiría posteriormente en *Timeo* y *Critias*. Heródoto (hacia el 484-425 a.C.), el «padre de la Historia», visitó el Templo del Fénix en la ciudad de Annu, que más tarde se llamaría Heliópolis, hacia el 450 a.C. Plutarco (46-120 d.C.), biógrafo griego y autor de escritos diversos, vivió en Egipto y basó su versión de la historia de Isis y Osiris en lo que los sacerdotes egipcios le relataron. Pitágoras (siglo VI a.C.), el padre de toda la filosofía griega, era también un iniciado en las escuelas egipcias, y fue allí donde se desarrolló una gran afición por la geometría, una materia inventada por los egipcios. Es probable que incluso aprendiera de éstos el teorema que lleva su nombre.

Es indudable que a los egipcios les complacía dejar constancia escrita de todas las formas de conocimiento. Alejandría albergaba la mayor biblioteca del mundo antiguo hasta que los romanos la quemaron (hacia el 47 a.C.) en un acto de vandalismo digno de los guardias rojos de Mao Tse-tung. La biblioteca contenía textos procedentes de todo el mundo y, por supuesto, miles del propio Egipto. ¿No es posible que en lugar de que los escritores egipcios de textos herméticos plagiaran a Platón fuera éste quien los plagiara a ellos? ¿Que Platón (o mejor dicho Sócrates, su maestro) hubiera desarrollado gran parte de su filosofía de fuentes egipcias? Ello no significa que los escritos contenidos en el *Corpus Hermeticum* sean anteriores a Platón sino que ambos se basan en una misma fuente, unas enseñanzas secretas transmitidas desde la más remota antigüedad por iniciados egipcios.

La historia de cómo llegó el *Corpus Hermeticum* a Occidente es fascinante y merece relatarse. Egipto, en concreto Alejandría, constituía antiguamente la sede de una comunidad cristiana. No es de extrañar dado el gran número de griegos, judíos y otros inmigrantes que habitaban en el país y el libre movimiento de pueblos entre éste y el Levante. Los cristianos no parecían fuera de lugar en esta región cosmopolita, de modo que, al principio, la Iglesia primitiva utilizaba unos paralelismos entre sus doctrinas y las de los antiguos cultos con el fin de atraer adeptos. Esta actitud ecuménica hizo que Egipto desarrollara una híbrida tradición cristiana gnóstica basada tanto en los misterios de Menfis como en los del Calvario. En el siglo II a.C. este talante liberal se convirtió en motivo de bochorno para una Iglesia cuyas enseñanzas empezaban a consolidarse en unas doctrinas fijas. Los gnósticos egipcios fueron vituperados por los padres de la Iglesia como Ireneo y una vez que el cristianismo fue aceptado como la religión del Imperio Romano, fueron perseguidos. En el 390 d.C., se promulgó un edicto prohibiendo el paganismo en Egipto; un año antes el importante Templo de Serapis en Alejandría había sido transformado en iglesia. Los libros paganos, como el *Corpus Hermeticum*, contenidos en su biblioteca fueron robados y quemados por las masas. Cuando Alejandría, junto con el resto de Egipto, fue conquistada por los árabes en el 641 d.C., sus bibliotecas, o lo que quedaba de ellas, fueron destruidas por completo. Se dice que los libros fueron utilizados para calentar los baños públicos de la ciudad durante seis meses. Aunque actualmente esta historia se considera apócrifa debido a las destrucciones de libros a gran escala que ya habían ocurrido en siglos precedentes, no cabe duda de que a partir de esa fecha Alejandría cayó en un grave declive y todos los escritos de *Hermetica* habrían desaparecido en su totalidad de no ser por otro hecho fortuito que facilitó su conservación fuera de Egipto, en la poco imaginable situación de Mesopotamia septentrional.

En la Biblia se dice que Abraham (Abram), el patriarca de todos los hebreos, nació en una ciudad llamada Ur, en Caldea, antes de que él y su familia emigraran de allí para establecerse en la tie rra prometida de Canaán. La primera parte del viaje se llevó a cabo a instancias de Téraj, su anciano padre, quien murió y fue enterrado en Jarán. La historia se cuenta en el Génesis:

Y Téraj tomó a Abram, su hijo; a su nieto Lot, el hijo de Harán, y a Sara, su nuera, la mujer de su hijo Abram, y los hizo salir de Ur de los Caldeos, para ir a la tierra de Canaán. Y llegados a Jarán, se establecieron allí. Y fueron los días de Téraj doscientos cinco años, y murió Téraj en Jarán[2].

La ciudad de Jarán o Harrán, donde yace enterrado Téraj, está situada junto a un pequeño afluente del río Balij, que a su vez va a pasar al caudaloso Éufrates, en el sudeste de Turquía, a pocos kilómetros hacia el norte de la actual frontera siria. Durante miles de años fue un importante emplazamiento, pues custodiaba las rutas del comercio entre Oriente y Occidente. Era una ciudad grande, fortificada con una muralla de varios kilómetros de longitud y rodeada de praderas. Harrán aparece de nuevo en la Biblia cuando Abraham, residente en Hebrón, envió a su sirviente allí en busca de esposa para su hijo Isaac. El criado se sentó junto al pozo de la ciudad, tras haber convenido con Dios que la primera joven que le ofreciera agua a él y a sus camellos se desposaría con el hijo de su patrón. Ésta resultó ser Rebeca, nieta de Najor y por tanto sobrina nieta de Abraham. En la generación siguiente, Jacob, hijo de Isaac y Rebeca, fue también enviado a Harrán en busca de esposa. Acabó trabajando durante catorce años para su tío Labán, hermano de Rebeca, y se casó con sus dos primas. Por consiguiente, la ciudad de Harrán ocupa un lugar especial en la Biblia por ser la patria de Abraham y el lugar donde habitó su numerosa parentela.

Sin embargo Harrán no era una ciudad judía, en el sentido religioso de la palabra, ni tampoco fue totalmente cristiana. Con una tenacidad casi sin precedentes en el mundo medieval, siguió fiel a unas tradiciones más antiguas que aquéllas y obstinadamente pagana. Hasta su destrucción a manos de los mongoles en 1259 d.C., la mayoría de las gentes que habitaban allí continuaron adorando a sus dioses estelares. El edificio religioso más importante de la ciudad no era una iglesia ni una sinagoga sino el Templo de Sin, el dios de la luna de Mesopotamia. Por un capricho del azar, esta actitud conservadora permitió que los textos herméticos egipcios sobrevivieran a la Edad Media para reavivar los fuegos del Renacimiento europeo.

Es posible que esto no hubiera ocurrido de haber tomado el destino otro rumbo. Harrán fue ocupada por los árabes durante su conquista de Siria y Mesopotamia entre el 633 y 643 d.C. Al igual que antes, cuando se hallaban en teoría bajo el gobierno cristiano del Imperio Bizantino, la mayoría de los habitantes se negó a convertirse a la nueva religión y siguió siendo paganos, sin duda pagando impuestos por ese privilegio. Todo continuó sin novedad hasta que en el 830 d.C. el califa al-Mamoun, el mismo que en el año 820 d.C. ordenó que abrieran la Gran Pirámide de Gizeh, pasó por la ciudad cuando se dirigía a luchar contra los bizantinos. Al notar que muchas gentes iban extrañamente vestidas, les preguntó a qué grupo religioso protegido por la ley pertenecían. Las gentes respondieron que eran jaranianos. El califa les dijo entonces si pertenecían a un grupo citado en la Biblia, cristianos, judíos o magos, pero contestaron negativamente. Al preguntarles si poseían una escritura sagrada y un profeta reconocido, las gentes replicaron con evasivas. Enojado, el califa anunció que si a su regreso las gentes no se habían convertido a la religión mahometana u otra reconocida en el Corán, no vacilaría en ejecutarlos por infieles e idólatras.

Ante esta amenaza muchos de ellos se convirtieron en cristianos o mahometanos, pero algunos continuaron aferrándose a su paganismo. Aunque el califa al-Mamoun murió poco después durante la campaña bélica y no regresó a Harrán para cumplir su amenaza, ese incidente hizo que las gentes comprendieran lo precaria que era su situación. Así pues, anunciaron que eran sabeos, practicantes de una religión permitida que se halla en el Corán, y cuyo profeta no era otro que Hermes Trimegisto, cuyos escritos poseían en forma de *Corpus Hermeticum*. Por fortuna, nadie, y menos los mahometanos, sabían quiénes eran los sabeos ni en qué creían, lo cual garantizó a los habitantes de Harrán protección bajo la ley. A partir de entonces los sabeos de Harrán se convirtieron en un grupo reconocido y con una religión propia.

Aunque muchos de los jaranianos, si no la mayoría, eran simples paganos para quienes la religión significaba poco más que mantener los ritos del templo, algunos de ellos se tomaban en serio la filosofía. Éstos, hombres de gran cultura, tuvieron la inteligencia de designar una colección acreditada de *Hermetica*, o discursos de Hermes, como sus libros sagrados. Con respecto a los árabes, Hermes era identificado con Idris, el nombre que daban a Enoc, mientras que Agatodemón, también citado en los textos de *Hermetica* y uno de los nombres de Osiris, era identificado con Set, el tercer hijo de Adán. Esta situación satisfizo a todos y durante dos siglos los mahometanos dejaron que los sabeos de Harrán siguieran observando sus ritos y creencias. Algunos sabeos se trasladaron de Harrán a Bagdad. El líder de esta facción, Thabit ibn Qurra, se convirtió en un renombrado maestro, que se dedicó a escribir obras en árabe y a traducir muchas otras del griego y el sirio a esa lengua. Durante el siguiente siglo y medio los sabeos, que seguían siendo una secta independiente, gozaron de una posición privilegiada en la sociedad de Bagdad, convirtiéndose para los árabes en una vía de transmisión de la sabiduría antigua.

No obstante, esta situación no iba a durar eternamente. La época dorada del califato llegaba a su fin y el imperio sobre el que habían gobernado personajes como al-Mansur, al-Rasid y al-Mamoun se estaba desintegrando. Los califas de Bagdad perdieron su poder frente a los gobernadores provinciales y los generales turcos, quienes eran sus vasallos sólo de nombre. Con el ascenso de los buwayhíes como «alcaldes de palacio», los califas se convirtieron en poco más que unos pontífices simbólicos. Con el tiempo, las fuerzas de la ortodoxia religiosa adquirieron mayor fuerza gracias a la actitud tolerante que había permitido que prosperaran grupos como los sabeos. Dicho proceso se aceleró cuando los turcos selyúcidas, por «invitación» de los califas, tomaron Bagdad en 1055 y su líder, Tugrïl Beg, fue nombrado rey de Oriente y Occidente. Desgraciadamente para los sabeos, los selyúcidas, en cuanto defensores de la ortodoxia sunní, no juzgaban con benevolencia a los filósofos herméticos.

Muchos de los escritos contenidos en *Hermetica* habían sido traducidos al árabe pero al parecer algunos sabeos, en Bagdad y en Harrán, todavía comprendían el griego y tenían en su poder los textos en su lengua original. Temiendo ser perseguidos, o quizá debido a ello, decidieron trasladarse a Constantinopla. Allí se estaba produciendo una renovación del platonismo dirigido por el gran maestro y posterior primer ministro, Miguel Pselo. De alguna forma, llegó a sus manos una colección de escritos herméticos. Pselo los copió y puso de nuevo en circulación, añadiendo un comentario de su propia cosecha[3]. Transcurrieron unos cuatrocientos años antes de que los textos de *Hermetica* volvieran a ser noticia, esta vez en Italia.

## Hermes Trimegisto y el Renacimiento florentino

Posiblemente el acontecimiento más importante y traumático del siglo XV, al menos por lo que respecta al Occidente cristiano, fue la toma de Constantinopla por los turcos en 1435. A nosotros nos resulta difícil hoy en día comprender la gravedad de dicho acontecimiento, comparable a la conquista del Tíbet por los chinos en 1950. El Imperio Bizantino se hallaba desde hacía siglos en profunda decadencia. Tras la derrota de las fuerzas del emperador en Manzikert en 1071, se suplicó al papa que apoyara a Occidente contra la amenaza turca. Las Cruzadas, aunque no fueron lo ideal desde la perspectiva del Imperio Oriental, aliviaron en parte la presión. En 1435, sin embargo, los estados cruzados y sus ejércitos habían desaparecido por completo y Tierra Santa se encontraba de nuevo en manos islámicas. Constantinopla era una mera sombra de su antiguo esplendor y estaba rodeada por fuerzas hostiles. Desposeída de un Imperio del que, en última instancia, dependían su riqueza y su fuerza, su fin en cuanto ciudad cristiana era inevitable. El asedio duró varias semanas y su fin fue brutal. Durante tres días la ciudad fue salvajemente saqueada, hasta el extremo de que el sultán conquistador lloró al partir, diciendo: «Qué gran ciudad hemos asaltado y destruido.» Robaron el oro de las iglesias y, como suele ocurrir en estos casos, quemaron bibliotecas enteras que contenían libros de un valor incalculable. Los griegos que lograron sobrevivir, unos cincuenta mil aproximadamente, fueron esclavizados, si bien el sultán liberó a algunos y otros huyeron a Occidente. Un gran número de esos emigrados terminaron en Florencia, donde les dispensaron una calurosa acogida. No sabemos con certeza cómo consiguió el *Corpus Hermeticum* salvarse del desastre, pero lo más probable es que fuera sacado de la ciudad antes del asedio. En cualquier caso, esta valiosísima colección de escritos herméticos fue uno de los refugiados que logró llegar a Occidente.

En 1460, un monje griego llamado fray Leonardo de Pistoia fue enviado por Cosimo de Médicis, duque de Florencia, a Macedonia. Hacía tiempo que Cosimo anhelaba adquirir obras de filósofos como Platón y al enterarse de que en el mercado negro se hallaba en venta un importante manuscrito ordenó a Leonardo que se hiciera con él. El monje regresó habiendo rescatado, según los florentinos, un tesoro increíble: el texto completo del *Corpus Hermeticum*. Incapaz de leer el griego y sabiendo que le quedaba poco tiempo de vida, Cosimo ordenó de inmediato a su traductor principal, Marsilio Ficino, que dejara a un lado las obras de Platón en las que estaba trabajando para emprender una nueva tarea.

El platonismo, o mejor dicho el neoplatonismo, estaba entonces de moda en Italia y aunque posteriormente se impuso esta etiqueta al *Corpus Hermeticum*, no fue ésta la razón que llevó a Cosimo a adquirir esos escritos. Cosimo, al igual que todo el mundo, creía en una época dorada perdida, un período en el que la humanidad era más culta que actualmente. En la Biblia era evidente que Adán y los patriarcas posteriores solían hablar con Dios. A diferencia de hoy en día, en que la última opinión sobre cualquier tema se considera la mejor respuesta, en tiempos de Cosimo la antigüedad constituía un valor añadido. Al igual que el buen vino, la filosofía y los filósofos mejoraban con el tiempo. Cuanto más anciano fuera el filósofo, o al menos eso creía la gente, más cercano se hallaba a la época dorada y por tanto más próximo a la fuente de la auténtica sabiduría. Según este análisis las obras de Moisés poseían mayor valor que las de Platón, quien a su vez era superior a Aristóteles, Séneca, Marco Aurelio, san Agustín, etcétera. No obstante, Hermes Trimegisto, el supuesto autor de los textos de *Hermetica*, se hallaba en otra categoría. Era el profeta y dios egipcio conocido como Tot (Yehuti), a quien se atribuía el invento de los misteriosos jeroglíficos y haber enseñado a los antiguos egipcios ciencias tales como la construcción de pirámides. No sólo eso sino que era equiparado con el profeta hebreo Enoc, quien, aunque es citado brevemente en la Biblia como padre de Matusalén y por haber «caminado con Dios», también era conocido para los padres primitivos de la Iglesia debido a los libros apócrifos. De hecho, según sabemos tras haber estudiado los papiros del mar Muerto, el llamado Libro de Enoc era muy apreciado por los esenios en tiempos de Jesús. La convicción de Cosimo, justa o equivocada, de que poseía las obras perdidas de este venerable sabio, separado tan sólo siete generaciones de Adán, debió de causarle una emoción abrumadora. Según la jerarquía convencional de ideas, esta obra de Hermes, conocido también como Tot y al que equiparan con Enoc, no sólo superaba a Platón sino a Moisés e incluso a Abraham. Por tanto, no es de extrañar que Cosimo ordenara a Ficino que tradujera esta extraordinaria obra con la máxima celeridad.

Aunque pocos suscribirían hoy en día la noción de que los escritos existentes contenidos en *Hermetica*[4] son de una gran antigüedad, no dejan de ser unos documentos excepcionales. Su inmensa influencia sobre el pensamiento del Renacimiento es indudable y todavía poseen una resonancia y profundidad de sentimientos inigualados por ninguna otra obra de un filósofo antiguo. Casi con toda certeza los escritos herméticos, entre los que se incluyen otros como el *Asclepius*, que Cosimo poseía en su traducción latina, y el *Kore Cosmu*, que formaba parte de otra colección de textos herméticos conocidos como *Stobaeus*, constituían las páginas de lectura de una escuela esotérica, como la que Gurdjieff se dedicó a buscar a fines del siglo XIX.

El viejo Cosimo consiguió leer antes de su muerte, acaecida en 1464, los primeros borradores de la traducción del griego al latín del *Corpus Hermeticum* realizada por Ficino. El entusiasmo que el proyecto despertó en el anciano Médicis, sin embargo, no fue sino el comienzo de un resurgir del hermetismo que tendría una profunda influencia en la dirección del Renacimiento que ya estaba invadiendo no sólo Florencia sino toda Italia. La nueva traducción, publicada en 1471, fue acogida con entusiasmo por los jóvenes platonistas de la academia florentina, como Pico de la Mirandola, quien amalgamó las enseñanzas de Hermes con unas ideas sobre la «cábala cristiana»[5] a fin de crear una nueva filosofía oculta o «magia». Esta corriente secreta de ocultismo, un tema estudiado a fondo por la estimada historiadora Frances Yates, impregna buena parte de las artes y las ciencias de los siglos XVI, XVII y XVIII.

La astrología, que al igual que en el presente gozaba de uno de sus periódicos renacimientos, era el lenguaje de la filosofía oculta. Se desarrolló toda una ciencia de correspondencias: una «magia natural» referente a plantas, hierbas, piedras, símbolos y temperamentos correspondientes a los planetas. Aunque esas ideas se publicaron abiertamente en libros escritos por magos tales como Cornelio Agripa y el doctor John Dee, formaban también la base de un sutil lenguaje de referencia artística. Por ejemplo, las tres gracias que aparecen danzando en pinturas como la *Primavera* de Botticelli, representan la influencia benigna del Sol y de los planetas Júpiter y Venus[6]. Posiblemente el más conocido e influyente de todos los documentos herméticos fuera un documento breve y desconcertante titulado: *The Emerald Table of Hermes Trimegistus*, que presenta de forma resumida la filosofía hermética en su relación con la alquimia. Comienza afirmando lo siguiente:

> Verdadero sin engaño, cierto y absolutamente verdadero.
>
> Lo que está abajo es como lo que está arriba y lo que está arriba es como lo que está abajo, para la ejecución de las maravillas de una cosa.

Según Uspienski este documento era mencionado con frecuencia por Gurdjieff a sus grupos de San Petersburgo y Moscú. Él solía citar un verso posterior referente a la alquimia filosófica —«debéis separar la tierra del fuego, lo sutil de lo tosco»— como base del trabajo que él mismo enseñaba. Por tanto, en un sentido muy real Gurdjieff era un «hombre del Renacimiento», un maestro dentro de la tradición de Ficino y Pico de la Mirandola.

Huelga decir que el redescubrimiento de la filosofía hermética y sus ciencias mágicas asociadas como la astrología, la numerología y la adivinación no era del gusto de todos. Aunque tolerado por la Iglesia bajo el pontificado de los papas León X y Clemente VII, ambos nietos de Cosimo y educados por la academia florentina, no dejaba de tener sus oponentes. Giordano Bruno, que había sido fraile dominico y misionero itinerante del movimiento hermético rozaba la ilegalidad tanto política como teológicamente. De haber permanecido en Alemania o en Inglaterra, donde tenía amigos y la Reforma había liquidado la inquisición, quizás hubiera evitado ser perseguido; pero en 1591 cometió el grave error de regresar a Italia. Al cabo de un año fue encarcelado en Venecia, traicionado por un antiguo simpatizante de la Inquisición que sospechaba que Bruno tenía tratos con Enrique de Navarra, a la sazón rey de Francia y protestante.

La Iglesia católica padecía aún la humillación de la Reforma y había demostrado ser incapaz de obligar a las ovejas descarriadas del norte de Europa a regresar al redil. La derrota de la Armada Invencible por los ingleses en 1588 y el ascenso de la Casa de Navarra en Francia ponía en peligro el control de Italia por parte del papa. Si bien un siglo antes Bruno habría sido considerado como un excéntrico inofensivo, las actitudes se habían endurecido y la Iglesia se hallaba de nuevo a la defensiva contra cualquier elemento que pudiera minar más su autoridad. Entre otros delitos imputados a Bruno se aducía su creencia de que el símbolo cristiano de la cruz debía sus orígenes no a la crucifixión de Jesús sino a un símbolo mucho más antiguo, la *crux ansata* o *ankh* de los egipcios. Frances Yates ha escrito sobre este tema y cita unos documentos relacionados con la Inquisición veneciana:

> Muy importantes, entre los nueve documentos del sumario, son los indicios de que Bruno cree que la cruz es un signo sagrado egipcio. Uno de los presos que comparte su celda ha declarado que Bruno afirma que la cruz sobre la que Jesús fue

crucificado no presentaba la forma en la que aparece en los altares cristianos, sino la del signo esculpido sobre el pecho de la diosa Isis, y que fue «robado» a los egipcios por los cristianos. En respuesta a una pregunta inquisitorial a este respecto, Bruno reconoció haber dicho que la forma de la cruz sobre la que Jesús fue crucificado cra distinta de como se la suele «pintar», añadiendo estas significativas palabras:

«Creo haber leído en un texto de Marsilio Ficino que la virtud y santidad de este signo (*carattere*, refiriéndose a la cruz) es mucho más antigua que la época de la Encarnación de Nuestro Señor, y que era conocida en los tiempos en que prosperó la religión de los egipcios, por la época de Moisés, y que ese signo aparecía sobre el pecho de Serapis.»[7]

Tales ideas pudieron haber valido a Bruno el beneplácito de la corte de la reina Isabel I cuando visitó Inglaterra en 1583, pero no impresionaron a sus inquisidores. Bruno permaneció en la cárcel otros nueve años hasta que, el 17 de febrero de 1600, en el Campo de' Fiori en Roma, fue quemado en la pira por herético. Bruno fue uno de los últimos filósofos herméticos que expusieron sus ideas abiertamente. A partir de esa fecha el movimiento se ocultó en la clandestinidad.

En Inglaterra Isabel, la «reina hada», era vista por otros, y probablemente por ella misma, como la encarnación viviente de Isis. A su alrededor se creó un culto que abrazaba de foma decidida el egipcianismo como contrapeso a la autoridad papal. Isabel reconocía la importancia de los arquetipos y logró conquistar el afecto de su pueblo como sustituta de la Virgen María. Mientras vivió, los filósofos de inspiración hermética como el doctor John Dee estuvieron a salvo. Sin embargo, a raíz de su muerte, en 1603, y con el ascenso al trono de Inglaterra de Jacobo I, se instauró un ambiente menos favorable. El nuevo rey era contrario a la astrología y a la magia, que detestaba. Dee, que ya no contaba con la protección de la vieja reina, murió en 1608 sumido en la miseria. Su muerte marcó el fin de una época.

Pero esto no bastaba. El rey y sus partidarios, que deseaban un protestantismo puro y libre de cualquier tacha de egipcianismo, comprendieron que era preciso desacreditar los escritos contenidos en *Hermetica*. Para ello, Jacobo contó con la ayuda de un cómplice llamado Isaac Casaubon, el más brillante erudito griego de su época. Por medio de un concienzudo análisis de los textos originales herméticos y su comparación con otros griegos de diversas épocas, pudo datar el *Corpus Hermeticum*. Lejos de ser unas obras de gran antigüedad, anteriores a Matusalén, Casaubon constató que probablemente habían sido escritas durante los primeros siglos de la era cristiana.

La asombrosa revelación dio la razón a quienes sólo deseaban ver en los textos herméticos una reproducción del platonismo, aderezado con algunos elementos de la Biblia y dotado de una estructura egipcia. Dicho descubrimiento les permitió aducir que los autores anónimos del *Corpus Hermeticum* y el *Asclepius* latino, otro importante escrito hermético, habían vivido en Alejandría durante los siglos II y III de la era cristiana y eran unos simples paganos que pretendían frenar el auge del cristianismo. A partir de entonces ésta pasó a ser la actitud predominante hacia los textos de *Hermetica*, que se convirtieron en poco más que objeto de curiosidad sólo para los eruditos interesados en investigar la filosofía neoplatónica. Esta nueva corriente de opinión fue perfectamente resumida en la introducción que aparece en la traducción realizada por Walter Scott en 1924, y que yo sostenía en aquel momento en mis manos:

> ¿Qué clase de personas escribieron, y en qué circunstancias, los textos de *Hermetica*? La pregunta puede responderse del siguiente modo. Eran hombres que vivían en Egipto bajo el Imperio Romano y habían recibido cierta instrucción en la filosofía griega, especialmente en el platonismo de la época, pero que no se contentaban con aceptar y repetir los dogmas de las escuelas filosóficas ortodoxas, sino que pretendían crear, sobre la base de la doctrina platónica, una religión filosófica que satisfaciera sus necesidades. Ammonios Saccas, el maestro egipcio de Plotino, también egipcio, debía de ser un hombre de ese tipo, y había muchos otros que pensaban como él. Esos hombres no competían abiertamente con las escuelas de filosofía tradicionales, ni trataban de establecer una nueva escuela basada en sus ideas; sino que esos «buscadores de Dios» solían reunir en torno a ellos un pequeño grupo de discípulos a quienes intentaban de comunicar la verdad en la que ellos habían hallado su salvación. La enseñanza de estos pequeños grupos debió de ser principalmente oral en lugar de basarse en escritos; debió de consistir en unas conversaciones privadas entre el maestro y uno de sus discípulos, quizá dos o tres a lo sumo.

Pero de vez en cuando el maestro escribía uno de los puntos importantes de la conversación; o tal vez el alumno, después de conversar con su maestro, anotaba un resumen de lo que recordaba; y una vez escrito, el documento pasaba de mano en mano dentro del grupo, y de un grupo a otro.

[...] En primer lugar cabe preguntarse si se encuentra algo en los textos contenidos en *Hermetica* que provenga de la religión indígena de Egipto. Por lo que se refiere a unas claras afirmaciones doctrinales, existe muy poco [...]. El ingrediente egipcio de la doctrina hermética es relativamente reducido en cuanto a cantidad; la mayor parte de su contenido viene indudablemente de la filosofía griega[8].

Al leer esto me chocó la similitud entre el tipo de escuela esotérica a la que se refería Scott y la descripción de Uspienski sobre las charlas dadas por Gurdjieff en Moscú. Con todo, no lograba comprender por qué Scott estaba tan seguro de que esos maestros egipcios se hallaban profundamente influidos por la filosofía griega. No cabe duda de que los griegos, en especial Platón, habían desarrollado la idea de un diálogo filosófico escrito, pero las ideas más importantes que se hallan en la base de esta filosofía son incuestionablemente egipcias.

Quizá debido a las conexiones teosóficas de G. R. S. Mead, Scott no menciona su traducción, realizada en 1906, de los escritos de *Hermetica* titulada *Thrice Greatest Hermes*. Mead era un experto en los escritos de la época primitiva de la Iglesia y, al igual que Scott, leía el griego y el latín perfectamente. No existe constancia de que ambos hombres se conocieran pero habría sido interesante oírles hablar sobre los documentos herméticos. A diferencia de Scott, Mead no creía que los escritos de *Hermetica* fueran unos plagios neoplatónicos sino que opinaba, al igual que yo, que representaban las últimas manifestaciones literarias de una tradición nativa egipcia. Mead, acaso más consciente del significado interior de los textos herméticos que Scott, cita en defensa de éstos un artículo de un autor francés llamado Artaud:

Hemos oído expresar a Champollion, el joven, la opinión formal de que los libros de Hermes Trimegisto contienen en realidad la antigua doctrina egipcia de la que hallamos indicios en los jeroglíficos que cubren los monumentos de Egipto. Por otra parte, si examinamos esos fragmentos, encontramos en ellos una teología acorde con las doctrinas expuestas por Platón en *Timeo*, que son totalmente distintas de las de otros eruditos griegos, por lo que se considera que Platón las había aprendido en los templos de Egipto, cuando acudió allí para conversar con los sacerdotes[9].

A fin de profundizar en el asunto, Mead exploró las obras de numerosos cronistas alemanes y los argumentos espúreos que se aducían antiguamente para desacreditar los textos herméticos, antes de llegar a la conclusión de que esos escritos poseían un extraordinario valor.

> Cuanto más estudiamos los mejores sermones místicos, dejando de lado todo prejuicio, y tratando de sentir y pensar como sus autores, más próximos nos sentimos al umbral de lo que cabe considerarse como el auténtico *ádito*[10] de las mejores tradiciones sobre misterios de la antigüedad. Son innumerables los indicios de grandeza e inmensidad que subyacen más allá de ese umbral, entre otras maravillas la visión de la clave de la sabiduría de Egipto, la interpretación del apocalipsis a la luz de la luminosa epopeya del cosmos inteligible.
>
> Tales grandezas y misterios tienen un poder y una belleza que la tradicional mala fama de los textos no consigue disfrazar, y siguen siendo reconocibles, aunque envueltos en los jirones de unas vestimentas otrora hermosas, para quienes tengan ojos con los que ver y oídos con los que oír[11].

Mead tenía razón. La *Hermetica* constituye una extraordinaria colección de escritos que, al leerlos por primera vez, me asombraron por lo profundamente personales y modernos que parecían. Su filosofía no era abstracta como la de Platón o Aristóteles sino que se refería a un auténtico pensamiento secreto, una tradición iniciática de gran antigüedad. El debate filosófico no constituía para ellos un tema de discusión abierta, sino el proceso por el que un maestro instruía a sus discípulos en los conocimientos necesarios para su desarrollo religioso. Los maestros les enseñaban que el objetivo más importante en la vida era alcanzar una gnosis personal, esto es, el entendimiento de las cosas divinas. Todo lo demás venía a ser preparatorio para ese momento de iluminación en el que el estudiante percibía por sí mismo la verdad divina de la gnosis de Dios. Según los textos de *Hermetica*, la primera persona que lo consiguió fue el dios Hermes, el fundador de la escuela.

> Mientras el Artesano que creó el universo deseó no ser conocido, todo permaneció envuelto en la ignorancia. Pero cuando decidió revelarse, infundió en ciertos individuos divinos el ferviente anhelo de conocerlo, y dotó a sus mentes de un resplandor más intenso que el que ardía en sus corazones, a fin de que sintieran primero el deseo de buscar al Dios desconocido y luego tuvieran el poder de hallarlo. Pero esto, Horus, hijo mío maravilloso[12], los hombres mortales jamás lo habrían conseguido de no haber aparecido uno cuya alma respondía a los poderes sagrados del cielo. Y ese hombre fue Hermes, que alcanzó el conocimiento de todo cuanto existe. Hermes contempló todas las cosas, y comprendió lo que veía, y tenía el poder de explicar a otros lo que él entendía [aunque no daba a conocer la verdad sin cierta reserva], pues lo que él había descubierto lo redactó en unas tablillas, y ocultó en lugar seguro lo que había escrito, absteniéndose de revelar buena parte de la verdad, para que las generaciones futuras del mundo la buscaran[13].

La forma en que ocurrió se describe en el primer libro del *Corpus Hermeticum*, el *Poimandres* («pastor de hombres»). La gnosis fue revelada a Hermes cuando tuvo una experiencia en la que sintió que su alma abandonaba el cuerpo.

> En cierta ocasión, cuando empecé a pensar en las cosas que existen y mis pensamientos se elevaron, mientras mis sentidos corporales estaban aplacados por el sueño, pero no un sueño como el que experimentan los hombres cuando su cuerpo está saciado de comida o fatigado, se me apareció un Ser de vasta e infinita magnitud, que me llamó por mi nombre y me preguntó:
>
> —¿Qué deseas oír y ver, y aprender y llegar a conocer a través del pensamiento?
>
> —¿Quién eres? —pregunté yo.
>
> —Yo —respondió él— soy Poimandres, la Mente de la Soberanía.
>
> —Me gustaría conocer las cosas que existen, y comprender

su naturaleza, y conocer a Dios. Éstas son las cosas que deseo oír —dije.

—Sé lo que deseas —añadió él— pues yo estoy siempre junto a ti; piensa en todo cuanto deseas aprender, y yo te lo enseñaré[14].

En este capítulo se describe la forma en que Dios creó el universo a partir de una sustancia primordial, con la que formó también las almas. Esas almas puras vivían originalmente con Dios en la esfera más alta, es decir, en una región de la creación más allá del tiempo, el espacio y la influencia condicionante de los planetas:

> Pero la Mente, el Padre de todo, aquel que es Vida y Luz, creó al Hombre, un Ser semejante a Él. Y le satisfizo contemplar al Hombre, que era su Hijo; pues el Hombre tenía una apariencia divina debido a la semejanza que guardaba con su Padre. Dios tenía motivos para mirar al Hombre con satisfacción, pues era su propia forma la que Dios contemplaba satisfecho. Y Dios entregó al Hombre todas las cosas que habían sido creadas.

No obstante, el hombre empezó a aburrirse y a sentirse inquieto, deseando convertirse él mismo en creador. Según Poimandres fue ese deseo lo que condujo de forma inevitable a su «caída» y a la encarnación de las almas a convertirse físicamente en hombres y mujeres. La descripción de la caída del hombre es similar a la que hallamos en el Génesis, aunque la historia que se relata aquí de forma simbólica resulta más profunda.

> Y el hombre se situó en la esfera del Creador, y observó las cosas realizadas por su hermano (el poder demiúrgico del Logos solar que creó a los siete administradores o luces del Sistema Solar), que estaba situado sobre la región del fuego; y después de contemplar lo hecho por el Creador en la región del fuego, también él quiso hacer algo; y su Padre le dio permiso, pues poseía en sí mismo toda la obra de los administradores; éstos lo contemplaron satisfechos, y cada uno de ellos le cedió una parte de su naturaleza.
>
> Y habiendo aprendido a conocer el ser de los administradores, y habiendo recibido una parte de su naturaleza, decidió traspasar el límite del círculo de sus órbitas, y miró hacia aba-

jo a través de la estructura del cielo, atravesando la esfera y mostrando la hermosa forma de Dios a la naturaleza que se extendía más abajo. Ésta, viendo la belleza de la forma de Dios, sonrió sintiendo un amor inagotable por el hombre, mostrando el reflejo de esa preciosa forma en el agua y su sombra en la tierra. Y él, al contemplar esa forma semejante a la suya en la tierra y en el agua, se sintió complacido, y decidió morar allí. Y el hecho siguió al pensamiento; e instaló su morada en la materia desprovista de razón. Y la naturaleza, tras haber conseguido a aquel de quien estaba enamorada, lo envolvió en su ser, y ambos se unieron; pues estaban enamorados.

No es de extrañar que la descripción bíblica de Adán y Eva sea similar dado que Moisés, quien se cree que escribió los primeros cinco libros de la Biblia, también estaba instruido, al parecer, en la sabiduría de los egipcios. Ello sólo podía significar que se había iniciado en la tradición hermética y que debió de estudiar un mito sobre la creación similar al que hallamos en el *Poimandres*. No obstante, la historia tal como la relata Moisés en el Génesis asume un tono patriarcal. La caída del Adán divino es achacada no a las tentaciones de la naturaleza sino a su esposa, Eva, la primera mujer. Cuando me di cuenta de que Adán constituye la palabra hebrea para hombre y Eva significa la «madre de todas las cosas», me quedó claro que en la historia del Génesis debía de existir una versión alterada del mito original egipcio de la creación. Me sentí impresionado tanto por la profundidad de las enseñanzas propuestas en el *Poimandres* como por el hecho de que su mito sobre la creación resultaba mucho más rico en significado que el Génesis.

Tras describir la atracción que siente el hombre hacia la naturaleza, Poimandres prosigue relatando su suerte:

Y ése es el motivo de que el hombre, a diferencia de otras criaturas vivientes, posea una doble naturaleza. Es mortal en razón de su cuerpo; y es inmortal en razón de la sustancia eterna del hombre. Es inmortal y posee poder sobre todo lo creado; pero padece la suerte de un mortal, pues está sometido al destino. Se eleva sobre la estructura del cielo; pero nace esclavo del destino.

Ésta habría sido la suerte del hombre durante toda la eternidad de no ser por la intercesión de los dioses. En un *Hermeticum* posterior titulado *Kore Cosmu*, o «virgen del mundo», se explica que como la humanidad había contaminado el mundo con sus incesantes guerras y sus vicios, la Tierra suplicó al cielo que la ayudara.

> La Tierra se alzó y cuando se le concedió permiso para elevar su súplica dijo con profunda amargura: «Oh Rey y Padre, que presides sobre las elevadas esferas del cielo y nos gobiernas a nosotros, los elementos que nos postramos ante ti; me siento deshonrada; los hombres se han vuelto contra mí y crean infinitos problemas. Como no tienen nada que temer, cometen toda suerte de crímenes; aniquilados mediante todo tipo de instrumentos crueles, los hombres caen muertos sobre mis llanuras. Oh, Señor, estoy empapada de los fluidos que emanan los cuerpos putrefactos. A partir de ahora, puesto que estoy obligada a contener a seres indignos de mí, deseo albergar, junto con los seres que brotan de mí, también a Dios. ¿Durante cuánto tiempo carecerá tu mundo terrestre, poblado de mortales, de un Dios? Concede a la tierra, si no tu propio ser —no te pido esto pues no sería capaz de contenerte a ti—, al menos uno de tus efluvios divinos.»[15]

En respuesta a sus súplicas, el dios padre Atum envió a su nieto Osiris, junto con su esposa Isis, a la Tierra para que creara la civilización: de este modo la humanidad recuperaría su estado divino y se liberaría del mundo material:

> [...] Dios llenó el universo con el sonido de su voz divina, y dijo: «[...] Vendrá otro que habitará entre vosotros, un efluvio de mi ser, el cual vigilará los actos de los hombres. Él juzgará a los vivos, un juez a quien nadie podrá engañar, y será un rey implacable de los muertos; y todos los hombres recibirán el castigo que merezcan según sus actos.»
>
> Al oír esas palabras, Horus preguntó: «Dime, madre, ¿cómo consiguió la Tierra recibir el efluvio de Dios?» E Isis respondió: «Poderoso Horus, no me pidas que te describa el origen del linaje del que procedes, pues está prohibido inquirir sobre el nacimiento de los dioses. Sólo puedo decirte esto: que Dios que gobierna solo, el Creador del universo, concedió durante breve tiempo a la Tierra a tu padre el gran Osiris y a la gran diosa Isis, a fin de que prestaran al mundo la ayuda que tanto necesitaba.»

> Ellos fueron quienes colmaron la vida humana con lo divino, poniendo fin a la barbarie y mutuo aniquilamiento entre los hombres.
>
> Ellos fueron quienes establecieron los ritos terrenales de veneración que se corresponden exactamente con los poderes divinos del cielo.
>
> Ellos fueron quienes consagraron templos e instituyeron sacrificios a los dioses, sus antepasados, y concedieron al hombre mortal los dones de la comida y la vivienda.
>
> [...] Ellos fueron quienes, tras conocer los métodos secretos que emplea Dios para legislar, se convirtieron en legisladores de la humanidad.
>
> Ellos fueron quienes concibieron la [iniciación e instrucción] de los sacerdotes profetas, a fin de que éstos alimentaran el alma de los hombres con la filosofía y salvaran su cuerpo mediante las artes sanadoras cuando enfermaran.
>
> Cuando hubimos hecho todo esto, hijo mío, Osiris y yo, al observar que el mundo estaba lleno de bendiciones impartidas por los dioses que moran en el cielo, pedimos que se nos permitiera regresar a nuestra casa celestial[16].

Al leer esto comprendí que la antigua religión de Osiris en Egipto tenía muchos puntos en común con el cristianismo. No sólo se referían ambas religiones a la necesidad de redimir a la humanidad de sus pecados, sino que también afirmaban que Dios había enviado su «efluvio» o semilla, para que el mundo experimentara un cambio. Reconociendo la importancia de estos textos, pensé que había llegado el momento de que se publicara una nueva edición, más accesible al público que la de la traducción de Scott, excesivamente académica, que yo poseía. Así pues, me dispuse a editar su libro, suavizando el texto y eliminando buena parte de lo que entorpecía una lectura clara. Dado que pretendía que la gente leyera esos documentos con entusiasmo y no con el ojo clínico de los eruditos, inserté un prólogo de mi propia cosecha, haciendo hincapié en el valor esotérico de estos textos. Confiaba en que el libro tuviera éxito y sirviera para reavivar el interés por el tema de la filosofía hermética. Sin embargo, cuando publiqué esta nueva edición en mayo de 1992, no sospeché que iba a conducirme a la mayor aventura que he vivido hasta la fecha.

# NOTAS

1. A. G. Gilbert, *The Cosmic Wisdom Beyond Astrology* (Solos Press, Shaftesbury, 1991).

2. Génesis, 11:31-32.

3. Véase G. R. S. Mead, *Thrice Greatest Hermes*, vol. I, p. 5 y W. Scott (ed.), *Hermetica*, pp. 218-219.

4. La colección de *Hermetica* contiene otros escritos además del *Corpus Hermeticum*.

5. La cábala es una forma esotérica del judaísmo consistente en meditar sobre ciertas imágenes, la astrología y los nombres de Dios. Debidamente modificada, se convierte en una cábala cristiana.

6. Véase Frances Yates, *Giordano Bruno and the Hermetic Tradition* (Routledge & Kegan Paul Ltd., 1982), p. 63.

7. Ibíd., pp. 351-352.

8. Walter Scott (ed.), *Hermetica* (Solos Press), pp. 34, 41.

9. G. R. S. Mead, *Thrice Greatest Hermes*, vol. I, p. 19.

10. El ádito es la parte más sagrada de un templo, iglesia o santuario; verbigracia el sanctasanctórum del Templo de Jerusalén o la Cámara del Rey en la Gran Pirámide.

11. G. R. S. Mead, *Thrice Greatest Hermes*, vol. I, p. 30.

12. Horus conversa con su madre, Isis, quien en este fragmento es la que le habla.

13. W. Scott (ed.), *Hermetica*, p. 179.

14. Ibíd., p. 47.

15. Ibíd., p. 190.

16. Ibíd., pp. 191-192.

5

# EL MISTERIO DE ORIÓN

Hacía unos cinco meses que se había publicado mi nueva edición de *Hermetica* y casualmente me encontraba en las oficinas de mis distribuidores de Bath, ayudándoles a resolver unos problemas del sistema informático. De pronto sonó el teléfono y, ante mi sorpresa, resultó que la llamada era para mí. Al principio pensé que debía de ser mi esposa, pues era la única persona que sabía que aquel día me hallaba en Ashgrove. Sin embargo, el temor de que la llamada obedeciera a un problema referente a su coche u otro contratiempo se disipó en cuanto oí una voz masculina que no conocía al otro lado de la línea telefónica.

Mi interlocutor era un tal Robert Bauval, un ingeniero constructor belga-alejandrino que, al ser expulsado de Egipto durante una de las purgas emprendidas por Nasser contra los extranjeros, se había afincado en Inglaterra. Según me contó, hacía mucho tiempo que deseaba adquirir la traducción de Scott de la *Hermetica*, pero su librero le había explicado que la obra estaba descatalogada. Entonces, un par de semanas antes de telefonearme, Bauval había ido casualmente a una antigua librería en Oxford. Los libreros, sorprendidos, habían comprobado en su ordenador la existencia de mi nueva edición publicada por Solos Press. Bauval se apresuró a encargar dos ejemplares —uno para un amigo suyo—, los cuales recibió al cabo de unos días. Seguimos conversando y Bauval me explicó que el motivo de su llamada se debía a la curiosidad que había despertado en él mi prólogo, con sus referencias a una relación entre la escuela alejandrina de Hermes Trimegisto y los constructores de las pirámides de la IV dinastía. Me confesó que el tema le interesaba profundamente y que había escrito un libro inédito sobre el mismo. Nuestra conversación duró cerca de una hora y media y tocamos diversos temas, desde la obra de Frances Yates hasta la Batalla de las Pirámides, pasando por la religión de Osiris y la astronomía de la constelación de Orión. Bauval me preguntó si me interesaba examinar su libro, con vistas a publicarlo, y al cabo de unos días me lo envió por correo.

Al leer la obra me sentí cautivado por sus implicaciones, que revelaban una mente extraordinariamente lúcida. Yo estaba acostumbrado a examinar manuscritos extraños y a veces tenía la impresión de que el mundo estaba lleno de excéntricos que desarrollaban las más peregrinas hipótesis pensando, equivocadamente, que hallarían un editor dispuesto a publicarlas. Pero este autor, pese a su evidente obsesión por el tema, no era ningún excéntrico. Lo que tenía que decir sobre las pirámides, aunque nada ortodoxo, estaba bien expuesto y apoyado en los resultados de largas y minuciosas investigaciones. Pese a que el libro tocaba multitud de temas y, a mi modo de ver, tenía un estilo demasiado académico para atraer al gran público, yo estaba convencido de que era como mínimo un *best-seller* en potencia. Así pues, Bauval y yo quedamos en reunirnos y un par de semanas más tarde me encontré ante el portal de su casa.

Robert Bauval resultó ser un hombre de cuarenta y tantos años, delgado y con la pasión y efervescencia de un mediterráneo. Viajero experimentado, había vivido y trabajado en África y Oriente Medio, participando en algunos de los proyectos de construcción más ambiciosos de este siglo. Sus orígenes egipcios, junto con sus conocimientos y experiencia en todo lo referente a la arquitectura, le habían llevado a analizar las teorías actuales sobre el propósito de las pirámides de Gizeh. Según Bauval, su ejecución contenía un rigor y una precisión que desmentía la opinión académica tradicional de que se trataban de las sepulturas de unos poderosos faraones. Su mirada experta le indicaba que las pirámides eran mucho más que meras tumbas y que su ubicación y tamaño estaban dictados por una planificación genial. Bauval ignoraba en qué consistía ese plan y por qué había sido elegido, pero estaba decidido a averiguarlo, convencido de que ocultaba un secreto muy importante.

Al principio su interés por las pirámides era simplemente una afición, pero poco a poco, a lo largo de los años, se fue convirtiendo en una intensa pasión. Para entonces Bauval había conseguido reunir las piezas de un extraordinario rompecabezas que revelaba que las pirámides de Gizeh de la IV dinastía habían sido construidas para representar a las estrellas que conocemos hoy en día como el Cinturón de Orión. No sólo eso sino que las otras pirámides, erigidas por la misma época, representaban a otras estrellas vecinas mientras que los egipcios concebían su río Nilo como el homólogo primitivo de la Vía Láctea. Era un concepto asombroso quc la mayoría dc académicos con los que había hablado Bauval había desestimado de inmediato. Pero el autor había respaldado sus conclusiones con otros datos que sustentaban esta nueva hipótesis estelar. Había hallado numerosas referencias en los Textos de las Pirámides, el corpus de escritos religiosos más antiguo que existe en el mundo, que afirmaban que los difuntos faraones creían que renacerían como estrellas en Orión. Se encuentran numerosas representaciones de Orión en los muros de las tumbas posteriores y en los coronamientos de las pirámides; además la egiptología había establecido que esta constelación estaba asociada con Osiris, el dios de los muertos. Por si esto no bastara, existía la cuestión de ciertos «pozos de ventilación» en la Gran Pirámide, uno de los cuales se descubrió en 1964 y estaba orientado hacia la culminación del Cinturón de Orión[1] por la época en que se levantó la pirámide. Todo ello debía de ser más que meras coincidencias e indicaba la necesidad de un replanteamiento referente a la religión astral de los egipcios.

Sentados en la cocina, Robert me bombardeó con datos, números y fechas sin apenas hacer una pausa para respirar. Me dolía la cabeza debido a la intensidad de nuestra conversación cuando me marché a casa seis horas más tarde. Lo que Robert tenía que decir era tan extraordinario e importante que comprendí que, pasara lo que pasase, el libro debía publicarse. También entendí, como suele suceder en estas raras ocasiones, que esta cuestión constituía para ambos nuestro destino. Bauval era como una bomba sin detonar, con una enorme cantidad de uranio que podía estallar en cualquier momento. Yo sabía que tenía el deber de asegurarme de que este material explotara de forma controlada. Entre ambos debíamos tomar la precaución de que la electricidad generada por esas ideas radiactivas alcanzara a un público tan amplio como fuera posible.

Durante las semanas siguientes, Robert y yo trabajamos estrechamente en este proyecto. Decidimos escribir un libro que llevaría el título de *El misterio de Orión*, y publicarlo conjuntamente en Solos Press. Pero por un capricho del destino ambos nos vimos implicados en los hechos que rodearon el hallazgo de una «puerta» secreta en el interior de la Gran Pirámide[2]. Nos convencieron de que era preferible que no publicáramos nosotros mismos el libro sino que dejáramos el asunto en manos de un importante editor. Fue una sabia decisión dado que, a raíz de la emisión de un documental llamado *The Great Pyramid - Gateway to the Stars*, que rodamos para la BBC, unos catorce meses después de que Robert y yo mantuviéramos nuestra primera conversación telefónica, *El misterio de Orión* pasó a ocupar el primer lugar de los *best-sellers* en el Reino Unido.

## Harrán y los magos

Mientras escribíamos *El misterio de Orión*, y en realidad desde el comienzo de nuestra colaboración, Robert y yo solíamos comentar con frecuencia el tema de los magos. Ambos creíamos que no era probable que la estrella descrita por Mateo en su Evangelio fuera una supernova, sino que representaba a Sirio, la estrella más brillante del firmamento, a la cual veneraban en todo el Próximo Oriente y los egipcios asociaban estrechamente con el nacimiento de reyes. Mateo escribió su Evangelio una generación después de los acontecimientos que describe y entre sus futuros lectores debía de haber más gentiles que judíos. Mateo necesitaba demostrar a los egipcios, griegos, sirios y otros que su Mesías, el Jesús de su Evangelio, no era simplemente un profeta judío sino un salvador universal. Debía mostrar sus credenciales y parte de éstas era la asociación del Mesías con Sirio, la estrella regia de Isis y Horus. Los egipcios basaban su calendario sotíaco en los movimientos de Sirio, que ellos denominaban *Spdt*, traducido al griego como Sotis. Estaba ligado con su diosa más popular, Isis, y su hijo Horus, quien según la leyenda había sido concebido milagrosamente de la semilla del difunto marido Osiris. Los egipcios creían que todos sus faraones, mientras estaban vivos, eran encarnaciones de Horus. Una vez muertos eran sometidos a una serie de ritos, incluyendo la momificación, destinados a transformarlos en un «Osiris». Posteriormente ascendían al cielo y se convertían en una estrella de la constelación de Orión. Otro aspecto del rito funerario era que Isis debía «dar a luz» un nuevo Horus. Ello requería la ejecución de otros ritos relacionados con la estrella Sirio y en algún momento, según nuestra opinión, la Gran Pirámide.

Isis, la madre, era un icono muy popular en el antiguo Egipto.

Para cualquiera que realice un estudio del tema es evidente que este símbolo de Isis, la viuda madre del niño divino Horus, pasó a la iconografía cristiana como la Virgen y el Niño. Existen innumerables estatuillas que muestran a Isis amamantando a Horus, quien, a veces, más esotéricamente, está sentado en su regazo con un dedo sobre los labios, un gesto que significa «guardad el secreto». Con la aparición del cristianismo, Isis, la madre diosa popular en Egipto y en todo el Imperio Romano, se convirtió en María la reina del cielo. Su título de *stella maris*, «estrella del mar», delata el origen del culto a la Virgen. El «mar» en cuestión no era el Mediterráneo sino el océano sobre éste, o sea el cielo. La «estrella del mar» era y es Sirio, la más brillante de nuestro firmamento, considerada durante milenios como la estrella de Isis. María heredó efectivamente el manto azul de Isis.

La idea de que los magos siguieran los movimientos de Sirio no fue un invento de Mateo. El cielo de Mesopotamia suele estar despejado y era normal que las caravanas itinerantes viajaran de noche. Todos los pueblos del Próximo Oriente eran expertos astrónomos y hacia Navidad Sirio salía hacia el ocaso y se ponía poco antes del amanecer. Para cualquier experto en navegación y conocedor de los movimientos de Sirio, ésta habría constituido una estrella guía ideal. Teniendo en cuenta todas estas conexiones, religiosas y náuticas, no es difícil comprender que la historia de Mateo de una estrella que guía a los magos tuviera una resonancia inmediata en Egipto. Sin embargo persiste la pregunta de si la historia de Mateo, que sin duda contiene elementos de su propia cosecha, se basa o no en un acontecimiento real. ¿Visitaron los magos de Oriente, tal como aparecen en millones de tarjetas navideñas, el pesebre en Belén? Yo estaba convencido de ello y también de que eran emisarios de una escuela secreta que existía en Mesopotamia y Persia. No obstante, la primera prueba no la hallamos en Palestina ni en Mesopotamia sino en Egipto, la tierra de la que Moisés había liberado antiguamente a su pueblo, y donde yo creía que los magos tenían también ciertas conexiones.

## El Templo del Fénix

En marzo de 1993, Robert y yo, junto con mi esposa Dee, fuimos a Egipto para llevar a cabo una investigación de última hora y tomar unas fotografías para el libro. Durante nuestra estancia allí visitamos Heliópolis, actualmente un suburbio de El Cairo pero que hace cinco mil años constituía el corazón espiritual de Egipto. Llamada Annu (el On de la Biblia), Heliópolis, la «ciudad del sol», era sagrada para Atum, el padre de los dioses. Aunque él mismo, al igual que el Dios Padre cristiano, era el poder invisible que yacía detrás de la creación, era venerado como Atum-Ra, el sol poniente. Heliópolis estaba construida sobre una colina que dominaba el Nilo y, en cuanto morada del padre de los dioses, tenía el mismo significado para los egipcios que posteriormente tuvo el monte Sinaí para los israelitas. En la antigüedad se erigieron muchos templos sobre la colina de Heliópolis, que representaban distintas escuelas y cultos populares pertenecientes a diversas épocas. No obstante, el más importante de ellos y el foco de nuestro interés era lo que queda del Templo de Atum. Éste, posiblemente el yacimiento religioso más antiguo de Egipto, albergaba en la antigüedad un pilar de piedra dedicado al dios padre. Según la mitología griega, Atum había creado el universo de su semen y según parece el pilar, un protoobelisco que probablemente tenía unas connotaciones similares al altar de piedra erigido por el patriarca hebreo Jacob, representaba su falo. El templo contenía asimismo un objeto llamado la piedra *benben*. Probablemente se hallaba situada sobre el pilar y estaba bruñida o cubierta de oro para que reluciera bajo el sol. En *El misterio de Orión*, Robert y yo seguimos unas pistas que unían la piedra *benben* de Heliópolis con un amplio culto meteorítico, antiguamente muy extendido por Egipto y el Próximo Oriente. Lamentablemente, el alcance de *El misterio de Orión* y su naturaleza arqueológica no nos permitió investigar otras ideas esotéricas referentes a su simbolismo.

En cierto momento, durante la era de las pirámides (hacia 2700-2180 a.C.), la piedra *benben* desapareció. Robert Bauval opinaba que se hallaba en el interior de la Gran Pirámide, ocultada allí por el faraón Keops, quien bien temía por su seguridad o simplemente deseaba conservar para sí sus poderes durante toda la eternidad. Posiblemente nunca sepamos la verdad, pero el hallazgo en 1993 de lo que parecía ser una abertura cerrada que conducía a una cámara secreta respalda esta hipótesis.

La construcción de las grandes pirámides de Gizeh y Dahsur por los faraones de la IV dinastía, Snefru, Keops, Kefrén y Mikerinos fue una empresa colosal, nada menos que la creación de un cielo sobre la Tierra. No obstante, la talla, preparación y colocación de toneladas de piedra caliza para construir estas estructuras sin duda puso a prueba los recursos y la paciencia de la gente. Tras la muerte de Mikerinos estalló una rebelión y el poder pasó a una nueva dinastía de faraones, tres de los cuales se decía que eran hijos trillizos de una sacerdotisa de Heliópolis. Estos faraones de la V dinastía se contentaron con erigir unas pirámides mucho más reducidas que las de sus antepasados, y que constituyen hoy en día poco más que unos montones de cascotes. Unas, el último faraón de la dinastía, mandó levantar su pirámide en el cementerio real de Saqqara, cerca de la de Zoser, un faraón de la III dinastía que puso en marcha el gigantesco proyecto con su revolucionaria pirámide escalonada. Esta pirámide es distinta de las anteriores, pues a los sacerdotes de Unas se les ocurrió la original idea de hacer que los muros de las cámaras funerarias estuvieran cubiertos de jeroglíficos. Estos Textos de las Pirámides, según han venido a llamarse, constituyen el corpus de escritos religiosos más antiguo del mundo. Nos refieren numerosos detalles sobre el culto regio de los faraones y su creencia en que después de morir viajarían hasta las estrellas.

A raíz de la muerte de Unas el poder cambió nuevamente de manos con el comienzo de la VI dinastía. Estos faraones continuaron erigiendo pirámides en Saqqara, la mayoría de las cuales contiene textos jeroglíficos. Sin embargo, al término de la VI dinastía, hacia 2180 a.C., Egipto se vio sacudido por una revolución. La época dorada de los constructores de pirámides llegó bruscamente a su fin y la civilización egipcia entró en declive. Las pirámides, los templos y las tumbas fueron saqueados y el país se sumió en una «era tenebrosa» conocida por los historiadores como el Primer Período Intermedio. Durante esta época turbulenta se sucedieron los faraones y las dinastías, pero sabemos muy poco sobre ellos. Hacia 1990 a.C., con el auge de la XII dinastía, se produjo un renacimiento y Egipto recuperó su autoridad. Uno de los faraones de esta dinastía, Sesostris I (llamado también Senusert I) decidió reconstruir el Templo de Atum en Heliópolis y es sobre todo su obra la que fuimos a contemplar.

A la muerte del último faraón de la XII dinastía, hacia 1786 a.C., Egipto cayó en otro período oscuro. Esta vez la causa no fue una revolución intestina sino la invasión del país por parte de unos misteriosos pueblos llamados hicsos. Estos extranjeros, denominados «reyes pastores» o «pueblos del mar», controlaron el país durante unos doscientos años. Se ha especulado mucho sobre la identidad y procedencia de esas gentes, pero a juzgar por los relieves que han sobrevivido hasta nuestros días eran de origen semítico y procedían casi con toda certeza de Siria o el sudeste de Turquía. Éste es un dato muy interesante desde el punto de vista bíblico, pues si existe algo de verdad en la historia de la migración de Abraham y el establecimiento de los hijos de Israel en Egipto, ello debió de haber ocurrido por esa época. De hecho, la datación encaja con la cronología de Mateo. Al comienzo de su Evangelio describe la genealogía de José, el padre adoptivo de Jesús, y concluye diciendo:

> Por consiguiente, todas estas generaciones suman: de Abraham hasta David, catorce; de David hasta la deportación de Babilonia, catorce; y de la deportación de Babilonia hasta Cristo, catorce[3].

Puesto que sabemos que la caída de Jerusalén y la deportación de los judíos a Babilonia ocurrió en el 586 a.C. y que el nacimiento de Jesús probablemente acaeció en el 7 a.C., un simple cálculo aritmético nos permite llegar a la conclusión de que para Mateo una generación duraba unos cuarenta años. Si retrocedemos a partir del nacimiento de Jesús cuarenta y dos generaciones de este tipo llegamos a una fecha próxima a 1684 para el comienzo de la generación de Abraham. Ésta se encuentra en el Segundo Período Intermedio de la historia de Egipto, por la época de la invasión de los hicsos.

Durante el dominio de los hicsos Egipto estaba gobernado por reyes extranjeros y es posible que uno de ellos fuera el faraón que Abram (Abraham) conoció y ante quien fingió que su esposa Sarai (Sara) era tan sólo su hermana:

> Hubo hambre en aquella tierra y bajó Abram a Egipto con ánimo de morir allí, pues pesaba el hambre sobre la tierra. Próximo a entrar en Egipto dijo a Sarai, su mujer: «Mira, sé que eres mujer de hermoso aspecto. Cuando te vean los egipcios, dirán: Es su mujer; y me matarán a mí, y a ti te dejarán con vida. Di, pues, que eres mi hermana, a fin de que me vaya bien por tu causa, y gracias a ti viva yo.» Sucedió que, cuando entró Abram en Egipto, vieron los egipcios que la mujer era muy hermosa. Habiéndola visto los oficiales del faraón, la elogiaron mucho ante él; y la mujer fue llevada al palacio del fa-

raón, el cual, por causa de ella, trató bien a Abram; éste tuvo ganado menor y mayor, asnos, siervos y siervas, asnas y camellos. Pero Yahvé hirió al faraón y a su casa con grandes plagas por causa de Sarai, mujer de Abram. Llamó el faraón a Abram y le dijo: «¿Qué es lo que has hecho conmigo? ¿Por qué no me hiciste saber que ella era tu mujer? ¿Por qué dijiste: Es mi hermana, dando lugar a que la tomara yo por mujer? Ahora, pues, ahí tienes a tu mujer, tómala y vete.» Entonces el faraón dispuso que sus hombres lo condujeran fuera, a él y a su mujer, con todo lo que tenía[4].

Esa historia, probablemente apócrifa, presenta a los egipcios bajo una luz más favorable que a Abraham, quien aparece no sólo como un cobarde que se oculta tras las faldas de Sarai sino también como un farsante que acepta regalos a cambio de la deshonra de su mujer. José, el bisnieto de Abraham, es descrito de forma más favorable. Llevado al país como esclavo, en la narración bíblica alcanza el puesto de canciller de toda la tierra de Egipto tras haber interpretado correctamente los sueños del faraón. Incluso hoy en día, en Egipto muchos le atribuyen la construcción del canal, el Bahr Yusuf, que comunica el Nilo con el lago Moeris (Birkat Qarun), lo que permite irrigar grandes extensiones de terreno en el Fayum. A fin de consolidar su importante cargo de oficial, José contrae matrimonio con la hija del sacerdote principal de On (Heliópolis), quien casi con toda certeza era de sangre real.

Luego dijo el faraón a José: «Yo soy el faraón; sin tu permiso, nadie alzará su mano o su pie en toda la tierra de Egipto.» El faraón llamó a José con el nombre de *Safernat Panéaj*, y le dio por mujer a Asenat, hija de Putifar, sacerdote de On[5].

Asenat da a José dos hijos, Manasés y Efraím, quienes, aunque son medio egipcios, reciben una bendición especial de su abuelo Jacob (Israel). Éste los adopta en su familia y reciben el mismo trato que sus tíos, el mayor de los cuales, Rubén, se había deshonrado al yacer con Bilhá, la concubina de su padre.

Se lo anunciaron a Jacob, diciéndole: «Tu hijo José ha venido a verte.» Entonces Israel hizo un esfuerzo, y se sentó en la cama. Dijo Jacob a José: «El-Sadday se me apareció en Luz, en tierra de Canaán, y me bendijo, diciendo: "Mira, yo te haré ser fecundo y te multiplicaré, y haré que seas una asamblea de pueblos, y entregaré esta tierra a tu posteridad después de ti en posesión perpetua. Desde ahora tus dos hijos Manasés y Efraím, que te nacieron en la tierra de Egipto antes que yo viniese a ti en Egipto, son míos, como lo son Rubén y Simeón."»[6]

Jacob se lamenta a José de la muerte de su esposa favorita, Raquel, la madre de éste, durante el viaje a Belén:

> En cuanto a mí, cuando volvía yo de Padán[7] se me murió Raquel en la tierra de Canaán, en el viaje, a la vista de Éfrata, y la sepulté junto al camino de Éfrata, que es Belén[8].

Evidentemente la hermosa Raquel, por cuya mano Jacob ha sacrificado catorce años de su vida trabajando para su tío en Harrán, murió al parir al único hermano por parte de padre y madre de José, Benjamín. Éste era el más joven de los hijos de Israel y es a él a quien José gasta una broma antes de darse a conocer a sus hermanos; oculta su taza de plata en el saco de grano de Benjamín para que éste lo sustraiga sin darse cuenta y el grupo se vea forzado a regresar cuando la taza es descubierta por los guardias egipcios. Al parecer, se trataba de una prueba para comprobar si sus otros hermanastros, quienes habían traicionado anteriormente a José, estaban también dispuestos a abandonar a Benjamín. No lo hacen y Judá, que anteriormente ha vendido a José por veinte monedas de plata, ofrece su propia libertad a cambio de la del chico. A su regreso el grupo es recibido con júbilo por José y más tarde recompensado por el faraón con la posesión de tierras en Egipto.

Al pasearme por entre los restos del Templo del Fénix con el inmenso obelisco de Sesostris I, no pude por menos de preguntarme qué habría pensado José de esta construcción. Imaginé que comentaba la leyenda del fénix con su suegro, quien en calidad de sumo sacerdote del templo debía de ostentar el título de «jefe de los observadores». Como canciller del país, José, el hombre sin cuyo permiso nadie podía «alzar la mano o el pie en toda la tierra de Egipto», debía de ser responsable del mantenimiento de santuarios como el Templo del Fénix. Sin duda habría contemplado asombrado el reluciente obelisco y habría escuchado la explicación de su simbolismo.

Los hicsos se asentaron en su mayoría en la región del delta y ejercieron sólo un control teórico sobre el Alto Egipto. Poco a poco se fue consolidando una nueva base de poder egipcia en torno a la ciudad de Tebas (Luxor) y un movimiento independentista comenzó a adquirir fuerza. El período de los hicsos llegó a su fin hacia 1567 a.C., cuando fueron vencidos por este nuevo poder y nació el Nuevo Imperio. A raíz de su derrota, el resto de los hicsos, entre quienes se incluían presumiblemente los israelitas, pasó a convertirse en esclavos.

Durante el Nuevo Imperio, Egipto alcanzó un poder universal bajo el belicoso faraón Tutmés III. Declaró la guerra a sus vecinos, conduciendo a su ejército hacia el norte hasta Carchemis, junto al Éufrates, y amplió el Imperio Egipcio hasta abarcar grandes áreas del Próximo Oriente, incluyendo Palestina. Aunque la capital de Egipto se había trasladado hacia el sur, de Menfis a Tebas, el recinto del Templo de Heliópolis fue remozado. Para celebrar sus victorias y sin duda en señal de gratitud al dios del sol Atum-Ra, Tutmés instaló en su templo al menos cuatro obeliscos. El mayor de ellos, que medía más de treinta y dos metros, fue retirado por los romanos. Transportado a Roma por Constantino el Grande, hoy en día se halla instalado en la plaza de San Juan de Letrán. Otro de los obeliscos de Tutmés fue trasladado en el 390 d.C. a Constantinopla por el emperador bizantino Teodosio, y erigido sobre una base de mármol en el Hipódromo. En la actualidad la base, a diferencia del obelisco, que está en perfectas condiciones, presenta un aspecto muy deteriorado. Los dos últimos, erróneamente conocidos como las Agujas de Cleopatra, fueron trasladados por el emperador romano Augusto para adornar el Templo de César en Alejandría. A finales de 1870 fueron retirados de nuevo y trasladados a Londres y Nueva York respectivamente, y hoy en día se alzan a orillas del Támesis y en Central Park.

El Nuevo Imperio fue en muchos aspectos el período más espléndido de Egipto. Nos ha legado unas pinturas de incalculable valor en el Valle de los Reyes y las Reinas, los templos de Luxor y Karnac, por no mencionar la tumba del rey niño, Tutankamón. El faraón Ramsés II erigió unas gigantescas estatuas de su persona en todo el país, incluyendo una colosal figura, que aparece recostada, en Menfis, la capital del Antiguo Imperio. Uno de los obeliscos que mandó colocar frente al Templo de Amón en Luxor se halla ahora instalado en el centro de París, señalando el lugar donde antiguamente se alzaba la guillotina. Si Ramsés II erigió otros obeliscos en Heliópolis, hace tiempo que han desaparecido. Actualmente el obelisco del Imperio Medio de Sesostris I se alza en espléndido aislamiento, como antes del auge del Nuevo Imperio.

La fecha exacta en que Moisés y los israelitas realizaron la histórica travesía del mar Rojo no consta en las crónicas egipcias de la época. No obstante, si aplicamos la regla de Mateo según la cual cada generación abarca cuarenta años y aceptamos que Naasón, hijo de Aminadab y padre de Salomón, es la misma persona que Najsón, cuñado de Aarón[9], entonces podemos afirmar que el Éxodo ocurrió ocho generaciones o unos trescientos veinte años antes de la época de Abraham. Es decir, hacia 1364 a.C., lo que sitúa el Éxodo dentro del marco de la XVIII dinastía del Nuevo Imperio.

El Éxodo pudo haber ocurrido, según cree mucha gente, durante el turbulento período que siguió al reinado del célebre faraón del Nuevo Imperio, Ajnatón. Éste trasladó la capital de Egipto de Tebas a un nuevo emplazamiento en Tell el-Amarna e instituyó el culto monoteísta del disco solar, llamado Aten, en lugar de los cultos más antiguos de dioses. El experimento no fue un éxito y a raíz de la muerte de Ajnatón, su heredero, Tutankamón, se vio obligado a regresar a Tebas y restituir las viejas costumbres. Murió siendo todavía un niño, y le sucedió en primer lugar un general llamado Horemheb y posteriormente uno de los más grandes gobernantes de Egipto, Seti I. Su tumba, decorada de forma minuciosa e instalada en el Valle de los Reyes, en la actualidad tristemente profanada y objeto de actos vandálicos, se considera uno de los mayores logros artísticos de todos los tiempos. La decoración del techo, que muestra constelaciones como la diosa hipopótamo Tuart sosteniendo un poste de anclaje, revela que la religión estelar del Antiguo Imperio seguía viva mil años después de construirse las pirámides. La antigua sabiduría de Egipto no había caído en el olvido.

La historia bíblica de Moisés entre los juncos, que precede al Éxodo, presenta ciertos paralelismos con la historia, más antigua, de Horus, el hijo de Isis, quien también tuvo que ocultarse entre las arboledas de papiros en las marismas del delta para evitar ser asesinado por su malvado tío Set. En el caso de Moisés la amenaza proviene del faraón, quien, al igual que Set, es un tirano cruel y en un intento de controlar a la población ordena que todos los niños varones hebreos sean muertos al poco de nacer. Para sustraerlo a este edicto, la madre de Moisés lo oculta en una cesta entre los juncos que crecen a orillas del Nilo.

Un hombre de la casa de Leví fue y tomó por esposa a una hija de Leví. La mujer concibió y dio a luz un hijo; y viéndolo hermoso, lo tuvo oculto durante tres meses. No pudiendo tenerlo escondido más tiempo, tomó una cesta de papiro, la calafateó con betún y pez, puso en ella al niño y la dejó entre los juncos de la ribera del Nilo. La hermana del niño se quedó observando a distancia, para ver qué le sucedía.

Bajó la hija del faraón a bañarse en el Nilo; y mientras las sirvientas se paseaban por la orilla del río, divisó ella la cesta entre los juncos y mandó a una sirvienta suya que se la trajera. Al abrirla, vio que en ella había un niño y que el pequeñín lloraba; y compadecida de él, dijo:

—Es un niño de los hebreos.

—¿Quieres que vaya y te llame a una nodriza de entre las mujeres hebreas para que te críe al niño? —dijo la hermana del niño a la hija del faraón.

—Ve —le contestó la hija del faraón.

Fue la joven y llamó a la madre del niño. La hija del faraón le dijo:

—Llévate a este niño, críamelo, y yo te daré tu salario.

La mujer tomó al niño y lo crió. Cuando el niño fue mayorcito, se lo llevó a la hija del faraón, y fue para ésta como un hijo. Lo llamó Moisés, pues se dijo: «De las aguas lo saqué.»[10]

La hija del faraón, al igual que Isis con Horus, protege al niño hasta que es lo suficientemente mayor como para enfrentarse al poder establecido y, al igual que Horus, restituir el Imperio de la ley entre su pueblo. El relato bíblico hace hincapié en que en este sentido Moisés es el legítimo «faraón» bendecido por Dios. Moisés, al igual que Horus el hijo de Isis, tiene que soportar la humillación de permanecer oculto entre los juncos antes de, en nombre de Dios, ser capaz de enfrentarse al faraón y conquistar la libertad para su pueblo.

Como cualquier lector de la Biblia sabe, esa libertad duró poco. Al cabo de unos siglos el Israel del Antiguo Testamento pasó de ser un poderoso estado-nación a un Imperio dividido entre el reino septentrional de diez tribus, cuya capital era Samaria, y un reino meridional de dos tribus, Benjamín y Judá, centrados todavía en Jerusalén. Aplastados entre los grandes poderes de Egipto, Asiria y luego Babilonia, esos pequeños estados no podían perdurar. Las diez tribus de Israel, que formaban el reino original de Samaria, fueron capturadas por los asirios y deportadas a Asia:

> Entonces el rey de Asiria invadió todo el país, subió contra Samaria y la tuvo sitiada durante tres años. El año noveno de Oseas[11], el rey de Asiria se apoderó de Samaria, deportó a los israelitas a Asiria, y los asentó en Jalaj y junto al Jabor, río de Gozán, y en las ciudades de Media[12].

Las ciudades de Media estaban situadas al sur del mar Caspio en lo que actualmente constituye el noroeste de Irán. Gozán estaba mucho más próxima a casa para los esclavizados israelitas. Era una región del norte de Mesopotamia irrigada por un afluente del Éufrates llamado Jabur. Las «diez tribus» perdidas de Israel, incluyendo las de Efraím y Manasés, los hijos de José, desaparecen en este punto de la Biblia, aunque su suerte se menciona de nuevo en el Primer Libro de las Crónicas:

> Entonces el Dios de Israel incitó la animosidad de Pul de Asiria (o sea, el espíritu de Tiglatpileser, rey de Asiria), quien llevó cautivos a los rubenitas, gaditas y a la media tribu de Manasés, y los condujo a Jalaj, Jabor, Hará y al río Gozán, hasta el día de hoy[13].

Según la obra *Analytical Concordance to the Bible* de Young, Hará podría ser el mismo lugar que Harrán, la antigua ciudad donde fue enterrado el padre de Abraham, situada a orillas del río Balij, otro afluente del Éufrates y controlada en aquellos tiempos por el Imperio Asirio:

> «Hará... Un lugar totalmente desconocido a menos que lo identifiquemos con Harrán o Charrán, la ciudad de Mesopotamia a la que llegó Abraham desde Ur. Harrán era conocida por los antiguos como Carrhae. Por tanto, podemos deducir que una porción de los israelitas que fueron llevados cautivos por Pul y Tiglat-Piléser se asentaron en Harrán junto al Balij, mientras que la mayoría fueron trasladados a Chabora.»[14]

El emplazamiento exacto de Jalaj y Jabor no está tan claro pero el primero parece ser el montículo de tierra que no se ha excavado llamado Gla, próximo a la confluencia de los ríos Jabur y Jerujer. La ciudad de Jabor podría hallarse cerca de la moderna Nusaybin.

Tras haber perdido a las diez tribus del norte de Israel, la Biblia se concentra ahora únicamente en la suerte de sus hermanos del sur, quienes eran los principales descendientes de las dos tribus de Judá y Benjamín y a partir de ahora se refiere a ellos como los judíos. Aunque algunos de ellos fueron también deportados por los asirios, acabaron siendo expulsados de Jerusalén por los babilonios, quienes en el 586 a.C. saquearon el Templo de Jerusalén y lo quemaron junto con buena parte del resto de la ciudad. Casi todos los habitantes a excepción de los campesinos más pobres, que se quedaron y convirtieron en «viñadores y agricultores», fueron llevados cautivos a Babilonia. Éste no es el fin de la historia, pues estalló una pequeña guerra civil entre quienes se habían quedado. Haciendo caso omiso de las advertencias del profeta Jeremías, los supervivientes decidieron huir a Egipto para escapar de la ira de los babilonios. Huelga decir que, tal como había profetizado Jeremías, tampoco estuvieron a salvo allí, pues Egipto era el siguiente objetivo de Nabucodonosor. Entre las terribles profecías de destrucción de los judíos, Jeremías hizo la siguiente con respecto al Templo de Heliópolis:

> Prenderá fuego a los templos de los dioses de Egipto, los quemará y se los llevará cautivos; y despiojará el país de Egipto como el pastor despioja su zamarra. Luego saldrá de allí tranquilamente. Destrozará los obeliscos del Templo del Sol, que está en el país de Egipto, y quemará los templos de los dioses de Egipto[15].

Según parece la invasión babilónica de Egipto ocurrió hacia el 580 a.C. Aunque en los anales de la historia no consta si el Templo de Atum fue saqueado, probablemente lo fuera.

En el 539 a.C. Babilonia cayó en manos de los ejércitos unidos de los medas y persas acaudillados por Ciro el Grande. Éste es recordado como el rey que liberó a los judíos de su cautiverio en Babilonia y les permitió regresar a casa para reconstruir el Templo de Jerusalén. En el 525 a.C. los persas controlaban la mayor parte de Asia, incluyendo lo mejor de Anatolia, y deseaban expandir su Imperio hacia el oeste. Con ayuda de los mercenarios fenicios y griegos, el hijo de Ciro, Cambises, consiguió invadir Egipto. De haberse contentado con saquear el país y exigir tributo probablemente habría sido aceptado como un invasor no peor que otro conquistador extranjero, pero escandalizó a los egipcios al matar a Apis, el toro sagrado de Menfis.

Los egipcios solían mantener a esos toros, puesto que no existía más de uno al mismo tiempo, rodeados de lujo. Estaban convencidos de que eran la encarnación de Osiris y a su muerte los embalsamaban y enterraban en unos gigantescos sarcófagos en el Serapeum, una inmensa necrópolis subterránea situada en Saqqara. Para los persas se trataba de una mera superstición y Cambises probablemente quiso demostrar que era el amo del país y podía hacer lo que quisiera. No obstante, por su pecado contra el toro Apis, fue maldecido por los dioses y los egipcios no se asombraron de que acabara loco y se suicidara.

El primer Imperio Persa, pese a su poder, no duró mucho tiempo. En la primavera del 334 a.C., respaldado por un ejército formado por unos treinta mil o cuarenta mil hombres, Alejando Magno invadió Asia Menor. Al llegar a Gordion, la capital de Frigia, zanjó la dificultad del famoso nudo cortándolo con su espada. Al año siguiente cruzó las montañas de Tauro y atravesó las puertas de Cilicia para derrotar a los persas cerca de la ciudad de Isos.

Marchando a través de Siria y Fenicia, llegó a Egipto en el año 332 a.C. A diferencia de Cambises, Alejandro sentía un profundo respeto por la religión egipcia y deseaba ser reconocido como hijo de un dios. Creía firmemente en la historia que le había relatado su madre, Olimpia, de que había nacido después de que ésta fuera violada por Zeus, a quien los griegos equiparaban con Amón, el dios egipcio. Por tanto, Alejandro se comportó con gran prudencia en Egipto, ofreciendo sacrificios a los dioses de Menfis y emprendiendo un célebre peregrinaje al centro de culto de Amón en el oasis de Siwa.

La muerte de Alejandro en Babilonia a la temprana edad de treinta y tres años puso fin a la carrera militar más brillante de toda la historia. Sólo podemos hacer conjeturas sobre cómo Alejandro y el mundo habrían evolucionado de haber sobrevivido aquél hasta la ancianidad. Su vasto Imperio, que se extendía desde el Mediterráneo oriental hasta el norte de la India estaba condenado a desmoronarse. Fue dividido entre los generales de Alejandro, cayendo Egipto en manos de Tolomeo, quien fundó su propia dinastía en la nueva capital de Alejandría. Este linaje continuó gobernando Egipto con desigual fortuna durante trescientos años. Entretanto, Palestina y Siria fueron tomadas por Seleuco, otro de los generales de Alejandro, quien estableció su propio linaje: los seléucidas. Luego, en el año 30 a.C., después de la batalla naval de Actium, Octavio César, que posteriormente se convertiría en el primer emperador romano, Augusto, invadió Egipto. Cleopatra, la última de los tolomeos, se suicidó después de que su amante Marco Antonio se hubiera arrojado sobre su espada. El largo linaje de faraones, que se remontaba a la I dinastía en 3100 a.C., había llegado a su fin. Tras dejar de ser un poder independiente, Egipto pasó a convertirse en una provincia del Imperio Romano administrada por un gobernador. Ello no significa que los romanos no reconocieran su glorioso pasado. Por el contrario, permitieron que los egipcios siguieran venerando a sus dioses, en especial a Serapis (una versión posterior de Osiris) y a su consorte Isis. Tan grande era la popularidad de esos dioses que surgieron muchos adeptos entre los propios romanos y sus cultos fueron exportados a todo el Imperio. De hecho, se erigieron templos a Isis en lugares tan alejados de Egipto como Colonia y París.

Los judíos consiguieron durante un tiempo liberarse de todos los yugos extranjeros. Bajo el líder macabeo, Judas Matatías, se habían alzado contra su gobernador seléucida Antíoco IV. Éste había ofendido gravemente a los judíos proscribiendo la circuncisión, suprimiendo sus leyes y fomentando formas gentiles de adoración en el templo. Su mayor delito, que según muchos constituía la «abominación desoladora» a la que aludía el profeta Daniel, fue el de sacrificar un puerco sobre el altar mayor:

> Porque vendrán contra él las naves de Kittim[16], y retrocederá desanimado. Se indignará y actuará contra la santa alianza; pero volverá otra vez a entenderse con los desertores de esta santa alianza.
>
> Tropas mandadas por él profanarán el santuario y la ciudadela, abolirán el sacrificio perpetuo y alzarán allí la abominación desoladora[17].

La guerra de la independencia judía continuó durante una generación, retirándose las fuerzas seléucidas de Jerusalén en el 141 a.C. Los macabeos, o asmoneos como se les conoce, trataron de combinar los papeles de sumos sacerdotes y monarcas hereditarios con escaso éxito. Aunque lograron conquistar casi todo lo que había constituido históricamente los dos reinos de Judá e Israel, junto con las márgenes orientales del río Jordán y el mar

Muerto, tenían como rivales a los fariseos, quienes negaban su reivindicación del sumo sacerdocio. Estas divisiones condujeron a la caída de los asmoneos y a la usurpación del estado por el grupo de seguidores del idumeo Antípater, consejero de Juan Hircano II[18].

Para entonces la suerte de Judea se hallaba unida inexorablemente al destino del Imperio Romano. A raíz de la muerte de Antípater, sus hijos Herodes y Fasael fueron nombrados jefes de estado por Marco Antonio, destituyendo así a Hircano. El cambio de dinastía fue aprobado por el Senado romano en el 40 a.C. cuando Herodes fue confirmado como rey de Judea. Éste, al menos a sus ojos, legitimizó su reivindicación tomando como segunda esposa a una princesa llamada Marianme, la última de los asmoneos. Su hermano Aristóbulo, fue nombrado sumo sacerdote pero, temiendo que alcanzara una excesiva popularidad, Herodes lo asesinó en el 35 a.C.

El título de Herodes fue ratificado por Octavio en el 31 a.C., tras la Batalla de Actium; la oposición de Herodes a Cleopatra compensó su anterior alianza con Marco Antonio. Con la confianza que le daba el respaldo que le prestaba Roma, Herodes no vaciló en ejecutar a Hircano. No obstante, era tan odiado como temido por sus súbditos, quienes lo consideraban un usurpador extranjero. Incapaz de depositar su confianza en ninguna persona de su entorno, Herodes asesinó a Marianme y a los dos hijos que le había dado. Ni siquiera en su lecho de muerte Herodes se sintió seguro y al descubrir que su hijo primogénito, Antípater, había urdido un complot contra él, mandó que lo ejecutaran cinco días antes de morir él mismo.

Dado su historial como uno de los dictadores más crueles de la historia, no tiene nada de extraño que la Sagrada Familia decidiera huir de Judea. Es evidente que si Herodes se hubiera enterado del nacimiento de un niño con una pretensión semilegítima al trono, habría ordenado de inmediato su ejecución.

Herodes fue a Egipto y visitó a Cleopatra de camino a Roma para consolidar su reinado. No es probable que navegara por el Nilo hasta Heliópolis, pero de haberlo hecho sin duda se habría maravillado, al igual que Cambises, Alejandro y Augusto, de la extraña belleza de los obeliscos de Heliópolis, las enigmáticas agujas del dios del sol.

## Heliópolis y el árbol de la Virgen

Cuando llegamos a Heliópolis atravesamos una puerta y entramos en un pequeño parque que es cuanto queda del otrora sagrado recinto. No era muy grande y estaba separado de los campos y edificios de pisos que lo circundaban por una fea alam brada. El templo, o al menos sus restos, parecía una piscina vacía; imaginé que estaba llena de agua y que había una fuente en el centro. Era difícil creer que esta poco atractiva estructura había sido antiguamente el templo más importante de Egipto, pero era preciso tener en cuenta que de ello hacía cinco mil años, y que pueden ocurrir muchos acontecimientos en cinco milenios. Frente a nosotros y sobre el templo se alzaba un enorme obelisco. Una placa nos informaba de que había sido erigido hacia 1940 a.C. por Sesostris I. Actualmente se encuentra solitario en medio del paisaje, un testigo mudo de la anterior grandeza de Annu, pero en la antigüedad estaba rodeado de un frondoso bosque de obeliscos y elegantes edificios.

Al principio creímos que nuestro viaje a Heliópolis no iba a tener los resultados esperados, pero de golpe nos topamos con algo que resultó haber tenido gran importancia en el contexto de la historia de los magos: una iglesia cristiana llamada Materiya.

Egipto fue uno de los primeros países del mundo en ser cristianizado. Su nutrida comunidad cosmopolita de Alejandría, donde los griegos se codeaban con judíos, sirios, romanos y otros lo convertía en un lugar ideal para reclutar adeptos a la nueva fe. Cuando, por orden de Constantino el Grande, el cristianismo pasó a ser la religión estatal del Imperio Romano, Alejandría era ya uno de los principales patriarcados. Con la clausura de los templos paganos, la Iglesia consolidó su poder. Su posición dominante en la vida de los egipcios, sin embargo, no duraría. En el año 640 d.C. un ejército árabe musulmán al mando del general 'Amr invadió el país. En julio derrotaron a los bizantinos en Heliópolis y pusieron sitio a la fortaleza de Babilonia, en lo que más tarde sería El Cairo. El Viernes Santo, 6 de abril del año 641, la plaza fuerte se rindió y 'Amr marchó hacia el norte, a Alejandría. Ésta fue entregada a traición por el patriarca Pkauchios, quien posiblemente fuera él mismo musulmán. Así, al cabo de poco más de un año y con una oposición mínima, una de las provincias más ricas del Imperio Romano dejó de ser cristiana. Al poco tiempo, bien a través de la inmigración o por conversión, la mayoría de egipcios pasaron a ser musulmanes, mientras los cristianos constituían una minoría cada vez más reducida.

Unos días antes de dirigirnos a Heliópolis habíamos visitado la catedral ortodoxa griega y la llamada «Iglesia colgante» de San Jorge, que se halla en el antiguo emplazamiento egipcio de Babilonia. Las iglesias eran magníficas pero nos entristeció comprobar que el cementerio se había convertido recientemente en el objetivo de vándalos y ladrones. Muchas de las tumbas, algunas de ellas modernas, habían sido saqueadas para robar las escasas joyas que pudieran contener, y los huesos de los difuntos yacían esparcidos por el suelo. Aunque por supuesto sabíamos que la expoliación de tumbas se había practicado en Egipto desde antes de la época de los primeros faraones, nos impresionó ver profanados unos sepulcros modernos, algunos de los cuales todavía mostraban la fotografía de sus dueños. Al contemplar las cruces destrozadas y los restos de los cadáveres comprendimos lo vulnerable que es la civilización y que por desgracia la pobreza impulsa a la gente a comportamientos extremadamente antisociales.

Pero lo que me interesaba más, y el motivo que me había llevado a visitar las iglesias, no eran las adversidades de los muertos sino la suerte de los vivos. (Mateo nos dice que, a raíz de la visita de los magos, un ángel advirtió a José que tomara a su joven esposa e hijo y los ocultara donde Herodes no pudiera dar con ellos.) Yo estaba convencido de que los cristianos coptos poseían ciertos secretos referentes a los orígenes del cristianismo y sus vínculos con el antiguo Egipto anterior a la época de Cristo. Aunque no sabía en qué podían consistir esos secretos, estaba seguro de que en el corazón de este misterio se hallaba la historia de la Huida a Egipto.

> Después de partir ellos [los magos], un ángel del Señor se le apareció en sueños a José y le dijo: «Levántate, toma contigo al Niño y a su Madre y huye a Egipto; y quédate allí hasta que yo te avise. Porque Herodes se pondrá a buscar al Niño para matarlo.» José se levantó, y tomó consigo, de noche, al Niño y a su Madre, y partió para Egipto; y se quedó allí hasta la muerte de Herodes.
>
> Con ello se cumplió lo que dijo el Señor por el profeta: «De Egipto llamé a mi Hijo.»[19]

Como es lógico, para los cristianos de Egipto ésta es una de las historias más populares del Nuevo Testamento, y en la Iglesia de

San Jorge habíamos visto unas pinturas que celebraban el acontecimiento. Aunque no se dice nada más referente al viaje, cabe decir que ésta es la única vez que se menciona en los Evangelios que Jesús abandonó Tierra Santa y ello es motivo de orgullo para los egipcios. En nuestras conversaciones con los sacerdotes en la catedral nos enteramos de que las tradiciones locales afirman que a su llegada a Egipto la Sagrada Familia permaneció un tiempo en Heliópolis, antes de trasladarse al sur, a Assyt, donde vivió varios años. Por lo visto, en la actualidad se erguía una iglesia, llamada Materiya, en el lugar donde la Sagrada Familia se había alojado.

Movidos por la curiosidad, decidimos visitar dicho templo. Tras abandonar el obelisco de Sesostris, nos dirigimos de nuevo hacia los prósperos suburbios, en comparación con el núcleo urbano, de El Cairo. Muchas de las personas que viven en la Heliópolis moderna son cristianos coptos, quienes al igual que los griegos y los armenios, tienen fama de ser excelentes comerciantes. Tal vez por esta razón las tiendas y viviendas tenían un aspecto distinto del resto de El Cairo. También se notaba una influencia francesa más intensa que en otras zonas de la ciudad, y su centro poseía cierto esplendor al estilo de la *belle époque* que hacía que Heliópolis tuviera un aire más parecido a Marsella que a Egipto. Aquí, en el centro de esta próspera comunidad, hallamos lo que andábamos buscando, la Iglesia de Materiya. Al atravesar la verja vimos ante nosotros un pequeño edificio, pintado de amarillo y rodeado por un apacible jardín formado por cactos, palmeras y otras plantas exóticas que la protegían del ruido y la polución. El actual edificio tenía unos cien años de antigüedad y había sido construido por los franceses. Sobre la puerta de doble hoja había una inscripción en latín que decía «SANCTAE FAMILIAE IN AEGYPTO EXSULI». Las paredes interiores de la iglesia estaban decoradas con seis grandes murales que narraban la historia de la huida. El primero de estos murales, situado a la izquierda y junto a la puerta, mostraba la siguiente leyenda: *«Massacre des innocents»*, e ilustraba la historia del Evangelio de Mateo:

> Entonces Herodes, al verse burlado por los magos, se enfureció y envió a que mataran a todos los niños menores de dos años que había en Belén y en toda su comarca, conforme al tiempo que cuidadosamente había averiguado de los magos. Entonces se cumplió lo anunciado por el profeta Jeremías cuando dijo:

«Una voz se oyó en Ramá, alaridos y grandes lamentos: Raquel está llorando a sus hijos, y no quiere que la consuelen, porque ya no existen.»[20]

En el mural se veía a unos soldados ejecutando brutalmente las órdenes de Herodes, mientras las madres de los niños sacrificados gritaban angustiadas. Raquel, la esposa favorita de Jacob, es en cierto sentido la patrona de Belén puesto que murió de parto mientras se dirigía allí. Como es natural, se lamenta de la muerte de niños inocentes, de forma especial porque la tribu de Benjamín, supuestos descendientes de su hijo menor, constituía la mitad de la nación judía que llevaba el nombre de Judá. En un sentido esotérico, Raquel prefigura a María puesto que su hijo primogénito, José, fue vendido por sus hermanos a los israelitas, a instancias de Judá, por veinte monedas de plata. En el Evangelio, Jesús fue también traicionado y entregado a sus enemigos por otro «Judá» —Judas Iscariote— a cambio de treinta monedas. Proféticamente, ésta parece ser la causa principal de los lamentos de Raquel y el motivo por el que Mateo lo menciona en su Evangelio.

En el segundo mural se ve a José y a María acostados en camas separadas en un sótano de piedra. A José lo despierta un ángel que le advierte que deben huir a Egipto. La pintura resulta conmovedora, en especial la sensible figura del ángel. Es translúcido y, al igual que un espectro, se distingue la pared que hay tras él. El tercer mural, que relata los acontecimientos de Judea, representa a José conduciendo a María sentada a lomos de un asno y sosteniendo al Niño en brazos. A sus espaldas se alzan las murallas de Belén; frente a ellos, el vasto e implacable desierto que deben atravesar para llegar a Egipto.

El hecho de cruzar la nave de la iglesia me pareció un símbolo de la travesía del Sinaí, pues en el siguiente mural, situado a la derecha y cerca del altar, aparece la Sagrada Familia descansando junto al Nilo. María está sentada sobre una de las destartaladas esfinges que decoran el paisaje, con unos pájaros a sus pies. Está amamantando discretamente al Niño Jesús mientras José, en un segundo plano, abreva el asno en la orilla del Nilo. Las esfinges parecen representar el enigma que constituye Egipto, antiguo incluso antes del nacimiento de Abraham. Quizás el significado esotérico de la pintura resida en que Egipto es al mismo tiempo un lugar de descanso y una fuente de alimento para el joven Mesías, que su madre, al igual que Isis muchos milenios antes que ella, consigue encontrar allí refugio para Ella y para su Hijo recién nacido.

El siguiente mural representa una leyenda local y, por lo que respecta a la Iglesia de Materiya, es el más importante de los seis. En el pequeño jardín de la iglesia hay un sicomoro que actualmente se apoya en unos soportes, pues es excesivo el peso de sus venerables ramas. Yo había visto este árbol antes de entrar en la iglesia, aunque el guarda no me permitió utilizar la cámara de vídeo sino tomar sólo unas cuantas fotografías y, como no hablo árabe, no pudo explicarme gran cosa aparte de señalarme un pozo de piedra que contenía un poco de agua. Este sicomoro, según averigüé más tarde, es central en la leyenda que afirma que María y José descansaron debajo del árbol, o bien lo plantaron. La historia se cuenta en un viejo Evangelio gnóstico traducido y publicado por primera vez por un tal Henry Sike en 1697:

> Se dirigieron hacia el sicomoro, que ha venido a llamarse Matarea; y en Matarea Jesús hizo que brotara un manantial, en el que María lavó el jubón que vestía el Niño; y en ese lugar, del sudor de Jesús que cayó allí crecen ahora unos árboles que producen un bálsamo[21].

Es evidente que el viejo guarda quería darme a entender que el pozo era el manantial en el que María había lavado el manto del niño. La conexión entre la Materiya y un manantial no es un invento de los escritores de los Evangelios. El nombre antiguo de Heliópolis, *Ayin esh Shems*, que significa «la fuente del sol», parece provenir de la leyenda que afirma que Jesús hizo que brotara un manantial en la ciudad del sol.

*The Lost Books of the Bible* contiene una nota que ofrece más detalles sobre el episodio del árbol:

> Cheminitius, de Stipulensis, quien lo oyó de labios de Pedro Mártir, obispo de Alejandría, en el siglo III, dice que el lugar de Egipto donde Cristo se exilió se llama ahora Matarea, situado a unos dieciséis kilómetros de El Cairo; que los habitantes encienden constantemente una lámpara para recordar el hecho, y que hay un jardín de árboles que producen un bálsamo, los cuales fueron plantados por Cristo cuando era niño[22].

El mural de la iglesia que representaba ese episodio reproducía fielmente el viejo sicomoro, y a José y a María sentados a su sombra. Ambos aparecen tranquilos, ya que su largo viaje ha llegado a su fin y están a salvo. No obstante, tuve la impresión de que esa historia encerraba algo más, un significado esotérico referente a la relación de Jesús con un bálsamo curativo que presumiblemente podía elaborarse con la savia del sicomoro. En épocas precristianas el sicomoro era sagrado para la diosa Hator, a menudo representada como una vaca que se oculta entre sus ramas. Hator, al igual que Nut, la madre de Osiris, era una diosa celestial. Cada día daba a luz un hijo llamado Ihi, al que se identifica con el sol naciente.

> Pero existía otra tradición, sobre una diosa madre, que probablemente se ignoraba o fue suprimida durante el Antiguo Imperio pero que apareció en los Textos del Ataúd... El océano celestial era imaginado como un «gran diluvio», venerado en ciertos lugares como una vaca cuyo vientre tachonado de estrellas formaba el cielo... Hator es el rostro del cielo y del mar, la dama que mora en una arboleda situada en el extremo del mundo. Su hijo es Ihi, el niño que brota del vientre de su madre cada día al amanecer como el nuevo sol [...].

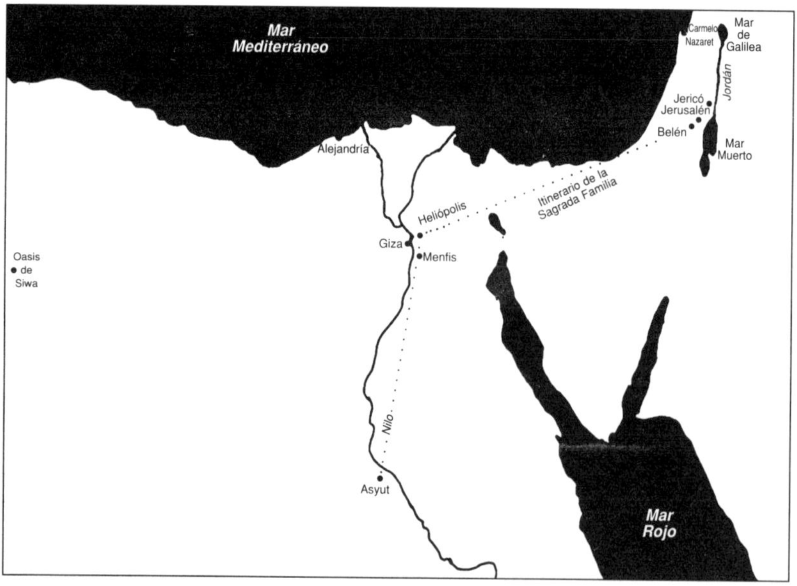

> Ihi es el hijo de la luz, un símbolo de la primera aparición en toda su frescura y potencialidad... El tono rosáceo del cielo al amanecer, bien la primera mañana o todos los días, es la sangre derramada por Hator o Isis —los nombres son intercambiables— cuando pare a su hijo[23].

La conexión mitológica entre María en cuanto madre del Jesús viviente y Hator como madre del sol naciente, que descansan las dos en un bosque de sicomoros, sin duda atrajo a los egipcios gnósticos. Pero ¿contenía el árbol de María algún mensaje simbólico aún más esotérico?

En la Biblia, los árboles simbolizan familias, entre otras la casa real de los reyes de Israel. Este árbol genealógico tiene sus raíces en Jesé, padre del rey David. Fue talado simbólicamente en la época en que Jerusalén cayó en manos de los babilonios y los hijos del último rey de Judá, Zedequías, fueron asesinados ante él antes de que lo cegaran y llevaran encadenado a Babilonia. En Isaías hay una profecía mesiánica referente al resurgimiento de ese árbol, con un tallo que brota de sus raíces:

> Saldrá un renuevo del tronco de Jesé, un tallo brotará de sus raíces. Reposará sobre él el espíritu de Yahvé, espíritu de sabiduría y de inteligencia, espíritu de consejo y de fortaleza, espíritu de ciencia y de temor de Dios [...]. Sucederá en aquel día: la raíz de Jesé, que está como estandarte de los pueblos, la buscarán las naciones, y gloriosa será su morada[24].

Los cristianos han interpretado siempre que esta profecía se refiere a Jesús, dado que Jesé es uno de los antepasados de José que figuran al comienzo del Evangelio de Mateo. Esta profecía, con su mensaje positivo para las naciones gentiles, la cita san Pablo en su Epístola a los Romanos para reforzar su misión ante los gentiles[25]. ¿Es posible que el árbol de la Virgen simbolice la casa real de David y que el destino de Jesús sea el tallo que brota de su raíz? La explicación no me satisfacía del todo. De haber estado la Materiya cerca de Jerusalén habría tenido más sentido una referencia simbólica a Jesús como pariente del rey David. A mi entender el árbol genealógico en cuestión, suponiendo que fuera eso lo que simbolizaba el vestusto sicomoro, era de una mayor antigüedad y estaba relacionado con Egipto. Las referencias a Raquel parecían constituir una indicación indirecta de ello. Dicho de otro modo, no era el árbol de Jesé sino el de su antepasado José, el patriarca. En mi opinión el mensaje del árbol de la Virgen era que al llegar a Heliópolis Jesús había establecido contacto con una conexión muy antigua anterior al nacimiento de Moisés, y que le daría suerte.

El sexto y último de los murales abundaba en esa conexión con Heliópolis. María con el niño entraban en la vieja ciudad bajo un arco a lomos de un asno, una escena que en ciertos aspectos prefigura el episodio de la memorable entrada de Jesús en Jerusalén el Domingo de Ramos. A un lado de la pintura aparecían varias columnas egipcias, una de las cuales se desmorona y pierde su capitel; tal vez otra referencia a los hechos de los Evangelios no canónicos, según los cuales la llegada de Jesús a Egipto hace que los ídolos se derrumben. Este detalle parecía simbolizar el fin de una época, el mundo antiguo cuya cuna era Egipto y el comienzo del siguiente, la era cristiana. Al fondo se veía el solitario obelisco de Sesostris, elevándose hacia el cielo.

Mientras contemplaba la pintura mayor me convencí de que el cristianismo, tal como lo conocemos, posee fuertes lazos con las misteriosas tradiciones del mundo antiguo, en particular Egipto. El motivo no está claro pero es obvio que tiene algo que ver con la estancia de los israelitas antes del éxodo de Moisés. Empecé a comprender que si quería resolver este enigma, debía profundizar en el entramado mitológico del Antiguo Testamento para tratar de comprender el símbolo del obelisco.

La invasión persa del 525 a.C. tuvo importantes consecuencias, mayores que la muerte del toro Apis: incorporó a Egipto a un inmenso Imperio que abarcaba la mayor parte de Oriente Medio y lo abrió a viajeros extranjeros. Uno de ellos fue el historiador griego Heródoto, quien hacia el 450 a.C. visitó el Templo del Fénix. Allí conversó con los sacerdotes y éstos le relataron sus leyendas referentes a la mitológica ave *bennu*. Este fénix egipcio tiene la forma jeroglífica de una garza mayor y con frecuencia aparece en los papiros en compañía de Osiris, el dios de los muertos, cuya alma representa. Dicha ave ocupa en el pensamiento egipcio un papel análogo al de la cigüeña europea. Según los sacerdotes era un visitante poco frecuente, ya que sólo aparecía una vez cada quinientos años. Provenía de Arabia y traía consigo el cuerpo de su padre, envuelto en una bola de mirra, que a continuación enterraba en el templo.

Si examinamos la etimología del nombre, la palabra *bennu* parece derivarse de *ben*, que significa «hijo de». Puesto que Nu o Nut era la diosa celestial del antiguo Egipto y según la leyenda el grupo de dioses antropomórficos, Osiris, Isis, Set y Neftis, eran sus hijos, era muy posible que *bennu* significara «hijo de Nut». Éste sería un término apropiado para describir a Osiris. No obstante, según el egiptólogo R. T. Rundle Clark, el *bennu* no sólo está estrechamente relacionado con Osiris en cuanto encarnación de su alma sino que representa también la «palabra de Dios» o Logos. Su visita al Templo de Heliópolis inaugura una nueva era o eón, imponiendo un orden en el tiempo. En este sentido es un mensajero celestial. Según escribe Clark:

> El fénix, por tanto, personifica al Logos original, la Palabra o declaración de destino que media entre lo divino y las cosas creadas [...].
>
> En todas las teorías egipcias subyace la creencia de que el tiempo se compone de unos ciclos repetidos de designio divino: el día, la semana de diez días, el mes, el año, incluso períodos más largos de 30, 400 o 1.460 años, determinados según la conjunción del Sol, la Luna, las estrellas y las mareas. En cierto sentido, cuando el fénix emitió su voz primitiva inició esos ciclos, de modo que es el patrón de la división del tiempo, y su templo en Heliópolis se convirtió en el centro de la organización del calendario[26].

Al parecer, la piedra *benben* que se alzaba antiguamente en el Templo del Fénix simbolizaba el verdadero «huevo» del fénix, o así lo creían los egipcios. Puesto que los coronamientos, o piramidiones, instalados sobre las pirámides eran también llamados *benben*, Robert y yo dedujimos que estaban simbólicamente unidos a la piedra *benben* de Heliópolis. Por otra parte, dado que las afiladas puntas piramidales de los obeliscos también se llamaban *benben't*, todo indicaba que este símbolo poseía un significado más amplio. Según parece, por tanto, la forma piramidal ocupaba en la religión egipcia un lugar análogo a la cruz en el cristianismo. Al igual que la cruz, representaba la muerte y la resurrección, la palabra divina de Dios, la encarnación de un salvador y el nacimiento de una nueva era. Si Jesús había ido realmente a Heliópolis tal como creían los egipcios, se cumplían no sólo las profecías de los judíos, quienes esperaban que el Mesías naciera en Belén, sino también las de los egipcios.

Tras abandonar Heliópolis y la Materiya regresamos al hotel. Nuestro viaje a Egipto había sido un rotundo éxito y confiábamos en que el libro *El misterio de Orión*, cuando se publicara, fuera también un éxito. Sin embargo, mi mente había dejado Egipto atrás para centrarse en Mesopotamia. Recordé la historia del mapa del antiguo Egipto que Gurdjieff había hallado en alguna parte de lo que hoy en día es el Kurdistán, un mapa que le había llevado hasta una hermandad secreta. Empecé a sospechar que esa hermandad podía tener alguna relación con los magos del Evangelio de Mateo. Impaciente por profundizar en este misterio, revolví mi biblioteca en busca de más pistas. Pero al fin comprendí que sólo había un medio: seguir las huellas de Gurdjieff y de Bennett y buscar yo mismo esa hermandad. Resultó una aventura interesante y compleja.

## NOTAS

1. La culminación de una estrella es el punto en el cielo, directamente al sur, donde, en su movimiento diario a través del firmamento, alcanza su punto más elevado sobre el horizonte.
2. Véase *El misterio de Orión* para más detalles sobre este extraordinario hallazgo. [Planeta, Barcelona, 1955.]
3. Mateo, 1:17.
4. Génesis, 12:10-20.
5. Génesis, 41:44-45.
6. Los dos hijos mayores de Jacob habidos con Lía, hermana de Raquel.
7. La llanura que circunda Harrán, entre el Tigris y el Éufrates.
8. Génesis, 48:7.
9. Aarón era el hermano mayor de Moisés.
10. Éxodo, 2:1-10.
11. Rey de Israel.
12. Reyes 2, 17:5-6.
13. Crónicas 1, 5:26.
14. R. Young, *Analytical Concordance to the Bible* (Lutterworth Press, Guildford, 1975).
15. Jeremías, 43:12-13.
16. «Él» suele considerarse a Antíoco IV de Siria.
17. Daniel, 11:30-31.
18. Gobernó entre el 63-40 a.C.
19. Mateo, 2:13-15.
20. Mateo, 2:16.

21. *The Lost Books of the Bible*, p. 47.

22. Ibíd., p. 38.

23. R. T. Rundle Clark, *Myth and Symbol in Ancient Egypt* (Thames & Hudson, Londres, 1978), pp. 87-98.

24. Isaías, 11:1-2; 10.

25. Véase Romanos 15:12.

26. R. T. Rundle Clark, *Myth and Symbol in Ancient Egypt*, p. 246.

6

# EN BUSCA DE LA HERMANDAD SECRETA

El proyecto Orión fue un trabajo estimulante y enriquecedor, que me hizo estudiar detenidamente el tema de Egipto y las pirámides. Su disposición como un gigantesco mapa del cielo era algo extraordinario y difícil de comprender al principio. Sin embargo la idea parecía verosímil y yo tenía la seguridad de que Robert Bauval estaba en lo cierto, al menos en términos generales, en sus deducciones. Recordé que hacía muchos años había leído en *Meetings with Remarkable Men* que Gurdjieff había descubierto un mapa del antiguo Egipto durante uno de sus viajes y no pude evitar preguntarme si habría hallado también la correlación con Orión. ¿Había descubierto Gurdjieff un documento secreto que revelaba la relación con Orión? En tal caso, ¿de dónde procedía ese mapa y dónde lo había hallado? Decidí investigar esta cuestión más a fondo y volví a leer la parte del libro que se refería a sus viajes durante ese período.

De inmediato comprendí que, aunque Gurdjieff dejaba un rastro para que otros lo siguieran, no era tan claro como pudiera parecer al principio. La afirmación de Bennett de que el valle secreto de Izrumin[1] era equiparable al de Sheikh Adi me pareció un tanto sospechosa. A fin de cuentas, según el relato de sus viajes en *Meetings* Gurdjieff no llegó a Izrumin; su búsqueda del monasterio secreto que según él se encontraba allí antiguamente se vio frustrada por el accidente sufrido por Pogossian con la araña y la necesidad de atenderlo mientras se restablecía. Si Gurdjieff hubiera querido decir que los yazidíes eran la fuente de sus conocimientos sobre la Hermandad Sarmoung, tal como creía Bennett, lo habría hecho de forma más directa y tangible. En realidad, la mayor pare de lo que Gurdjieff dice sobre ellos no resulta nada halagador, pues explica que se dedicaban a unas prácticas primitivas de vudú sobre las que no tenían ningún control[2]. Aunque es posible que Gurdjieff estudiara la religión de los yazidíes, no creo que ésa fuera la auténtica fuente de sus conocimientos ni que los yazidíes modernos fueran los custodios de la tradición que tanto interesaba a Gurdjieff.

La búsqueda de Bennett de los herederos de la Hermandad Sarmoung entre las órdenes sufistas de Asia Central me parecía también equivocada. No cabe duda de que Gurdjieff había visitado los *Tekkes* sufistas, donde no sólo había aprendido mucho sobre técnicas de respiración sino también ciertas danzas secretas.

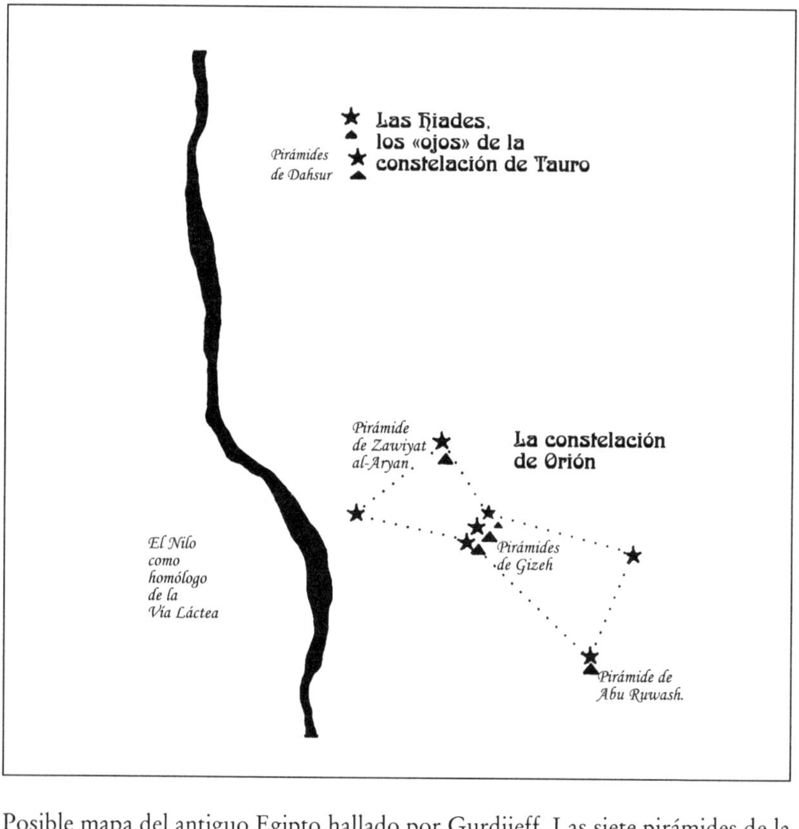


Posible mapa del antiguo Egipto hallado por Gurdjieff. Las siete pirámides de la IV dinastía se corresponden con las estrellas de Orión y las Hiades.

Gurdjieff las había traído al Oeste declarando que provenían de Asia Central, de los monasterios de los derviches. Sus escritos también indicaban cierta simpatía hacia lugares como Bujara, Balj y Samarcanda, y daba la impresión de que había absorbido muchos conocimientos referentes a las tradiciones secretas de esos lugares.

No obstante, aunque estaba claro que el sufismo era el custodio de antiguas tradiciones y tenía un largo pedigrí, a mi entender se había desarrollado a partir de una línea de transmisión distinta. No creía que esas órdenes fueran realmente descendientes o herederas de la Hermandad Sarmoung, que parecía más estrechamente relacionada con Egipto y las pirámides que con Bactra y las arcadas de baldosines azules del resurgimiento mongol. Estaba convencido de que Gurdjieff había obtenido sus principales datos mucho más cerca, en lo que en su época había sido el imperio otomano.

Tras hacerme con un amplio mapa a escala de Oriente Medio y compararlo con las descripciones que ofrece Bennett en *Meetings*, comencé a seguir la pista de su probable itinerario. Sospeché que el motivo que había llevado a Bennett equivocadamente hasta Sheikh Adi era su obsesión por seguir la ruta que se había propuesto emprender Gurdjieff en lugar de la que había seguido en realidad. Lo lógico era ir tras sus huellas, no su plan de viaje, y comprobar a dónde conducían.

Gurdjieff nos dice que dos meses después de atravesar el río Araxes llegó a la ciudad de «Z». Bennett, según comprendí acertadamente, identificaba esta ciudad con Zakho, en el Kurdistán iraquí. Se trata de una ciudad fronteriza, próxima a Turquía y Siria, situada junto a uno de los afluentes del río Tigris. Más tarde, Gurdjieff y Pogossian atravesaron un cierto paso que «conducía a Siria». Siguiendo este paso alcanzaron una cascada llamada «K» antes de emprender el camino hacia Kurdistán. Al examinar el mapa me pareció extraño que Gurdjieff hablara de emprender el camino de Kurdistán cuando ya se hallaban en él. Asimismo, el dirigirse a Siria no tenía ningún sentido si su objetivo, según creía Bennett, era un valle ubicado cerca de Mosul. Esta ciudad se halla mucho más abajo, y en dirección opuesta a Siria. En mi opinión Gurdjieff y Pogossian se dirigían hacia el nordeste desde Zakho, a través del valle del Tigris en dirección ascendente y no descendente, hacia la ciudad de Cizre. Exactamente encima de este lugar, en mi mapa moderno de Turquía oriental, las aguas del Tigris se hallaban embalsadas, creando un enorme lago de múltiples prolongaciones en el valle. No encontré ninguna referencia a una cascada en esa zona, pero como en esta región el Tigris fluye caudalosamente a través de profundas cañadas supuse que era posible que existiera una cascada situada sobre Cizre antes de que construyeran el embalse. En mi mapa, hacia el sudeste de Zakho, aparecía marcado en turco el nombre de Çukurca. En un mapa inglés de la zona esta población se llama Kirkuk. Si Cizre se llamaba también Kizre, estaba claro que era la población designada por Gurdjieff como «K».

El siguiente acontecimiento fue el accidente de Pogossian, cuando le picó una araña venenosa. Gurdjieff no especifica dónde ocurrió este incidente, pero nos informa de que abandonaron la búsqueda del valle de Izrumin y se dirigieron a una población llamada «N», donde se alojaron en casa de un sacerdote armenio. Al observar esa zona en mi mapa comprendí que esa población debía de ser Nusaybin, una ciudad muy antigua situada a orillas de un afluente del Jabur.

Un detalle importante: Nusaybin se halla directamente al oeste de Cizre (o Kizre). Si Gurdjieff y Pogossian se hubieran dirigido hacia el norte siguiendo el curso del Tigris desde Zakho, habrían llegado a la cascada sobre Cizre y luego habrían doblado hacia el oeste para dirigirse a Nusaybin. Esto encajaba con el esquema del viaje descrito por Gurdjieff, y, sobre todo, significaba que nunca se habían propuesto ir a Mosul ni Sheikh Adi, según imaginaba Bennett.

Empecé a sospechar que la identificación de «Nivssi» con Nínive y por ende Mosul era una trampa colocada en la historia por Gurdjieff a fin de desconcertar a los curiosos. No encontré ninguna referencia a que Mosul ni Nínive se hubieran llamado Nivssi, aunque se encuentra en el Kurdistán iraquí. Por otra parte, no estaba dispuesto a ir allí para averiguarlo *in situ*. Lo que descubrí fue que Nusaybin solía llamarse Nisibis y que antiguamente había albergado una famosa academia. Esta institución debía su importancia, y tal vez sus orígenes, a un acontecimiento que se produjo en el año 449 d.C. en la ciudad de Edesa[3], a unos ciento noventa kilómetros hacia el este. Por aquella época había estallado una áspera polémica en la Iglesia oriental referente a la naturaleza de la divinidad de Jesucristo. Dos escuelas de pensamiento, denominadas diofisita y monofisita respectivamente[4], se hallaban enfrentadas. Los defensores de la primera escuela sostenían, en esencia, que Jesús había nacido hombre y se había unido a Dios. Su defensor más radical era Nestorio (murió hacia el 451 d.C.), un eclesiástico sirio que ocupó el cargo de patriarca de Constantinopla entre el 428-431 d.C. Los monofisitas afirmaban que Jesús había nacido Dios, estaba unido en sustancia a Dios, y siempre sería Dios. Esta posición concuerda en líneas generales con las enseñanzas ortodoxas de la Iglesia actual, suprimiéndose el diofisismo por considerarlo una herejía. No obstante, éste continuó como movimiento clandestino aunque el propio Nestorio fue declarado hereje y exiliado en el Alto Egipto.

A mediados del siglo V existían en Edesa, una de las sedes más importantes del mundo, tres escuelas teológicas: la armenia, la siria y la persa. Esta última estaba considerada como uno de los centros de enseñanza más importantes en Edesa e incluso en todo el mundo. Sin embargo, debido a sus tendencias nestorianas no gozaba del favor del obispo local, Ciro. En el 489 d.C., a instancias de éste, el emperador Zenón clausuró la escuela y expulsó a los maestros. Muchos de ellos cruzaron la frontera para instalarse en Persia, concretamente en Nisibis, con la intención de fundar o dar renovado ímpetu a una escuela. Puesto que en el siglo II Nisibis había sido también la sede de una importante comunidad judía y de una escuela de esa región, parece más que probable que se

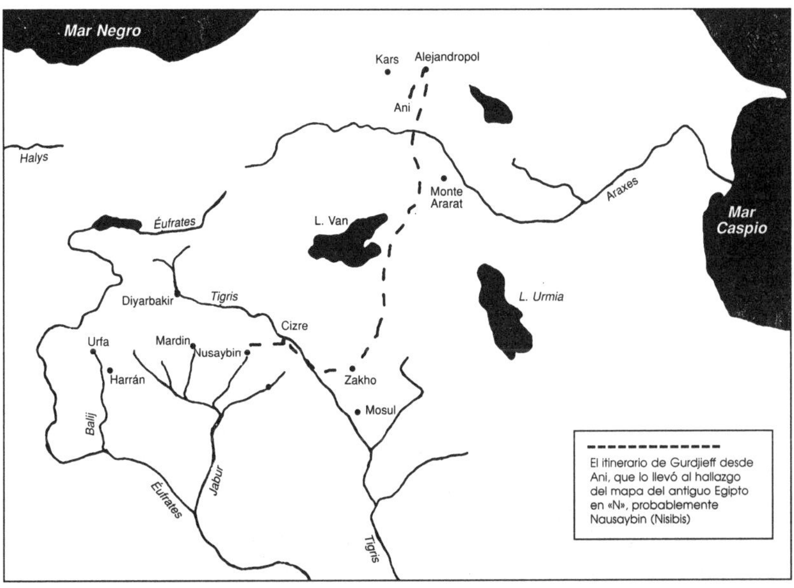

tratara de la Nivssi de Gurdjieff y que su valle perdido se encontrara en esa zona.

Todas las piezas parecían encajar y empezó a aparecer un esquema. En el norte de Mesopotamia, a tan sólo cuarenta kilómetros al sur de la ciudad de Edesa, se encontraba la antigua ciudad de Harrán, que antiguamente había constituido el hogar del patriarca Abraham y donde, según la Biblia, estaba enterrado su padre, Téraj. También era la ciudad donde se habían conservado los textos de la *Hermetica* durante el medievo en Europa y hasta poco antes de su destrucción por Gengis Kan en el siglo XIII. Si Gurdjieff había hallado realmente un mapa del antiguo Egipto en casa de un sacerdote que residía en Nisibis, era probable que ello estuviera de alguna forma relacionado con la escuela persa que se había trasladado allí en el 489 d.C. Esta escuela debía sus orígenes a Edesa y muy posiblemente mantuviera contacto con la escuela que había existido en Harrán. La conclusión era obvia: si yo quería buscar el rastro de la Hermandad Sarmoung mencionada por Gurdjieff, esta región situada al norte de Siria era el mejor lugar por donde empezar.

No obstante había algo más que me había llamado la atención y que también deseaba investigar. Se trataba del reino perdido de Comagene, situado al norte de Edesa. Yo sabía que allí existía un extraordinario monumento construido poco antes de los tiempos de Jesús, y del que sospechaba que estaba de algún modo relacionado con la historia de los magos. Aunque no sabía en qué consistía exactamente esta relación presentía que el monumento, una especie de pirámide turca, contenía un profundo misterio digno de investigarse. También sospechaba que pudiera estar ligado con la Hermandad Sarmoung, aunque en aquellos momentos tampoco lo sabía con certeza. Puesto que Nusaybin, Harrán y Comagene se encontraban en Turquía, eran relativamente accesibles y, a diferencia de Irak, fáciles de investigar. Lo más sensato, por consiguiente, era ir allí y comprobar si mis hipótesis eran ciertas.

## Comagene, el reino perdido

No me cabía la menor duda de que los magos del Evangelio según san Mateo estaban relacionados con Egipto. No obstante, persistía la pregunta: ¿de dónde provenían exactamente? La suposición de que eran persas no me resultaba de gran ayuda, puesto que en la época de Jesús toda Mesopotamia y buena parte de Anatolia formaban parte al menos teóricamente del Imperio Parto y, por tanto, eran «persas». No era necesario que los magos se desplazaran desde Partia para ser considerados persas. De hecho, me parecía ilógico. Lo más probable era que provinieran de Mesopotamia, que fueran unos «magos babilonios», para utilizar la terminología de Bennett. La conexión abrahámica y hermética indicaba que su punto de partida seguramente había sido Harrán y decidí visitar esa región, aunque había otros lugares que también deseaba investigar.

No era probable que los magos fueran unos sacerdotes persas ortodoxos, dado que en el siglo I a.C. la religión zoroástrica prácticamente se había eclipsado. En cambio era posible que fueran miembros de una escuela secreta que estuviera relacionada con otros cultos y movimientos, tales como el mitraísmo, muy extendido en Anatolia oriental y Mesopotamia. Consciente de que sabía muy poco sobre esa región, empecé a estudiar su historia. No tardé en darme cuenta de que en tiempos de Cristo habían ocurrido muchos acontecimientos en los valles de los dos ríos, en particular el Éufrates, y que se imponía una investigación más profunda.

Con sorpresa comprobé que Mesopotamia en aquellos tiempos estaba todavía fuera del Imperio Romano y que alojaba numerosos cultos dedicados a estrellas en los que participaban magos. Uno de los cultos más importantes, siquiera por haber dejado numerosos rastros, era el culto real de los reyes de Comagene, un pequeño estado ubicado en el Alto Éufrates. ¿Era posible que Comagene fuera el lugar de donde provenían los magos de la Biblia? En cualquier caso, decidí estudiar el asunto.

Aunque invadido con frecuencia por poderes extranjeros, Comagene era un país muy antiguo con unas prehistoria y civilización que se remontaban a antes del auge de Asiria. Kutmuhi (o Kummuth), como era conocido por los asirios, había sido conquistado en primer lugar por Adad Nirari I (hacia 1300 a.C.) y siguió siendo un estado vasallo hasta la caída de Asiria en el 612 a.C. Los asirios, según afirma la Biblia, eran unos implacables imperialistas que declaraban constantemente la guerra a sus vecinos, a quienes exigían onerosos tributos a cambio de la paz. Hacia 1100 a.C., al comienzo del reinado de Tiglatpileser I, Kutmuhi se vio implicado en una revuelta, perpetrada por los mushki (los meshech de la Biblia). Ésta fue salvajemente sofocada por el rey asirio, quien se jacta de su victoria en un prisma de arcilla que se conserva en el Museo Británico:

> Al principio de mi reinado, veinte mil hombres de la tierra de Mushki y sus cinco reyes, seguros de su fuerza, descendieron y capturaron la tierra de Kutmuhi. Con ayuda de Assur[5], mi señor, reuní a mis carros y mis tropas. Con sus veinte mil guerreros y cinco reyes luché en la tierra de Kutmuhi y logré derrotarlos. Arrojé los cadáveres de sus guerreros en la destructiva batalla como la Tormenta-(dios). Hice que su sangre corriera por los valles y en los lugares elevados de las montañas. Les corté la cabeza y las apilé en las afueras de sus ciudades, como montones de grano. Robé sus innumerables tesoros, bienes y propiedades. Me llevé seis mil [hombres], el resto de sus tropas, quienes habían huido ante mis armas y me habían besado los pies, y los consideré como habitantes de mi tierra[6].

Evidentemente los habitantes de Comagene no fueron meras víctimas sino participantes activos en la revuelta, pues tras haberse enfrentado al impío Mushki, éste los castiga:

> En aquel tiempo marché también sobre la tierra de Kutmuhi, que era desleal, y se negaba a pagar los tributos e impuestos a Assur, mi señor. Conquisté la tierra de Kutmuhi, a lo largo y a lo ancho. Me apoderé de su botín, sus bienes y sus propiedades. Quemé sus ciudades con fuego, las devasté, las destruí. El resto del pueblo de Kutmuhi, que había huido ante mis poderosas armas, se dirigió a la tierra de Jereje [una ciudad en la región de la moderna Diyarbakir], que se halla en la orilla opuesta del Tigris, y convirtió esa ciudad en una plaza fuerte. Yo guié mis carros y a mis guerreros por las escarpadas montañas y me abrí camino a través de sus tortuosos senderos con hachas de bronce, y construí un camino practicable para que pasaran mis carros y tropas. Atravesé el Tigris y conquisté la ciudad de Jereje, su plaza fuerte. Dispersé a sus guerreros por las colinas e hice que su sangre fluyera por el Tigris y los elevados picos de las montañas[7].

Hoy en día Tiglatpileser y la mayoría de reyes asirios habrían sido considerados criminales de guerra. Al leer los jactanciosos relatos de sus campañas en Comagene y otros lugares, no pude por menos de pensar en las recientes imágenes de televisión de los aldeanos kurdos expulsados de sus hogares y obligados a refugiarse en las colinas por el gobernante de la moderna Asiria, Saddam Hussein. Al parecer, la «historia de crímenes» se repite constantemente. Seguramente Tiglatpileser quiso, con esta guerra, intimidar a los habitantes de Comagene, pues, como consta en el historial de otros reyes asirios, casi siempre se trata de hacerles pagar impuestos. Una interesante entrada referente al tributo satisfecho a Salmanasar III (hacia el 857 a.C.) se incluye en la «Inscripción del monolito» grabada en una estela de Kurkh, una ciudad a treinta kilómetros de Diyarbakir. Esta estela se halla también en el Museo Británico:

> Katazilu de Kummuth: 20 minas de plata, 300 troncos de cedro, recibidos anualmente (de él)[8].

Con la caída de la capital asiria de Nínive en el año 612 a.C., Comagene pasó primero a manos de los babilonios y luego, tras la victoria de Ciro, se incorporó al Imperio Persa. A partir de ese momento la historia de Comagene, con la que ya me hallaba familiarizado, constituye una de las notas a pie de página más curiosas en la historia de Oriente Medio. En el 334 a.C. Alejandro Magno, a la sazón rey de Macedonia, atravesó el Helesponto e invadió Asia Menor. Al llegar a Gordion, antigua capital de Frigia, se dirigió al Templo de Zeus, que albergaba un extraño carro. Según la leyenda Zeus había ordenado a los frigios, a través de un oráculo, que tomaran como rey al primer hombre que se dirigiera a su templo montado en un carro. El afortunado mortal fue un campesino llamado Gordion, a quien nombraron rey y su vehículo fue transportado al templo. Este carro era muy especial pues estaba sujeto por un trozo de corteza de cornejo que formaba un complicado nudo. Según la profecía, quien lograra deshacer este nudo se convertiría en amo y señor de toda Asia. En los anales de la historia no constan los innumerables individuos que intentaron deshacer el complejo nudo y fracasaron, pero se dice que Alejandro, en lugar de perder el tiempo tratando de desatarlo, lo cortó con su espada. A partir de entonces y en cumplimiento de la profecía, se convirtió en amo y señor de Asia, conquistando Egipto, Persia y penetrando incluso en la India. Aunque falleció en el 323 a.C., a los treinta y tres años, y por tanto no pudo consolidar su Imperio, sus conquistas ejercieron una profunda influencia en el futuro desarrollo de la región.

Tras la muerte de Alejandro, sus generales se repartieron el imperio. Tolomeo se quedó con Egipto, Antígono con buena parte de Asia Menor y Seleuco con Babilonia, Persia y el nordeste de la India. Las inevitables guerras que estallaron a continuación dejaron a Seleuco a cargo también de Siria, con acceso al Mediterráneo. La dinastía seléucida conservó el control sobre Siria, Babilonia y las regiones occidentales de Persia durante varios siglos antes de rendirse a los ataques de Roma en el oeste y de Partia en el este. Seleuco fundó la nueva ciudad de Antioquía, en honor de su padre Antíoco, en la costa, cerca de Isos, donde Alejandro había ganado su celebérrima batalla contra Darío. Esta ciudad se convertiría en la capital de Siria y centro de la cultura helenista de la región mucho después de que los seléucidas hubieran perdido Babilonia y Persia.

El reino de Antígono, situado al norte, se desintegró rápidamente, por una parte debido a tensiones internas y por otra como consecuencia de la invasión de los galos. Se formaron unos pequeños estados, aliándose sólo teóricamente con los reyes de Macedonia, Persia o Siria. El más importante de ellos fue Ponto, una zona de Capadocia situada al este del río Halys y al sur del mar Negro, Galacia, que ocupaba la mayor parte de la antigua Frigia y la ciudad-estado de Pérgamo en la costa. Durante varios siglos esta parte del mundo siguió siendo muy inestable, hasta que Pompeyo impuso la *Pax Romana*.

La situación, sin embargo, no dejaba de tener sus ventajas. La decadencia del poder seléucida ofreció a Comagene la oportunidad de alcanzar la independencia por primera vez desde las invasiones asirias, acaecidas varios siglos antes.

A principios del siglo III a.C., un rey llamado Samos fundó una capital llamada Samosata. Su hijo, Arsames, trasladó la capital hacia la embocadura del Nymphus, un afluente del Éufrates, hasta una posición más fácil de defender: un lugar llamado Arsameia-ad-Nymphaeum. Arsames, al igual que su padre, era un vasallo de los seléucidas pero en el año 162 a.C. su nieto, Tolomeo, se sublevó y declaró la independencia de Comagene. Su hijo, Samos II, firmó la paz con los seléucidas a condición de que su hijo y sucesor, Mitrídates [Mitrídates I Calínico] contrajera matrimonio con Laódice, la hija del rey sirio Antíoco VIII. Fue un matrimonio feliz y de dicha unión nació el rey más famoso de Comagene, Antíoco I Epífanes, quien ascendió al trono hacia el 69 a.C.

Antíoco era un rey que se tomaba su religión, una forma helenizada del zoroastrismo, muy en serio. Por fortuna dejó gran número de inscripciones griegas, que nos permiten conocer muchos pormenores sobre el culto real que promovió. Los reyes de Comagene, quizá para legitimizar su autoridad sobre una población mixta, afirmaban descender de las casas reales griega y persa. Por consiguiente, los dioses que veneraban constituían un curioso sincretismo de las divinidades griegas y persas más conocidas. El culto real tenía una naturaleza claramente astral y los dioses eran personificaciones del sol, la luna y los planetas. Antíoco construyó varios monumentos, pero el más importante, que en la actualidad constituye una célebre atracción turística, es su monumento sagrado. Investigado inicialmente por un equipo alemán en 1883, tras ser descubierto de forma fortuita durante un estudio del terreno, decidí visitarlo.

## Una aventura en la tierra de Kummuth

En abril de 1994, mi esposa Dee y yo aprovechamos unos días para visitar Mesopotamia septentrional, pues empezaba a sospechar que podía haber sido el cuartel general de los misteriosos magos de los relatos evangélicos. Volar a Turquía occidental resultó fácil y económico, pero alcanzar el sudeste del país fue más problemático, sobre todo por la tensa situación política. Unas semanas antes de emprender viaje, las fuerzas aéreas turcas habían bombardeado unas aldeas kurdas cerca de Cizre, al este de la región que deseábamos visitar. Varios amigos turcos, para quienes desplazarse más allá del este de Ankara era como ir a Mongolia Exterior, nos advirtieron repetidamente que desistiéramos de nuestro empeño. Sin negar la prudencia de sus consejos y comprendiendo que existía cierto riesgo en alejarnos de las zonas turísticas normales, mi esposa y yo decidimos no dejarnos amedrentar. Éste, sin embargo, no era el único problema. Puesto que no íbamos en un grupo organizado, tuvimos que encargarnos nosotros mismos de buscar el medio de locomoción. No disponíamos de mucho tiempo y, pese a que los trenes en Turquía son rápidos y económicos, nos vimos obligados a ir en avión. Nos enteramos de que había un par de vuelos semanales de Ankara a Urfa, la población más cercana a Harrán, y reservamos dos pasajes de ida y vuelta. Qué poco imaginábamos la aventura que íbamos a vivir.

Los kurdos, que forman la gran mayoría de la población del sudeste de Turquía, son gentes corpulentas y bien parecidas. Lamentablemente para ellos, fueron los perdedores en los tratados firmados entre los aliados y los turcos tras la Primera Guerra Mundial, y al desmembrarse el Imperio Otomano los territorios que ocupaban acabaron divididos entre Turquía, Irán, Irak y Siria. Actualmente la región kurda del norte de Irak tiene una cierta autonomía que durará en tanto los aviones de guerra americanos, británicos y franceses patrullen el cielo. El bombardeo de sus aldeas por las fuerzas aéreas turcas fue presuntamente llevado a cabo para castigar a los terroristas, pero al resto del mundo le pareció como si mataran moscas a cañonazos. En la tensa situación que existía en Mesopotamia septentrional a raíz de la Guerra del Golfo, nadie quería poner en peligro su *status quo*.

En este tenso ambiente, nos producía cierto temor aventurarnos en lo que la televisión presentaba como una zona de guerra. Al bajar del avión, un grupo de policías secretos se desabrocharon las chaquetas para que viéramos que iban armados. Con la indiferencia típica de turistas que muestran las botellas de whisky que han adquirido en la tienda libre de impuestos, se quitaron sus pistolas automáticas para pasar el control aduanero. Como nadie pestañeó, mi mujer y yo supusimos que se trataba de un trámite normal, lo cual aumentó nuestra aprehensión al darnos cuenta de que penetrábamos en una región donde las pistolas estaban a la orden del día. Pero nuestros temores eran infundados. Todas las personas con las que nos topamos, tanto turcos como kurdos, pese a sus diferencias, se mostraron de lo más amable con nosotros. No obstante, cuando llegamos a Urfa, la antigua ciudad de Edesa, nos impresionó comprobar el atraso que padecía esta zona de Turquía. La mayoría de las mujeres vestía todavía el traje tradicional e iba cubierta con un velo. Muchos hombres lucían los holgados pantalones y turbantes típicos de la región, aunque curiosamente esas prendas iban acompañadas no por unos chalecos de alegre colorido, sino por chaquetas grises de estilo occidental.

Cogimos el autobús del aeropuerto para dirigirnos al centro de la ciudad. Urfa, o mejor dicho Sanliurfa, como se llama ahora[9], resultó ser una curiosa mezcla de centro medieval y suburbios compuestos por elevados edificios construidos al estilo de los años sesenta. Imperaba un ambiente de deterioro, con calles repletas de edificios en ruinas. Al mirar por la ventanilla del autobús vimos que las aceras y las cafeterías estaban rebosantes de perso-

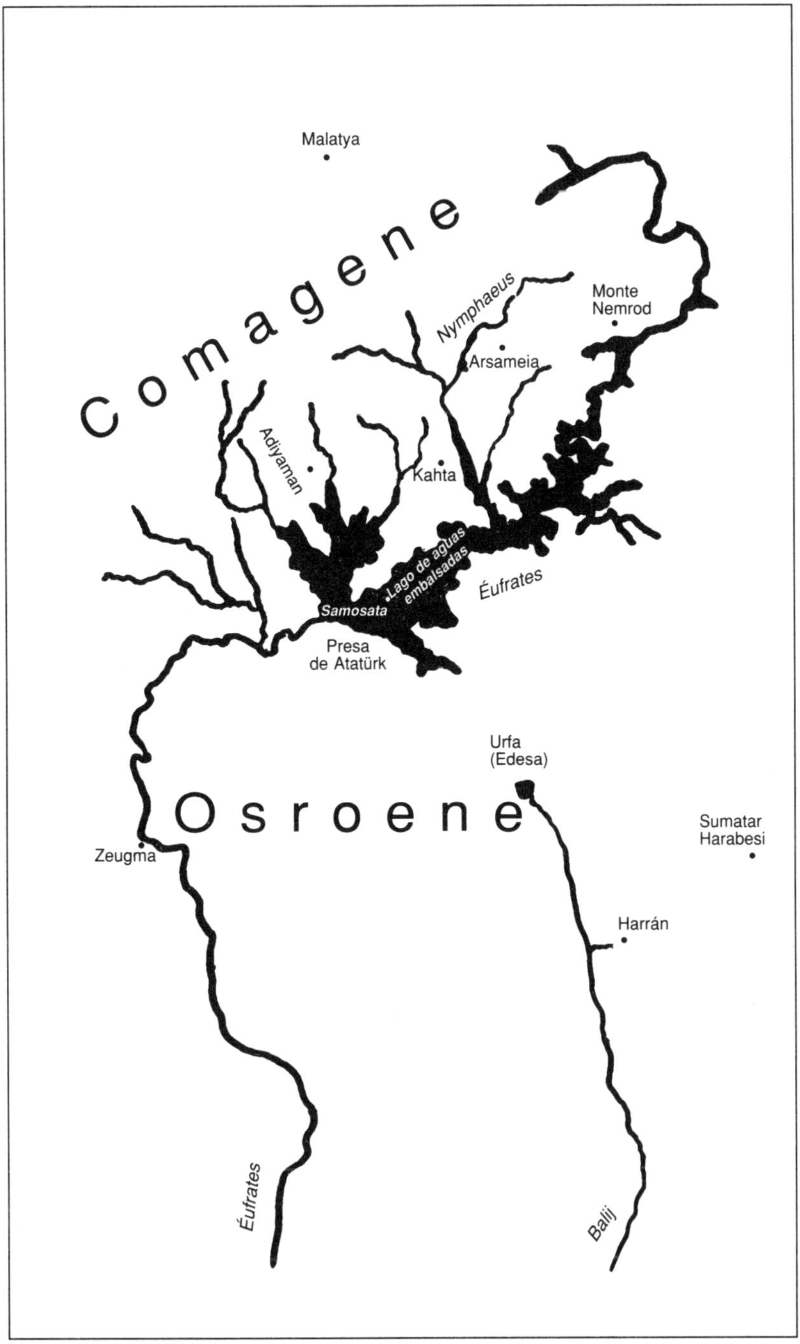


Los reinos de Comagene y Osroene.

nas que hablaban de negocios o charlaban despreocupadamente. Pasamos por delante del mayor mercado fuera de Estambul según nuestra guía, que no estaba lleno de artículos turísticos sino de productos de primera necesidad como especias, comida, cacharros y tejidos. Las instalaciones sanitarias en esta zona de la ciudad eran muy primitivas, y al apearnos del autobús nos asaltó el hedor de las cloacas. Sin embargo, Urfa era un lugar muy animado. La gente que nos rodeaba hablaba turco, árabe, kurdo y probablemente otra docena de lenguas y dialectos orientales que no comprendíamos. Todos nos miraban asombrados, como si viniéramos de otro planeta, pues en estos parajes se ven pocos europeos y nosotros representábamos para ellos, al igual que ellos para nosotros, una novedad. Apenas tuvimos tiempo de asimilar todo cuanto había a nuestro alrededor pues teníamos prisa por dirigirnos a Adiyaman y de allí a Kahta, la puerta del reino perdido de Comagene.

Cogimos un *dolmus*, el onmipresente taxi-minibús de Oriente Medio, y al poco rato comenzamos a circular por la campiña de Mesopotamia. Al cabo de unos minutos el semidesierto que rodea Sanliurfa dio paso a las verdes praderas de las laderas situadas al pie de los montes Antitaurus. En las cimas de muchos picos se alzaban las ruinas de viejos castillos, quizás unas fortalezas de la época de las Cruzadas cuando toda la región se hallaba en la línea de confrontación entre el cristianismo y el islam. En aquellos momentos se respiraba un aire apacible mientras las gentes del campo, vestidas con ropas de alegres colores, atendían sus cultivos de tabaco, algodón, trigo y verduras. La mayoría de los hombres conducía tractores mientras los niños se ocupaban de pequeños rebaños de ovejas y cabras. Parecía una escena sacada de la Biblia. Al poco rato cruzamos el gran Éufrates, que durante siglos había sido la frontera entre el Imperio Romano y las tierras gobernadas por los persas.

Pero las apariencias engañan, pues éste no es un país que se haya detenido en el tiempo. Unos llamativos carteles indicaban el camino hacia la última maravilla turca: la presa o *baraji* de Atatürk. Este descomunal proyecto de ingeniería, que retiene y redistribuye las aguas del poderoso Éufrates, habría causado envidia al mismísimo Tiglathpileser. Lamentablemente, el gran lago que ha creado, aunque ofrece indudables ventajas, ha anegado, junto con otros muchos lugares de la zona, la capital original de Comagene, denominada Samosata. Mi esposa y yo lanzamos un suspiro confiando en que los beneficios para los habitantes y los animales salvajes de aquella área fueran superiores a los inconvenientes y que el embalse de un río de semejante magnitud no perjudicara demasiado a las gentes que habitaban río abajo. Cuando llegamos a Adiyaman comprobamos que se trataba de una destartalada ciudad que había sufrido las consecuencias de la fiebre del oro. Recientes hallazgos de petróleo en las proximidades han proporcionado un auge probablemente insostenible de la economía local. Esta circunstancia no puede disimular el hecho de que la industria del turismo casi se ha extinguido debido a la nefasta publicidad referente a los conflictos kurdos. Sin embargo, gracias a ello nos fue relativamente fácil hallar una habitación en el único hotel de la ciudad. A la mañana siguiente, durante el desayuno, el amable representante de una compañía turística se ofreció a llevarnos a Kahta, el punto de partida de numerosas excursiones y visitas al Parque Nacional de Comagene. Al poco rato avanzábamos traqueteando por el estrecho y pedregoso camino que conduce al monte Nemrod, el pico más alto de Comagene, adonde nos dirigíamos.

Nuestras sospechas sobre la ausencia de turistas fueron confirmadas por nuestro guía, un kurdo que chapurreaba el inglés y regentaba un hotel en la localidad. Se lamentó de que a principios de año ciertos elementos fanáticos del PKK (Partido Obrero del Kurdistán) hubieran tomado a varios extranjeros como rehenes, presuntamente para presionar al régimen de Ankara bajo la amenaza de acabar con la lucrativa industria turística. La amenaza había surtido el efecto deseado pues su hotel, según nos confesó, estaba vacío y él prácticamente arruinado. Huelga decir que el hombre estaba más que dispuesto a organizar visitas turísticas privadas a todas las antigüedades de la región, contratando para tal fin un minibús. Tras dejar Kahta trepamos por una pendiente durante varias horas, atravesando aldeas rebosantes de gallinas y niños antes de alcanzar la cima de la montaña. Por fin nos hallamos ante el impresionante montículo de caliza blanca bajo el cual están enterrados los restos mortales de Antíoco Epífanes I, el más importante de los reyes menores de Comagene.

El túmulo, en muchos aspectos parecido a una pirámide, es uno de los monumentos más famosos de Turquía, hasta el extremo de que los turcos suelen referirse a él como la octava maravilla del mundo antiguo. Fue construido sobre el monte Nemrod, la montaña más alta de la zona, y está formado por unas piedras del tamaño de un puño. Tardamos unos quince minutos en ascender por el sendero que conduce al pie del túmulo, y llegamos a la cima resoplando y sin resuello. Desde allí contemplamos una escena imponente, pues estábamos rodeados de montañas que se extendían hasta el horizonte. Sin embargo, no habíamos venido para contemplar el paisaje sino algo diferente: una singular colección de estatuas colosales que desde hace más de dos mil años preside la salida y la puesta del sol.

Al doblar una esquina y salir a la terraza oriental vimos de pronto las primeras estatuas, un grupo de colosos decapitados. Las cabezas, desprendidas a causa de terremotos, yacían a sus pies, contemplando eternamente el amanecer. La figura central de los cinco dioses sentados era Zeus, el padre del panteón griego a quien Antíoco equiparaba con Ormuz. Era enorme y al colocarme junto a él, aunque mido más de metro ochenta, comprobé que le llegaba a las rodillas. A su izquierda estaba la única diosa del grupo. Antiguamente se creía que personificaba a la diosa de la suerte, que en griego se llama Tyche y en persa Ashi, pero hoy en día se cree que representa la tierra fértil de Comagene. Junto a ella estaba Apolo-Helios, quien lucía una gorra frigia y, como dios de la luz, era identificado con Mitra en el panteón persa. A la derecha de Zeus-Ormuz aparecía la juvenil figura del propio Antíoco. Aunque de tamaño algo más reducido que sus ilustres compañeros, era evidente que creía que una vez muerto, si no en vida, iba a sentarse a la derecha del Padre. A su derecha estaba la figura de Hércules, quien, a juzgar por la cantidad de veces que aparece representado en los relieves de Comagene, era uno de sus dioses favoritos. Hércules era equiparado con el dios persa de la victoria llamado Verethragna (Artagnes). Estos cinco dioses estaban flanqueados por una pareja de estatuas de un águila y un león, las bestias heráldicas de la casa real de Comagene.

Frente a las esculturas había un saliente relativamente amplio, en cuyo extremo oriental se hallaba una plataforma escalonada de baja altura. Era de forma cuadrada y de trece metros y medio de lado. Aunque parecía un helipuerto, y en ocasiones era utilizada como tal, según nuestro guía se trataba de un altar zoroástrico sobre el que encendían fuego. En los extremos norte y sur del saliente, en una línea más o menos perpendicular con la hilera de colosos, había unas cavidades que antiguamente tenían unos relieves. Algunos de ellos estaban tirados por el suelo cerca de las descomunales figuras; eran unas piedras lisas esculpidas con las imágenes de nobles persas y griegos: los antepasados de Antíoco. Otros relieves mostraban el clásico «apretón de manos», uno de los recursos favoritos de los comagenos para demostrar que mantenían excelente relación con sus dioses.

La terraza orientada al este producía un efecto espectacular, realzado por la inmensa pirámide de piedras situada detrás de las estatuas sentadas de los dioses y las magníficas vistas panorámicas. Esta imagen de divina majestad, sin embargo, no era más que el principio. Siguiendo el camino hacia el norte del túmulo, llegamos a la terraza occidental. Aquí aparecía el mismo grupo de dioses sentados en sus tronos, flanqueados por relieves de sus antepasados y otras imágenes de Antíoco estrechando la mano de los dioses. Pero existían ciertas diferencias: no había ningún altar destinado a encender fuego y los colosos, aunque no eran mucho más pequeños que sus compañeros de la terraza oriental, estaban dispuestos en un orden ligeramente distinto. Con todo, en esta terraza había algo muy interesante y especial: un friso astrológico que representaba la constelación de Leo. Yo lo conocía por los libros, pero el hecho de verlo personalmente fue una experiencia emocionante. Ese friso había sido objeto de un detallado análisis por parte de Otto Neugebauer, el célebre arqueólogo y astrónomo, quien había determinado no sólo que simbolizaba a Leo sino que se trataba de un horóscopo.

En ese lado del túmulo hacía mucho frío, pues aunque estábamos a principios de mayo todavía había algo de nieve en el suelo. Aparte de nosotros no se veía un alma por los alrededores y reinaba un silencio total, roto sólo por el sonido del viento que aullaba a través de las grietas de las estatuas. De algún modo el poder y la presencia de los colosos nos hablaba a través de los siglos, pero los sentimientos que expresaban no eran los que cabía imaginar. Antíoco no presentaba el aspecto de un egocéntrico frío y cruel, aunque el hecho de instalar una estatua de su persona a la derecha de Zeus sugería cierta vanidad. Es verdad que el trabajo de su pueblo a fin de crear un monumento tan extraordinario debió de ser enorme, y no era difícil imaginar el esfuerzo que debía de suponer extraer y transportar los inmensos bloques de piedra utilizados para construir los colosos. Pero la mano de obra necesaria para construir el túmulo, que mide cincuenta metros de altura y no es mucho menor que la pirámide de Mikerinos[10], fue probablemente voluntaria. Me imaginé a las partidas de trabajadores arrancando la piedra caliza de las laderas de la montaña y partiendo grandes bloques en fragmentos más pequeños y manejables. Me imaginé las interminables procesiones de gente con pesados cestos sobre la cabeza trepando hacia la cima de la montaña para depositar su carga sobre el elevado montículo de piedras. Si el túmulo que habían erigido estaba destinado a ser la tumba de Antíoco, según cree la mayoría de arqueólogos, el construirla con cantos rodados había sido una excelente idea. Hasta la fecha nadie había descubierto la cámara funeraria y, a menos que retiraran todo el montón de piedras, no sería probable que lo consiguieran. A diferencia de los faraones egipcios que confiaban sus restos mortales a unas pirámides más complejas, Antíoco puede descansar en paz bajo su túmulo formado por pequeños cantos rodados.

Según las inscripciones que mandó esculpir en el dorso de los colosos, Antíoco hizo construir su monumento sagrado con un determinado propósito. No estaba destinado a ser una simple tumba sino un lugar donde se congregara su pueblo para celebrar festividades religiosas relacionadas con la fecha de nacimiento o coronación del monarca. Tan consciente del poder de los símbolos como cualquier papa, Antíoco había mandado erigir un templo de los dioses sobre el equivalente del monte Olimpo. Las gentes acudían aquí para venerar a los dioses planetarios y celebrar los misterios del amanecer y el crepúsculo. Como era el punto más elevado de su reinado, simbolizaba el punto más próximo al cielo, el lugar donde dioses y hombres se mezclaban. No obstante, sospeché que se trataba de algo más que una tumba con pretensiones olímpicas. Tenía un extraño aire que recordaba las pirámides egipcias. ¿Era posible que este túmulo, al igual que el complejo funerario de Gizeh, fuera lo que Gurdjieff denominaba un «legominismo»? Dicho de otro modo, ¿contenía algún mensaje referente al futuro? Había muchos detalles que indicaban esta posibilidad, como el curioso horóscopo del León. En cualquier caso, decidí investigar el tema cuando regresara a casa.

Tras descender por el accidentado camino por el que habíamos subido a la cima del monte Nemrod, nos dirigimos a otro importante santuario de Comagene situado en Eski Kale (la vieja fortaleza). Allí visitamos lo que probablemente había constituido el santuario principal del antiguo Comagene, dado que era mucho más accesible desde la capital de Arsameia-ad-Nymphaeum y, a diferencia de la cima del monte Nemrod, podía visitarse todo el año. Mientras subíamos por un empinado camino que discurría por la ladera de una colina, contemplamos unas vistas espléndidas, esta vez sobre el valle del río Nymphaeus. No lejos de allí vimos un relieve roto en el que Antíoco estrecha la mano de un dios identificado como Apolo-Mitra. Más arriba vimos una cueva, que los arqueólogos creen que era la tumba de su padre, Mitrídates I. No ofrecía demasiado interés salvo por un pasadizo sin salida, cuya función se desconoce, que descendía desde la parte posterior. Frente a la cueva y al borde del barranco vimos los fragmentos de un relieve que parecía representar al padre y al hijo juntos, quizás estrechándose también las manos.

Después de abandonar la primera cueva, volvimos sobre nuestros pasos y subimos por la colina hasta llegar al santuario más importante y mejor conservado. Allí vimos otro enorme relieve de un rey de Comagene, Mitrídates o Antíoco, estrechando la mano de Hércules. Al igual que en los relieves de Nemrod, Antíoco aparece como un individuo poderoso, desnudo y con barba, sosteniendo una larga vara en la mano izquierda. Junto al relieve, tallada en la roca, hay una inscripción griega, la más larga que existe en Asia Menor. Explica que Antíoco mandó construir el lugar en memoria de su padre, Mitrídates, y que dispuso que se llevaran a cabo ciertas ceremonias mensuales en su honor. Debajo de la inscripción había otro pasadizo sin salida, tallado en la ladera. Este túnel, que fue descubierto por unos arqueólogos alemanes entre 1953 y 1956, mide ciento cincuenta y ocho metros de longitud y desciende formando un ángulo de treinta y cinco grados. Si los alemanes confiaban, al término de los duros trabajos de excavación, en hallar la tumba de Mitrídates al final del pasadizo, como en las tumbas egipcias, se llevaron una decepción. El propósito del pasadizo sigue siendo una incógnita, nadie sabe para qué servía, pero la hipótesis de que no hubiera sido terminado y estuviera destinado a ser una ruta de escape desde el castillo que se erige sobre él ha sido descartada en favor de un misterioso significado ritual. Al examinar el pasadizo en busca de pistas, reconozco que me sentí perplejo. Pero al recordar *El misterio de Orión* y que los «pozos de ventilación» en el interior de la Gran Pirámide tenían un significado ritual dado que estaban orientados hacia determinadas estrellas, pensé que éste podía ser el caso en Arsameia.

Tras abandonar el santuario bajamos por la colina y nos instalamos de nuevo en el minibús. El paisaje que nos rodeaba poseía una belleza mágica e imaginé a Mitrídates, Laódice y Antíoco viviendo cómodamente en este lugar. Sin embargo, me llamó la atención la ausencia de grandes árboles. Si los comagenos tuvieran que pagar hoy a los asirios un tributo de trescientos troncos anuales no sabrían de dónde sacarlos. La desaparición de la protección que proporciona el bosque, al igual que en tantas otras partes del mundo, ha tenido unas consecuencias nefastas. Ello se traduce en que las colinas han sufrido una grave erosión y que junto a las márgenes del río apenas crecen unos pocos arbustos. Éstos son podados periódicamente para alimentar a las cabras en invierno, de modo que existen escasas posibilidades de que los bosques que adornaban en la antigüedad las desnudas colinas crezcan de nuevo. La situación no dejaba de ser trágica y contrastaba con la descripción que Bennett nos había hecho del valle de Sheikh Adi, donde en la década de los cincuenta los árboles vivos eran considerados sagrados por los yazidíes y estaba prohibido talarlos. Por tanto, existían abundantes árboles que procuraban sombra, retenían la tierra y realzaban la belleza del valle.

Tras dejar atrás las colinas, llegamos a un puente sobre el Cendere, un afluente del Nymphaeus. Esta asombrosa construcción, que mide siete metros de ancho y ciento veinte de longitud, fue erigida por orden del emperador romano Septimio Severo (193-211 d.C.). En ambos extremos del puente mandó construir una pareja de pilares, en honor de su esposa Julia Donna y de sí mismo en uno, y de sus dos hijos, Caracalla y Geta, en el otro. Después de la muerte de Severo estalló una batalla por el trono y Caracalla mandó asesinar a Geta. Como consecuencia de ello este pilar fue derribado, de modo que actualmente sólo hay tres pilares. Contemplar este puente fue otra lección sobre cuán frecuentemente van unidas la vanidad, la arquitectura y la política. No obstante, el hecho de que el puente aún se mantenga en pie al cabo de mil ochocientos años de uso ininterrumpido dice mucho sobre la habilidad de los ingenieros romanos.

Antes de abandonar Comagene para regresar a Urfa visitamos otro extraño túmulo, que según algunos investigadores constituía la tumba de una de las mujeres reales. Otros sostienen que era utilizado para ciertos rituales durante los meses de invierno, cuando los otros templos y santuarios situados en los picos de las colinas eran innaccesibles. En cualquier caso, era un monumento impresionante pese a medir treinta y cinco metros de altura, quince menos que el túmulo del monte Nimrod. En lugar de estatuas sentadas de dioses tenía una serie de columnas. Éstas estaban dispuestas originalmente en unos grupos de tres equidistantes en los lados sur, nordeste y noroeste del túmulo. Su significado ritual se desconoce, pero cuatro de ellas todavía se hallan en pie. Sobre una aparece un águila (que da al lugar su nombre turco de «Karakus» o mirlo), en otra un león sin cabeza, mientras que en la tercera hay una escena de un «apretón de manos» posiblemente entre una reina y uno de los dioses.

Dejando atrás estos curiosos monumentos de una civilización perdida, regresamos a Kahta. Había anochecido y estábamos impacientes por llegar a Urfa. Sin embargo, lo que hasta aquellos momentos había sido una jornada agradable, aunque el cielo estaba un poco nublado, se convirtió en algo muy distinto. Durante el trayecto en autobús desde Adiyaman aparecieron unos negros nubarrones en el cielo y se desencadenó una tormenta típica de Mesopotamia. Estallaron rayos y truenos y comenzó a caer una lluvia torrencial. Al poco rato la carretera estaba completamente inundada, como si se hubiera roto la presa de Atatürk. Al llegar a Urfa comprobamos que la calle mayor, que ostentaba el inevitable nombre de avenida de Atatürk, y que el día anterior aparecía seca y polvorienta, se había convertido en un río. Era un comienzo poco halagüeño de la segunda etapa de nuestro viaje y, empapados y tiritando de frío, nos instalamos en el único hostal decente de la ciudad: el hotel Harrán.

Aquella noche me sentí muy indispuesto. Había rechazado unos pimientos rojos asados que nuestro guía kurdo me había ofrecido amablemente, y durante la semana que habíamos permanecido en Turquía había evitado comer *kebabs*. Quizá se debiera al pan recién horneado que habíamos comprado en la panadería de una aldea cerca de Kahta, o al agua de un manantial en el monte Nemrod, o quizás a algún producto no muy fresco que había ingerido en el hotel en Adiyaman. Jamás lo sabremos. El caso es que me encontraba fatal y habíamos cometido la imprudencia de dejarnos la bolsa de las medicinas, junto con la mitad de nuestra ropa, en el hotel de Fethiye donde nos habíamos alojado a nuestro regreso del este. Era viernes por la noche y todos los comercios, incluyendo la farmacia cercana al hotel, estaban a punto de cerrar. Desesperados, corrimos a la farmacia y tratamos de explicarles lo que queríamos mientras ellos se esforzaban en entendernos. Pero nos separaba la barrera del lenguaje y por más que lo intentamos no conseguimos hacerles comprender lo que deseábamos. Por fin nos vendieron unas pastillas contra la indigestión y un frasco de aspirinas, que no era en absoluto lo que necesitábamos. Dado que soy diabético y debo tomar insulina, no sólo me encontraba en una situación molesta sino incluso peligrosa. Con las farmacias cerradas durante el fin de semana y sin posibilidad de conseguir los medicamentos necesarios, tuve que equilibrar el nivel de glucosa en la sangre con el estómago vacío. Y lo que era peor, nuestro vuelo de regreso a Ankara, y de allí a Fethiye, estaba previsto para el martes. Pasara lo que pasase debíamos tomar ese avión y cuando el sábado dio paso al domingo y el domingo al lunes y yo seguía encontrándome muy mal, mi mujer y yo comprendimos que no sólo no podríamos ir a Harrán sino que ni siquiera podríamos visitar Urfa.

La tercera noche empecé a delirar. Vi en mi mente escenas de suntuosos palacios, iglesias y castillos. En sueños me encontré con un individuo que parecía un monje. Me hizo subir por una escalera de caracol para mostrarse lo que, según dijo, eran las maravillas de Edesa, el antiguo nombre de Urfa y que yo había olvidado. La escalera, las balaustradas y muchos otros elementos estaban hechos de madera tallada con madreperla, formando las más exquisitas filigranas. Era como el bazar de Bagdad, el más bello de los pabellones del sultán del Palacio Topkapi de Estambul, pero mayor y más espectacular. Según me explicó el hombre, éste era el aspecto que presentaba antiguamente Edesa, una ciudad cuya magnificencia había sido la envidia del mundo.

Empecé a comprender que aquí, bajo las calles polvorientas y las destartaladas casas, se ocultaba un misterio que era preciso descifrar. Un secreto que debía poner al descubierto. Sin embargo, lo que se ocultaba aquí no lo hallaría en esta ocasión. Al parecer este viaje había servido únicamente para visitar Comagene. El «monje» me informó de que de momento las puertas de Edesa permanecerían cerradas para mí pero que si regresaba al año siguiente, más preparado y organizado que esta vez, encontraría lo que andaba buscando. Con esto me desperté, o mejor dicho recobré el conocimiento. Estaba bañado en sudor y la fiebre me había bajado. Sintiéndome como el caballero Perceval que olvida formular la pregunta indicada cuando le es mostrado el Santo Grial y por eso tan sólo consigue atisbar brevemente la mágica copa, empecé a ver de nuevo el monótono decorado pardusco de nuestra habitación en el hotel y a oír el incesante ruido del tráfico. La analogía con el Grial, según constataría más adelante, encajaba perfectamente con lo ocurrido.

Al día siguiente, sintiéndome mucho mejor, comí un poco a la hora del desayuno, los primeros alimentos que probaba desde hacía tres días, antes de partir hacia el aeropuerto. No tuvimos tiempo de visitar los estanques de Abraham, el castillo, el mercado, la Iglesia en ruinas de San Juan ni las otras maravillas de la antigua Edesa. Tal como había afirmado el monje de mis alucinaciones, en esta ocasión las puertas estaban cerradas para nosotros. Habíamos venido, sin saberlo, a una de las ciudades más extraordinarias de la Tierra y yo no me di cuenta hasta que ya era demasiado tarde. Sin embargo, del mismo modo que en la leyenda de Galaad éste tiene una segunda oportunidad para subsanar su error, yo sabía que regresaríamos a Urfa. Esa vez vendría más preparado y formularía las preguntas indicadas al centinela que custodiaba las puertas: ¿qué representa esta ciudad y quién es su guardián? No obstante, las preguntas debían esperar. Antes tenía que descifrar el misterio de Comagene y el extraño culto que Antíoco rendía a los dioses. No tenía la más remota idea de adónde me conduciría esto, pero presentí que iba a ser una apasionante aventura.

## NOTAS

1. Véase más arriba.

2. Verbigracia, la incapacidad de los yazidíes de salir de un círculo trazado a su alrededor en el suelo. Véase más arriba.

3. Más adelante volveremos sobre los detalles de esta ciudad.

4. Estos nombres griegos significan «doble forma» y «una forma» respectivamente.

5. El dios nacional de los asirios; aunque originalmente era la divinidad local de la ciudad de Assur, más tarde asumió muchos otros atributos divinos de los dioses del sol y de la tormenta.

6. D. Luckenbill, *Ancient Records of Assyria and Babylonia - Part One* (Histoire & Mysteries of Man Ltd., Londres, 1989), p. 74.

7. Ibíd., p. 75.

8. Ibíd., p. 217. Dado que veinte minas de plata es una cantidad irrisoria, sólo una cuarta parte de un talento, seguramente Comagene era más rica en madera que en metales.

9. Recientemente la ciudad ha adoptado el nombre de SanliUrfa —«Urfa la ilustre»— debido a su histórica resistencia contra los franceses a raíz de la Primera Guerra Mundial.

10. La menor de las tres pirámides de Gizeh.

7

# EL LEÓN DE COMAGENE

A nuestro regreso de Urfa estuve muy ocupado. En Comagene habíamos adquirido dos pequeñas guías turísticas, la única información en inglés que pudimos hallar referente a Antíoco y a sus curiosos monumentos. Dichas guías mencionaban los trabajos pioneros de Otto Neugebauer sobre el horóscopo del León. Yo ya lo conocía por *El misterio de Orión*: Neugebauer y un colega llamado Richard Parker habían trabajado en equipo muchos años en la Universidad de Brown, en Rhode Island, y ambos eran unos expertos de prestigio en astronomía egipcia. Habían sido los primeros en reconocer que la figura antropomórfica de Sahu, que aparece en los techos de las tumbas egipcias y que está grabada en los coronamientos de las pirámides, representaba la constelación de Orión[1]. Por consiguiente, me interesaba averiguar qué opinaba Neugebauer sobre Comagene. La mejor fuente de información parecía ser el Museo Británico, de modo que al cabo de unas semanas me puse en contacto con el departamento de antigüedades asiáticas occidentales. Me remitieron a uno de sus conservadores adjuntos, una señora muy amable llamada Dominique Collon. Ella comprendió exactamente lo que yo andaba buscando y prometió enviarme una fotocopia de un artículo escrito por Neugebauer (esta vez en colaboración con otro colega, H. B. van Hoesen) titulado «Horóscopos griegos», así como una útil bibliografía sobre otras fuentes referentes a Comagene. Tras darle las gracias por su amabilidad, esperé con impaciencia que llegara el paquete.

Cuando recibí el material comprobé que se trataba de algo extraordinario. Neugebauer y Van Hoesen habían analizado minuciosamente los patrones de las estrellas que aparecían en la estela del león del monumento sagrado de Antíoco, que según todos los expertos representaba una especie de horóscopo, y fijaba la fecha en el año 62 a.C. El cuerpo del león tiene grabadas varias estrellas que representan la constelación de Leo. Neugebauer estaba seguro de ello, comparándolo con los Catasterismos de Eratóstenes:

> Es indudable que el león representa la constelación de Leo, puesto que las diecinueve estrellas que aparecen sobre el cuerpo del león y junto a él coinciden casi exactamente con las posiciones de las diecinueve estrellas asignadas a esta constelación en los Catasterismos de Eratóstenes[2].

La conexión con Eratóstenes (hacia 276-194 a.C.) era muy interesante. Fue un escritor de Alejandría dotado de gran talento, que logró medir la circunferencia de la Tierra. Sabiendo que en el solsticio de verano el sol brillaba sobre un pozo sin proyectar sombra en Siena, en el Trópico de Cáncer, midió el ángulo del Sol la misma fecha al mediodía en Alejandría. Dado que la distancia desde Siena era de 5.000 estadios (800 km), Eratóstenes calculó que correspondía a 1/50 parte de un gran círculo alrededor de la Tierra, que por tanto tenía una circunferencia de 250.000 estadios (40.000 km)[3]. Posteriormente rectificó la cifra estableciéndola en 252.000 estadios (40.320 km). La tesis de Neugebauer de que las estrellas representadas en la figura del león correspondían al atlas estelar de Eratóstenes indicaba que quienquiera que hubiera esculpido la figura poseía ese libro, lo cual no era improbable dado que la casa real afirmaba descender de los griegos. Más tarde comprobé que este dato era cierto y que tenía unas sorprendentes ramificaciones.

Neugebauer y Van Hoesen analizaron las tres estrellas mayores y más espectaculares que aparecen encima del lomo del león. Éstas figuran en el relieve con unos nombres que las identifican con Júpiter, Mercurio y Marte, siendo la primera la que se halla más próxima a la cabeza del león. Colgando del cuello del animal aparece una luna creciente. Éste, según los autores, era el elemento más significativo, pues si bien las estrellas y el león podían ser interpretados como meramente simbólicos del poder real o la protección de unos dioses favoritos, la Luna, normalmente, no tiene ninguna relación con el signo de Leo. Su presencia en la escultura indicaba que se trataba de un horóscopo, y que la constelación de Leo albergaba a los tres planetas y la Luna. El número de posibles fechas en que ese patrón estelar pudo aparecer en el cielo no es tan elevado como pueda imaginarse. Júpiter es un planeta relativamente lento; su ciclo de doce años significa que sólo está presente en Leo una vez cada doce años. Aunque Mercurio aparece anualmente, Marte es más lento y sólo atraviesa Leo durante unos dos meses cada dos años. Para reducir aún más las posibilidades, la Luna tarda sólo veintinueve días y medio en realizar un ciclo completo alrededor del zodíaco. Por tanto, sólo está presente en Leo durante dos días y medio. Teniendo en cuenta todos estos factores y haciendo un estudio del cielo sobre Comagene en la época indicada, Neugebauer y Van Hoesen apuntaron cinco posibles fechas que encajaban con el horóscopo por esa época:

*a)* 15 de julio - 108
*b)* 16 de julio - 97
*c)* 7 de julio - 61
*d)* 4 de agosto - 61
*e)* 13 de julio - 48[4]

Como el horóscopo del León no incluye el Sol ni los planetas Venus y Saturno, podemos excluir *a), d)* y *e)*. Puesto que según parece el horóscopo se refiere a la coronación de Antíoco, podemos tachar el año 97 por ser demasiado antiguo. Esto nos deja la fecha *c)*, que escrita en términos gregorianos en lugar de astronómicos viene a ser el 7 de julio del 62 a.C.

Sin embargo, el interpretar lo que significa esta fecha no es tan fácil como pueda pensarse. Las pruebas históricas indican que Antíoco era ya rey de Comagene en el año 69 a.C., cuando se vio obligado a rendirse ante el general romano Lúculo. Si el horóscopo del León representa el día de su coronación, debió de ser una nueva coronación. En apoyo de esta hipótesis los autores indican que a raíz de la reorganización de Oriente por parte de Pompeyo, Antíoco fue reconfirmado por los romanos, quienes le permitieron conservar su pequeño reino en calidad de estado intermediario. Esta reconfirmación de Antíoco sobre el trono, tal como aseguran los autores, era el acontecimiento que señalaba el horóscopo y motivo de celebración.

Al leer sus detallados argumentos y analizarlos utilizando un ordenador equipado con el programa de simulación *Skyglobe*, comprendí que probablemente tenían razón en cuanto a la fecha del año

62 a.C., aunque el 6 de julio me parecía más apropiado que el 7 dado que ese día la Luna estaba debajo de la «cabeza» de Leo en lugar de en el centro de la figura del león. No obstante, me costaba creer que Antíoco quisiera celebrar la ingerencia de los romanos en los asuntos internos de Comagene, y menos aún confesar, suponiendo que fuera el caso, que debía su trono, durante muchos años, a Pompeyo.

Yo estaba convencido de que existía algo más, de que el monumento sagrado contenía un mensaje esotérico; un profundo enigma esculpido en la piedra.

Dado que el primer lugar donde buscar esta clave secreta parecía ser las propias estatuas, acudí de nuevo a las guías turísticas y a las imágenes de vídeo que había tomado confiando en descubrir algunas pistas.

Al observar la terraza occidental, donde se encuentra el horóscopo del León, conté las estatuas. En total sumaban cinco (sin contar las parejas de águilas y leones) y ostentaban los nombres de Zeus-Ormuz, Aries-Hércules-Artagnes, Apolo-Helios-Mitra-Hermes, Comagene y el mismo Antíoco. Si bien las dos primeras eran claramente Júpiter y Marte, había algo raro en la tercera. Aunque era lógico que Antíoco sincretizara Apolo con Helios y Mitra

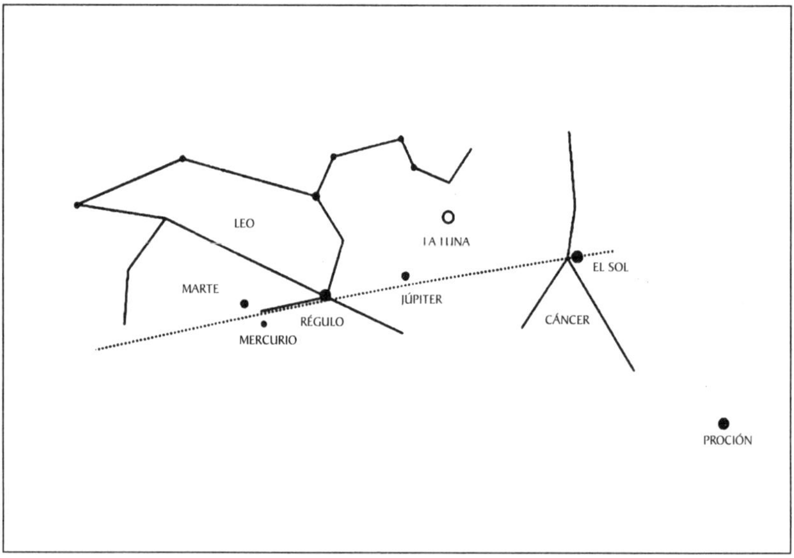


Horóscopo del 6 de julio del año 62 a.C. visto desde Arsameia.

Adoración de los Magos (Palacio Ducal, Dijon).

Emperador y emperatriz de Bizancio ofreciendo unos presentes a Jesús (Santa Sofía, Estambul).

El altar de los reyes magos (Catedral de Colonia).

*Bautismo de Jesús*, Piero della Francesca, hacia 1450 (National Gallery, Londres).

*El Díptico de Wilton*, hacia 1395 (National Gallery, Londres).

Las pirámides de Gizeh.

La Gran Esfinge de Gizeh.

Kefrén abrazado por un halcón.

Esfinge con cabeza de halcón.

Osiris (Orión) acompañado por
Isis (Sirio) y Neftis (Proción).

Obelisco de Sesostris I (Heliópolis).

El fénix egipcio o ave «Bennu».

Iglesia de la Materiya, Heliópolis.

La Sagrada Familia llega a Heliópolis.

El ángel despierta a José (Iglesia de la Materiya).

María y el árbol (Iglesia de la Materiya).

El «árbol de la Virgen» en la actualidad, Heliópolis.

El monumento sagrado de Antíoco Epífanes (terraza oriental).

El autor junto al trono de Zeus (terraza oriental).

Cabezas desprendidas de los dioses, monumento sagrado de
Antíoco Epífanes (terraza occidental).

Horóscopo del León con las estatuas del águila y el león
(terraza occidental).

Arsamia.

Relieve del «apretón de manos» en el Cañón Alto, Arsamia.

El autor midiendo el ángulo del pozo en el Cañón Alto.

La «lámpara de Aladino».

*Santa Verónica con el Sudario*, hacia 1420 (National Gallery, Londres).

Urfa (Edesa) vista desde la ciudadela.

Los pilares corintios de Edesa.

La Ciudadela de Edesa con los pilares, vista desde abajo.

La Cueva de Abraham (Urfa).

El Estanque de Abraham (Urfa).

La Torre de los Persas (Urfa).

El Castillo, en Harrán.

Reliquias de san Juan (Museo Topkapi, Estambul).

*Decapitación de san Juan Bautista* (Palacio Ducal, Dijon).

*Adoración de los Magos*, por Bengt Alfredson. Las estrellas aparecen correctamente situadas.

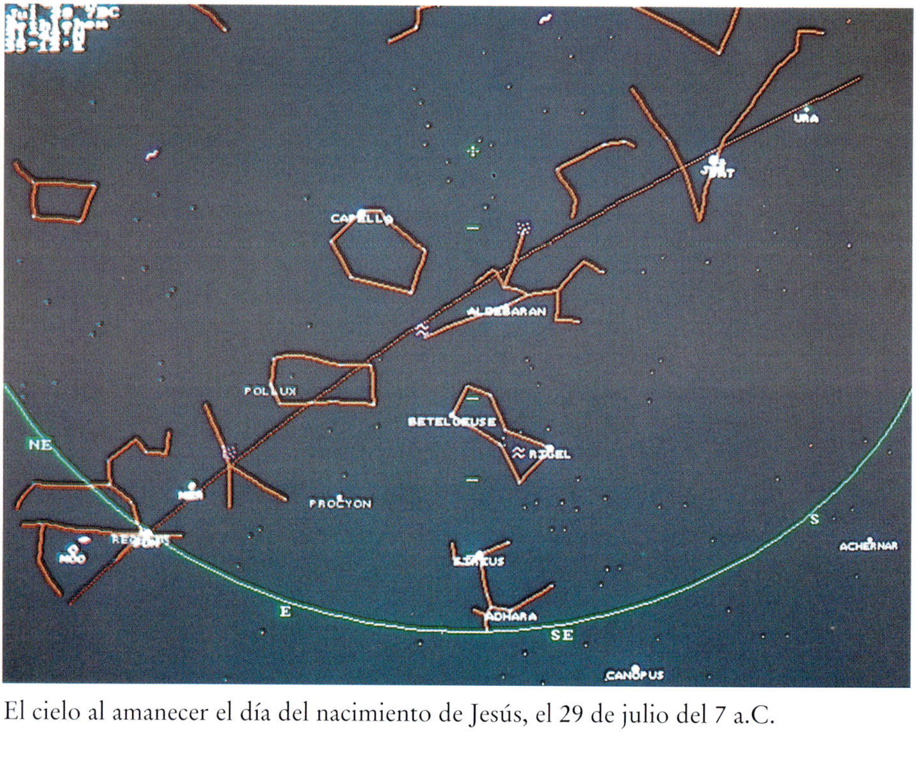


El cielo al amanecer el día del nacimiento de Jesús, el 29 de julio del 7 a.C.

*La Anunciación*, fray Filippo Lippi, hacia 1450 (National Gallery, Londres).

El «ángel sonriendo», Catedral de Reims.

Estatua de Sagitario en la Catedral de Reims.

Lirios celestiales en el «más allá» de los egipcios.

La flor de lis.

Horus de niño, protegido por un halcón.

Maat presenciando «el pesaje del corazón».

—todos eran dioses de la luz relacionados con el Sol—, Hermes no encajaba. Según la mitología griega éste era el dios de las carreteras, los escritos, las matemáticas y la medicina. Su planeta no era el Sol sino Mercurio, que es su nombre en latín. Me pregunté por qué había cometido Antíoco un error tan evidente. ¿Por qué había confundido Hermes con el dios solar, fueran cuales fueren los nombres por los que eran conocidos? Por otra parte estaba la cuestión de la diosa de Comagene. ¿Era simplemente el espíritu de la Tierra o era también equiparada con un cuerpo celestial? En tal caso, sólo existían dos candidatas: Venus y la Luna. Puesto que la Luna aparece en el horóscopo del León y Venus no, me inclinaba a pensar que ese cuerpo era el que se identificaba más estrechamente con Comagene. Era una hipótesis bastante lógica si tenemos en cuenta que en la mitología a la Luna se la relaciona casi siempre no sólo con la parte femenina de la vida sino con el agua. Yo había observado que Comagene era un país dominado por sus ríos, que aunque discurrían apaciblemente en verano en otros momentos podían convertirse en auténticos torrentes. La nieve derretida de los montes Antitaurus mezclada con la lluvia podía hacer que se desbordara tanto el Éufrates como sus pequeños afluentes. No era de extrañar, por tanto, que los comagenos veneraran a la Luna y trataran de complacerla para evitar que se enojara.

Si aceptamos que la estatua de Comagene era un símbolo de la Luna, era evidente que la estatua de Antíoco, y no la del dios del sol Apolo-Mitra, representaba a Mercurio. Deduje que éste debía de ser el esotérico misterio de las estatuas: todas representaban unos cuerpos celestiales y, junto con el Sol, eran las mismas que aparecían inscritas en el horóscopo del León. Para confirmar este extremo, observé la disposición de las estatuas sentadas en sus tronos. El orden que guardan es distinto en las terrazas oriental y occidental, y, debido a que todas han perdido sus cabezas, existen ciertas discrepancias entre los expertos en cuanto al orden correcto. No obstante, según Akgurkal y la mayoría de escritores aparte de Dörner, el orden de las estatuas en la terraza occidental, vistas de frente, y de izquierda a derecha, es Apolo, Comagene, Zeus, Antíoco y Hércules. Éste, visto desde detrás, es decir desde la perspectiva del túmulo bajo el que está supuestamente enterrado Antíoco, es exactamente el orden del Sol, la Luna y los planetas el 6 de julio del año 62 a.C. No obstante persistía la siguiente pregunta: ¿por qué había elegido Antíoco ese día y qué significaba? Cualesquiera que fueran los motivos que le

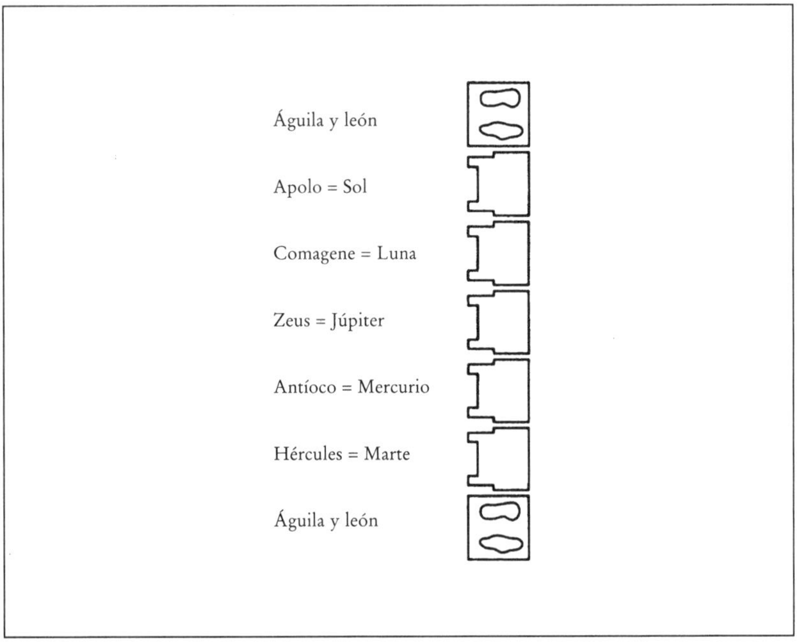


Terraza occidental del Hierothesion de Antíoco Epífanes I de Comagene vista desde arriba. Fecha equivalente al 6 de julio del 62 a.C.

habían llevado a construir su monumento sagrado, era probable que se hallaran algunas pistas en los escritos que había dejado a las generaciones futuras explicando sus intenciones. Así pues, decidí examinar de nuevo esos escritos.

## Escritos para una nueva era

Por fortuna Antíoco, al igual que algunos faraones egipcios con los que podríamos compararlo, dejó un gran número de inscripciones. Las más importantes aparecen escritas en el dorso de los colosos de Nemrod y fueron traducidas en 1883 por dos eruditos turcos: Osman Hamdi Bey, director del Museo Otomano Imperial, y Osgan Efendi, de la Facultad de Bellas Artes. Estos epígrafes revelan que Antíoco no era un tirano sino un hombre profundamente religioso que estaba convencido de gozar de la protección de los dioses. Según él mismo escribe:

Siempre he creído que la piedad, de todas las virtudes, no sólo es aquella de la que estoy seguro que poseo, sino la que procura un mayor placer a los mortales; es la piedad la que constituye la dicha del poder y nos hace envidiables, y durante toda mi vida he sentido un gran respeto por los dioses, a quienes considero los guardianes más celosos de mi realeza y quienes me proporcionan una alegría incomparable.

Tras otro piadoso párrafo, Antíoco explica las razones que le llevaron a construir su monumento sagrado:

De este modo justifico mi intención de erigir, cerca de los tronos celestiales y sobre unos cimientos inaccesibles a los estragos del tiempo, esta tumba donde mi cuerpo, después de haber envejecido rodeado de bendiciones, se sumirá en un sueño eterno separado de la piadosa alma que volará hacia las regiones celestiales de Júpiter-Oromasde.

He decidido consagrar este lugar a la construcción de unos asientos para todos los dioses, con el fin no sólo de levantar en memoria de mis antepasados los monumentos que contempláis, sino para que las gentes devotas dedicadas a unos espíritus superiores tengan constantemente ante sus ojos, como testigos de mi piedad, este lugar, donde experimentarán los mismos sentimientos. Por esto he erigido estas estatuas con formas divinas que veis, dedicadas a Júpiter-Oromasde, a Apolo-Mitra-Helios-Hermes, a Artagnes-Hércules-Aries, y a mi patria, la fértil tierra de Comagene [...].

Tras explicar que ha designado a unos sacerdotes especiales «con togas de la raza persa» para administrar sacrificios y les ha cedido unas tierras a perpetuidad para pagarles sus servicios, Antíoco escoge su fecha de nacimiento, el 16 de Aydnaios, y la fecha de su coronación, el 10 de Loos, como nuevos días festivos que deben celebrarse *ad aeternum*. Esto aparece inscrito en el pedestal de la estatua de Zeus que se halla en el monumento sagrado:

Por tanto, he dedicado la fecha de mi nacimiento, el 16 de Aydnaios, y el día de mi coronación, el 10 del mes de Loos, a manifestaciones piadosas ante los grandes dioses que siempre me han guiado durante mi feliz reinado y han propiciado el bienestar en mi reino y, teniendo en cuenta la abundancia de sacrificios y habiendo establecido que esos dos días sean celebrados como fiestas anuales, he dividido oportunamente todo mi imperio para organizar reuniones, fiestas y sacrificios, y he ordenado que las ciudades celebren las festividades en los templos más cercanos y que, por la misma razón, les resulten más convenientes. En cuanto al resto del año, he decretado que los sacerdotes celebren los días décimosexto y décimo de cada mes como el aniversario de mi nacimiento y mi coronación.

Neugebauer y Van Hoesen afirmaban que el horóscopo del León representaba la festividad del día 10 de Loos, y que era esa fecha la que estaba simbolizada por los dioses sentados en la terraza occidental. Habían llegado a esta conclusión porque creían que el calendario utilizado por Antíoco era el mismo de la Asia romana posterior, que situaba el mes de Aydnaios en diciembre-enero y el de Loos a mediados de verano:

> Por fin surge el tema del calendario. Sabemos que la época del año debe de ser aproximadamente julio porque al estar Mercurio en Leo el Sol debe de estar próximo a Leo. Por otro lado sabemos que Antíoco nació el 16 de Aydnaios y que su coronación caía el 10 de Loos. Tal como observó Puchstein, el horóscopo no puede referirse a la fecha de nacimiento porque el mes de Aydnaios según el calendario romano de la Provincia de Asia (zona costera de Turquía occidental) corresponde al mes de diciembre [...]. Debemos considerar la fecha del 10 de Loos, la fecha de la coronación, como la fecha del horóscopo puesto que Loos corresponde aproximadamente al mes de julio tal como requiere el horóscopo.

Aunque estaba de acuerdo con ellos en que la terraza occidental, con su fecha simbólica del 6 de julio del 62 a.C. inscrita en el león y representada por las estatuas, representaba una fecha de julio, según nuestro calendario moderno, sus argumentos no acababan de convencerme. Al consultar la *Encyclopaedia Britannica*, a menudo una excelente fuente de información, hallé una entrada respecto a la cuestión de los calendarios que me pareció muy interesante:

> No menos importante respecto a épocas posteriores es el calendario macedonio, originalmente de doce meses lunares denominados Dios, Apellaios, Aydnaios, Peritios, Dystros, Xan-

thikos, Artemisios, Daisios, Panemos, Loios, Gorpiaios, Hyerberetaios. A principios de nuestra era este calendario, que era utilizado comúnmente en Asia Menor y en Siria, fue reformado según la norma juliana.

Ahora bien, dado que Comagene permaneció fuera del Imperio Romano hasta el año 17 d.C y ni siquiera tuvieron relaciones comerciales hasta la reorganización emprendida por Pompeyo en el 62 a.C., todo indica que en la época de Antíoco el calendario macedonio que utilizaban los comagenos era el lunar. Puesto que doce meses lunares compuestos por 29 días y medio totalizan 354 días, el «año» lunar tiene 11 días y medio menos que el año solar de 365 días y cuarto. Esto significa que sin algún medio de rectificación, el comienzo de cada mes retrocede año tras año 11 días y cuarto. Por tanto, podemos hacer caso omiso de la «observación» de Puchstein referente al mes de Aydnaios. No tiene por qué corresponder a diciembre sino que, al igual que el ramadán musulmán y por la misma razón, pudo haber comenzado en cualquier momento según el año que contemplemos.

Al darme cuenta de ello, comprendí que independientemente de lo que representara la terraza occidental, la terraza oriental debía de representar la fecha de nacimiento de Antíoco. El orden de las estatuas es distinto al de la terraza occidental, pero en ella aparecen los mismos planetas. Contemplándolas de frente, las estatuas están dispuestas de la siguiente forma, de izquierda a derecha: Apolo, Comagene, Zeus, Antíoco y Hércules. Empecé a sospechar que la fecha de nacimiento de Antíoco podía haber caído en la fecha *b)* propuesta por Neugebauer, es decir, el 16 de julio del 98 a.C. Una vez establecido que el mes de Aydnaios no tenía por qué corresponder con diciembre, esta hipótesis parecía muy probable. Sabemos que Antíoco ya era rey (probablemente lo fuera desde bastante antes) en el 69 a.C. También sabemos que murió ya anciano entre el 35 y el 31 a.C. Por tanto, no resultaba descabellado suponer que había nacido en el año 98 a.C.

Utilizando el programa *Skyglobe*, retrocedí de nuevo a través de los siglos y comprobé que la fecha que concordaba mejor no era el 16 sino el 13 de julio. Ese día los planetas indicados se hallaban dispuestos en el orden correcto vistos desde el túmulo. Aún más sorprendente era el horóscopo de aquel día, del que cualquiera se habría sentido orgulloso. Antíoco tenía en su carta astral lo que los astrólogos llaman un *stellium*, que mostraba a su Sol natal en conjunción exacta con Marte y Júpiter en el signo de Cáncer pero en la constelación de Leo[5]. A unos once grados de este grupo se encontraban su Mercurio y su Luna, ambos en conjunción con Cáncer[6]. Este horóscopo, como sabe cualquier astrólogo, es extraordinariamente poderoso e indica un individuo dotado de gran carisma, ambición e inteligencia, así como un profundo amor por el hogar y cierta propensión a la vanidad. Según podemos deducir desde esta distancia en el tiempo, todo describe admirablemente a Antíoco. Los factores que faltan en su horóscopo son los planetas Venus y Saturno. Este hecho es comprensible si éstos se hallaban bajo el horizonte en el momento en que nació Antíoco, puesto que los astrólogos de su época solían prescindir de los planetas que aún no habían salido a la hora de interpretar un horóscopo. Dado que Saturno se había puesto hacia las siete y cuarto de la mañana y Venus no había salido hasta aproximadamente las ocho y media de la mañana, parece ser que éste era realmente su horóscopo, que Antíoco había nacido entre esas horas. Todo encajaba perfectamente con la colocación de los dioses en la terraza oriental de su monumento sagrado.

Podríamos pensar que son meras especulaciones de no ser por

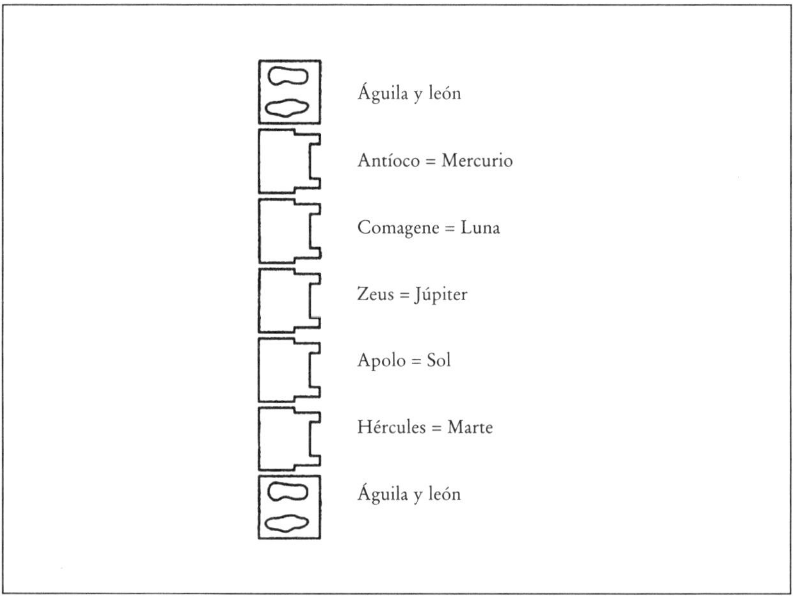


Terraza occidental del Hierothesion de Antíoco Epífanes I de Comagene vista desde arriba. Fecha equivalente al 12 de julio del 98 a.C.

otro dato importante. Según parece, la «fecha de nacimiento» de Antíoco fijada el 16 de Aydnaios no era en realidad el día exacto de su nacimiento sino una fecha elegida por él mismo, al igual que el cumpleaños «oficial» de la reina de Inglaterra se celebra en junio. Antíoco compartía esta fecha de nacimiento con su padre, Mitrídates I, como si hubiera sido designada para la celebración del cumpleaños de los reyes. Esto queda demostrado en una larga inscripción que figura en el Cañón Alto en Arsameia, que detalla las responsabilidades de los sacerdotes.

> [...] Mandé construir unas estatuas de los antepasados, mis abuelos paternos y yo mismo, que se correspondían aproximadamente con las medidas reales y conforme a los dioses. Además, hice que los sacerdotes y las hermanas vinieran y contemplaran los lugares sagrados. Más tarde declaré que el día de los sacrificios a los dioses, el día de las reuniones de la fe y el cumpleaños de mi padre y el mío fueran el mismo día del mes y este día se celebrara como fiesta pública.

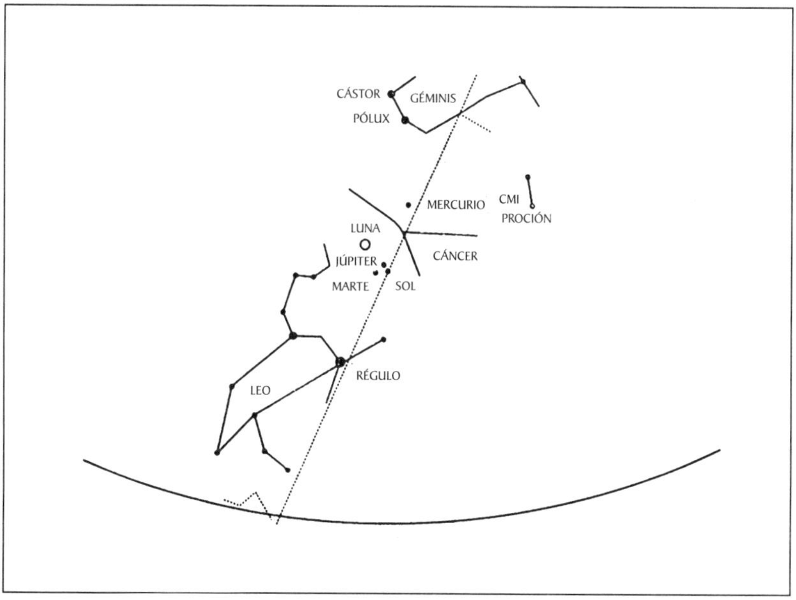


Horóscopo de Antíoco Epífanes I de Comagene, basado en el patrón de la terraza oriental.

Al regresar al ordenador noté algo muy curioso. Suponiendo que el 13 de julio fuera el día en que nació Antíoco (lo que concuerda con la disposición de las estatuas), debería coincidir con la luna nueva. Ahora bien, si Antíoco utilizaba el calendario lunar, su fecha de nacimiento no podía caer el 16 del mes. Ese día debía de caer precisamente después de la luna llena. Pero si contamos dieciséis días hasta el 29, observamos que la Luna no sólo está en la posición adecuada sino que también el Sol se halla en conjunción con el corazón del León, la estrella Régulo. ¿Era posible que el día del nacimiento de Antíoco, el 13 de julio del 98 a.C., se correspondiera aquel año con el 1 de Aydnaios de su calendario de modo que esta segunda fecha, la de su nacimiento «oficial», fuera el 16 de Aydnaios?

No obtuve una respuesta a esta pregunta hasta que emprendimos un segundo viaje a Comagene, en octubre de 1995[7]. Nuestro propósito era investigar la curiosa inscripción que figura en el Cañón Alto en Arsameia. Como en nuestra primera visita no sabíamos que existiera y no podíamos imaginar su importancia, no llevamos ninguna brújula. Sin embargo, cuando regresamos a casa y comprobamos que ese túnel o pozo formaba un ángulo de treinta y cinco grados, consulté el ordenador para averiguar hacia qué parte del cielo apuntaba. Deduje que estaba orientado hacia el sur, como los dos pozos de la Gran Pirámide. Para nuestra sorpresa constatamos que estaba alineado con el punto culminante de la estrella Sirio en la época en cuestión. Naturalmente ese hallazgo nos produjo una gran satisfacción y estábamos impacientes por regresar y comprobar esta hipótesis. Pero la realidad resultó no ser tan sencilla. El pozo no estaba orientado hacia el sur sino al oeste, lo cual nos obligó a abandonar la tesis de la alineación con Sirio. No obstante, lo que era obvio era que había al menos un día al año en el que el Sol brillaba a través del estrecho pozo, iluminando su fondo. Desalentado por el fracaso de lo que parecía una prometedora hipótesis, dejé pasar un tiempo antes de verificar la verdadera alineación en el ordenador. Utilicé de nuevo el programa *Skyglobe*, esta vez con el cursor elevado a treinta y cinco grados y una orientación occidental. Aguardé unos instantes hasta comprobar la fecha en que el Sol se alinearía con el pozo, iluminando el fondo. Ante mi asombro resultó ser el 29 de julio, el día que según mi hipótesis Antíoco había establecido como su fecha oficial de nacimiento y la de su padre. Ese día el Sol estaba en conjunción con la estrella más brillante de Leo, Régulo, «el pequeño rey», y por la tarde iluminaba el fondo del pozo. Estos datos no podían ser una coincidencia, debía de tratarse de la «fecha de nacimiento real» del 16 de Aydnaios.

Aunque era un hallazgo muy interesante, la historia no acababa ahí. Al retroceder a lo largo del día desde la tarde, cuando se produciría la alineación con el pozo, hasta el amanecer, me llevé otra sorpresa. Ese mismo día se registró otro acontecimiento que los egipcios sin duda reconocerían: la salida helíaca de Sirio, es decir, el día en que Sirio aparecería por primera vez en el cielo al amanecer después de haber permanecido invisible durante setenta días. Esa fecha marcaba el inicio del año egipcio y estaba relacionada con la idea del nacimiento de Horus, el rey sol. Todo ello tenía importantes implicaciones pues significaba que el profundo pozo que Antíoco había mandado construir no era una vía de escape sin salida desde el Castillo de Arsameia, ni una tumba destinada a su padre Mitrídates, sino un nuevo sistema de calendario. Así fijaba el comienzo del año de Comagene, que hasta la fecha se había basado en los movimientos de la Luna, en el ciclo sotíaco

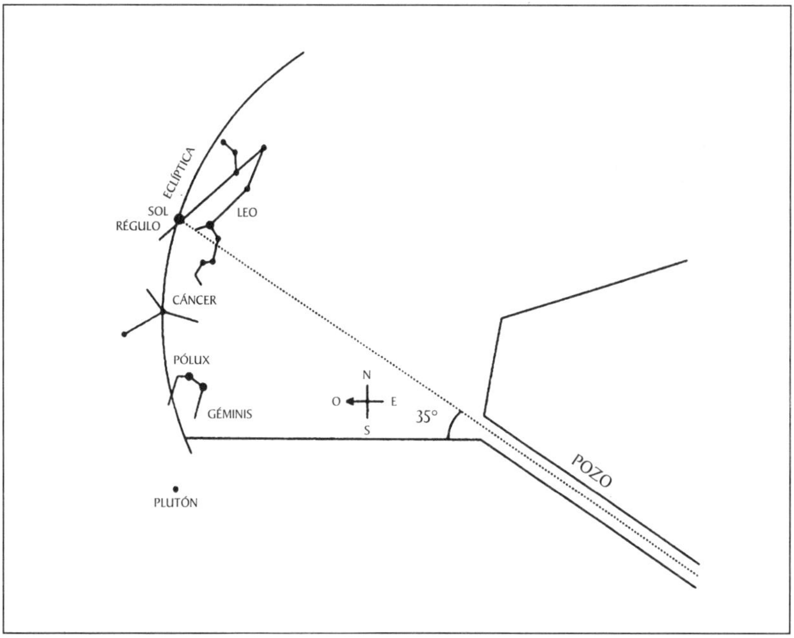


La alineación del pozo en Arsameia con Régulo en la fecha de nacimiento «oficial» de los reyes de Comagene, el 29 de julio.

(Sirio), utilizado durante mucho tiempo por los egipcios como base de su calendario. Para la gente normal y corriente, que no estaba iniciada en los misterios, Antíoco simplemente había modificado la fecha de su nacimiento y rendía tributo a los dioses, como suelen hacer los reyes. En realidad Antíoco no sólo estaba practicando un tipo de astrología muy esotérica sino que colocaba los cimientos de una reforma del calendario de gran importancia.

Al contemplar de nuevo el monumento sagrado de Antíoco, empecé a verlo de forma distinta. Toda la estructura, que debido a los estragos del tiempo está incompleta, poseía una profunda importancia simbólica. Hace tiempo que se ha llegado a la conclusión de que las hileras de figuras esculpidas en unas estelas en las caras norte y sur de las terrazas representan a sus antepasados. Según F. Karl Dörner, que las estudió durante muchos años, las figuras pertenecientes a la rama del «padre» representan la línea de descendencia persa desde Darío I (522-486 d.C.), hasta reyes como Jerjes y Rodoguno. La rama de la «madre» es griega y se extiende desde Alejandro Magno hasta Seleuco I Nicátor (que era hijo de otro Antíoco, un general de Filipo, padre de Alejandro), a través de la dinastía seléucida hasta el padre de Antíoco, Mitrídates Calínico, cuya madre Laódice era hija del rey seléucida Antíoco VIII. Concluye con un friso del propio Antíoco, que decía la verdad cuando escribió en Arsameia:

> [...] Mandé construir unas estatuas de los antepasados, mis abuelos paternos y yo mismo, que se correspondían aproximadamente con las medidas reales y conforme a los dioses.

Esto parecía arrojar cierta luz sobre las curiosas esculturas del águila y el león heráldicos que aparecen en parejas, enmarcando las estatuas sentadas de los dioses. Quizá los leones representen la línea persa y las águilas, la griega. Si queremos buscar un significado más esotérico, es posible que, al igual que los dioses, representen unos cuerpos celestiales, el león a la estrella Régulo y el águila a Sirio, quienes entre ambos crean un nuevo rey.

La excavación de un pozo profundo para observar el Sol en una determinada fecha apoya asimismo la tesis de Neugebauer y de Van Hoesen en el sentido de que el patrón estelar que figura en el relieve del León se basa en una ilustración de Eratóstenes. Parece probable que Antíoco conociera el experimento practicado por el célebre astrónomo griego utilizando un pozo profundo en Siena y adaptara la idea a su propia latitud mandando construir un pozo inclinado en un ángulo de treinta y cinco grados que desempeñara la misma función de procurar un tubo sin sombras en un día determinado. Esta conexión alejandrina, junto con la adopción por parte de Antíoco de la fecha que los egipcios asociaban con el nacimiento de Horus, sugiere que aquél tenía conocimiento de la tradición hermética, o que incluso estaba plenamente iniciado en ella.

Otras pruebas que avalan esta hipótesis son las numerosas estelas que representan el «apretón de manos». Astralmente éstas podrían representar las conjunciones de los planetas pero es más probable una interpretación hermética basada en el concepto del alma que desciende a la Tierra a través de las esferas de los dioses y recibe presentes de cada uno de ellos. Dichos regalos, según los escritos herméticos, deben ser devueltos a la hora de la muerte. La dexosis o apretón de manos entre Antíoco y cada uno de los dioses de su nacimiento, esto es, los planetas que se hallan sobre el

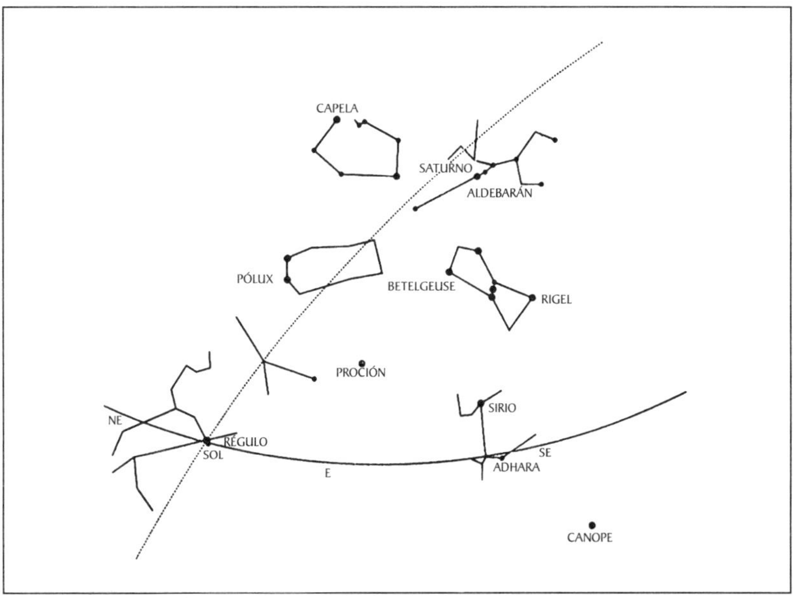


El cielo oriental al amanecer en la fecha de nacimiento «oficial» de los reyes de Comagene.

horizonte en ese momento, significa que el rey saluda a los dioses y les devuelve sus obsequios. Esta doctrina está perfectamente expuesta en el *Poimandres*:

> «Me lo has enseñado todo, oh mente —dije yo—, tal como deseaba. Pero explícame más detalles sobre el ascenso por medio del cual suben los hombres; dime cómo penetraré en la Vida.» Poimandres respondió: «Cuando tu cuerpo material muere, primero experimenta un cambio, y la forma visible que tenías desaparece. Tu espíritu vital asciende a la atmósfera de modo que ya no se halla dentro de ti; y los sentidos corporales regresan a sus orígenes, pasando a formar parte del universo y asumiendo otras combinaciones para llevar a cabo otras tareas. A continuación el hombre sube a través de la estructura de los cielos. Y al alcanzar la primera zona del cielo (la Luna) se libra de la fuerza que realza ciertas obras y disminuye otras; en la segunda zona (Mercurio), de las maquinaciones perversas; en la tercera zona (Venus), de la lujuria que seduce y engaña a los hombres; en la cuarta zona (el Sol), de su arrogancia; en la quinta zona (Marte), de la nefasta temeridad y peligrosa audacia; en la sexta zona (Júpiter), de la falsedad que acecha para hacer el mal. Luego, tras desembarazarse de todo aquello que la estructura de los cielos había forjado en él, asciende hasta la octava esfera, dueño de su propio poder.»[8]

Tras ascender por la escalera de esferas de cristal hasta alcanzar el punto más elevado del cielo, el hombre puede penetrar en el Olimpo, simbolizado por un túmulo blanco. El hecho de que el Olimpo se eleva sobre las esferas planetarias también queda confirmado por este pasaje de la *Hermetica*, el cual afirma: «Existen siete estrellas errantes que giran describiendo círculos en el umbral del Olimpo, entre las cuales gira incesantemente el Tiempo.»[9] Al construir su túmulo funerario sobre el nivel de los dioses sentados, Antíoco hacía una declaración de principios. Anunciaba al mundo su intención de ascender sobre las esferas de cristal para penetrar en el Olimpo, símbolo de los ámbitos superiores celestiales que se extienden sobre los mundos planetarios. Antíoco no era un megalómano que hiciera construir sus colosos para alardear de su poder, sino un iniciado con un mensaje. Al igual que los faraones egipcios, convirtió su tumba en un libro para que lo leyeran las generaciones futuras.

## El héroe del mundo

Tras abandonar el túmulo del monte Nemrod me ocupé de nuevo de Arsameia, el otro importante yacimiento arqueológico de Comagene, donde me aguardaban nuevas sorpresas. El elemento más destacado de los restos de lo que antiguamente había sido un importante complejo que rodeaba la boca del pozo era un relieve en excelente estado de conservación de un rey comageno, o bien Antíoco o su padre Mitrídates I, estrechando la mano al dios Heracles (o Hércules, para darle su nombre más popular en latín). Aunque en el monumento sagrado daba la sensación de que Hércules estaba asociado con el planeta Marte y que el «apretón de manos» representaba su alma ascendiendo a través de las esferas de cristal después de la muerte, intuí que ahí se ocultaba un misterio más profundo. Si el culto real de Comagene se asemejaba al de Mitra, debían de existir al menos siete niveles de iniciación. Está claro que los miembros más iniciados del círculo interior, como el propio Antíoco, eran los custodios de unos impenetrables secretos

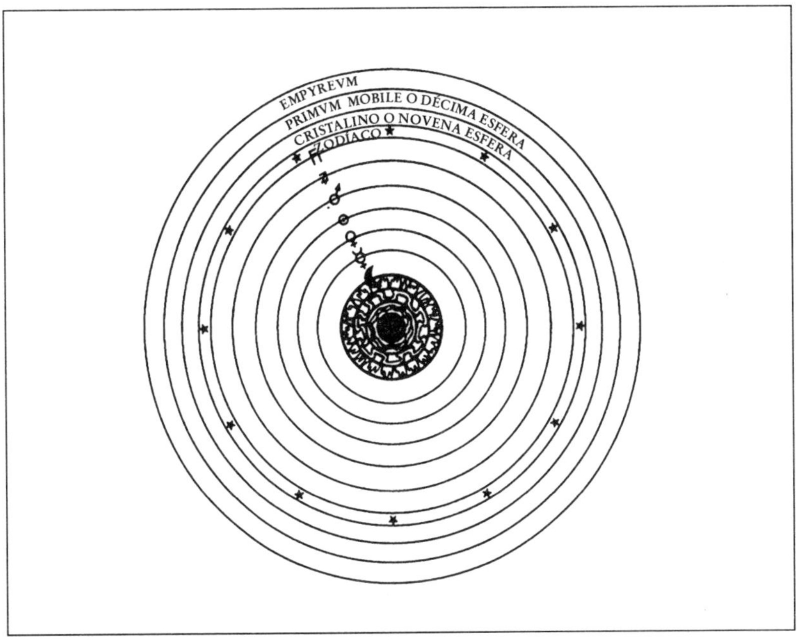


Diagrama tradicional de las esferas de los planetas, el zodíaco y el ámbito superior del cielo.

que el pueblo desconocía. Una de las enseñanzas más esotéricas se refería al dios Hércules, cuya imagen y «apretón de manos» aparecían por doquier. Aunque era equiparable a Aries, el dios de la guerra, Hércules, aunque gran luchador, no era un personaje tan sencillo. Era el más popular de los héroes griegos, una especie de superhombre cuyo culto se celebraba en todo el Imperio Macedonio. Sospechando que esta leyenda ocultaba algo más de lo que aparecía a primera vista, decidí estudiar de nuevo este mito.

Hércules, al igual que muchos otros héroes, tenía un hermano gemelo. Su padre era Zeus, quien, atraído por Alcmena, esposa del rey de Tirinto[10], la sedujo adoptando el físico de su esposo, Anfitrión. Alcmena dio a luz dos gemelos: Ificles, el hijo mortal de Anfitrión, y Hércules, hijo de Zeus. Para desgracia de éste, el adulterio de su padre no pasó inadvertido en el monte Olimpo; la esposa de Zeus, la diosa Hera, se enfureció y juró vengarse del joven héroe. Cuando los niños tenían ocho meses, Hera puso dos serpientes venenosas en su cuna. Al verlas Ificles gritó, pero Hércules, que ya a esa edad daba muestras de gran valor, las ahogó con sus manos. Al oír el grito Anfitrión y Alcmena corrieron a la habitación de los niños y al ver al joven Hércules sosteniendo las serpientes, comprendieron que era hijo de Zeus.

Aunque bendecido con una fuerza sobrehumana, la vida de Hércules fue esencialmente trágica. Su primera esposa fue Megara, hija de Creón, rey de Tebas. Murió cuando Hércules se encontraba ausente y un eubeo llamado Lico se apoderó del trono. Éste se disponía a asesinar a Megara y a sus tres hijos, herederos legítimos, cuando Hércules regresó inesperadamente a la ciudad y mató al usurpador. Pero durante las celebraciones que se organizaron para festejar su regreso, Hércules, en un ataque de locura provocado por las maquinaciones de Hera, mató a sus propios hijos y a la madre de éstos cuando trataba de protegerlos. Al consultar al oráculo de Delfos éste le dijo que en penitencia debía ir a Tirinto y cumplir las hazañas que le encomendara su gran enemigo Euristeo, rey de Argos. Euristeo mandó a Hércules realizar doce trabajos, a cual más difícil y arriesgado, confiando en que fracasaría. Dichas empresas eran: 1) cazar al león de Nemea; 2) matar a la hidra de Lerna; 3) capturar a la corza de Cerinea; 4) coger vivo al jabalí de Erimanto; 5) limpiar las caballerizas de Augias; 6) exterminar los pájaros de Estinfalia; 7) domar al toro de Creta; 8) capturar los caballos de Diomedes; 9) apoderarse del cinturón de Hipólita, reina de las amazonas; 10) robar el ganado de Gerión; 11) apoderarse de las manzanas de oro de las Hespérides; 12) capturar al Cancerbero, el perro de tres cabezas que guardaba las puertas del infierno.

Naturalmente Hércules, aparte de llevar a cabo muchas otras empresas heroicas, consiguió cumplir esas hazañas. Se casó de nuevo, esta vez con una belleza llamada Deyanira. Cuando un centauro llamado Nesu trató de raptarla, Hércules lo mató con una flecha envenenada con la sangre de la hidra de Lerna. Pero el centauro, mientras agonizaba, dijo a Deyanira que recogiera su sangre envenenada para utilizarla como filtro de amor. Sin que Hércules lo supiera, Deyanira obedeció y más tarde, temiendo que Hércules la abandonara por Iole, una joven que había ganado un concurso de tiro con arco, empapó una túnica de su esposo con la sangre envenenada. Cuando Hércules se puso la túnica y notó que le quemaba se la quitó apresuradamente, arrancándose la piel. Al darse cuenta de que el centauro la había engañado, Deyanira se ahorcó. Hércules, consciente de su destino, ordenó que construyeran una pira funeraria para él. Mientras moría abrasado por las llamas cayó un rayo que lo condujo al Olimpo, donde Hércules se convirtió en dios y se reconcilió con Hera. Zeus, orgulloso de su hijo, puso su nombre a una constelación.

Éste es, en resumen, el mito de Hércules, y mientras lo recordaba reparé en ciertos detalles. Era evidente que los doce trabajos que realizó Hércules estaban de algún modo relacionados con el curso del Sol a través de los doce signos del zodíaco. Algunos de los signos asociados con dichas empresas eran fáciles de identificar. El matar al león de Nemea era una clara referencia al Sol a su paso por Leo[11]. El toro de Creta debía de ser Tauro, e Hipólita, la reina virgen de las amazonas, debía de representar Virgo. Asimismo la hidra, con su sangre envenenada, era probablemente Escorpio y el centauro que había propiciado la muerte de Hércules era Sagitario. Aunque el orden de los trabajos y los signos que representaban no concuerdan con exactitud, no me cabía la menor duda de que el ciclo de doce venía a representar el año.

Igualmente, el nacimiento y la muerte de Hércules representaban los solsticios. Él e Ificles eran gemelos, pero uno de ellos era inmortal. Esto era una clara referencia a Géminis o Dioscuros, pues en esta pareja sólo Pólux (o Polideuco) nació inmortal, aunque posteriormente compartió su inmortalidad con su hermano Cástor. En la época de los griegos el solsticio de verano se producía con el Sol en la constelación de Géminis[12]. Por el contrario, el solsticio de invierno en tiempos grecorromanos se producía cuando el Sol se hallaba entre las constelaciones de Capricornio y Sagitario[13]. Así, el centauro Sagitario «mataba» al Sol el último día antes de su renacimiento el primer día del siguiente ciclo.

Todas estas conexiones indicaban que Hércules, mientras vivió, fue una divinidad solar, no marciana. Se le asociaba con el nacimiento y la muerte de la luz, con el ciclo del año y las obras de los doce signos. Al examinar estos detalles observé ciertos paralelismos entre él y el persa Mitra. Ambos eran unos semidioses que habían sido enviados a la Tierra, ambos habían tenido que realizar unas empresas casi imposibles y ambos habían «nacido» en uno u otro solsticio[14]. La relación entre Mitra y la astrología quedaba confirmada por las numerosas representaciones de éste sacrificando al toro del cielo. En dichas imágenes el dios aparece con la pierna derecha extendida, inmovilizando la pata derecha del toro, y la rodilla izquierda apoyada en su cuello. Mientras sujeta al desgraciado animal por el morro con la mano izquierda le clava el cuchillo en su flanco con la derecha. De la herida mana sangre, a veces representada como mazorcas de maíz, que un perro lame. Una serpiente se acerca para participar en el festín, mientras un escorpión ataca los pesados testículos del toro.

Se han hallado en toda Europa docenas de estatuas que representan este macabro acontecimiento; una de las más bellas se encuentra expuesta en las galerías romanas del Museo Británico. En otras versiones se ve, aparte de los pormenores reseñados más arriba, a dos pequeños acólitos de pie junto a la cola del toro, uno de ellos ayudando a Mitra a sujetarlo. En una estela expuesta en el Museo del Louvre de París, el dios solar Helios y la diosa lunar Selene contemplan la escena. Se supone que ambos aprueban el sacrificio, pues en un lado de la estela vemos a Helios confiriendo poder a Mitra, que éste utiliza para controlar a la serpiente, símbolo de la naturaleza inferior del hombre. Estas escenas forman parte integrante del culto y seguramente se refieren a algún aspecto de la iniciación. Existe otro detalle evidente para cualquier observador, y es que sobre esa escena y en el mismo panel Mitra aparece junto a Helios y, al igual que el dios solar, sostiene bajo su brazo izquierdo un largo cetro.

El simbolismo astrológico que subyace en estas escenas es claro. El toro del cielo es evidentemente Tauro. El escorpión que ataca los símbolos de su potencia es Escorpio, el signo opuesto al toro. Pues así como Tauro representa la primavera, la época de fertilidad y nacimiento, Escorpio representa el otoño, la muerte y la merma de los poderes de la naturaleza. Los dos acólitos son los gemelos de Géminis, el signo siguiente a Tauro según el orden del zodíaco. Queda Mitra con su perro. Mitra, según parece, representa no sólo la luz del sol sino también la constelación de Orión. Su perro es el ayudante de Orión, el Can Mayor, cuya brillante estrella Sirio representa la iluminación de acuerdo con la tradición zoroástrica.

La equiparación entre Orión y Mitra tiene unas claras implicaciones respecto a la constelación «real» de Hércules[15]. En el relieve del «apretón de manos» que se halla en Arsameia el rey (Antíoco o Mitrídates) sostiene un largo cetro bajo su brazo izquierdo, al igual que Mitra en el Louvre. Viste un traje ceremonial. Luce una vistosa corona, de la que brotan cinco plumas semejantes a los rayos del sol, un chaleco decorado con rombos y estrellas sobre una túnica recogida entre las piernas por medio de una cuerda sujeta al cinturón, y unos pantalones. De su cadera derecha pende una daga ceremonial, en cuya funda aparecen cinco cabezas de león, posiblemente simbolizando su fecha de nacimiento oficial en Leo, el quinto signo del zodíaco.

Todo el simbolismo de esta figura regia confirmaba la identificación de la realeza con el dios del sol. Parecía indicar que el rey, al igual que el héroe Mitra después de su elevación, estaba imbuido de autoridad solar. No había duda de que era, para utilizar un título acuñado por los faraones egipcios, un «hijo del Sol». En tal caso, ¿por qué le estrechaba la mano a Hércules, quien también era equiparable a Mitra y Orión? Acudí de nuevo al programa *Skyglobe* y volví a examinar el punto del cielo que señalaba el pozo.

Yo sabía que una de las cosas que indicaba era la conjunción del Sol con Régulo pero quería averiguar qué otro punto de la eclíptica pasaba directamente sobre el mismo[16]. Tras recorrer de nuevo el cielo con el cursor hallé el otro punto de la eclíptica que estaba alineado con el pozo. Ante mi asombro resultó ser el mismo día en que el Sol se encontraba directamente sobre el brazo derecho extendido de Orión. Ese día el Sol aparecía «estrechando la mano» de Orión y por ende de Mitra-Hércules. Deduje que éste debía de ser el significado que se ocultaba en la escultura y me proporcionó una tercera fecha: el 26 de mayo.

El simbolismo que se encerraba aquí era asombroso. Teniendo en cuenta que este monumento se construyó en honor de Mitrídates, el difunto padre de Antíoco, si el 29 de julio representaba la fecha de nacimiento oficial esta otra debía de ser el día «oficial» de la muerte. En el antiguo Egipto el faraón, mientras vivía, era considerado la encarnación viva de un dios solar. Era el Horus de la época, el hijo del Sol. En Comagene esto se correspondía con el nacimiento oficial del rey en cuanto Apolo-Mitra, el equivalente greco-persa de Horus. Al morir, los restos del faraón egipcio eran momificados y se practicaban varios rituales para permitir que su alma se reuniera con el dios de los muertos, Osiris, quien residía en la constelación de Orión. Todo ello queda muy claro en el Libro de los Muertos y en la arquitectura de las pirámides, que parecen haber servido de plataforma de lanzamiento del alma durante el Antiguo Imperio[17]. La conexión entre el pozo de Arsameia

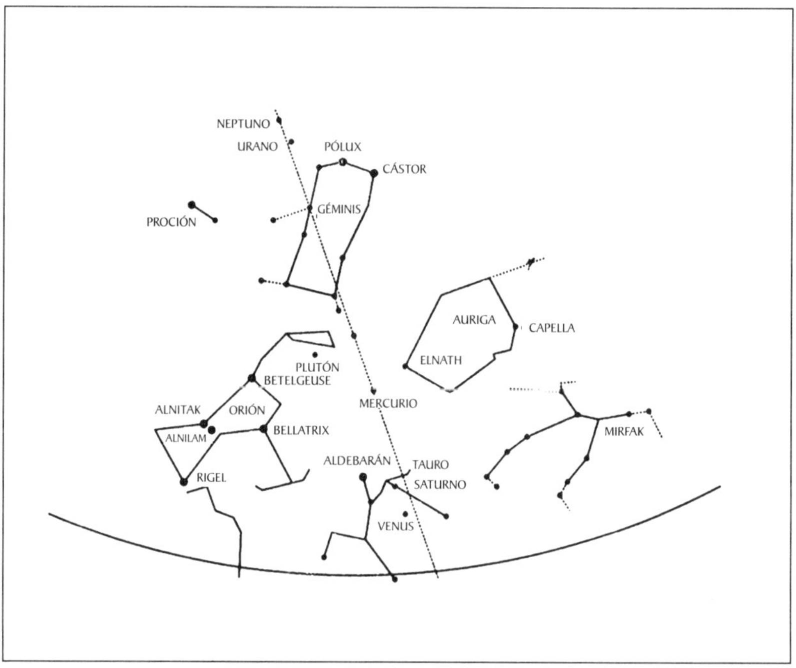


El Sol «estrecha la mano» de Orión en alineación con el pozo, el 26 de mayo del año 62 a.C.

y Orión parece indicar una doctrina parecida. A su muerte los reyes de Comagene, al igual que los faraones del antiguo Egipto, deseaban ser trasladados a las estrellas de Orión. Es posible que ese pozo en las colinas de Comagene, al igual que el pozo de ventilación de la cámara del rey en la Gran Pirámide de Gizeh, fuera utilizado a modo de «superrifle» para disparar el alma de Mitrídates hacia el cielo, donde podría «estrechar la mano» de Hércules y reunirse con él en su morada celestial de Orión.

Esto, o algo muy parecido, debió de ser lo que Antíoco se propuso y probablemente también fue «cargado en el cañón» llegado el momento oportuno, antes de que su cuerpo fuera trasladado a la cima del monte Nemrod para enterrarlo en el túmulo. En tal caso su monte Olimpo, al igual que el «cielo» egipcio que llamaban *Duat*, se encontraba en la región del firmamento marcada por Orión. Al igual que un faraón egipcio, Antíoco mandó construir una pirámide que albergara sus restos mortales y confiaba en subir al cielo, donde se reuniría con Zeus-Ormuz. Instalado en el extremo oriental de su monumento funerario, su horóscopo natal rinde homenaje a los dioses presentes en su nacimiento. Junto a Antíoco aparecen unas esculturas de sus ilustres antepasados, como sin duda confiaba en que aparecieran en el momento de su muerte. En el extremo occidental del monumento el monarca saluda a los dioses, quizá por haberlo confirmado en el trono. El 6 de julio del año 62 a.C. (el 10 de Loos), la fecha que figura en el horóscopo del León, Antíoco celebró una ceremonia de coronación. A diferencia de Neugebauer, no creo que ésta estuviera directamente relacionada con su confirmación como rey por Pompeyo. Como veremos más adelante, lo más probable es que se tratara de una iniciación relacionada con la vertiente esotérica de su religión. No deja de ser significativo que ésta fuera la primera vez en que los planetas, o dioses, presentes en su nacimiento se reunieran de nuevo «en consejo» en la región del cielo destinada a la realeza, es decir en Leo. De nuevo sus antepasados, situados junto a él, le rinden tributo.

En el centro del monumento se encuentra su túmulo que representa el Olimpo, la cima del cielo que se extiende sobre los planetas que gobiernan las esferas inferiores. En algún lugar de este montículo de fragmentos de piedra caliza, probablemente en la parte superior, está enterrado Antíoco. No obstante, es posible que sólo sepultaran aquí sus huesos[18].

Al recordar lo que Bennett había escrito a propósito de la Hermandad Sarmoung, cuyo nombre indica que eran los «depositarios principales de la tradición» que se ha dado en llamar «la filosofía perenne» y ha sido transmitida de generación en generación por «seres iniciados», comprendí que Antíoco encajaba perfectamente en esta descripción. No sólo esto, sino que afirmaba descender de los reyes persas y proceder de una «distinguida familia o raza», de forma que se hallaba en posesión de un importante «legado», esto es, la filosofía perenne. Al examinar de nuevo el horóscopo del León y su fecha del 6 de julio del 62 a.C., reparé en otro detalle que parecía confirmar la relación entre Comagene y la Hermandad Sarmoung de Gurdjieff. Aquel día el Sol, que se encuentra en el centro de la constelación de Cáncer, está situado directamente debajo de un grupo de estrellas conocidas como la «Colmena». Puesto que en persa antiguo la palabra Sarman (Sarmoung, según el dialecto armenio de Gurdjieff) significa al mismo tiempo «quienes preservan las doctrinas de Zoroastro» y «abeja», es evidente que en el 62 a.C. «colmena», el lugar donde se reúnen las abejas, representaba Comagene.

Todo indica que el 6 de julio de ese año un grupo de «sabios» o magos se reunió en la corte de Antíoco en Comagene. Tenían muchas cosas que comentar, entre otras la amenaza que suponía para la tradición zoroástrica el implacable avance de Roma hacia Anatolia y Mesopotamia. Probablemente asistieran a la reunión varios reyes de territorios vecinos, aparte de Antíoco. Éste, según deduje, fue elegido y coronado jefe de la hermandad, que debía de ser una especie de sociedad masónica. A mi entender es a esta ceremonia, no su «confirmación» por Pompeyo, a lo que se refiere el horóscopo del León. Se encomendó a Antíoco que custodiara la tradición zoroástrica mostrando sus conexiones con el panteón griego y por tanto romano. Así, Antíoco dio a los dioses nombres dobles, en griego y en persa, creando el singular sincretismo que vino a ser la religión estatal de Comagene. De este modo los miembros de la hermandad confiaban en que, aunque los romanos conquistaran Mesopotamia, permitirían a la gente practicar una religión que a ellos mismos no les parecería extraña. De hecho, si bien con ciertas modificaciones, los romanos abrazaron esta nueva religión, que llegó a ser el mitraísmo que se difundió por todo el Imperio, extendiéndose hasta Inglaterra y Germania. La forma en que entendían su significado esotérico es tema de debate, pero la realidad es que proporcionó gran fuerza moral en la época de las legiones romanas y abrió el camino para la gran revelación del cristianismo.

No sabemos hasta qué punto Antíoco previó todo esto. El caso es que a través de sus monumentos dejó un mensaje, un «legominismo», como habría dicho Gurdjieff. Deseaba que supiéramos que era un erudito hermético y que durante toda su vida se había afanado por ser un buen gobernante. Sus últimas palabras en Arsameia constituyen un adecuado epitafio:

> Dejad que todo el mundo y aquellos que tratan de realizar obras religiosas contemplen el rostro de los dioses, imitando a los afortunados que creen en el consuelo; y dejad que vivan dichosos.

Al leer estas palabras y habiendo visitado lo que antiguamente fue su feliz reino, no pude por menos de sentir gran respeto hacia un hombre que había muerto treinta años antes de que naciera Jesús. Se trataba sin duda de un mago, y no era descabellado pensar que cuando menos uno de los magos bíblicos procedía del pequeño reino de Comagene.

Tras descubrir lo que supuse constituía una parte del misterio que rodeaba Comagene, me sentí libre por volver a concentrarme en Urfa-Edesa, sin imaginar los extraordinarios misterios que encontraría allí.

## NOTAS

1. Véase *The Orion Mistery* (William Heinemann Ltd., Londres, 1994), p. 91. [*El misterio de Orión*, Planeta, Barcelona, 1995.]

2. *Greek Horoscopes*, un artículo por O. Neugebauer y H. B. van Hoesen.

3. El estadio era una antigua unidad de medida. Su longitud varía según el lugar, pero el de Erastótenes equivale aproximadamente a 1/10 de una milla inglesa (160 m).

4. Los astrónomos siempre dan las fechas a.C. como números negativos. Según su método de cómputo no existe el año «0»; el calendario comprende desde -1 a +1. Esto significa que debemos restar un año a las fechas astronómicas a fin de convertirlas en fechas a.C.; por ejemplo: -61 pasa a ser 62 a.C.

5. Debido a los cambios precesionales de los equinoccios, 0° Aries, el punto donde la eclíptica o trayectoria del Sol atraviesa el ecuador celeste, retrocede

paulatinamente. Debido a este retroceso, los «signos» astrológicos del zodíaco ya no se corresponden con sus constelaciones. Esta precesión era apreciable incluso en tiempos de Antíoco.

6. De hecho la Luna rebasa a Mercurio a medida que avanza el día.

7. Los pormenores de este viaje, mayormente relacionado con Urfa-Edesa, figuran en el próximo capítulo.

8. W. Scott (ed.), *Hermetica*, pp. 52-53.

9. Ibíd., p. 206.

10. Una pequeña ciudad sobre una solitaria roca situada en el extremo oriental de la planicie de Argos, en el Peloponeso.

11. En algunas versiones del mito se afirma con claridad que el león muerto fue convertido por Zeus en la constelación de Leo. En el relieve de Arsameia Hércules aparece sosteniendo en un brazo la piel del león de Nemea, que solía lucir como vestido.

12. En la actualidad, debido a la precesión, tiene lugar entre Géminis y Tauro.

13. De nuevo debido a la precesión, ha retrocedido un signo y se halla casi en Escorpion.

14. La fecha de nacimiento de Mitra caía el 25 de diciembre, justo después del solsticio de invierno.

15. Existe una constelación llamada Hércules formada por unas estrellas poco visibles entre Lira y Corona Borealis. Esta constelación de segunda o tercera categoría no pudo haber sido la estrella a la que se referían los griegos al afirmar que Zeus había rendido homenaje al más importante de sus semidioses colocándolo entre las estrellas.

16. De hecho, existen dos puntos en la eclíptica que se alinean con este pozo. El primero en primavera, cuando el Sol se desplaza al norte, y el segundo al final del verano, cuando retrocede de nuevo hacia el sur. La alineación con Régulo, después del solsticio de verano, es el segundo punto. Yo buscaba el primero, el que se producía en primavera.

17. Véase *El misterio de Orión* para más detalles.

18. Según el zoroastrismo dos de los pecados más graves son mentir y contaminar los elementos. Dado que se consideraba que los cadáveres contaminaban mucho la Tierra, los persas tenían la costumbre (que todavía observan los parsis de la India) de dejar que las aves carroñeras los devoraran antes de enterrar los huesos.

# 8

# LA CIUDAD DE LOS PATRIARCAS

Urfa era antiguamente una hermosa ciudad, «el ojo de Mesopotamia». Situada sobre una escarpada colina a los pies de los montes Antitaurus al norte de Mesopotamia y bañada por el Daisan, un afluente del Balij —que también lo es del caudaloso Éufrates—, se hallaba convenientemente situada en las rutas comerciales que se extendían desde la lejana India hasta los mercados de Alejandría, Antioquía y Constantinopla. Estos factores, sin embargo, no eran los únicos que la hacían superior a otras localidades vecinas. Urfa poseía otras ventajas estratégicas que la convertían en el lugar ideal para construir una fortaleza y fundar una capital: disponía de una fértil región interior donde plantar cosechas y con unas fuentes que manaban todo el año bajo su ciudadela, de modo que sus defensores podían soportar un prolongado asedio. A diferencia de su vecina, Harrán, su nombre no aparece en documentos asirios. No obstante, no cabe duda de que esta hermosa localidad estaba habitada en la Edad de bronce y probablemente mucho antes. Así aparece reflejado en las leyendas locales que afirman que fue fundada por el bíblico Nemrod, hijo de Kus y bisnieto de Noé; la ciudadela era conocida como «la Corona de Nemrod». Éste, según dice el Génesis, «fue un esforzado cazador a los ojos de Yahvé», y en Turquía se le asocia frecuentemente con viejas ruinas, en especial las que se encuentran en lugares elevados como el monte Nemrod en Comagene. Nemrod fue asimismo, según la Biblia, el patriarca de los babilonios y asirios. Se dice que fundó, entre otras, las ciudades de Babel, Erech, Acad y Nínive. Según sus habitantes actuales, deberíamos añadir Urfa a la lista.

Fuera cual fuere su pasado como ciudad asiria o preasiria,

Urfa fue nuevamente fundada por Seleuco hacia el año 302 a.C. y se le dio un nuevo nombre griego: «Antioch Kallirhoe», que significa «Antioquía junto a la hermosa agua que fluye». Este nombre parece una referencia a los manantiales que brotan de unas cuevas situadas debajo de la ciudadela y que alimentan los estanques de peces por los que la ciudad es famosa incluso hoy en día. Por lo general era conocida como Edesa, acaso en honor de la capital macedonia de la que provenían los inmigrantes griegos o por una helenización del nombre del río Daisan, que fluía a través de la ciudad[1]. Sin embargo, la población local, no griega, la llamaba Orhay y su nombre actual, Urfa, proviene de él.

Edesa-Orhay no permaneció mucho tiempo bajo el control de los seléucidas. En el año 130 a.C. el ejército de Antíoco Sidetes fue derrotado por los partos. A partir de entonces los seléucidas perdieron el control de las regiones ubicadas al este del Éufrates. Según los cronistas sirios poco antes de esa época, alrededor del 132-131 a.C., la dinastía de Ariú[2] se apoderó del trono de Edesa. Estos reyes, o mejor dicho filarcas, eran de origen naboteno y por tanto árabe[3]. Dicha dinastía consiguió aferrarse al poder durante tiempos difíciles en una región extraordinariamente inestable. Aunque buena parte de los asuntos oficiales se llevaba a cabo en griego, su lengua nativa era el siríaco. Tenía un tipo de escritura propia muy peculiar, que provenía del arameo: la lengua de Siria y Palestina en tiempos de Jesús.

Con la retirada de los seléucidas a las regiones del este del Éufrates, los filarcas, que en su mayoría se llamaban Abgar, lograron afirmar su autoridad sobre la ciudad de Edesa (Orhay) y su principado. Al igual que su vecina Comagene, Osroene, como se llamaba el estado, constituía un país interpuesto entre Partia, situada al este, y la Siria seléucida y posteriormente romana, al oeste. Políticamente los Abgares debían tratar de equilibrar los intereses de las dos partes enfrentando a ambas potencias, lo cual no siempre resultaba sencillo, sobre todo cuando uno u otro estado trataba de aumentar su influencia.

En muchos aspectos la experiencia de Osroene, al menos en los primeros tiempos, se asemejaba a la de Comagene. Cuando los romanos derrotaron a Tigranes de Armenia en el año 69 a.C., el rey de Edesa, al igual que Antíoco de Comagene, se hallaba en el bando perdedor. Asimismo, en el 62 a.C. Abgar II, quien probablemente era hijo del rey derrotado, fue confirmado como gobernante de su territorio, al igual que su vecino Antíoco. Tigranes,

Antíoco y Abgar tenían mucho en común. Los tres eran reyes debido a la desintegración del legado macedonio, todos ellos tenían en teoría relación comercial con Partia pero al mismo tiempo debían tener en cuenta la creciente amenaza militar de Roma, que ya había engullido Ponto y Siria al oeste del Éufrates. El fracaso de Mitrídates y sus aliados, primero contra Lúculo y luego contra Pompeyo, demostró que la resistencia militar no era una alternativa viable contra lo que se había convertido en una superpotencia. Así, no les quedaba más remedio que aceptar las condiciones de Roma, al menos hasta que Partia acudiera en su ayuda.

Esta ayuda, que les proporcionaría un respiro temporal, no tardó en llegar. En noviembre del 55 a.C., Craso, el triunviro romano que junto con Pompeyo y Julio César dominaba la situación política romana, partió hacia Oriente. Celoso de las victorias alcanzadas por Lúculo y Pompeyo, ansiaba apoderarse del botín con el que el primero había regresado a Roma. Aunque los partos no habían dado a Roma motivos para alarmarse, Craso estaba decidido a luchar contra ellos a fin de aumentar su prestigio. Dado que César, el tercer triunviro, había logrado también conquistar nuevos territorios para la República romana y por tanto había incrementado su prestigio personal, Craso necesitaba conseguir algunas victorias para demostrar que era tan importante como sus compañeros.

Al llegar a Siria marchó hacia el este y se dedicó durante buena parte del verano a atacar Mesopotamia. Al año siguiente, después de pasar el invierno en Siria y saquear el Templo de Jerusalén, cruzó de nuevo el Éufrates acompañado de siete legiones, con un total de treinta y cinco mil soldados de infantería y cuatro mil de caballería. Craso fue recibido de foma cordial por Abgar, el filarca de Edesa, quien, al menos exteriormente, se comportó como un romanófilo. Esto, sin embargo, no era más que farsa destinada a impedir que su principado fuera anexionado como Siria, al oeste del Éufrates. Craso no poseía ni el carisma ni el genio militar de Pompeyo, unos rasgos que inspiraban respeto y contribuían a aliviar la humillación de haber sido «confirmado» por éste. A los ojos de Abgar, Craso no era sino un codicioso plutócrata romano empeñado en robar, en beneficio propio, todo lo que pudiera. En estas circunstancias es natural que su lealtad resultara altamente sospechosa. Abgar hizo lo que debía y tendió una trampa a los romanos. La historia la contó Plutarco.

> [...] Se presentó un filarca árabe, llamado Ariamnes[4], un individuo astuto y traidor que, de todos los males propiciados por la suerte para destruir a los romanos, resultó el mayor y más consumado [...].
>
> [...] dirigéndose a Craso, el bárbaro (que poseía una gran facilidad de palabra) alabó a Pompeyo asegurando que era su benefactor y felicitó a Craso por sus fuerzas. Pero luego lo criticó por haber desperdiciado el tiempo con demoras y preparativos [...].
>
> Después de que el bárbaro convenciera a Craso, lo condu-

jo al otro lado del río [el Balij], a través de la llanura, por un camino al principio cómodo y accesible que no tardó en volverse casi impracticable debido a sus profundas arenas y unas planicies desprovistas de vegetación y agua, que se extendían hasta el horizonte, de tal modo que los hombres no sólo se sentían extenuados debido a la sed y las dificultades de la marcha, sino también desalentados ante aquel paraje tan inhóspito [...].

Casio se enfrentó a solas con el bárbaro y le increpó: «Bellaco, ¿qué malévolo espíritu te ha traído hasta nosotros? ¿Mediante qué pócimas y engaños has conseguido persuadir a Craso para que condujera a su ejército hasta el profundo abismo de un desierto por una ruta más apta para el jefe de una partida de ladrones nómadas que para un emperador romano?»

Pero el bárbaro, el muy ladino, trató de animarlos servilmente, exhortándolos a resistir; mientras corría junto a los soldados para prestarles ayuda, se mofaba de ellos: «¿Creéis acaso que marcháis a través de Campania, ansiosos de alcanzar sus fuentes, ríos, sombra, baños y tabernas? ¡Recordad que atravesáis una tierra en la frontera de Asiria y Arabia!» Así, el bárbaro engañó a los romanos y desapareció antes de que su ardid se hiciera manifiesto, pero no sin que lo supiera Craso, pues le dijo que iba a defender sus intereses y confundir a sus enemigos.

Entretanto, los partos se habían movilizado. Aunque en términos generales aceptaban la situación creada a raíz de la conquista del este por parte de Pompeyo, no estaban dispuestos a permanecer cruzados de brazos mientras Roma anexionaba lo que, al menos teóricamente, constituía sus provincias occidentales. De haberlo consentido, y en virtud del efecto dominó, los ejércitos romanos no habrían tardado en llamar a las puertas de sus ciudades. Así pues, bajo el mando del general Surena y probablemente con la complicidad de Abgar, no tardaron en aparecer en escena. Sus fuerzas, a diferencia de las legiones romanas, se componía enteramente de arqueros a caballo. Éstos rodearon a Craso y sus hombres y dispararon una lluvia de flechas contra los romanos. Cada vez que la caballería romana trataba de contraatacar los partos se esfumaban, sin dejar de disparar contra sus perseguidores (la llamada flecha del parto) mientras emprendían la retirada. Por fin el grueso de la caballería romana quedó destruida dejando a los soldados de infantería totalmente desprotegidos en las extensas planicies. Al anochecer el ejército romano, muy diezmado, trató de refugiarse tras la murallas de Carrhae, el nombre latino de la antigua ciudad de Harrán. Permanecieron allí durante todo el día y por la noche trataron de retroceder hacia el Éufrates. Pero fue inútil, pues la distancia era demasiado grande y a la mañana siguiente volvió a caerles encima una lluvia de flechas. El ejército sufrió la mayor derrota experimentada por Roma y Craso fue asesinado durante las negociaciones de los términos de la rendición.

La Batalla de Carrhae, como vino a llamarse, dejó una profunda impronta en los romanos. Fue su derrota más humillante desde la de Cannas en el 216 a.C., cuando el general cartaginés Aníbal prácticamente aniquiló al ejército romano. Gran parte de la culpa debe atribuirse a la incompetencia militar de Craso. La planicie que rodea Harrán no es el desolado desierto al que se refiere Plutarco ni escasea el agua, sobre todo en mayo cuando la tierra florece. Lo cierto es que en este tipo de batallas los romanos no podían compararse con los partos e incluso Julio César, un general infinitamente más hábil que Craso, habría tenido problemas para huir de semejante trampa. A raíz de la derrota sufrida en Carrhae los romanos se vieron obligados a renunciar a sus ambiciones respecto a Mesopotamia, procurando al pequeño reino de Osroene cierto respiro. Desde el punto de vista de los romanos, Abgar, el astuto filarca arameo, era un traidor y un villano que hizo caer al valeroso pero imprudente Craso y a sus hombres en una trampa. Desde su perspectiva personal y la de aquellos a quienes representaba, Abgar era sin duda un héroe que había conseguido enfrentar a los romanos contra los partos garantizando la continuidad, al menos de momento, de los principados de Mesopotamia septentrional. Había jugado una partida de póquer y la había ganado.

No fue hasta al cabo de ciento sesenta y siete años, en el año 114 d.C., cuando Edesa se vio nuevamente amenazada por el puño romano. Esta vez fue el emperador Trajano quien se había propuesto zanjar la «cuestión oriental». Abgar VII envió una embajada desde Edesa a Antioquía con costosos regalos y declaraciones de amistad hacia los romanos. Sin embargo, cinco años antes Abgar VII había «comprado» su reino a los partos. Evidentemente resultaba muy caro estar situado entre ambos Imperios. Trajano se anexionó el principado vecino de Antemusia, cuya capital era Batnae, y a continuación invadió Partia y ocupó la capital, Ctesifonte. Una insurrección en el norte de Mesopotamia, incluyendo

Edesa, le hizo regresar apresuradamente, aunque no tardó en reconquistar la ciudad, mientras el rey agonizaba en medio del caos.

Las victorias de Trajano no habían de durar. Dejó tras él un Imperio Romano gigantesco donde proliferaban las revueltas y los recursos escaseaban. Su sucesor, Adriano, adoptó un punto de vista pragmático respecto a Oriente y decidió que la mejor solución era desistir del intento de conquistar los territorios situados al este del Éufrates y llegar a un acuerdo con el enemigo. Un príncipe parto ocupó brevemente el trono de Edesa pero en el año 123 d.C. el antiguo linaje de los Abgares fue restituido con el acceso de Ma'nu VIII. Una generación más tarde los partos tomaron la ofensiva, atravesando el Éufrates e invadiendo Siria. Ma'nu pidió protección a Roma, tras haber sido depuesto en favor de un pretendiente al trono más amigo de los partos. En el año 165 d.C. los romanos reconquistaron Edesa después de que los ciudadanos hubieran asesinado a la guarnición parta y abierto las puertas. Ma'nu fue repuesto en el trono y se le confirió el título de Philorhomaios.

Treinta años más tarde estalló un nuevo conflicto cuando otro Abgar sitió la vecina Nisibis, que en aquella época estaba bajo la protección de los romanos. El plan fracasó y Abgar y sus aliados fueron derrotados. No obstante, aquél consiguió volver a la amistad del emperador, Septimio Severo, y recuperar el trono. Su renovada lealtad se vio comprometida en el 197 d.C., cuando los partos pusieron de nuevo sitio a Nisibis. En esta ocasión se alió con los romanos y les ofreció la ayuda de sus expertos arqueros. Después de alcanzar fácilmente la victoria, Abgar fue invitado a Roma y agasajado con todos los honores como «rey de reyes».

Este Abgar VIII, conocido como el Grande, murió probablemente hacia el año 212 d.C. Aunque le sucedió su hijo en el trono, los días de grandeza de la independiente Edesa habían llegado a su fin. Su mandato coincidió, al menos eso afirman reputados historiadores como J. B. Segal, con la adopción del cristianismo como religión estatal de la ciudad. En el 213 o 214 d.C. Edesa fue declarada colonia romana y aunque los reyes siguieron gobernando hasta aproximadamente el año 240 d.C., su mando era tan sólo teórico.

A partir de entonces la ciudad fue incorporada al Imperio Romano y posteriormente al Imperio Bizantino —no sin cierto sufrimiento— hasta el advenimiento del primer Imperio Musulmán.

## La carta de Abgar y la imagen milagrosa

Edesa entró en los anales de la historia por otras razones aparte de sus estanques de peces y situación estratégica; durante el primer milenio fue célebre en toda la cristiandad por ser la ciudad sagrada del Mandylion: una imagen milagrosa de Jesucristo.

La leyenda afirma que mientras Jesús predicaba en Galilea, el rey Abgar V se enteró de la existencia de ese hombre que obraba milagros y de sus prodigiosos poderes sanadores. Al saber que Jesús había sido objeto de una acogida hostil por parte de las autoridades judías, Abgar le escribió una carta invitándole a establecer su residencia en Edesa. Dado que la respuesta a esta carta era el único ejemplo que tenía la Iglesia de la correspondencia del Maestro, la historia poseía un gran valor y se enviaron copias de la carta a toda Europa. Se supone que Abgar envió su carta a Jerusalén por medio de un sirviente llamado Ananías. Dice así:

> Abgarus, rey de Edesa, saluda a Jesús el Salvador, que se manifiesta en Jerusalén. «Me han informado sobre ti y tus curas, que realizas sin el uso de medicinas ni hierbas. Se dice que haces que los ciegos vean, los cojos anden, los leprosos se curen, pues arrojas de su cuerpo a los espíritus impuros y a los demonios, restituyendo la salud a los enfermos, y haces que los muertos resuciten.
>
> »Cuando me enteré de esas hazañas, me convencí de que se trata de una de estas dos cosas: o eres el mismo Dios venido del cielo o eres el Hijo de Dios.
>
> »Por ello he decidido escribirte, deseando sinceramente que te tomes la molestia de venir aquí, para curar una enfermedad que padezco. He oído decir que los judíos te ridiculizan y no te quieren. Mi ciudad es pequeña pero agradable y lo suficientemente grande como para que ambos quepamos en ella.»

La respuesta de Jesús, enviada a través del mismo sirviente, es cortés pero negativa. Dice que no puede ir a Edesa porque debe cumplir su destino; pero que enviará ayuda al rey. Jesús escribe:

> Abgarus, eres afortunado, pues crees en mí, aunque no me has visto. Está escrito que quienes me ven no creerán en mí, y quienes no me han visto creerán y vivirán eternamente.
>
> En tu carta me pides que vaya a visitarte, pero debo infor-

marte de que tengo que cumplir mi misión en este país, y luego seré recibido de nuevo por Aquel que me ha enviado aquí. Después de mi ascensión, te enviaré a uno de mis discípulos para que cure la enfermedad que padeces, y te devolverá la vida a ti y a todos los tuyos»[5].

No sabemos si esta historia es cierta o no pero las cartas son citadas por Eusebio, que era obispo de Cesarea en Palestina a principios del siglo IV. Éste afirma haber hallado la historia en los archivos de la ciudad de Edesa, de modo que el fraude, en caso de que lo sea, se remonta a tiempos muy antiguos. Ciertamente la idea de que un rey enfermo envíe un mensaje a Jesús confiando en que lo cure no es imposible y coincide con el Evangelio según san Mateo, que afirma que la fama de Jesús se había extendido por toda Siria, que en un amplio sentido geográfico comprende Osroene[6].

Según la leyenda, el resultado de la petición de Abgar fue que después de la crucifixión y resurrección, el apóstol Tomás envió a uno de los setenta discípulos[7], un hombre llamado Tadeo, para que visitase a Abgar. La historia la cuenta Eusebio:

> Después de la ascensión de Jesús, Judas, que se llamaba también Tomás, envió a Tadeo a Abgar como apóstol, uno de los setenta designados por Jesús, y vino y se alojó en casa de Tobías hijo de Tobías. Cuando la gente se enteró de su presencia, se lo comunicó a Abgar: «Ha venido un apóstol de Jesús, tal como te prometió.» De modo que Tadeo comenzó a curar, con el poder de Dios, todas las enfermedades y debilidades, para asombro de todos.
>
> Y cuando Abgar tuvo conocimiento de los prodigios que obraba Tadeo curando a las gentes, empezó a sospechar que éste era aquel a quien se refería Jesús en su carta, al decir: «Después de mi ascensión, te enviaré a uno de mis discípulos para que cure la enfermedad que padeces.» De modo que Abgar mandó que fuera Tobías, en cuya casa se alojaba Tadeo, y le dijo: «He oído que un hombre dotado de ciertos poderes ha venido y se aloja en tu casa. Tráemelo.» Tobías regresó y dijo a Tadeo: «El toparca Abgar me ha mandado llamar y me ha pedido que te lleve ante él para que lo cures.» A lo que Tadeo respondió: «Iré, pues he sido enviado milagrosamente a él.»
>
> Al día siguiente Tobías se levantó temprano y llevó a Tadeo ante Abgar. Tan pronto como entró y se dirigió hacia el

rey, en presencia de los grandes de la corte, se le apareció a Abgar una gran visión sobre el rostro del apóstol Tadeo. Al ver esto, Abgar se inclinó ante Tadeo, y todos los que se hallaban presentes quedaron perplejos, pues no habían contemplado la visión que se le había aparecido sólo a Abgar. Éste preguntó a Tadeo: «¿Eres en verdad un discípulo de Jesús, el Hijo de Dios, quien me dijo "Te enviaré a uno de mis discípulos para que te cure y te devuelva la vida?"» Y Tadeo contestó: «Puesto que crees en quien me ha enviado, he venido por esta razón. Y si crees en él, tu petición se cumplirá.» Abgar dijo: «Creo tanto en él como para haber deseado destruir a los judíos que lo crucificaron, de no habérmelo impedido el Imperio Romano.» Y Tadeo respondió: «Por esto pondré mis manos sobre ti en su nombre.» Y al hacerlo, Abgar se curó inmediatamente de la enfermedad que padecía [...]. Estos hechos ocurrieron en el año 340[8].

La historia de la curación de Abgar y la introducción del cristianismo en Edesa era aceptada por la gran mayoría de la gente en los primeros tiempos de la Iglesia. Se mandaron hacer unas copias de las cartas, algunas de las cuales fueron enviadas a lugares tan lejanos como España. No obstante, existía otra tradición, aún más importante, ligada a esta historia: la leyenda del Mandylion o retrato de Jesús.

Existe un documento sirio llamado *Doctrina de Addai* que relata otra versión de la leyenda. Addai era otro nombre por el que se conocía a Tadeo. Según este documento, que probablemente data del año 400 d.C.[9], al enterarse de la presencia de Jesús en Jerusalén, Abgar envió a dos de sus cortesanos junto con su secretario, Hanán, a visitar al gobernador romano de Siria. Desde allí viajaron a Jerusalén y vieron a Jesús, tomando nota de todo cuanto habían visto antes de regresar. Hanán fue enviado de nuevo con una carta dirigida a Jesús, explicándole la penosa situación de Abgar e invitándolo a ir a Edesa. Sin embargo, según esta versión de los hechos el secretario, Hanán, no sólo es un hombre erudito sino el pintor de la corte. Hanán pinta un retrato de Jesús «con unos colores maravillosos» y se lo lleva a Abgar, junto con la respuesta de Jesús. Abgar coloca el retrato «con gran honor en una de las estancias del palacio». Ahora bien, aunque es fácil despachar esta historia tildándola de invento, no hay motivo para pensar que no fuera cierta. Sin duda Abgar deseaba saber qué aspecto tenía ese hombre y, puesto que estaba enfermo, no podía viajar personalmente a Jerusalén. Sabemos, por los ejemplos que hemos visto en algunas tapas de ataúdes, como las de Alejandría que están expuestas en el Museo Británico, que en aquella época había excelentes pintores. Es muy probable que Abgar tuviera a uno de esos pintores en su corte y que le pidiera que pintara un retrato de Jesús.

Sea cual fuere la verdad que se encuentra tras esta historia, el retrato de Jesús en Edesa se hizo legendario. Con el transcurso del tiempo, se agregaron y modificaron algunos detalles, tal como afirma el profesor Segal:

> [...] A principios del siglo V, el retrato desempeñaba un papel relativamente poco importante. Pero un análisis de alusiones posteriores demuestra que el retrato fue aumentando paulatinamente en santidad. En su versión primitiva, era obra del pintor Hanán; en versiones posteriores sólo pudo haber sido pintado con ayuda de Jesús, y por último se dijo que era totalmente obra de Jesús. Se había convertido en la impresión de los rasgos de Jesús que él mismo había dejado sobre un pañuelo, y era una obra divina, «no obra de unas manos mortales», según se dijo, una frase que pudo haber sido pronunciada por primera vez hacia el 569[10].

Según otras tradiciones el Mandylion —un nombre que significa un pedazo de tejido que podía utilizarse a modo de chal o pañuelo— era la toalla que utilizó Jesús después de su bautismo en el Jordán. Es también claramente el origen de la tradición que afirma que cuando la Verónica enjugó el rostro de Cristo con su velo al detenerse en su camino hacia el calvario, su imagen quedó milagrosamente impresa en el velo. Aunque este acontecimiento maravilloso se celebra en la sexta estación del Vía Crucis y aparece representado en multitud de imágenes en las iglesias católicas de todo el mundo, no existe prueba alguna de la existencia de una «Verónica». No se menciona en ninguno de los Evangelios y su nombre, en cualquier caso, deriva del vocablo griego *Veron Ikon*, que significa «retrato». Dado que se hicieron muchas copias del Mandylion de Edesa y una de ellas fue enviada a Roma, es más que probable que el velo de la Verónica fuera una de esas copias. Con todo, si es cierto que el Mandylion original era un retrato pintado por Hanán, el secretario de Abgar, esas copias también son unos «retratos» de Jesús y por tanto dignos de ser venerados[11].

Tras su milagrosa curación, Abgar se convirtió al cristianismo, de modo que Edesa fue la primera ciudad auténticamente cristiana del mundo. Este hecho no levantó las iras de Roma porque en aquella época era la capital de un estado intermediario. Abgar sin embargo no fue capaz de impedir que sus sucesores perdieran terreno. Falleció en el año 50 d.C. y le sucedió su primogénito. Tras la muerte de éste, en el 57 d.C., el segundo hijo de Abgar ocupó el trono con el nombre de Ma'nu VI bar Abgar. Según parece, éste era hostil a la nueva fe y restauró el antiguo paganismo. Aunque se persiguió a los cristianos, consiguieron ocultar sus bienes más preciados, la carta de Jesús y el Mandylion, entre las piedras de la muralla de la ciudad. Ambos objetos permanecieron allí durante casi tres siglos.

La ciudad fue recristianizada entre el 177 y el 212 d.C., durante el reinado de Abgar VIII, conocido como el Grande. El Mandylion no volvió a aparecer hasta el año 525 d.C., debido a una inundación que causó graves daños en la muralla de la ciudad.

La recuperación del Mandylion constituyó el hecho más destacado de la historia de la Edesa cristiana. La noticia se difundió rápidamente y al poco tiempo la ciudad, que atraía a numerosos peregrinos debido a sus vínculos con el patriarca Abraham y el profeta Job[12], se convirtió en uno de los centros de peregrinaje más importantes del mundo. Por aquella época Edesa se había incorporado al Imperio Bizantino, despertando la envidia de todos debido a su preciosa reliquia. Para entonces la historia de Edesa se hallaba estrechamente ligada a la del Imperio Romano y Bizancio, el nombre dado por los griegos a Constantinopla, no tardaría en reivindicar esta importante reliquia.

## Bizancio, el legado imperial

Durante la época del oscurantismo en Europa, cuando la escasa cultura que existía era vivida tras los recios muros de los monasterios, la rama oriental del Imperio Romano bicéfalo residía en Bizancio. Aunque a menudo atacado desde el exterior y sometido a insurrecciones periódicas en su interior, fue un estado milenario que pervivió durante más de mil años después del saqueo de Roma en el 410 d.C. Mientras los bárbaros, sajones, visigodos y hunos saqueaban y expoliaban todo lo que quedaba del Imperio Romano occidental, en Oriente, con su magnífica capital de Constantinopla, se desarrollaba una civilización cristiana altamente refinada. Sus iglesias y palacios eran los mayores del mundo, sus bibliotecas contenían una inmensa cantidad de libros, sus mercados ofrecían productos de la mejor calidad, sus gentes lucían las ropas más elegantes y disponían de tiempo para dedicarse a la filosofía. No es de extrañar, por tanto, que los hombres de Occidente contemplaran con asombro y admiración, no exentos de envidia, esta espléndida joya.

Pero las apariencias engañan. Bizancio tenía muchos enemigos que trataban de conquistar sus fronteras y un enemigo implacable al que Roma jamás logró someter: Persia. Aunque Alejandro Magno había derrotado en el año 331 a.C. a Darío y había llevado la civilización griega hasta la India, su Imperio no tardó en desmoronarse y en el 224 d.C. Persia resurgió como Imperio Sasánida. Los persas eran muy religiosos y los reyes sasánidas dieron renovado vigor al zoroastrismo, la religión de sus antepasados, que había entrado en declive a raíz de la invasión de Alejandro. Durante siglos la Persia zoroástrica y la Bizancio cristiana lucharon por hacerse con los territorios fronterizos de Armenia, Siria y la Alta Mesopotamia, sin que ninguno de los dos Imperios consiguiera una victoria definitiva. Luego, en el 610 d.C., mientras Bizancio padecía graves problemas internos, el rey persa Cosroes II emprendió una invasión masiva. En una campaña que duró doce años conquistó grandes zonas del Imperio, apoderándose de Anatolia, Siria, Egipto e incluso Jerusalén. Los habitantes cristianos de la Ciudad Santa, unos sesenta mil, fueron asesinados y lo que se considera como la reliquia más sagrada de la cristiandad, la auténtica cruz sobre la que Jesús fue crucificado, fue enviada como botín, junto con treinta y cinco esclavos, a Persia.

La devastación provocada por el ejército persa fue inmensa. Todas las iglesias fueron saqueadas y quemadas. Todas menos una, la pequeña Iglesia de la Natividad en Belén. Los invasores la respetaron debido a un mural donde aparecen los reyes magos vestidos al estilo persa rindiendo homenaje al Salvador recién nacido. Esta guerra, sin embargo, no supuso el fin del Imperio Bizantino. Comprometiéndose solemnemente a luchar contra los poderes malignos, recuperar la cruz y reconquistar los lugares sagrados, el emperador Heraclio emprendió lo que vino a ser una cruzada. Tras una larga y dura campaña, en diciembre del año 627 consiguió derrotar a los persas en Nínive. Poco después Cosroes fue asesinado y los persas, cansados de la guerra, firmaron la paz. La Sagrada

Cruz, que simbolizaba tantas cosas para los cristianos de Oriente y Occidente, fue restituida a Heraclio, quien la llevó de nuevo a Jerusalén con la pompa y reverencia que merecía.

Estos hechos quedaron profundamente grabados en la mente de los cristianos de todo el mundo cuando, unos cuatrocientos cincuenta años más tarde, el Imperio se vio amenazado por unos peligros similares. El papel de la cruz como poderoso emblema de la cristiandad tanto en la paz como en la guerra no había sido olvidado y ésta fue invocada de nuevo. Lamentablemente, el júbilo tras la victoria de Heraclio no había de durar mucho. Ambos imperios, agotados tras la titánica lucha sostenida, no prestaron atención a lo que ocurría más al sur, concretamente en Arabia.

Según la leyenda, mientras el emperador celebraba la victoria en Constantinopla y recibía parabienes de todo el mundo cristiano, le llegó una carta de un árabe que aseguraba ser el profeta de Dios y le instaba a adoptar la nueva fe. El emperador persa y el gobernador de Egipto habían recibido unas misivas parecidas y cabe imaginar las mofas y el desprecio con que fueron acogidas. Sin embargo, los tres gobernantes no tardarían en darse cuenta de que se trataba de un asunto muy serio, pues había aparecido Mahoma y estaba decidido a estropearles la fiesta. En el año 632 d.C. los ejércitos musulmanes se hicieron con el control de Arabia y en el 645 d.C., tras una serie de brillantes campañas emprendidas por sus sucesores, los árabes dominaban Palestina, Siria y Egipto. Estas victorias no los detuvieron, sino que continuaron ampliando las fronteras del islam en todas las direcciones. Así, en el 717 d.C., menos de un siglo después de que la cruz hubiera regresado a Jerusalén, se había formado el inmenso Imperio Islámico de la Media Luna que abarcaba desde España hasta el norte de la India, pasando por el norte de África, Palestina, Mesopotamia y Persia.

El cristianismo se vio obligado a retroceder hacia Europa (a las regiones que no eran islámicas ni paganas), aparte de Anatolia, la actual Turquía. Sin embargo, ello no significaba que hubieran desaparecido todos los cristianos del nuevo Imperio Árabe ni que todas las personas que habitaban en esas tierras se hubieran convertido en musulmanes. A los cristianos, judíos y zoroastrianos, en cuanto «pueblo de la Biblia», se les permitió seguir practicando su fe a condición de que pagaran unos impuestos especiales y no trataran de captar nuevos adeptos a su religión. De hecho, el islam no era una religión tan ajena al cristianismo como pudieran imaginar muchos habitantes de Occidente. En muchos aspectos venía a ser un movimiento reformador del cristianismo, y Mahoma una especie de primitivo fundamentalista protestante. Si bien rechazaba la creencia cristiana, que él consideraba absurda, de que Jesús era el Hijo de Dios, lo reverenciaba como profeta.

Los cristianos acabaron adaptándose a la nueva situación política. Oriente, el fértil territorio en el que había nacido el cristianismo, siempre había sido más intelectual que Occidente. Los primeros maestros procedían de Antioquía, Alejandría y Edesa, dado que estos lugares poseían una larga tradición filosófica que se remontaba a tiempos anteriores a Moisés. Asimismo, en Oriente existían varias pequeñas sectas heréticas como los nestorianos y los jacobitas que eran prácticamente desconocidas en Europa, donde la Iglesia católica mantenía un monopolio sobre la teología. Bajo el islam estas Iglesias marginales pudieron seguir practicando sus tradiciones sin ingerencia alguna por parte de las autoridades ortodoxas, de forma que para ellos, al menos en cierto aspecto, el islam representaba una ventaja. No obstante, también significaba que no existía la posibilidad de una reconciliación entre las distintas Iglesias, puesto que si se unían suscitarían los temores de los árabes y perderían los privilegios históricos que poseían. Así, a raíz de la conquista del islam se hallaban conservadas, por decirlo así, en ámbar. Los herejes podían seguir siendo herejes mientras no difundieran sus herejías. Se habían convertido, por definición, en unas sociedades esotéricas, las cuales transmitían los conocimientos y tradiciones de sus sectas a través de sus propias generaciones sin exponer abiertamente sus ideas a personas ajenas a ellos.

La forma más importante de cristianismo esotérico había sido anatematizada hacía tiempo por papas y emperadores y era conocida por el amplio término de gnosticismo. Éste había sido suprimido en cuanto movimiento abierto por la Iglesia católica ortodoxa durante el siglo IV, si bien persistía como movimiento clandestino, sobre todo en centros cosmopolitas como Alejandría y Edesa. Precisamente en estos lugares las Iglesias primitivas tenían sus raíces entre las comunidades de judíos, esenios y griegos que habían sido instruidos por los apóstoles. Por consiguiente es más que probable que la mayoría de lo que la Iglesia latina consideraba una herejía formara parte de las primeras enseñanzas secretas de Jesús. Las tradiciones, conceptos y escritos gnósticos fueron guardados por las comunidades no ortodoxas de Oriente pese a la persecución de que eran objeto por parte de los «padres de la Iglesia». La continuada existencia del gnosticismo tendría un profundo significado en el desarrollo futuro de Europa, cuando, debido a las Cruzadas, los francos se encontraran en Mesopotamia septentrional.

Antioquía fue una de las primeras ciudades de Asia Menor devastadas por Cosroes y capturadas por los árabes musulmanes. Era una de las poblaciones más importantes del mundo y, al igual que Alejandría y Egipto, debía sus orígenes a las conquistas de Alejandro Magno. Fue fundada en el año 307 a.C. por Seleuco Nicátor en un lugar donde pudiera controlar fácilmente las rutas comerciales entre la Alta Mesopotamia, Egipto, Palestina y Asia menor, pero la ciudad alcanzó gran pujanza bajo Antíoco I. Éste la convirtió en la capital de la zona occidental del Imperio Seléucida y residencia de los reyes de esta dinastía. Como ciudad helenística prosperó extraordinariamente y fue célebre por sus artes y su ambiente grato y apacible. A diferencia de su coetánea y rival, la Alejandría egipcia, Antioquía no tenía que soportar sobre sus hombros el peso de una civilización enormemente antigua y en algunos aspectos disponía de más libertad para experimentar. Así pues, aceptó el cristianismo con entusiasmo y después de la destrucción de Jerusalén, acaecida en el año 70 d.C., pasó a ser la ciudad madre de la Iglesia[13].

No fue hasta el concilio de Nicea, celebrado el año 325 d.C., cuando se estableció, a instancias de Constantino, un credo al que debía adheririse toda la Iglesia. Con anterioridad a esa fecha existían tantos desacuerdos como acuerdos entre las distintas Iglesias respecto a lo que constituía la ortodoxia, e incluso después de promulgarse lo que dio en llamarse el Credo de Nicea, el asunto no quedó zanjado. Por aquella época gran parte de los conocimientos esotéricos relativos al cristianismo, en particular sus conexiones con religiones astrales anteriores, se perdieron. La situación ha sido perfectamente explicada por William Kingsland, profesor de astronomía y, al igual que Mead, un teósofo:

> El estudio de los orígenes cristianos es una cuestión muy amplia y polémica [...], pero es evidente que la literalización de esos relatos [la Biblia] se debía al hecho de que quienes adquirían ascendencia en los consejos eclesiásticos, y eran los autores de los credos que desde hace siglos permanecen en vigor, no habían sido instruidos en el gnosticismo. Lo cierto es que eran unos ignorantes, no sólo en cuanto al gnosticismo que re-

side en el fondo de todas las alegorías, mitos y fábulas de las escrituras cristianas y precristianas, sino también de los hechos geográficos, astronómicos y antropológicos que fueron conocidos por otras personas durante miles de años con anterioridad a la era cristiana, y que, una vez conocidos —como sin duda lo eran por los padres de la Iglesia iniciados y que fueron declarados herejes por los autores de esos credos— modifican por completo la estructura de los credos tradicionales[14].

Dentro de la Iglesia primitiva, Antioquía y Alejandría vinieron a representar dos criterios opuestos referentes a la naturaleza de Cristo y su misión. La escuela antioquena tendía a resaltar lo humano en contraposición a la naturaleza divina de Cristo. Veían en Jesús hombre al modelo, en lugar del Salvador del género humano. Según este punto de vista Jesús, aunque extraordinariamente dotado, había nacido mortal y en el transcurso de su vida había desarrollado las facultades superiores y la razón para convertirse en divino, un proceso cuya culminación estaba marcada por su resurrección. Su victoria sobre la muerte, aunque de inmensa trascendencia para los humanos, no garantizaba la salvación de sus seguidores. La gente necesitaba seguir sus huellas y, con ayuda del propio Jesús, alcanzar la vida eterna. No obstante, era sobre todo a través de sus propios esfuerzos como la gente lograba alcanzar la salvación.

La escuela alejandrina, por el contrario, resaltaba la naturaleza divina de Jesús a partir de su nacimiento como encarnación del Logos o Eón. Estaba muy influida por el legado del paganismo, tanto del antiguo Egipto como de las escuelas neoplatónicas, tales como los terapeutas, que se inspiraban en la tradición filosófica griega. Los alejandrinos deseaban desarrollar una cristología que encajara con la filosofía tradicional y a tal fin tendían a interpretar la Biblia de forma más alegórica. Para ellos Jesús hombre era mucho menos importante que el hecho de que fuera la encarnación de la Segunda Persona de la Trinidad. La divinidad de Jesucristo como Eón o Logos[15] no era discutida; sin embargo los alejandrinos, al menos según los antioquenos, corrían el peligro de perder la importancia del Jesús hombre histórico.

La tensión entre estas dos escuelas de pensamiento fue lo que impulsó buena parte de la política eclesiástica del siglo IV, a menudo para perplejidad de la Iglesia romana, a la que, a diferencia de sus primos griegos, le interesaba menos la teología académica que el poder. Ambas escuelas eran, aunque ellas mismas no lo reconocieran, diferentes aspectos de la misma visión gnóstica del cristianismo. Sus diferencias se debían a sus puntos de vista, ya que una consideraba la vida desde la opinión de que el hombre era un ser creado pero imperfecto y la otra decía que era un ser ideal: el hombre perfecto a imagen y semejanza de Dios. El Credo de Nicea tendía a favorecer el punto de vista alejandrino con una definición altamente abstracta de la Trinidad en cuanto misterio imposible de ser comprendido por los humanos. Esto satisfacía a la Iglesia latina pero causó un gran malestar en Antioquía, desembocando en un cisma cuando varios movimientos heréticos, tales como los de los arrianos y nestorianos, se desgajaron del cuerpo principal del catolicismo ortodoxo.

Edesa se vio implicada en estos conflictos y, como hemos visto, en el año 489 la escuela de los persas, que se identificaba con el nestorianismo, fue clausurada y sus maestros expulsados a Nisibis. Esto, sin embargo, no significó que los otros cristianos que residían en la ciudad se unieran para hacer frente al islam. Los monofisitas se hallaban divididos en tres sectas que desconfiaban unas de otras: la Iglesia ortodoxa griega o melquita que era leal al emperador, los jacobitas, que eran sirios en su mayoría y decididamente monofisitas, y los armenios. Cada Iglesia disponía de su propio arzobispo o patriarca, su catedral y su Mandylion. Como es natural, todas insistían en que el suyo era el auténtico y es posible que los tres Mandylion fueran copias.

La conquista de Edesa, realizada por los árabes en el 639 d.C., y del resto de Mesopotamia septentrional, significó que el Mandylion se encontraba de nuevo fuera del imperio. Esto resultaba intolerable para los bizantinos, quienes coleccionaban reliquias antiguas con una pasión digna de un arqueólogo moderno. En el 943 pusieron sitio a Edesa exigiendo la entrega del Mandylion a cambio de los prisioneros de guerra musulmanes y un pago de doce mil monedas de plata a la Iglesia[16]. Aunque los cristianos de Edesa no estaban dispuestos a ceder su icono más preciado, sus maestros musulmanes comprendieron las ventajas de un trato que liberaría a varios centenares de correligionarios suyos a cambio de un pedazo de tela de dudosa procedencia. Por fin los de Edesa, aunque no sin cierta resistencia, aceptaron entregar su Mandylion y éste fue trasladado triunfalmente a Constantinopla para exponerlo en la Catedral de Santa Sofía antes de ser puesto a buen recaudo en el Palacio Imperial. Aunque los bizantinos partieron convencidos de que se llevaban el Mandylion auténtico, es probable que les endilgaran una vieja copia del mismo. De lo que no cabe duda es de que los ciudadanos se resistían a desprenderse de él debido a que una de las supersticiones asociadas al Mandylion afirmaba que mientras permaneciera en la ciudad, Jesús los protegía contra una invasión enemiga. El que esa protección no consiguiera frenar a los musulmanes árabes no hizo que disminuyera su fe. Doscientos años más tarde los habitantes de Edesa se verían en una situación comprometida e iban a necesitar todos los poderes protectores que consiguieran reunir.

Suponiendo que exista todavía, el paradero del Mandylion bizantino constituye un misterio. Se sabe que se encontraba entre los tesoros imperiales hasta el saqueo de Constantinopla en 1204 por la cuarta cruzada. A partir de entonces desapareció y no es imposible que hoy en día se encuentre oculto en un castillo o museo, o en algún rincón del Vaticano. La hipótesis propuesta por Ian Wilson de que la Sábana Santa de Turín y el Mandylion son la misma cosa, aunque siempre fue dudosa, ha quedado completamente desacreditada al demostrarse que el Sudario es una falsificación medieval[17]. Esto no significa que el Mandylion fuera un fraude. Otros argumentos aducidos por Wilson en su libro *The Turin Shroud* siguen siendo válidos. Tal como dice el autor, cabe destacar que desde que el Mandylion fue redescubierto en el año 525 los retratos de Cristo empezaron a mostrarlo como un hombre con el pelo largo y barba. La creencia de que el Mandylion era un retrato original no se apoya en lo sobrenatural ni depende de la autenticidad de la Sábana Santa de Turín. Es posible que el tosco retrato pintado por Hanán fuera un retrato auténtico de Jesús y que siga representando el arquetipo de innumerables iconos y pinturas. En tal caso, es posible que ese retrato de Jesús todavía exista.

Tras haber averiguado el sorprendente pasado de Urfa, Dee y yo decidimos volver a visitar la ciudad. Yo recordaba la extraña visión que había tenido en sueños, durante nuestro viaje anterior, y al monje que se me había aparecido asegurando que la ciudad contenía importantes secretos. Comencé a intuir algunos de esos misterios y a sospechar cierta relación con la historia de los reyes magos y la Hermandad Sarmoung de Gurdjieff. Intrigados por estos temas, hicimos las maletas y partimos de nuevo hacia el norte de Mesopotamia.

# NOTAS

1. *Daisan* significa «saltar» en siríaco, lo mismo que su traducción griega, *Scirtos*, que también se utilizaba. Probablemente se trata de una referencia a la turbulenta naturaleza del río, tan propenso a desbordarse como a secarse.

2. El nombre «Ariú» significa «león» en siríaco.

3. Plinio, Tácito y Plutarco se refieren a los edesianos como árabes.

4. Una corrupción del arameo. Era Abgar.

5. *The Lost Books of the Bible*, pp. 62-63.

6. «Su fama se extendió por toda Siria. Y le traían a todos los que se sentían mal, aquejados de diversas enfermedades y dolores: endemoniados, lunáticos y paralíticos; y los curaba.» [Mateo, 4:24.]

7. En Lucas, capítulo 10, Jesús envía a setenta discípulos en parejas para difundir su palabra.

8. La fecha indicada concuerda con el calendario local basado en el ascenso de Seleuco al trono. Su dinastía se inauguró oficialmente con su regreso a Babilonia en el año 312 a.C. Así, la fecha del 340 correspondería al 18 d.C. Ésta, como veremos, es una fecha algo temprana para ajustarse a un hecho ocurrido después de la crucifixión, pero es aproximada.

9. Véase J. B. Segal, *Edessa «The Blessed City»* (Oxford at the Clarendon Press, Oxford, 1970), p. 76.

10. Ibíd., p. 77.

11. En México existe hoy en día una situación similar. Hay un icono sagrado de la Virgen María «milagrosamente» impreso en la ropa de un campesino indio del siglo XVI. La figura cuelga en un lugar destacado de la Basílica de Guadalupe en la Ciudad de México. Sin embargo en todas las iglesias católicas del país se encuentran copias del mismo, y la Virgen de Guadalupe constituye el centro de un importante culto cristiano.

12. Existen todavía unas cuevas y unos manantiales asociados a estos profetas que son venerados hoy en día por la población musulmana local.

13. San Pablo hizo de Antioquía el centro de sus misiones evangelizadoras entre los gentiles y se cree que san Pedro también residió allí un tiempo.

14. W. Kingsland, *The Gnosis in the Christian Scriptures* (Solos Press, 1993), p. 84.

15. Estos términos un tanto técnicos significan que Jesucristo personificaba «el espíritu de la época». Era el Logos, o palabra de Dios, hecho carne.

16. Curiosamente, los musulmanes creían que el Mandylion era una reliquia no de la crucifixión sino del bautismo. Suscribían la teoría de que era la toalla que Jesús utilizó para secarse después de su inmersión en el Jordán.

17. Véase Lynn Picknett y Clive Prince, *Turin Shroud, in whose image?* (Bloomsbury, Londres, 1994). [*El enigma de la Sábana Santa*, Martínez Roca S.A., Barcelona., 1996.]

# 9

# HISTORIA DE DOS CIUDADES

Después de haber estudiado detenidamente la ruta de Gurdjieff, me convencí de que visitó Edesa. En su libro *Meetings with Remarkable Men* nos dice que después de hallar el mapa del antiguo Egipto en la casa de un sacerdote armenio en «N», su amigo Pogossian y él vivieron otras aventuras durante su viaje a Esmirna (Izmir), antes de tomar un barco para Alejandría. A fin de llegar a Esmirna debieron de atravesar Urfa y, dadas sus conexiones herméticas, seguramente decidieron visitar también Harrán. El que Gurdjieff se hubiera desplazado al norte para visitar Comagene no estaba tan claro, pero dado que el monumento sagrado de Antíoco se había hecho famoso a raíz de su descubrimiento unos años antes, y teniendo en cuenta el interés de Gurdjieff por las ruinas culturales, no era improbable.

Nosotros también estábamos emocionados ante la perspectiva de regresar a Urfa. Desde nuestro último viaje en abril de 1994, yo había leído prácticamente todo cuanto había caído en mis manos referente a la ciudad. Sabía que la extraña visión que había tenido en sueños de los palacios e iglesias que adornaban la antigua ciudad no era una fantasía: Edesa había constituido efectivamente «el ojo de Mesopotamia». Sin embargo, estaba seguro de que ocultaba un gran secreto que no se hallaba en ningún libro. Dee y yo deseábamos regresar allí en cuanto nuestro trabajo nos los permitiera a fin de continuar nuestras pesquisas. Así, en septiembre de 1995 nos encontramos de nuevo a bordo de un avión rumbo a Turquía. Esta vez estaba resuelto a no caer enfermo ni a fracasar en la empresa. Formularía las preguntas adecuadas pues, pasara lo que pasase, quería descubrir el gran misterio que ocultaba Urfa y si tenía alguna relación con la leyenda de los magos.

Al llegar a Diyarbakir, la vieja ciudad fortaleza junto al Tigris, a ciento ochenta y tres kilómetros hacia el norte de Urfa, cogimos un taxi. Al poco rato circulábamos por una campiña inhóspita con rocas negras y unos matorrales sólo aptos para alimentar a las ovejas y cabras más audaces y robustas. De vez en cuando veíamos unas zonas verdes donde la existencia de agua procedente de un pozo cercano posibilitaba el cultivo de tabaco o algodón, pero en general aquella región era prácticamente un desierto en el que no crecía ni un arbusto. El conductor era kurdo, como el de nuestro viaje anterior, y mientras avanzábamos traqueteando por la carretera nos puso una casete de música kurda. No obstante, por temor a los militares, cada vez que llegábamos a un control en la carretera (y nos topamos con bastantes durante el trayecto), el hombre se apresuraba a quitar la cinta y a esconderla. Daba la impresión de que la situación seguía siendo tensa y Dee y yo nos alegramos de que no tuviéramos que quedarnos muchos días.

Al llegar a Urfa, nos dirigimos al hotel Harrán, donde yo me había encontrado mal el año anterior. Esta vez habíamos venido equipados con un botiquín digno de una expedición por el Congo. Afortunadamente, no tuvimos necesidad de echar mano de él. Al poco rato, después de saludar a Mustafá, que se acordaba de nosotros y había sido ascendido a gerente del hotel, nos dirigimos hacia el viejo mercado. En esta ocasión el polvo, los olores y la muchedumbre no nos chocaron tanto como la vez anterior. Conocíamos mejor la historia de la ciudad y todo parecía tener su lógica. Durante nuestro último viaje habíamos permanecido aislados de la vida que nos rodeaba y por tanto no habíamos comprendido las peculiaridades de esa región; sin embargo esta vez teníamos la impresión de formar parte de ella. En cierto aspecto, al haber hecho el esfuerzo de volver a visitarla, Urfa se había convertido en nuestra ciudad y habíamos adquirido el derecho de averiguar algunos de sus secretos.

En la cima de una pequeña colina hallamos las ruinas de lo que debió de ser antiguamente, puesto que ocupaba cerca de media hectárea, una construcción de grandes proporciones. Era evidente que una esquina había sido utilizada hasta hacía poco como mezquita y sus muros estaban pintados de color turquesa. El edificio estaba en ruinas y desprovisto de techo. El resto del complejo arquitectónico se hallaba situado por debajo del actual nivel del suelo y aunque el centro del área era utilizado como almacén de materiales de construcción, había algunas criptas que invitaban a ser exploradas. Estas criptas, dotadas de ventanas y arcos góticos, habían sido construidas en una época muy antigua, en los tiempos de las Cruzadas o antes. ¿Era posible que estas ruinas abandonadas constituyeran antiguamente una de las famosas catedrales de Edesa? Aunque nada indicaba tal posibilidad ni aparecía citada en las guías turísticas, yo estaba convencido de ello.

Cerca de la «catedral» había dos interesantes puentes, uno de ellos evidentemente romano, tendido sobre el lecho reseco del Daisan. A ambos lados se alzaban unos edificios de viviendas en los que se alojaba una densa población urbana. No obstante, resultaba asombroso que estos restos tangibles de antiguos Imperios fueran todavía utilizados por sus habitantes. Al descender por la colina y encaminarnos hacia la ciudadela, pasamos frente a muchas otras reliquias del pasado. Actualmente se puede ver desde la calle lo que se sabe que constituía la vieja Iglesia de San Juan. Carente de techado y expuesta a los elementos, sus columnas y ventanas góticas revelan claramente su antigua función religiosa, aunque al parecer había sido utilizada recientemente como vivienda o comercio. Cerca de esa iglesia vimos otras pequeñas tiendas, desprovistas de puerta en la fachada, de las que ya no existen en Europa occidental. En una de ellas tres niños se afanaban en transformar unas latas grandes en coladores. Aunque se trataba simplemente de practicar unos orificios pequeños en el fondo de las latas, no dejaba de ser un ingenioso ejemplo de reciclaje. Más abajo distinguimos el comienzo del mercado propiamente dicho. Allí, al estilo de Alí Babá, se extendía un laberinto de calles y callejones, cada uno dedicado a la venta de un tipo de mercancía concreta. En un sitio hallamos vendedores de alimentos, en otro zapateros remendones, en un tercero carpinteros y en un cuarto joyeros. Supuse que ése era el aspecto que debió de ofrecer durante mil años y que habría resultado familiar al rey Abgar el Grande. Agotados, Dee y yo decidimos regresar al hotel para lavarnos antes de cenar. Queríamos reservar los lugares más importantes de Urfa para cuando nos sintiéramos lo bastante descansados como para asimilarlos debidamente.

Al día siguiente nos encaminamos directamente al mercado y desde allí anduvimos hasta llegar al pie de la ciudadela, donde antiguamente se alzaban los palacios de los Abgares. Según los habitantes de la ciudad, «Urfa» viene del nombre original que tuvo la ciudad mucho antes de que llegaran los griegos y le impusieran el nombre de Edesa. La relacionan con una ciudad llamada «Ursu», citada en textos acadios, sumerios e hititas, y afirman que es el lugar al que se refiere la Biblia como Ur de Caldea. Según estas tradiciones el patriarca Abraham nació en una cueva al pie de la ciudadela. Hoy en día esta cueva constituye un importante centro de peregrinaje de los devotos musulmanes que componen la mayor parte del turismo de Urfa. Éstos proceden no sólo de Turquía sino de Siria, Irak y otros países.

Después de pagar la entrada, Dee y yo penetramos en la cueva. Ésta se halla dividida en dos por un tabique, con una habitación destinada a cada género pues, como es costumbre en los países musulmanes, los hombres y las mujeres rezan por separado. Yo pasé a la cueva de los hombres, una pequeña cámara sin ventilación cuyo aire era casi irrespirable. Al fondo había una reja y más allá se podía ver, pero no tocar, un pequeño estanque alimentado por un manantial natural. A la derecha había un grifo del que los peregrinos podían beber agua, aunque éste no parecía ser el objetivo principal de la visita; los hombres, postrados en el suelo y practicando el *zikr*, estaban tan concentrados en su labor que no necesitaban beber agua y ni siquiera repararon en mi presencia. Sintiéndome como un intruso, permanecí allí unos momentos y salí de puntillas. Dee me confesó que también se había sentido algo violenta e incómoda, pues el grupo de mujeres era más numeroso que el de los hombres. Como había unas cinco mujeres peregrinas por cada hombre, y muchas de ellas iban acompañadas por niños de corta edad, apenas cabían en la pequeña cámara y no disponían de espacio para postrarse tal como requería la tradición.

Nos sentimos personas virtuosas después de presentar nuestros respetos a Abraham (aunque nos preguntábamos por qué su madre había escogido una cueva tan húmeda para dar a luz) y nos dirigimos a los estanques de peces. Están situados en un pequeño parque y constituyen una de las grandes atracciones de Urfa. Alimentados por las fuentes que acabábamos de ver, su agua habría sido potable de no ser por los miles de carpas que nadaban formando grandes grupos en busca de comida. Ésta la compran a los vendedores los peregrinos y visitantes como nosotros y la arrojan a los peces. Dado que las carpas son sagradas y por tanto no son comestibles, suelen alcanzar un gran tamaño. Los árboles del parque ofrecían una grata sombra y aunque el Estanque de Abraham está flanqueado por una mezquita y reservado a la contemplación, su vecino, el Estanque de Zulha, está situado en un jardín de té. Dee y yo nos sentamos allí, bebimos numerosos vasos de *cai*, alimentamos a los peces y preparamos nuestros planes.

Tras abandonar los jardines de té y con ayuda de dos jóvenes guías, nos dirigimos hacia la ciudadela. Este imponente castillo preside la ciudad que se extiende a sus pies. Está construido sobre un montículo natural, dotado de unos pozos que suministran agua y unas murallas tan lisas que debía de ser prácticamente imposible trepar por ellas; era comprensible, pues, que hubiera resistido tantos asedios en el pasado. Según comprobó a sus expensas el conde Joscelin, el último gobernador franco, una guarnición bien avituallada podía resistir en esa fortaleza durante mucho tiempo. En la cima había varias ruinas que databan casi todas de los períodos otomano o selyúcida, pero también había restos de estructuras griegas y romanas. Hacia el oeste de la cima vimos los restos de un edificio que incorporaba varios bloques decorados con motivos corintios, prueba de un pasado reciclado. Pero las ruinas más importantes, y lo que habíamos venido a ver sobre todo eran unas columnas extraordinariamente bien conservadas.

Estas columnas, que miden quince metros de altura, son tan emblemáticas de la antigua Urfa-Edesa como el puente de la Torre de Londres. Una inscripción siríaca sobre una de ellas indica que fue dedicada a la reina Salmat, quien pudo haber sido la esposa de Abgar el Grande. Éste murió en el año 212 d.C. y fue el último de los reyes independientes de Edesa antes de que los romanos se anexionaran la ciudad como colonia. Por consiguiente, las columnas datan de fines del siglo II y comienzos del III d.C. Durante el reinado de Abgar el Grande, en el 201 d.C., se registró una gran inundación que destruyó buena parte de la ciudad y en la que murieron más de dos mil personas. Abgar ordenó a sus gentes que se abstuvieran de construir «barracas» (probablemente comercios) cerca del río y mandó erigir un nuevo palacio sobre el montículo de la ciudadela, aunque al parecer poseía otro más abajo que comprendía el sitio de lo que actualmente constituye la zona de los estanques de peces y mezquitas. Este palacio incluía un templo dedicado a Sin, el dios lunar, así como una estructura que más tarde se dio en llamar la «Torre de los Persas». Según las leyendas locales, su nombre se debe a que posteriormente pasó a formar parte del edificio ocupado por la célebre «escuela de los persas» antes de que dicha institución fuera clausurada y sus maestros expulsados a Nisibis en el año 489 d.C.

La asociación del dios lunar con los manantiales y estanques de Edesa era lógica. En las civilizaciones antiguas la luna siempre se ha asociado al agua, ya sea en forma de nubes, lluvia, ríos o el mar. El origen de los manantiales situados en las cuevas que hay bajo el monte de la ciudadela debió de constituir siempre un gran misterio. A diferencia del imprevisible Daisan, esos manantiales nunca se secaban y el agua que manaba de ellos era dulce y pura. No es de extrañar que la gente los considerara un regalo de los dioses y en particular de la luna, que gobernaba el agua. No obstante, yo sospechaba que ahí se ocultaba otro enigma, sospecha que quedó confirmada unos días más tarde cuando visitamos el santuario más famoso del dios de la luna: Harrán.

Tras dejar a nuestras espaldas los humos y la atmósfera cargada de polvo de Urfa, nuestro taxi se adentró en la llanura de Mesopotamia septentrional. Sin embargo, en contraste con las regiones ubicadas al sur de Diyarbakir, esta zona se componía de excelente tierra color pardo y era muy fértil. Unos días antes, mientras nos dirigíamos a Comagene[1] nos detuvimos para contemplar lo que sin duda constituye una de las maravillas del mundo moderno: la Presa de Atatürk. Esta enorme estructura de hormigón, construida con fondos y tecnología americanos, contiene las aguas del poderoso Éufrates, que riegan el valle situado detrás formando un inmenso lago. El suministro de energía hidroeléctrica es sólo uno de los motivos por los que se construyó la presa. Una razón no menos importante es el agua que se distribuye por medio de unos acueductos y sirve para regar los campos que circundan Harrán. El resultado de este ambicioso proyecto era claramente visible en forma de cosechas, principalmente algodón, que crecían en los campos donde antiguamente Craso y sus legiones habían padecido sed. Era evidente que esta zona, que Jacob denomina en la Biblia «Padan Aram», se está convirtiendo rápidamente en un jardín del Edén, una transformación que sin duda habría asombrado no sólo a Craso sino al mismo Abraham.

Aún se desconocen los efectos que la disminución del caudal del Éufrates puede tener sobre Siria e Irak; quizás apenas les cause inconvenientes. Pero los esplendorosos campos que rodean Harrán demuestran la importancia que ha tenido siempre el agua para esta ciudad aislada. El río más cercano a la ciudad, el Balij, se encuentra a unos diez kilómetros y aunque antiguamente se construyó un acueducto, el agua que llegaba a la ciudad era turbia y salobre. En épocas de asedio era muy sencillo cortar ese suministro de agua, haciendo que Harrán[2], a diferencia de Edesa, fuera muy vulnerable a un ataque enemigo. Por lo general los habitantes acudían en busca de agua a las fuentes, que solían secarse durante los calurosos meses de verano.

Pese a todo, Harrán era desde tiempos inmemoriales el santuario más importante de Sin, el dios lunar. Durante la época asiria, la ciudad tuvo el privilegio de no pagar impuestos. No sólo eso, sino que los reyes asirios se interesaron personalmente por su bienestar como ciudad sagrada y santuario de los dioses. En uno de los toros de Jorsabad, Sargón, el opresor de Israel que se llevó a los samaritanos, se jacta de que Harrán se encuentra bajo su «sombra protectora» por deseo de Anu y Adad: dos de los principales dioses asirios[3]. Con anterioridad Salmanasar III, que aparece en el famoso «obelisco negro»[4] recibiendo un tributo del rey israelita Jehú, hijo de Omri, mandó construir un templo consagrado a Sin en Harrán. Se trataba evidentemente de una imponente estructura de grandes dimensiones. Fue restaurada por Asurbanipal (668-626 a.C.), quien, entre conquista y conquista militar, nos narra este hecho.

> En aquel tiempo Ehulhul, los cimientos del Templo de Sin en Harrán, que Salmanasar, hijo de Asurnasirpal [un rey que vivió con anterioridad a mi época], mandó construir, cedieron, pues eran muy viejos, y sus muros se desmoronaron. Yo restauré sus ruinas y mandé colocar una plataforma base [...]. Hice que elevaran la estructura del templo hasta una altura de treinta *tipki*, y le añadí trescientos cincuenta [¿?] [codos] de longitud, a partir del extremo oriental...
>
> Cubrí Ehulhul, la morada de la felicidad, con un techado formado por inmensos cedros, que en el monte Líbano crecen hasta alcanzar una altura extraordinaria, troncos de cipreses, que emanan un grato aroma y que Adad [¿?] había embellecido [¿?] en el monte Sirara, los cuales los reyes del litoral marítimo, mis vasallos, mandaron talar y transportar a través de sus montañas, una escabrosa región, hasta Harrán [...]. Las puertas consistían en grandes gavillas de hojas de cipreses ligadas con una faja de plata. Completé la construcción de este espléndido templo a comienzos de mi reinado[5].

Este gran templo, Ehulhul, albergaba un ídolo que representaba al dios lunar, tal como relata Asurbanipal a continuación: «Tomé a Sin de la mano y le invité a entrar, entre grandes muestras de júbilo, para que tomara posesión de su morada.»[6]

Al pasearme por las ruinas de Harrán no advertí rastro de Ehulhul ni de otras estructuras asirias. No obstante, es probable que las murallas de la ciudad (el rasgo más notable de Harrán) fueran las mismas que existían en tiempos del califa Al Mamoun, cuando preguntó a los sabeos qué religión profesaban. Dentro de la protección que ofrecen —de las tempestades de arena más que de unos ejércitos invasores— vimos numerosas casuchas arracimadas y otras toscas viviendas donde se aloja la población árabe de la ciudad. Éstos, sin embargo, no son los descendientes de los harranianos primitivos, quienes abandonaron la ciudad después de su destrucción a manos de los mongoles en 1260, sino los beduinos locales. Varios de ellos se ofrecieron para hacernos de guía, mostrándonos los restos del castillo, un alojamiento para las caravanas y lo que antiguamente debía de ser un edificio muy hermoso: la escuela islámica de Medrese.

Al caminar alrededor de las polvorientas ruinas de la vieja ciudad resultaba difícil imaginarla como una bulliciosa metrópoli, aunque las dimensiones del área circundada por sus muros confirmaba que había sido un asentamiento muy importante. Situada sobre una elevada colina que se alzaba sobre las llanuras, debió de ser, siempre y cuando sus pozos no se hubieran secado, un refugio ideal para viajeros. Era comprensible que Téraj, el anciano padre de Abraham, hubiera decidido terminar sus días aquí en lugar de proseguir viaje hasta Canaán. La perspectiva de recorrer los centenares de kilómetros de desierto semiárido que se extendían entre esta zona y el Levante bastaría para desalentar al emigrante más intrépido. Era mejor quedarse aquí, entre gentes que hablaban la misma lengua y adoraban a los mismos dioses, que lanzarse a la aventura. Nuestros guías estuvieron de acuerdo con esta opinión y nos mostraron el lugar, o al menos eso dijeron, donde yacía enterrado Téraj antes de conducirnos fuera de las murallas hasta el pozo donde Rebeca se había encontrado con el sirviente de Abraham. Nuestra idea de un viejo y pintoresco pozo de piedra con un cubo colgado de una cadena se disipó en cuanto lo vimos. Hoy en día está recubierto de hormigón y se parece más a un buzón de correos de la Segunda Guerra Mundial que a un pozo. Nuestros guías nos hablaron sobre un comerciante árabe de

Urfa que poseía una extraña estatua a la que, según dijeron, le gustaría que le echáramos un vistazo y tratáramos de identificarla. Como ya no quedaba nada interesante que ver en Harrán, tomamos nota de su dirección y regresamos a nuestro hotel en Urfa.

Al día siguiente, soleado como de costumbre, bajamos al mercado donde el árabe tenía su comercio. Con sumo tacto, pues la situación era algo delicada, le preguntamos por la estatua y después de varias tazas de *cai* y una charla preliminar, el hombre accedió a enseñárnosla. En aquellos momentos comprendí cómo debió de sentirse Gurdjieff cuando el sacerdote armenio le mostró en Nisibis el mapa del antiguo Egipto. Cuando el árabe desenvolvió la estatuilla, Dee y yo nos dimos cuenta al instante de que se trataba de una antigüedad. Al examinarla detenidamente comprobé que era de piedra dura semejante al obelisco negro que se alberga en el Museo Británico. Tenía la forma de un trozo de queso, con el dorso curvado y una sección triangular. La figura era la de un anciano barbudo, desprovisto de brazos y piernas, cubierto por unas hojas que se estrechaban hacia la parte inferior y una cabeza de pez en lugar de pies. En el ombligo (o lo que habría sido su ombligo de haber tenido cuerpo) había un orificio que debía de medir un centímetro de diámetro y algo más de profundidad. En este orificio penetraba un estrecho tubo que provenía de la boca del pez, aunque su función era un misterio. Nuestro anfitrión sugirió que quizá sirviera para pasar a través de él una tira de cuero o un cordón y lucir la estatuilla colgada del cuello, pero yo no estaba tan seguro.

Nuestro anfitrión nos preguntó si sabíamos qué representaba la estatua y, concretamente, qué valor tenía. Le dijimos que no podíamos contestar respecto al segundo punto, y mucho menos hacerle una oferta. Dada su dudosa procedencia y la posibilidad de que el árabe la hubiera conseguido ilegalmente, habría sido una estupidez adquirir la estatua, pese a sentirme muy tentado. No obstante, nuestro anfitrión accedió a que Dee tomara una fotografía de la estatua, un servicio por el que fue recompensado con una generosa propina. Yo estaba seguro de que se trataba de una estatua que representaba a Sin, el dios lunar, y que probablemente constituía una lámpara votiva. De perfil parecía una luna en cuarto creciente y deduje que si se insertaba una mecha en la boca del pez y se llenaba el orificio del ombligo con aceite de oliva, serviría de lámpara. Por tanto, no me pareció inverosímil la versión del árabe cuando afirmó que la estatuilla procedía de Harrán y que seguramente había sido donada al templo cuando Asurbanipal mandó reconstruirlo. Era posible, desde luego, que fuera más antigua y se remontara a la época de Salmanasar III o incluso antes. No obstante, al no poder compararla con otros objetos de ese tipo y sin saber exactamente dónde había sido descubierta, era imposible asegurar de qué época databa.

Aquella noche medité sobre el asunto. De algún modo la pequeña «lámpara de Aladino» o lo que fuera parecía importante para nuestra búsqueda, aunque no sabía muy bien por qué. Incapaz de conciliar el sueño, me levanté y empecé a pasearme por la habitación. De golpe se me ocurrió una idea: la estatua del dios lunar concordaba más con Edesa que con Harrán. La cabeza representaba al «hombre de la luna» que ilumina la ciudadela, su vestido las hojas de los árboles y la cabeza de pez los estanques llenos de carpas. Sabemos que en Edesa existía un templo consagrado a la Luna que custodiaba los estanques de peces, precisamente donde se alza hoy en día la Mezquita de Abderramán. Los reyes de Edesa, al menos hasta finales del reinado de Abgar el Grande en el 212 d.C., mantuvieron el Templo de la Luna en funcionamiento mucho después de haber adoptado formalmente el cristianismo. Mientras otros templos eran derribados o transformados en iglesias, en este edificio, a salvo dentro del recinto del palacio, se seguían llevando a cabo los ritos de la vieja religión. Posteriormente, el lugar fue ocupado por la «escuela de los persas», cuya erudición era reconocida incluso por sus propios enemigos. En la actualidad perdura todavía una torre, que según dicen fue utilizada por ellos, situada entre los estanques. Mientras reflexionaba comprendí que la torre había sido probablemente utilizada para observar las fases de la Luna, posiblemente contemplando su reflejo en el estanque que se hallaba a sus pies, una tarea imprescindible para un pueblo que disponía de un calendario lunar.

El dios lunar era importante porque representaba para los habitantes de Mesopotamia el agua y por ende la fertilidad. Por otra parte, era el dios del tiempo y por tanto el principal embajador del dios invisible, a quien llamaban Marilaha, «señor de todas las cosas», o Be'elshamin, «señor de los cielos». En la base de todas las religiones antiguas, por politeístas que parezcan a primera vista, yacía la creencia de que arriba y más allá del universo visible residía un dios invisible, la causa original de todo cuanto se manifiesta. En Egipto se le denominaba Atum o Amun, en Persia Ahura-mazda y en Mesopotamia Be'elshamin. Sin embargo, dado que a la gente le cuesta pensar en lo impensable e imaginar lo inimaginable, el dios invisible, en virtud de un proceso de objetivación, viene a ser identificado con un cuerpo celeste. En Egipto era el Sol, de forma que Atum era venerado como Atum-Ra, el sol poniente. En Mesopotamia era la Luna y Sin se convirtió en Sin-Marilaha. El Templo de Sin en Urfa-Edesa, por tanto, revestía la misma importancia para los mesopotámicos que el Templo de Atum-Ra en Heliópolis para los egipcios. Lo que es más importante, la migración desde Ur y el entierro del «padre» de Abraham en Harrán parecía indicar un trasvase cultural. Si es cierto que Abraham nació en Urfa, la Ur de los caldeos, el hogar original del culto a la Luna debía de ser éste, no Harrán. Dado que la presencia de los manantiales en Edesa contrastaba con la aridez de Harrán, esta hipótesis parecía tener sentido. De golpe, acaso guiado por el «genio de la lámpara», empecé a comprender el significado de Edesa y el motivo de que hace novecientos años, con motivo de la primera cruzada, se le atribuyera una gran trascendencia.

## La ruta de los peregrinos

Para los cristianos occidentales la conquista islámica de Tierra Santa ofreció importantes ventajas además de presentar serios problemas de orden práctico. Durante siglos habían existido considerables conflictos entre el papa, quien se consideraba el sucesor de san Pedro y cabeza de toda la comunidad cristiana, y los patriarcas de Oriente, quienes se consideraban ellos mismos y sus iglesias autónomos e iguales a la Santa Sede. La pérdida de Siria, Palestina y Egipto a manos del islam, si bien fue una gran calamidad para Constantinopla, dio a Roma la oportunidad de reafirmarse como protector de los cristianos de Oriente y Occidente. A medida que los patriarcas orientales perdían poder e influencia, el Papa adquiría autoridad. Ello se tradujo en la construcción de residencias en Jerusalén y en un aumento considerable del número de peregrinos occidentales que visitaban la ciudad.

Una de las preocupaciones del papa y de todos los cristianos era el libre movimiento de los peregrinos y su acceso a los santos lugares. Desde los primeros días, los peregrinos viajaron a Tierra

Santa con el fin de visitar los lugares asociados con el ministerio de Jesús. Los más importantes eran la Iglesia del Santo Sepulcro en Jerusalén y la Iglesia de la Natividad en Belén. Con el declive del poder bizantino y el auge del Sacro Imperio Romano de Carlomagno en el siglo VIII, la Iglesia latina aprovechó la oportunidad de establecer nuevas residencias católicas en Jerusalén. No obstante, la época dorada del peregrinaje no comenzó realmente hasta el siglo X, cuando la mejora de las condiciones económicas en Occidente y la situación relativamente pacífica entre el Imperio cristiano de Bizancio y el mundo islámico permitió el libre movimiento de europeos a Constantinopla y a Tierra Santa. Esta idílica situación duró hasta finales del siglo XI, cuando se abatió un nuevo desastre sobre el Imperio de Oriente.

Durante algún tiempo los bizantinos habían padecido ciertas presiones en Oriente por parte de sus nuevos vecinos oriundos de Asia Central. Estos pueblos, los turcomanos o turcos, eran nómadas que se habían convertido al islam, habían conquistado Persia y se habían propuesto invadir el Imperio. Durante siglos Armenia había actuado como un útil estado intermedio entre Anatolia propiamente dicha y las regiones más incultas situadas al este del río Araxes. No obstante, con la caída de Persia en manos de los turcos y la fundación de su nueva capital de Isfahán, más el reconocimiento por parte del califa de Bagdad del líder turco selyúcida, Tugril, como defensor del islam sunnita y rey de Oriente y Occidente, la situación empeoró para los bizantinos. En 1054 los turcos habían penetrado en Armenia y, en 1066, saquearon Cesarea, la ciudad principal de Capadocia. La precaria situación en la que se encontraba Romano, el emperador, se vio agravada por la política de su predecesor, Constantino X, que había reducido considerablemente las fuerzas armadas. No obstante, Romano comprendió que debía hacer frente a la amenaza turca y, tras reunir un ejército formado en su mayor parte por mercenarios francos, escandinavos, normandos y turcos, en la primavera de 1071 se dispuso a reconquistar el territorio de Armenia. El 26 de agosto, cerca de Mansura, una fortaleza situada junto al brazo meridional del Alto Éufrates, se enfrentó al ejército de los selyúcidas acaudillados por Alp Arslan, quien había marchado apresuradamente hacia el norte para encontrarse con él. Si existía alguna duda respecto al desenlace de la batalla ésta se disipó inmediatamente con la deserción de las tropas turcas de Romano ante el estandarte de sus compatriotas y la negativa de los mercenarios de

Europa Occidental a participar en lo que preveían iba a ser una batalla perdida. Como es natural Romano y sus restantes fuerzas, compuestas por griegos y armenios, fueron derrotados. Romano cayó herido y fue hecho prisionero. La noticia de esta estrepitosa derrota causó gran conmoción en todo el mundo cristiano. De golpe se hizo evidente que el Imperio Romano (como todavía se consideraba a Bizancio), amenazado por el mayor peligro desde el advenimiento del islam, no se hallaba en condiciones de defender sus territorios. Había quedado abierto el camino para una migración turca a gran escala hacia Anatolia, facilitada por el hecho de que buena parte del territorio había quedado despoblado debido a una absurda política de evacuación adoptada con anterioridad.

Sin embargo, la expansión turca no se limitó a Anatolia. A partir de 1055, cuando Tugril penetró en Bagdad, las presiones sobre Tierra Santa aumentaron. En 1071, Jerusalén fue tomada por un vasallo de Alp Arslan, y a continuación cayeron Damasco, Alepo y otras ciudades sirias. Aunque los cristianos de la región no recibieron malos tratos, la inestabilidad e incertidumbre que campaba en Tierra Santa y el riesgo de que quienes viajaban por Anatolia fueran atacados por bandidos, complicó las cosas a los peregrinos. En 1073, el nuevo emperador, Miguel VII, consciente de la necesidad de pedir ayuda a Occidente para hacer frente a la amenaza de los selyúcidas, escribió al papa Gregorio VII, felicitándole por su coronación. El emperador le hizo notar la penosa situación en que se hallaba el Imperio y solicitó su ayuda. El papa se apresuró a acceder a su petición al comprender que ello le ofrecía la oportunidad de instar a las Iglesias ortodoxas a acogerse a la protección de Roma. Miguel no pudo imaginar que su simple llamada a las armas desembocaría en una de las más importantes aventuras militares de la Edad Media: la primera cruzada.

## Una cruzada para Tierra Santa

En noviembre de 1095, el siguiente Papa, Urbano II, convocó un concilio en Clermont, Francia, donde expuso sus planes para reconquistar los lugares sagrados y solicitó voluntarios para ir en una cruzada a Oriente. La respuesta fue abrumadora y, al poco tiempo, varios ejércitos compuestos en su mayoría por francos y normandos partieron hacia Constantinopla. Los nobles que dirigían esas fuerzas eran los hermanos menores e hijos de las casas aristocráticas francesas, deseosos de correr una aventura y sacar provecho de ella. Entre éstos cabe destacar a Godofredo de Bouillon, duque de la Baja Lorena; su hermano Balduino, que posteriormente sería coronado rey de Jerusalén; el conde Raimundo de Tolosa, cuyas tierras albergaban a los heréticos albigenses; Roberto, duque de Normandía, hijo primogénito de Guillermo el Conquistador; Bohemundo, príncipe de Tarento y su sobrino, el dinámico Tancredo. Estos nobles, junto a cientos de caballeros y miles de sirvientes, así como innumerables peregrinos, formaron unos indisciplinados ejércitos que marcharon a través de los Balcanes hacia Constantinopla. Una vez allí se unieron para formar una gran expedición destinada no sólo a reconquistar Jerusalén sino también a crear unos principados y ducados para sí mismos.

Previamente los bizantinos habían organizado numerosas expediciones contra los turcos y otros pueblos. En muchas de ellas, como la emprendida por el desdichado Romano, habían participado mercenarios francos, normandos, anglosajones y demás. Pero lo que distinguió esta empresa de otras y hace que hoy en día todavía nos interese fue su intensa religiosidad y el hecho de que fuera independiente del poder de Bizancio. Tras una expedición épica cargada de contratiempos y no pocas demoras, los cruzados llegaron a Jerusalén el 7 de junio de 1099. Dado que habían tardado quince meses en alcanzar Antioquía y no deseaban perder el tiempo ante las murallas de Jerusalén, pusieron de inmediato sitio a la ciudad. El 17 de julio la guarnición musulmana de la ciudad se rindió, pero fue un gesto inútil. En una de las mayores atrocidades registradas en la historia, los francos aniquilaron prácticamente a toda la población musulmana y judía, librándose sólo los cristianos, quienes debieron de quedar aterrorizados ante lo que presenciaron. Esta salvaje matanza provocó otra seria conmoción, esta vez en el mundo musulmán, que al cabo de un tiempo repercutiría en los descendientes de los mismos cruzados. Pues si con anterioridad a estos espantosos hechos los cristianos, judíos y musulmanes de Jerusalén habían convivido en relativa armonía, después de este holocausto todos recelaban de sus vecinos.

Esta primera cruzada, la única que alcanzaría un éxito rotundo, incidió en pofundidad en el pensamiento europeo. Jerusalén, «depurada étnicamente» de sus habitantes judíos y musulmanes, pasó a ser una ciudad cristiana y no tardaría en tener un rey franco: Balduino I.

## La célebre historia del Santo Grial

Desde el inicio de la campaña los cruzados se hallaban imbuidos de un fervor más propio de los guerreros del islam que de unos cristianos. Estaban convencidos de que habían emprendido una guerra santa y que si morían en el campo de batalla o fuera de él en acto de servicio tenían garantizado un lugar en el cielo. Aunque hoy en día esas creencias puedan parecernos un tanto ingenuas, en aquella época y en ese contexto eran consideradas totalmente normales. Uno de los motivos era el creciente sentimiento místico que pronto hallaría expresión en otra importante tradición del Medievo: la búsqueda religiosa. Ésta tenía su origen no en Bizancio sino en la lejana Inglaterra, que desde la conquista en 1066 de Guillermo de Normandía venía intrigando a los normandos con su ciclo de romances de Arturo.

En 1091, Robert Fitzhammon, que era conde de Gloucester y pariente de Guillermo el Conquistador, tomó inesperadamente los castillos de South Glamorgan. Aunque Gales estaba lejos de haber sido sojuzgado, el hecho complació a Guillermo II (Rufo), el hermano de Robert, duque de Normandía, y a Fitzhammon le bastó que le concedieran los títulos de conquistador de Gales y príncipe de Glamorgan. A diferencia de la acogida que les habían dispensado en Inglaterra, los normandos fueron bien recibidos en Gales y se casaron con las hijas de las principales familias de la región. Puesto que muchos de ellos descendían de los bretones del norte de Francia, se sentían fascinados por la historia de Inglaterra en tiempos de las invasiones sajonas y deseaban conocer los pormenores de la colonización de Bretaña y Normandía por emigrantes de Inglaterra durante ese período. Los normandos comprendieron de inmediato que esta conexión con los bretones apoyaba en cierto modo sus legítimas pretensiones a la corona de Inglaterra. Las leyendas galesas referentes al rey Arturo, que reinó en Inglaterra durante el siglo VI, entusiasmaban a la corte de los normandos. Pues así como Arturo había derrotado a los sajones en la batalla de Badon, el duque de los normandos, Guillermo, había destruido un ejército inglés en Hastings. Desde este punto de vista, Guillermo no había usurpado el trono de Inglaterra sino que lo había restituido a su legítimo dueño. Los normandos asimilaron también otros aspectos del folclore místico galés, como ciertas leyendas relativas a los hechos acaecidos a raíz de la crucifixión. Según varios relatos una copa, conocida por el nombre de «Santo Grial» y que algunos afirman que es el cáliz utilizado por Jesús en la última cena, fue llevada a Inglaterra por José de Arimatea poco después de la resurrección. Se decía que esta copa poseía propiedades milagrosas y su pérdida tuvo consecuencias desastrosas para el reinado del rey Arturo.

Aunque la leyenda del Grial en la forma en que ha llegado hasta nosotros no fue escrita hasta mediados del siglo XII, unos cincuenta años después de la primera cruzada, no cabe duda de que la idea de la búsqueda religiosa constituía ya en 1097 una fuerza motivadora para la aristocracia franca. Asimismo, la experiencia de la cruzada y sus secuelas tuvieron una profunda influencia en el desarrollo de la mitología artúrica. Uno de los hechos más importantes de esta cruzada ocurrió durante el largo e implacable asedio de Antioquía, cuando durante esta campaña se descubrió bajo el suelo de la Catedral de San Pedro una lanza, que según muchos fue la utilizada para traspasar el costado de Jesucristo.

Según afirma la leyenda un hombre llamado Peter Bartholomew, sirviente de un peregrino provenzal llamado William Peter, tuvo una visión durante la cual se encontró con san Andrés. Durante el sueño el santo lo trasladó en espíritu hasta la Iglesia de San Pedro, que en aquel entonces seguía en manos de los turcos y era utilizada como mezquita. El santo le mostró un lugar en el suelo de la capilla situada al sur donde, según le dijo, yacía oculta la lanza que había sido utilizada para traspasar el costado de Jesucristo. San Andrés ordenó entonces al hombre que relatara la historia al obispo de Le Puy y al conde Raimundo de Tolosa, su señor. Desconcertado por esta curiosa experiencia y temeroso de la recepción que dispensarían a un humilde campesino como él si se presentaba ante personajes de tan elevada alcurnia para relatarles esa historia, Peter se negó al principio a hacer lo que le pedía el santo. Pero tras otras visiones, al fin accedió a obedecerlo. Después de la conquista de la ciudad excavaron el suelo y Peter extrajo la lanza que se hallaba oculta. Ese hallazgo cambió el rumbo de las Cruzadas, que hasta entonces habían tenido escaso éxito. Las visiones de Peter y el hallazgo de la lanza en el lugar donde él había asegurado que se encontraba dio renovado ímpetu a los desanimados caballeros. Portándola como un talismán, los francos atacaron a un ejército de turcos que los estaban sitiando, y lograron alzarse con la victoria. Esto bastó para que todos ellos, salvo los escépticos más recalcitrantes, reconocieran la autenticidad de la lanza.

La historia de Peter Bartholomew demuestra que las Cruzadas estaban animadas por un sentimiento místico y que el destacado papel otorgado a la lanza de Longinus en posteriores leyendas sobre el Grial sin duda proviene de esta experiencia real vivida por los cruzados. Tampoco es inconcebible que muchos de ellos consideraran que parte de su misión consistiera en buscar otros objetos relacionados con la crucifixión, incluyendo el propio Grial.

En mi opinión, éste fue el motivo principal por el que un contingente de caballeros encabezados por Balduino de Boulogne (quien más tarde se convertiría en el primer rey de Jerusalén) y Tancredo, sobrino de Bohemundo, se separara del grueso del ejército cuando éste se apostó a las puertas de Antioquía y se dirigiera al este para tomar Edesa. Según se dice esta famosa ciudad fue la primera en convertirse al cristianismo y, como veremos más adelante, vino a desempeñar un papel preponderante en la leyenda del Grial.

Después de Constantinopla y Antioquía, Edesa era la tercera ciudad cristiana más importante del Imperio Bizantino. Ubicada en una precaria situación, en los bordes del Imperio en Mesopotamia septentrional, era muy vulnerable a un ataque enemigo. Había sido tomada por el rey persa Cosroes en el año 609, reconquistada por Heraclio en el 628 y capturada de nuevo por los árabes musulmanes en el 639. Durante la época de la primera cruzada se hallaba de nuevo, al menos temporalmente, en manos de los cristianos y tenía un gobernador armenio llamado Toros. Éste era teóricamente vasallo del emperador bizantino, pero en la práctica disponía de libertad para hacer lo que quisiera. Su situación, no obstante, era delicada, pues el pequeño principado estaba rodeado por un mar de musulmanes hostiles. Por tanto, la presencia en la región de un nutrido ejército de cruzados fue acogida por Toros como una bendición. Dado que era un anciano sin herederos por los que preocuparse, accedió a compartir el poder con Balduino a cambio de que los francos protegieran la ciudad y bajo estas condiciones los invitó a reunirse con él en Edesa. A su llegada a Edesa, Balduino y Tancredo (quien más tarde se convertiría en príncipe de Galilea y regente de Antioquía), acompañados por sus caballeros, fueron recibidos en olor de multitudes. En una singular ceremonia durante la cual Balduino se desnudó hasta la cintura y restregó su torso contra el de Toros y luego el de su esposa, fue adoptado como hijo y heredero de la pareja. Poco después el armenio fue asesinado por una enfurecida muchedumbre y Balduino pasó a ser conde de lo que había de convertirse en el primer estado cruzado.

La opinión histórica de que las Cruzadas no fueron sino un manto de respetabilidad que ocultaba las exacerbadas ambiciones de unos jóvenes caballeros franceses, empeñados en crear unos principados y ducados en beneficio propio, ya no está en boga. Esta opinión, defendida anteriormente por lord Runciman (autor de la famosa trilogía sobre las Cruzadas) fue desmontada por Jonathan Riley-Smith, editor de la *Oxford Illustrated History of the Crusades*, recientemente publicada. Escribe Riley-Smith:

> Pero si los acontecimientos intelectuales [después de la Segunda Guerra Mundial y el juicio de Nuremberg] pudieron haber predispuesto a la gente a contemplar con más simpatía a los cruzados, gran parte de las explicaciones sobre la participación de tantos hombres y mujeres en el movimiento insistían en que carecían de cultura o que tan sólo deseaban obtener ganancias materiales. Esta opinión estaba respaldada por la hábil, aunque endeble, sugerencia de que los cruzados se generaron a partir de unas estrategias familiares cuyo fin era la supervivencia económica [...].
>
> Lo cierto es que resultaba difícil atribuir a unos hombres y unas mujeres sinceros una ideología tan repulsiva como la de las cruzadas; era más fácil creer que eran demasiado simples para saber lo que hacían o aducir que estaban motivados, al margen de lo que ellos afirmaran, por el deseo de conseguir tierras o un valioso botín, aunque esta explicación habría sido difícil de sostener. Todo el mundo sabía que las guerras medievales eran costosas y se había publicado gran cantidad de material, aunque muchos no lo hubieran leído, que demostraba los sacrificios económicos que esos hombres y sus familias habían tenido que hacer para participar en las Cruzadas[7].

Las cruzadas constituyeron una empresa larga y ardua, cuyos costes superaron con mucho cualquier recompensa material que pudieran haber reportado. No sólo eso, sino que a menudo la experiencia resultaba fatal. Todo indica que las Cruzadas, al menos en los primeros tiempos, eran esencialmente un acto de penitencia. Combinaban el servicio armado con el peregrinaje y como tal atrajeron a una nobleza cuya literatura favorita consistía en las aventuras del rey Arturo y los caballeros de la tabla redonda. Participar en las Cruzadas equivalía a emular a personajes como Yvain, Lancelot y, por supuesto, el propio Arturo.

A medida que revisaba la historia de Balduino en Edesa, más convencido estaba de que el episodio encerraba un enigma. Para las Cruzadas en términos generales, Edesa poseía escaso valor estratégico y su defensa resultaba muy costosa. Estaba situada al otro lado del Éufrates, una barrera formidable a la hora de enviar refuerzos, y rodeada de numerosos principados musulmanes. Una vez en Edesa era muy difícil emprender la retirada. Al igual que Craso en Carrhae, en el 53 a.C., los francos disponían de poca protección en caso de que la situación se torciera y se encontraran expuestos a un ataque enemigo. Desde el punto de vista militar habría sido mejor trazar una línea a lo largo de la orilla oriental del Éufrates y haberla asegurado, conquistando Alepo, Damasco y las otras ciudades sirias, en lugar de seguir defendiendo esta remota plaza. Sin embargo, esto fue precisamente lo que hizo Balduino. La única conclusión que cabe deducir es que los motivos que le llevaron hasta Edesa no eran políticos sino religiosos. Sin duda conocía la extraordinaria historia de la ciudad y es posible que Toros le revelara otra cosa: que el Mandylion seguía oculto allí.

Puede que el Santo Grial se hubiera perdido para siempre, pero el Mandylion de Edesa era un objeto muy antiguo y bien conocido por los cristianos de todo el mundo. Aunque probablemente se trataba de un simple retrato de Jesús pintado por Hanán, el secretario de Abgar, en la Europa medieval se creía que era la impresión del rostro de Cristo tras habérselo enjugado con una toalla antes de su crucifixión. Esto lo convertía en una reliquia de inmensa trascendencia dado que era el único objeto existente (aparte del fabuloso cáliz de la última cena, cuyo paradero nadie conocía) impregnado con la sangre del Salvador. No sólo eso, sino que constituía además un «auténtico icono», la faz de Dios como hombre, y por tanto un objeto digno de ser venerado. En la enfervorizada atmósfera religiosa que imperaba a fines del siglo XI, era un tesoro de incalculable valor, muy superior al de la cruel lanza de Longinus. Para un caballero cristiano, la recuperación del Mandylion constituía una proeza de igual calibre, si no mayor, que la de limpiar Jerusalén de infieles.

Bajo esta óptica, era evidente que la principal motivación de los cruzados al ir a Edesa era más espiritual que temporal. Para lograr que Balduino y Tancredo se separaran del grueso del ejército y fueran a Edesa, Toros el armenio debió de prometerles una importante recompensa. Ahora bien, J. B. Segal escribe que hacia el 700 d.C. los de Edesa, al exigírseles el pago de unos impuestos que no podían satisfacer, fueron chanteajeados por un tal Atanasio, que les obligó a empeñar el Mandylion en su favor a cambio de quinientos denarios[8]. A continuación Atanasio mandó hacer una copia del Mandylion por un renombrado pintor, que logró hacer que pareciera la reliquia original. Cuando los edesianos devolvieron el préstamo a Atanasio éste les entregó la copia y se quedó con el original. Atanasio era un devoto jacobita[9] y posteriormente, con permiso del califa, construyó un nuevo baptisterio en el que según parece depositó el Mandylion. Tal como hemos visto, cuando los bizantinos llegaron en el 943 d.C. y exigieron el Mandylion a cambio de los prisioneros de guerra musulmanes, existían al menos tres «Mandylion» creíbles que eran venerados en Edesa, uno por cada una de las sectas principales: melquitas[10], jacobitas y armenios. No sabemos exactamente lo que ocurrió a continuación pero todo parece indicar que se celebró una especie de «concurso de belleza». Los bizantinos, sin duda aconsejados por sus amigos melquitas, cogieron la reliquia que creían era la original y devolvieron las otras dos. En este juego de «en busca del tesoro», no es imposible que fueran engañados y se llevaran una copia. Asimismo, es muy probable que todos los Mandylion que les mostraron, es decir, los que estaban expuestos públicamente, fueran falsos y que el auténtico se hallara oculto. A fin de cuentas, es posible que Atanasio mandara hacer más de una copia y que ni siquiera poseyera la reliquia original.

Sea cual fuere la verdad, que probablemente nunca sabremos con certeza, es posible que en 1098 Toros tuviera un Mandylion —tal vez el auténtico— en su poder. Como gobernador de la ciudad tenía acceso a muchos tesoros ocultos que habían sido reunidos a lo largo de los siglos y, según constató posteriormente Balduino, éstos tenían un notable valor. Por consiguiente no es descabellado pensar que entre ellos se encontrara uno de los Mandylion. Aun así, si Toros poseía uno habría sido un secreto celosamente guardado. Los armenios, aunque eran los edesianos más ricos, constituían una minoría en comparación con los griegos y los sirios, quienes sin duda habrían exigido que se les entregara la reliquia. En cualquier caso, nadie podía alardear de poseerla. El chantaje a Balduino seguramente consistía en la oportunidad de verlo y presumiblemente hacerse cargo de él tras la muerte de Toros. No cabe duda de que era una magnífica recompensa, merecedora del viaje desde Antioquía.

El cualquier caso, lo cierto es que en tiempos de la primera cruzada el Mandylion era reverenciado como una reliquia sagrada. Su relación, al menos según los cristianos, con la historia de la crucifixión y la creencia de que estaba impregnado de la sangre de Jesús lo vincula a la leyenda del Grial. Este mito había desarrollado una arcana estructura propia, casi independientemente de las antiguas leyendas galesas sobre Arturo. Es muy probable que, al menos en parte, el motivo de que Balduino fijara su residencia en Edesa fuera la esperanza de averiguar más detalles relativos al paradero del Grial y otras cuestiones esotéricas relacionadas con los fundamentos del cristianismo.

Comprendí que sin darnos cuenta habíamos topado con algo más, el secreto que encerraba el castillo del Grial. Según las leyendas, el Grial se encontraba bajo la protección de un guardián conocido como el rey pescador. El héroe, Perceval o Galaad, debe dirigirse a su castillo para hallar el Grial y restituirlo al erial que era entonces Inglaterra. El rey pescador es un anciano y aunque se mantiene vivo gracias a los poderes mágicos que emana el Grial, padece a causa de una herida incurable, al parecer infligida involuntariamente por la misma lanza sagrada que traspasó el costado de Jesucristo. El anciano sólo hallará alivio a sus sufrimientos cuando un digno caballero se presente y asuma la responsabilidad de cuidar del Santo Grial. No obstante, no basta con que se presente el caballero en el castillo y vea el Grial, sino que debe formular la siguiente pregunta: «¿A quién sirve?» Sólo entonces le es revelado por completo y podrá hacerse cargo de la preciada reliquia.

El Grial es un objeto misterioso e inaprehensible relacionado con la crucifixión. Por lo general es el cáliz de la última cena, pero en ocasiones viene a ser una gran bandeja o incluso una piedra milagrosa. La historia tiene muchas variantes según quien la relate, pero los ingredientes esenciales son un castillo, un anciano guardián, conocido como el rey pescador, que tiene una herida, un objeto milagroso asociado con la sangre de Jesucristo y un caballero andante. Ahora bien, puesto que Edesa, desde tiempos inmemoriales, había sido famosa por sus estanques de peces, el rey que gobernaba la ciudad era en un sentido muy real un «rey pescador». En el pasado estos reyes se solían llamar Abgar y ese nombre, según el profesor Segal, significa «cojo» en siríaco o «sufrir una hernia umbilical» en árabe[11]. El Mandylion, por el que Edesa era célebre en el mundo entero, supuestamente «no había sido creado por manos humanas» sino por Jesús, que se había secado el rostro con una toalla. Por tanto, decían que estaba impregnado de su sangre. No sólo eso, sino que aseguraban que había curado al primer Abgar de su cojera cuando le fue mostrado por el apóstol Tadeo. Todos estos vínculos tan estrechos conducían inevitablemente a una conclusión: los Abgares eran los reyes pescadores, el Mandylion era el Grial y Edesa era su castillo secreto. Si Edesa había sido realmente el castillo que albergaba el Grial, no existía un lugar más apropiado para él. Ésta era la ciudad donde se supone que Abraham, el patriarca de los árabes, judíos y cristianos, había nacido. En cuanto a santidad se halla al mismo nivel de Jerusalén, Belén, La Meca o cualquier otro lugar del mundo judío, cristiano o musulmán. La lámpara de Aladino que el comerciante árabe nos había enseñado, aunque probablemente era una representación de Sin, el dios lunar, era un objeto emblemático del rey pescador, quien en cierto sentido era el propio Abraham.

Cuando la leyenda del Santo Grial fue escrita por Chrétien de Troyes y Wolfram von Eschenbach a fines del siglo XII, Edesa había dejado nuevamente de ser cristiana. El condado franco había sido atacado de forma periódica por los turcos durante prácticamente toda su existencia. No obstante, bajo Imad al-Din Zangi, el atabeg de Mosul, éstos contaban al menos con un líder dotado de las aptitudes y la fuerza de carácter necesarias para expulsar a los francos. El 28 de noviembre de 1144, mientras el conde Joscelin con el grueso de su ejército había partido hacia Turbesel, junto al Éufrates, Zangi puso sitio a Edesa. Los ciudadanos y clérigos que custodiaban las murallas no consiguieron detener a los soldados turcos y, la víspera de Navidad, éstos derribaron las defensas. La mayor parte de armenios, griegos y sirios salvó la vida y se les permitió que siguiera practicando su religión en sus iglesias como venían haciendo hasta entonces. Pero quizás en memoria de la matanza de Jerusalén, acaecida casi medio siglo antes, todos los varones francos que se hallaban en la ciudad fueron ejecutados inmediatamente, sus esposas e hijos fueron capturados como esclavos y conducidos fuera de la ciudad y sus iglesias destruidas.

Después de alcanzar otras victorias Zangi regresó a Mosul

como héroe conquistador y, tras haber derrocado a su señor, fue confirmado en el trono por el califa de Bagdad. No gozó mucho tiempo de este honor, pues en septiembre de 1146 fue asesinado por un eunuco franco. Presintiendo que había llegado el momento de contraatacar, el conde Joscelin, acompañado por un pequeño contingente de soldados y con ayuda de algunos cristianos que residían en la ciudad, trató de invadir Edesa. Pero no logró conquistar la ciudadela y, a los pocos días, el hijo de Zangi, Nur al-Din, llegó acompañado de refuerzos. Aunque Joscelin consiguió escapar, su ejército fue capturado cerca del Éufrates y los refugiados que lo acompañaban —hombres, mujeres y niños— murieron asesinados. Sin la presencia disuasoria de Zangi, Edesa fue sometida a un pillaje de proporciones asirias. En castigo por su perfidia, los cristianos que lograron sobrevivir a la matanza fueron conducidos fuera de la ciudad y obligados a ir a pie, desnudos, hasta los mercados de esclavos de Mosul y Bagdad. Los que no podían proseguir la marcha, los ancianos, los jóvenes, los débiles y los cojos, eran liquidados sin comtemplaciones. La ciudad fue saqueada, sus tesoros expoliados, sus grandes iglesias utilizadas a modo de establos y graneros o demolidas para levantar mezquitas en su lugar. Al poco tiempo no quedaba rastro de lo que antiguamente había sido esta gran ciudad, «el ojo de Mesopotamia». Se había convertido en poco menos que en una ciudad fantasma, un lugar sembrado de ruinas y sueños destrozados. A partir de entonces y a lo largo de casi mil años permanecería sumida en un letargo, sin que sus ciudadanos conocieran los extraordinarios secretos que ocultaba.

## Guardianes del Grial

Balduino, conde de Edesa, no residió mucho tiempo en la ciudad. A raíz de la captura de Jerusalén en 1099, hubo muchos debates sobre la forma en que la Ciudad Santa debía ser administrada. Tras largas deliberaciones se decidió ofrecer la corona a Godofredo, duque de la Baja Lorena, dado que poseía las credenciales aristocráticas necesarias y la voluntad de permanecer en Tierra Santa después de que la mayoría de otros grandes nobles hubiera regresado a Europa. No obstante, aunque aceptó el cargo, Godofredo rechazó la unción, prefiriendo que se refirieran a él simplemente como *Advocatus Sancti Sepulchri*: «Defensor del

Santo Sepulcro». Dada la oposición de la Iglesia a un cargo secular superior a los cargos designados por ella, probablemente fue un gesto sensato. Sin embargo, el reinado de Godofredo, que estuvo caracterizado por la debilidad ante la Iglesia y los vasallos poderosos como Tancredo, no duró mucho tiempo. El 18 de julio del año 1100, casi un año después de la captura de Jerusalén, Godofredo murió probablemente a causa del tifus. De nuevo se produjo un vacío en el trono. Todos comprendieron de inmediato que sólo había un hombre capaz de llenarlo: Balduino, hermano de Godofredo. Balduino, a diferencia de su hermano, no se mostró temeroso de recibir la corona sagrada que muchos creían que pertenecía sólo a Jesucristo, y el 11 de noviembre fue ungido rey de Jerusalén, pasando su condado de Edesa a manos de su primo Balduino de Le Bourg. Posiblemente Balduino estuviera perplejo ante el giro que había tomado su destino, aunque no era inmerecido. Afirma Stephen Runciman:

> De todos los grandes líderes fue Balduino, el hijo más joven y sin dinero del conde de Boulogne, quien triunfó. Uno tras otro sus rivales fueron eliminados. Muchos de ellos regresaron a Occidente, Roberto de Normandía, Roberto de Flandes, Hugo de Vermandois y Esteban de Blois... Balduino aguardó pacientemente y aprovechó las oportunidades que se le ofrecieron. De todos los caballeros demostró ser el más hábil, el más paciente y el más perspicaz. Consiguió su recompensa, y el futuro demostró que muy merecidamente. Su coronación fue gloriosa y supuso un final feliz a la historia de la primera cruzada[12].

Balduino se dispuso de inmediato a organizar su reino. Uno de los problemas más serios, que persistiría durante toda su existencia, era la escasez de hombres. Aunque los cruzados estaban dispuestos a ir a Oriente para luchar e incluso morir por Jesucristo, pocos deseaban permanecer allí toda su vida. La mayoría de los nobles poseía propiedades y familias en los países de los que provenía. No era probable que renunciaran a ellas permanentemente para convertirse en vasallos de Balduino. Era preciso hallar el medio de solventar este problema, y la solución residía en el establecimiento de la primera orden militar: los Templarios. Balduino falleció el 2 de abril de 1118 y le sucedió su primo Balduino II, quien también había ocupado el cargo de conde de Edesa. Se dice que un tal Hugo de Payen, un noble de la Champaña, se presentó ante Balduino para hablar sobre la fundación de la orden, inicialmente denominada «Los Caballeros Pobres de Cristo», poco después de que aquél fuera coronado[13].

Aunque la orden se amplió y se convirtió en la mayor y más rica de Europa, inicialmente se componía de tan sólo nueve caballeros, cuyo número no aumentó durante nueve años. Balduino les permitió utilizar la Mezquita de Al Aqsa, situada sobre el monte del Templo de Jerusalén, como cuartel general, un privilegio que sólo les concedió a ellos. La estrecha relación de la orden con el monte del templo queda confirmada por el hecho de que las iglesias que construyeron en Europa eran casi siempre de diseño circular, en imitación de la cúpula que hay sobre la roca[14]. Bajo Balduino II, los Templarios prosperaron. Su orden y la de sus rivales, los Caballeros Hospitalarios de San Juan, llegaron a ser indispensables para la seguridad del reino. Sin embargo, no tenían que responder directamente al rey, pues los grandes maestres eran quienes tenían autoridad absoluta y control sobre todos los asuntos operativos. En Europa ocurrió lo mismo. Gracias a las donaciones, la orden se hizo muy rica. De hecho, constituía un conglomerado internacional con intereses en la banca, la navegación, el turismo, defensa y muchas otras actividades. Dado que se hallaban fuera de la jurisdicción de los reyes nacionales, no es de extrañar que suscitaran muchas envidias, en especial de Felipe el Hermoso, rey de Francia. En 1307, Felipe dio orden de que todos los Templarios de su reino fueran arrestados y sus tierras confiscadas en beneficio de la corona. A instancias de Felipe, el papa ordenó a las testas coronadas de Europa que hicieran otro tanto. Salvo en Portugal, donde el rey Denys se negó, los otros acataron, no sin cierta reluctancia, las órdenes del papa. Basándose sus acusadores en unas pruebas muy endebles, los Templarios fueron condenados por herejía y blasfemias contra Jesucristo. Aunque la mayoría de ellos sobrevivió a las torturas y confesiones forzadas a que fueron sometidos, el gran maestre, Jacques de Molay, y Geoffrey de Charnay, preceptor de Normandía, fueron quemados públicamente en la hoguera.

Una de las principales acusaciones vertidas contra la orden era que los Templarios veneraban una extraña cabeza. Ian Wilson, en su fascinante estudio sobre la Sábana Santa de Turín[15], sugiere que esta «cabeza» pudo haber sido el mismo Sudario, doblado de tal forma que sólo era visible la cabeza. Su libro *The Turin Shroud*, recorre un laberinto de datos a fin de convencernos de que el Sudario, que según creen muchos fue el que envolvió el cuerpo de Jesús antes de ser depositado en la tumba de José de Arimatea, es en efecto el Mandylion. Éste, según afirma Wilson, fue supuestamente trasladado a Constantinopla en el 944 para conservarlo junto con el resto de tesoros imperiales. Dado que éstos fueron robados durante el saqueo de Constantinopla por los soldados de la cuarta cruzada, Wilson aduce que el Mandylion (y por tanto el Sudario) pudo haber caído en aquel tiempo en manos de los Templarios.

Lamentablemente, aunque algunos de sus argumentos resultan convincentes, éstos fueron desmontados después de que se hubiera analizado la fecha del Sudario mediante el sistema del carbono y quedara demostrado que se trata de una falsificación medieval[16]. No obstante, es posible que las conexiones que señala Wilson entre el Mandylion y los Templarios sean ciertas. Si Balduino poseía un retrato de Jesús (un Mandylion), que él creía auténtico, es lógico que le preocupara la seguridad de un objeto tan valioso. Lo más sensato era crear una orden selecta, en gran medida una copia de los legendarios caballeros del Santo Grial de la tabla redonda del rey Arturo, para que custodiaran esta reliquia. Al reflexionar sobre ello se me ocurrió que los Templarios, aunque no poseían el Sudario tal como creía Wilson, sí poseían un «Grial», el Mandylion. Empecé a comprender que el auténtico arcano que rodeaba la leyenda del Grial, al menos tal como se interpretaba en la Francia y Germania medievales, tenía muy poco que ver con el rey Arturo inglés, ya que provenía de las tradiciones cristianas gnósticas. Éstas seguían vivas en el Próximo Oriente por la época de la primera cruzada y, a resultas de esa aventura, algunos de los cruzados debieron de tener contacto con ellas. La historia de la búsqueda de los caballeros, al igual que la de los magos, se convirtió en un manto bajo el cual los conocimientos místicos y secretos pasaron de Oriente a Occidente. Antioquía, donde la lanza de Longinus había sido hallada por Pedro el eremita, fue uno de los lugares donde se originaron esas ideas, pero a finales del siglo XI fue en Mesopotamia septentrional donde tales ideas seguían vivas. Aun después de que los territorios de Oriente fueran sometidos al control político y religioso de distintos grupos, algunos elementos del cristianismo gnóstico persistían. En los viejos monasterios, grutas y valles perdidos los hombres seguían practicando sus antiguos ritos y conservaban cierto contacto con el gnosticismo. Todo indica que fue con uno de esos grupos, descendientes de una antigua orden llamada la Hermandad Sarmoung, con el que Gurdjieff entró en contacto en la región de Nusaybin (Nisibis) entre 1880 y 1890. Prueba de que era muy probable que otros misterios hubieran sido transmitidos a Occidente eran unas monedas que me mostraron en Edesa y que databan de los tiempos de los romanos. Según constaté más tarde, esas monedas indicaban que algunas personas poseían ciertos conocimientos sobre las religiones astrales de esas regiones mucho después del advenimiento del cristianismo. Sospeché que dicho hallazgo me permitiría seguir el rastro de la misteriosa «escuela de los persas».

## NOTAS

1. Tal como se ha descrito en el capítulo 7, regresamos a Arsameia para medir el ángulo del pozo en el yacimiento base 3.

2. La importancia del agua, sobre todo los pozos, en la vida de Harrán aparece en las escasas referencias a la ciudad que figuran en la Biblia. Cuando Abraham envió a su sirviente a Harrán en busca de esposa para su hijo Isaac, hizo un pacto con Dios en el sentido de que la primera mujer que le ofreciera a él y a sus animales agua de un pozo situado fuera de la ciudad se casaría con Isaac. La historia tiene un final feliz, pues la joven resultó ser Rebeca, prima de Isaac, con el cual se desposó.

3. D. Luckenbill (trad.), *Ancient Records of Assyria and Babylonia - Part 2*, p. 45.

4. El obelisco negro se encuentra actualmente en el Museo Británico.

5. D. Luckenbill (trad.), *Ancient Records of Assyria and Babylonia - Part 2*, p. 353.

6. Ibíd., p. 354.

7. J. Riley-Smith (ed.), *The Oxford Illustrated History of the Crusades*, p. 6.

8. Véase J. B. Segal, *Edessa: «The Blessed City»* (Oxford at Clarendon Press, 1970).

9. El nombre aplicado a la Iglesia monofisita siria en honor de su fundador, Jacob Baradeus, antiguo obispo de Edesa.

10. Los melquitas constituían la Iglesia «monárquica» (melcha significa rey), que suscribía las enseñanzas oficiales propugnadas por la corte bizantina.

11. Véase J. Segal, *Edessa: «The Blessed City»*, p. 16.

12. S. Runciman, *A History of the Crusades*, vol. I, p. 326. [*Historia de las Cruzadas*, Alianza Ed., S.A., Madrid, 1973.]

13. Existen motivos para creer que Balduino I pudo haberse encontrado con Hugo de Payen unos años antes; véase M. Baigent, R. Leigh y H. Lincoln, *Holy Blood and Holy Grail* (Jonathan Cape, Londres, 1982), p. 37.

14. Se trata de un edificio musulmán que ocupa el lugar del Santo de los Santos original, el Templo de Salomón, que judíos, cristianos y musulmanes consideraban y consideran extremadamente sagrado. Es de planta octogonal y está coronado por una cúpula dorada.

15. La Sábana Santa de Turín consiste en un pedazo de tela alargado sobre el que figura impresa la forma de un hombre que parece haber sido crucificado. Desde que apareció en el siglo XIV su procedencia siempre ha sido dudosa, y su nombre se debe a la ciudad de Italia donde se guarda en la actualidad.

16. Véase L. Picknett y C. Prince, *Turin Shroud, In whose Image?* [*El enigma de la Sábana Santa*, Martínez Roca, S.A., Barcelona, 1996.]

# 10

# LOS PILARES DE NEMROD

Tal como hemos visto, poco después de la primera cruzada se formaron dos órdenes militares. Una de ellas era la de los Templarios, íntimamente relacionados con la leyenda del Santo Grial y probablemente con el Mandylion de Edesa. La otra orden, que había sido fundada un poco antes como orden religiosa y todavía existe hoy en día, era la de San Juan Bautista. La Orden de San Juan, al igual que la de los Templarios, se hizo inmensamente rica y poderosa, consiguiendo evitar el oprobio que cayó sobre la primera. Los Caballeros Hospitalarios, como vinieron a ser llamados, construyeron un gran número de castillos inmensamente poderosos en Tierra Santa, tales como Krak de los Caballeros, Margat y Belvoir. Incluso después de verse obligados a abandonar el país, se aferraron en primer lugar a la isla de Rodas y más tarde, cuando fueron expulsados de allí por los turcos, tras un asedio de seis meses en 1522, a Malta. Cuando los Templarios fueron forzados a dispersarse, en 1314, la Orden de San Juan se hizo aún más rica y heredó gran parte de las antiguas propiedades de sus rivales.

El motivo de que esta orden estuviera consagrada a un santo que no tenía relación alguna con la milicia ni con el servicio hospitalario constituye un misterio. No obstante, el papel de san Juan en la «comunión de los santos» es también un misterio. Según la tradición se halla situado, en la jerarquía de los santos, sobre los apóstoles y sólo con menor rango que la Virgen María. La mayoría de iglesias medievales poseía un altar dedicado a él y a menudo aparece, como en el díptico de Wilton, vistiendo una rústica túnica de pelo de camello y sosteniendo al cordero de Cristo en brazos.

El culto de san Juan estaba muy extendido durante la Edad Media y en Damasco existía antiguamente un santuario que contenía sus reliquias. Si eran auténticas o no es tema de debate pero la Biblia afirma que después de su muerte sus discípulos recogieron su cadáver y lo enterraron. Estas reliquias, o algunas de ellas, al parecer fueron trasladadas a Edesa, y el profesor Segal sugiere que quizá se depositaran en el gran baptisterio que se construyó en el 369-370 d.C.[1] Es posible que fueran las mismas reliquias que actualmente se exponen en el Museo Topkapi de Estambul. Ahí, en una vitrina situada en una sala próxima donde se hallan el manto y la espada de Mahoma y para regocijo de los turistas que visitan el museo, hay un pequeño relicario. Está engarzado con gemas y fue confeccionado para albergar el objeto que se halla junto al mismo, un fragmento del cráneo del Bautista. Junto a él hay otro relicario de oro que muestra la forma de un brazo izquierdo. Éste, según la leyenda, contiene los restos del fragmento de anatomía humana más venerada de la historia; la mano que bautizó a Jesús. A los ojos de los fieles sin duda ese gesto es lo que lo eleva a la máxima categoría en la jerarquía del santoral, pero todo parece indicar que esta historia encierra algo más que un mero bautismo, aunque fuera el de Jesús.

Según los Evangelios, Juan era primo de Jesús, hijo de Isabel, pariente de María, y de su esposo Zacarías, sacerdote del templo. Juan constituye una figura enigmática, un tosco extranjero que censura con dureza a los ancianos judíos y a través de su bautismo prepara el camino a Jesús. Un vez cumplida su misión, cae víctima de las maquinaciones de Herodías, la vengativa esposa de Herodes, la cual se las ingenia para que lo maten y entreguen su cabeza sobre una bandeja a su hija Salomé. Este macabro acontecimiento, con su sensual prólogo, la «danza de los siete velos», ha atraído la imaginación de los cristianos a lo largo de los siglos. Con todo, Juan sigue siendo un personaje misterioso, quizás el más extraño del Nuevo Testamento. El motivo de que este asceta, aficionado a alimentarse a base de miel y saltamontes, ocupe una posición superior a Pedro y Pablo, aunque queda claro en el Credo de los Apóstoles, no ha sido explicado por la Iglesia. No obstante, no tardé en comprobar que no se trataba de un hecho fortuito y que seguramente era conocido por la Iglesia primitiva. Al igual que en el caso del Santo Grial, la clave de este misterio se encerraba en Urfa.

En el siglo I a.C., los abgares de Edesa tuvieron la difícil tarea de mantener su independencia de las autoridades imperiales. Hacia el este se hallaba el Imperio de Partia, sus suzeranos teóricos y, en ocasiones, reales. Hacia el oeste se encontraba Roma, que en aquel tiempo estaba llevando a cabo la transición de república a Imperio. El primer conflicto grave entre estas dos bestias ocurrió, como hemos visto, frente a las murallas de Carrhae (Harrán) en el 53 a.C., cuando Craso fue ignominiosamente derrotado y asesinado. El papel de Abgar II en este catastrófico hecho, según Roma, fue en el mejor de los casos ambiguo. A Abgar le tocó la nada envidiable tarea de mantener contento a Craso procurando al mismo tiempo aplacar a Surena y a los partos. Tanto su propia supervivencia como la de su dinastía dependían de que consiguiera mantener cierto equilibrio, impidiendo que ninguno de los bandos alcanzara la supremacía en la región de Mesopotamia septentrional.

Una de las monedas que nos enseñaron, y de las que tomamos varias fotografías, dejaba entrever este dilema, al que de un modo u otro se enfrentaban todos los toparcas de Edesa. Eran unas monedas de bronce y, puesto que en tiempos de los romanos era costumbre dejar que las ciudades acuñaran monedas que no fueran de plata ni de oro, constituyen una importante fuente de información para cualquier arqueólogo. A nuestro regreso Dee y yo conseguimos que un experto identificara esta moneda, que había sido acuñada en Edesa durante el reinado del emperador romano Severo Alejandro (222-235 d.C.). En la cara de la moneda figura su cabeza, mientras que en el dorso aparece un curioso dibujo que representa a un rey sentado en el trono. Era normal que ciudades como Edesa estamparan en el reverso de sus monedas unas imágenes de significado local. Aunque Edesa había pasado a ser una co-

Moneda acuñada en Edesa en la que aparece la figura de Jano, 222-235 d.C.

lonia de Roma, tras haber sido capturada en el 213 por el emperador Caracalla, existía, según las crónicas sirias, un rey llamado Ma'nu, hijo de Abgar el Grande. Dado que gobernó en Edesa, al menos en teoría, durante el reinado de Severo Alejandro, parece probable que sea la figura que aparece en el reverso de la moneda. Aunque con el paso del tiempo la moneda había sufrido un grave deterioro, al examinarla detenidamente comprobamos que ese «rey» posee dos caras, es decir, está representado como el dios romano Jano. Ahora bien, este dios, que da su nombre al mes de enero, era asociado con puertas. Por consiguiente, era el guardián del tiempo y del espacio. En una de las monedas aparece una de sus caras mirando hacia arriba a la izquierda y la otra hacia abajo a la derecha. Está sentado con las piernas cruzadas y con la mano derecha señala una pequeña estrella. Frente a él aparece una «estrella» de mayor tamaño, que probablemente representa el Sol. Al observar esta imagen se me ocurrió que Ma'nu, si podemos llamarlo así, indica que Edesa constituye una especie de puerta entre Oriente y Occidente y entre la Tierra y el cielo: un concepto que encajaba con la idea de que la ciudadela viniera a ser el castillo del Grial del rey pescador.

La segunda moneda era mucho más clara y fácil de interpretar. No es tan antigua como la primera y parece datar de la época de Justiniano I, el emperador bizantino que gobernó entre el 527 y 565 d.C.[2] Muestra lo que a primera vista parece ser una «M» pero que en realidad constituye una pequeña figura que está de pie con los brazos pegados a dos columnas. Junto a la columna derecha figura el símbolo de la Luna —utilizado comúnmente en las monedas de Edesa debido a su antigua vinculación con el Tem-

Moneda acuñada en Edesa en la que aparece Abraham entre dos pilares, 527-565 d.C.

plo de Sin—, mientras que sobre la figura central vemos una cruz que representa el Sol o el cristianismo.

Al principio la figura central me desconcertó, hasta que recordé algo que había leído en nuestras guías turísticas sobre las leyendas de Urfa. Según ellas, Nemrod fue el célebre fundador de Orhay, el nombre original de Edesa. Debió de vivir hasta una edad muy avanzada, puesto que arrestó a Abraham, de quien según la Biblia le separan siete generaciones. Nemrod ordenó primero que sujetaran a Abraham a las dos grandes columnas que se hallan en el monte de la ciudadela y luego, en un acceso de rabia, arrojó al patriarca al valle desde las murallas del castillo. No obstante, sus intentos de acabar con la vida del patriarca se vieron frustrados, pues Dios hizo que aparecieran los estanques de peces que se hallan al pie del castillo y que amortiguaron la caída de Abraham. Ante el asombro de Nemrod, Abraham salió ileso de la prueba. El hecho de que los pilares no se erigieran hasta el año 200 d.C. y que la moneda date del reinado de Justiniano I, entre 527 y 565 d.C., indica que este mito debió de desarrollarse entre los siglos III y VI. Aunque a primera vista el mito de Abraham y Nemrod parece una de esas deliciosas leyendas que tanto complacen a los peregrinos, al examinarla más a fondo descubrí que encierra la clave de otros enigmas.

El profesor Segal, en su interesante libro titulado *Edessa: «The Blessed City»*, alude a la forma en que antes del advenimiento del cristianismo, no sólo en Edesa sino en otras ciudades vecinas de aquella región, el gobernante o *budar* solía sentarse en una silla especial. Esta silla era asociada con uno de los pilares sagrados. La ciudadela de Edesa era conocida como «el trono de Nemrod», lo que indicaba una conexión entre este rey legendario y el *budar* de la ciudad. Según el profesor Segal, la silla del *budar* y el pilar al que era asociado constituían emblemas del culto del dios llamado «Marilaha» (el gran señor):

> La silla y el pilar, en cuanto emblemas del culto de Marilaha, poseen distinto significado. Aparecen en miniatura en una moneda de Edesa correspondiente al reino de Heliogábalo (218-222). Asimismo figuran inscritas en unas monedas del Wa'el[3] de Edesa durante cuyo reinado fueron dedicadas las inscripciones de Sumatar[4]. En estas monedas aparece un templo con un frontón y unos peldaños que conducen a él; dentro hay un «objeto de culto cúbico, sobre una base sostenida por dos

patas curvadas». Se trata evidentemente de un mueble religioso. En el frontón del templo se observa una estrella, que sin duda indica un culto planetario[5].

De hecho, tal como nosotros mismos pudimos constatar, sobre la ciudadela hay unas ruinas que parecen corresponder a una plataforma escalonada situada justo detrás de los pilares hacia el sur. Dado que esto no ha sido investigado arqueológicamente, es difícil afirmar de qué se trata. No obstante, a mi esposa y a mí nos pareció un edificio semejante al que describe el profesor Segal. Aquí podía haber un trono ceremonial, o *budar*, con un frontón por encima.

Como fundador legendario de Edesa, Nemrod es asociado con la silla sagrada; además, el hecho de que a la ciudadela se la denomine todavía «el trono de Nemrod» subraya esta relación. Posteriormente descubrí que existían otros vínculos entre este fundador de ciudades y el culto astral. Según la Biblia, Nemrod era bisnieto de Noé y, al igual que Egipto (o Misráim), descendía de Cam, hijo de Noé:

«Abraham»/Orión entre los pilares en Edesa.

> Hijos de Cam: Kus, Misráim, Put y Canaán [...]. Kus engendró a Nemrod, el primero que llegó a ser poderoso en la Tierra. Fue un esforzado cazador a los ojos de Yahvé, y por eso se dice: «Valiente cazador a los ojos de Yahvé, como Nemrod.» El comienzo de su reino fue Babel, Erek, Acad y Kalné, en la tierra de Sinar. De esta tierra marchó a Assur y edificó Nínive, Rejobot Ir, Kálaj y Resen, entre Nínive y Kálaj: ésta fue la ciudad grande[6].

Así, Nemrod es asociado con la fundación de la civilización mesopotámica del mismo modo que Egipto se convierte en el padre de los egipcios. Sin embargo está claro que dicho párrafo encierra un significado esotérico más allá de la información genealógica que contiene. Según el profesor Giorgio de Santillana y Hertha von Dechend, Nemrod, el «valiente cazador a los ojos de Yahvé», al igual que Hércules en Comagene, personifica la constelación de Orión[7]. Esta asociación de la astrología con Edesa en tiempos de los reyes ha sido también confirmada por el profesor Segal:

> Cuando, hoy en día, volvemos a Edesa que se halla bajo la monarquía, comprobamos que sus habitantes veneraban los planetas como sus vecinos de Palmira, Harrán y Hierápolis. La observación de las estrellas constituía el punto de unión entre la religión popular y los complejos sistemas cosmológicos de los filósofos. Baidasan [un famoso poeta y compositor de canciones de Edesa] era un consumado astrólogo que escribió un tratado sobre la conjunción de los planetas, y el libro titulado *Book of the Laws of Countries*, que era obra de su escuela, demuestra sólidos conocimientos de los conceptos astrológicos. Una de las puertas de Edesa se llamaba Beth Shemesh, por el Templo del Sol que debió de erigirse allí. La media luna aparece en las monedas de Edesa de ese período; en la diadema del rey Abgar figura acompañada por una, dos o tres estrellas. Los planetas aparecen en los nombres personales de los edesianos, en textos siríacos, tanto en Urfa como en ciudades vecinas, en los muros de las tumbas, en los suelos de mosaico y en la literatura. Entre ellos cabe destacar la «doncella de Sin (la Luna)», el «sirviente de Bel (Júpiter)», el «saludo de Atha (Venus)», «Shemesh (el Sol) ha dispuesto», el «sirviente de Nabu (Mercurio)»[8].

La relación con Orión y Sirio es también bastante clara. Segal continúa:

> El nombre Bar Kalba en Edesa y en Sumatar Harabesi [un lugar ubicado al sur de la ciudad, cerca de Harrán, que era un importante centro para los sabeos] sugiere que adoraban a la estrella Can. El poeta del siglo VI Jacobo de Serug, que pasó la mayor parte de su vida en Edesa y Batnae, sostiene que en Harrán existía una divinidad que ostentaba el curioso título de «Mar(i) (señor) de sus perros»; tal vez se refiera al cazador Orión, a cuyos talones aparecen las constelaciones del Can Mayor y el Can Menor.

Al leer esto y presintiendo que habíamos dado con la pista de otro profundo misterio, decidí revisar la mitología griega que rodea al cazador Orión para ver si ello arrojaba alguna luz sobre la cuestión de la religión estelar que se practicaba en Edesa.

## El cazador a las puertas del amanecer

Según los mitos, el griego Orión (o Oarión) era hijo de Poseidón. Al igual que Nemrod en la Biblia, era un cazador y un gigante. Asimismo era extraordinariamente hermoso pero, como suele suceder en estos casos, su belleza le causó no pocos problemas. Cuando después de fracasar en su empeño de eliminar todos los animales salvajes de la isla de Chíos, Orión sedujo a Mérope, la hija de su rey, y éste lo castigó ordenando que lo cegaran. Un oráculo dijo a Orión que recuperaría la vista si viajaba al este y exponía sus pupilas al sol naciente. Orión partió para la isla de Lemnos, donde Eos (la diosa del amanecer) se enamoró de él y el hermano de ésta, Helios (el Sol), devolvió la vista a Orión. Posteriormente se encontró con Artemisa (la diosa lunar) como cazador, afirmando que era capaz de matar a todos los animales salvajes. Sin embargo, Apolo (otra divinidad solar), temiendo que su hermana gemela Artemisa se enamorara también del hermoso cazador, se las ingenió que para que ésta matara accidentalmente a Orión durante una cacería[9]. Al igual que Hércules, después de su muerte la imagen de Orión apareció entre las estrellas, donde, luciendo la piel de un león, sosteniendo una vara enorme y con una espada a la cintura, persigue constantemente a Tauro, el toro salvaje. A sus pies hay una liebre, otra de sus presas, y pegados a sus talones aparecen sus dos perros de caza, el Can Mayor y el Can Menor.

En el mito griego de Orión observamos numerosos paralelismos con la leyenda egipcia de Osiris. La historia de que Orión fue cegado por el rey de Chíos se asemeja a la leyenda que afirma que el rey dios egipcio Osiris fue asesinado por su hermano Set, mientras que tanto Isis como Eos son unas diosas asociadas con el amanecer que consiguen que el dios del sol (Ra-Helios respectivamente) restituya la salud a Osiris-Orión. En el antiguo Egipto la resurrección de Osiris tenía una profunda importancia religiosa, y según parece guardaba relación con la reaparición anual de la constelación de Orión al amanecer tras un período en que había permanecido invisible[10]. No obstante, Orión también puede «quedar cegado», esto es, sus estrellas hacerse invisibles cuando la Luna (especialmente la luna llena) pasa junto a ellas.

El mito griego, por supuesto, difiere notablemente de la leyenda egipcia de Osiris, por cuanto Orión es representado como un cazador de animales salvajes en lugar de un dios civilizador. Según los mitos griegos su misión principal consiste en eliminar a los animales salvajes de las islas, lo cual, aunque a nosotros podría parecernos un acto antiecológico, podría interpretarse como un intento de que la gente se sintiera más segura y por tanto contribuir a la civilización. La cuestión de la «caza» presenta sin embargo otro aspecto, cual es el criterio de que para que una sociedad se civilice es preciso sacrificar una parte de su naturaleza salvaje.

En la Biblia observamos que la constelación de Orión se cita en dos ocasiones en el Libro de Job. Así, leemos en Job, 9:9: «Él creó la Osa y Orión, las Pléyades y las Cámaras del Sur», y luego en Job, 38:31: «¿Puedes atar los lazos de las Pléyades o soltar las ataduras de Orión?»[11] La constelación es mencionada de nuevo en Amós, 5:8: «Él es quien hizo las Pléyades y Orión...» En los tres casos el nombre hebreo de Orión es *kesil*, que significa «fuerte». Los párrafos citados más arriba confirman que los hebreos, al igual que muchos otros pueblos, consideraban a Orión como un «hombre fuerte», por lo que nada tiene de extraño que se asocie la constelación también con Sansón, el personaje bíblico dotado de más fuerza. Según Santillana y Dechend, la historia de Sansón que golpea a los filisteos con la quijada de un asno debe interpretarse astronómicamente. Sansón representa la constelación del hombre fuerte de Orión y la «quijada» que utiliza para llevar a cabo su sangrienta tarea es el grupo de estrellas en forma de V denominadas actualmente Híades[12]. Teniendo en cuenta que una de sus primeras tareas consiste en matar a un león, resulta evidente que Sansón es Orión bajo distinto nombre. Posteriormente encuentra unas abejas y una colmena en el cadáver de un animal y propone el siguiente enigma: «Del que come ha salido comida, y del fuerte ha salido dulzura.»[13] El esotérico significado del enigma lo hallamos en el cielo, puesto que el león es Leo y junto a la constelación de Cáncer se encuentra la Colmena, Praesepe. Ambas constelaciones están muy próximas a Orión.

Al igual que en el mito griego de Orión, es una mujer quien provoca la caída de Sansón. La fuerza le proviene de sus largos cabellos, que jamás se ha cortado. Cuando Sansón se enamora de Dalila, una filistea, ésta consigue arrancarle el secreto de su fuerza. Luego, mientras Sansón está dormido, le corta la cabellera. Este «corte de pelo», junto con sus obvias connotaciones sexuales, lleva a Sansón a la pérdida de su fuerza y a su captura por parte de los filisteos. Al igual que Orión en el mito griego, Sansón es cegado por sus enemigos y, al igual que Abraham en la mitología de Edesa, lo sujetan a dos pilares. Sansón pide a Dios que le devuelva la fuerza por última vez a fin de vengarse de sus enemigos:

> Sansón invocó a Yahvé y exclamó: «¡Señor mío, Yahvé, acuérdate de mí y dame fuerza sólo por esta vez, oh Dios, para que yo pueda de una vez vengarme de los filisteos por lo de mis ojos!» Y palpando las dos columnas centrales que sostenían el edificio, se apoyó sobre ellas, en una con la mano derecha y en la otra con la izquierda. Y exclamó Sansón: «¡Muera yo con los filisteos!» Dio un fuerte empujón y el edificio se desplomó sobre los príncipes y sobre la gente que en él había[14].

Al contemplar la imagen de Abraham sujeto entre los dos pilares de Edesa, un acontecimiento sin ninguna autenticidad bíblica, es evidente que lo que ha ocurrido es una transferencia cultural. No es Abraham quien debería estar sujeto entre los pilares sino Sansón, mitológicamente idéntico a Orión y, por tanto, a Nemrod. Para destacar otra relación entre ambos personajes, del mismo modo que en Edesa Abraham se salva de la muerte gracias a la repentina aparición de un manantial cuya agua llena los estanques de peces sagrados, Sansón también se salva debido a un manantial sagrado:

Sintió luego mucha sed, por lo que invocó a Yahvé diciendo: «Tú has concedido a tu siervo esta gran victoria; pero ahora ¿voy a morir de sed y a caer en manos de los incircuncisos?» Entonces Dios hendió la cavidad que hay en Lejí, y de ella brotó agua. Bebió, recuperó el espíritu y se reanimó[15].

La relación de Orión con «el trono de Nemrod» se deduce de otros cálculos. Cuando subimos a la ciudadela examiné la orientación de los pilares y comprobé que miraban hacia el norte. Por consiguiente, una persona situada en el suelo a los pies de la ciudadela y frente a los pilares, al alzar la vista al cielo miraría hacia el sur. Podría observar la culminación de las estrellas y los planetas, una consideración muy importante si practicaba una religión astral. Desde una torre adecuada, vería cada noche cómo la constelación de Orión se deslizaba a través de los pilares en su desplazamiento diario de este a oeste. Sería Nemrod, no Abraham, quien aparecería aferrado a los dos pilares de la ciudadela, tal como figura en la segunda moneda.

El descubrimiento de que la ciudadela con sus dos pilares idénticos pudo haber sido utilizada para observar las estrellas, en particular Orión, fue un hallazgo emocionante y posiblemente arroje algo de luz sobre la etimología del nombre del cazador. Según el profesor Segal, el nombre de la provincia de Edesa, Osroene, originariamente era Orrhoene[16]. En tal caso, Orrhoenis significaría «hombre de Orrhoene». Dado que existen numerosas pruebas de que en Edesa existía el culto a Orión, la semejanza entre las palabras Orrhoenis y Orionis sugiere que el culto griego de Orión tuvo sus orígenes aquí. La hipótesis era muy interesante, pero lo que me pareció más asombroso fue la relación que empezaba a vislumbrar entre Orión, Abraham y la religión hebrea. Éste, como no tardé en constatar, era uno de los misterios más impenetrables de la Biblia.

## El profeta Orión

Según la tradición hebrea Orión representa más un «hombre salvaje» de Dios que un cazador. Al igual que Sansón, es el juez de Israel, pero la constelación está también ligada esotéricamente a la antigua escuela de los profetas. En el Antiguo Testamento el «hombre salvaje» que vive al margen de la sociedad, que posee unos poderes especiales y actúa como la conciencia de la nación de Israel se identifica claramente con la extraordinaria figura del profeta Elías. La Biblia no nos dice nada sobre sus orígenes, salvo que es «Elías, el tesbita, de Tisbé de Galaad...»[17]. Surge de la nada y comienza inmediatamente a obrar milagros como no se habían visto desde los tiempos de Moisés. Desafía a los cuatrocientos cincuenta profetas de Baal[18] a participar en una prueba para comprobar cuál de los dioses posee realmente poder, el de ellos o el suyo. Tanto Elías como los profetas sacrifican un toro y disponen su carne sobre una pira. Luego invocan al cielo para que envíe un fuego que consuma la ofrenda. Huelga decir que mientras los profetas de Baal se pasan todo el día elevando sus preces, tratando en vano de hacer bajar el fuego, éste desciende del cielo y devora de inmediato la ofrenda de Elías. Tras la derrota, Elías mata a los falsos profetas. Ese episodio nos induce a suponer que Elías, al igual que Mitra, es un personaje que se inscribe en la tradición del sacrificio de un toro.

Elías, el profeta y sacrificador de toros, viste de una forma muy singular. Cuando el rey pide a un mensajero que lo describa, éste responde lo siguiente: «Llevaba una prenda tejida de crin, y un cinturón de cuero alrededor de su cintura.» La «tela de crin» ha sustituido a la piel de león que lucen Hércules y Sansón, pero la referencia a su cinturón lo liga directamente con el arquetipo de Orión. La conexión aparece aún más claramente cuando Elías se dispone a realizar su místico ascenso al cielo. Acompañado por su fiel discípulo, Eliseo, se dirige al Jordán. Al igual que Moisés cuando conduce a los israelitas a través del mar Rojo, Elías toma su manto enrollado y golpea con él las aguas, que se separan para que ambos hombres crucen a la otra orilla. Puesto que proceden de Jericó, es evidente que se dirigen desde el oeste hacia la margen oriental del río. Una vez allí, Elías sube al cielo en un carro de fuego:

> Seguían ellos caminando y conversando, cuando apareció un carro de fuego, con caballos también de fuego que se interpuso entre los dos. Y Elías subió al cielo en un torbellino. Eliseo lo veía y gritaba: «¡Padre mío, padre mío, los carros de Israel y sus caballeros!» Pero ya no lo vio más[19].

Este episodio puede ser interpretado de numerosas formas pero posee un claro significado cosmológico en el contexto de la astrología esotérica. En el antiguo Egipto se creía que los faraones, mientras vivían, eran unas encarnaciones del dios Horus. Cuando un faraón moría, decían que su alma ascendía para reunirse con Osiris en la constelación de Orión, donde se convertía en una estrella. Tras la muerte del viejo faraón, sus ocupaciones terrenales pasaban a su hijo y heredero, quien se convertía en el siguiente Horus. Según parece el motivo de que se construyeran las pirámides fue principalmente el de favorecer dicho proceso[20].

Aquí sucede otro tanto, pues Eliseo se rasga sus vestidos y se pone el manto de su «padre» Elías:

> Entonces tomó sus vestidos y los rasgó en dos partes. Recogió también el manto de Elías, que se le había caído de encima, se volvió y se detuvo a orillas del Jordán. Tomó el manto de Elías que se le había caído de encima y golpeó con él las aguas, diciendo: «¿Dónde está Yahvé, el Dios de Elías?» Y al golpear las aguas, éstas se dividieron a un lado y a otro, y pasó Eliseo[21].

De nuevo en el antiguo Egipto, el Nilo se consideraba como un homólogo celestial de la Vía Láctea. Si la contemplamos en el cielo, veremos que Orión se encuentra en su «orilla». En esta historia el Jordán posee el mismo significado simbólico para los profetas israelitas que el Nilo para los egipcios. Al atravesar el río, Elías y Eliseo «se adentran» de forma simbólica en el mundo celestial, el primero para permanecer allí permanentemente y el último para regresar a la vida como profeta.

Si observamos este acontecimiento desde un punto de vista astrológico su significado aparece aún más claro. Elías es visto con toda nitidez por Eliseo hasta que aparece un carro de fuego que se lo lleva. En las mitologías del mundo antiguo se creía que Helios, el dios del sol, viajaba en un carro. La salida del carro del sol, tirado por unos caballos celestiales, estaba representado en el frontón del Partenón en Atenas, y los caballos, exquisitamente esculpidos, pueden verse todavía en el Museo Británico. Así, parece probable que el vehículo con sus «caballos de fuego», cuya llegada impide que Eliseo vea a Elías, es una clara referencia a este carro del sol.

Lo que Eliseo presencia es un hecho de profunda trascendencia simbólica para los egipcios: la salida del Sol que impide que se vean las estrellas de Orión. La salida del Sol hace que se apaguen las estrellas del cielo del amanecer, incluyendo a Orión si se encuentra sobre el horizonte en esos momentos. Paradójicamente, la mañana en que Orión salía, en su totalidad, poco antes del amanecer significaba su renacimiento. Esta «salida helíaca» de Orión simboliza también la resurrección de un rey Horus como un «Osiris» y todo ello está ligado a la idea de la sucesión al cargo divino. Así pues, todo indica que al igual que Osiris, Hércules, Mitra y Sansón, Elías, en la lengua especial y simbólica de la Biblia, ascendió al cielo para ser representado por las estrellas de Orión.

La relación entre Orión y Elías era al mismo tiempo intrigante e inesperada. Me hizo pensar en el hombre que es a la vez el último de los profetas del Antiguo Testamento y heraldo del Nuevo: Juan Bautista. El Bautista ocupa un lugar muy importante en la iconografía eclesiástica y el mismo Jesús afirmó que era la reencarnación de Elías. Esto aparece con toda claridad en el Evangelio según san Mateo:

> Mientras ellos se iban, comenzó Jesús a hablar de Juan a las gentes: «¿Qué salisteis a ver al desierto: una caña agitada por el viento? Si no, ¿qué salisteis a ver: un hombre vestido con refinamiento? Bien sabéis que los que visten con refinamiento están en los palacios de los reyes. Entonces, ¿a qué salisteis: a ver a un profeta? Pues sí, ciertamente; y mucho más que un profeta. Éste es aquel de quien está escrito: "He aquí que yo envío ante ti a mi mensajero, el cual preparará tu camino delante de ti..."[22] Porque todos los profetas y la ley cumplieron su misión profética hasta Juan. Y si queréis aceptarlo, éste es Elías, el que tenía que venir. El que tenga oídos, que oiga.»[23]

La relación apuntada entre Juan Bautista y Elías es clara debido a la vestimenta de éste, «una prenda de pelo de crin, y un cinturón de cuero alrededor de su cintura»[24]. Sus credenciales como «hombre salvaje» y cazador están también implícitas en su dieta de miel y saltamontes, lo cual concuerda con un profeta al estilo de Sansón.

Al igual que Sansón, la caída de Juan es provocada por una mujer (en rigor dos mujeres: Herodías y su hija Salomé). Herodías tenía mucho en común con una antigua reina de Israel, Jezabel, que vivió en la época de Elías y era su enemiga implacable. Jezabel era hija de Etbaal, rey de Sidón, y fue ella quien introdujo el culto de Baal en Israel. Fueron sus sacerdotes a quienes mató Elías cuando no consiguieron invocar el fuego que debía devorar sus sacrificios, lo que enfureció a Jezabel. Cuando le informan de lo ocurrido, ésta jura vengarse del profeta:

> Ajab refirió a Jezabel todo lo que había hecho Elías y cómo había pasado a cuchillo a todos los profetas. Entonces Jezabel envió un mensajero a Elías con este aviso: «Esto me hagan los dioses y esto me añadan, si mañana a estas horas no hago contigo igual que tú hiciste con cada uno de ellos.»[25]

Posteriormente ella y su marido, el rey Ajab, conspiran para hacer que un hombre inocente sea lapidado a fin de apoderarse de su viña en Jezrael y transformarla en un huerto. Por este hecho, que en términos bíblicos es claramente simbólico de su profanación de «la viña del Señor», Israel, Elías lanza una terrible maldición sobre Jezabel: «Los perros devorarán a Jezabel dentro de los límites de Jezrael.» Poco después de que Elías haya partido y de que Ajab haya sido destronado por un nuevo rey, Jehú, Jezabel es arrojada desde una ventana por sus eunucos. La historia tiene un final macabro:

> Y la echaron abajo. Su sangre salpicó la pared y los caballos, que la pisotearon. Entró él, y después de comer y beber, ordenó: «Id a ver a esa maldita y enterradla, pues es hija de rey.» Fueron a darle sepultura, pero no encontraron de ella más que la calavera, los pies y las manos. Volvieron y se lo comunicaron, y él dijo: «Es lo que Yahvé anunció por medio de su siervo Elías el tesbita: En el campo de Jezrael los perros devorarán la carne de Jezabel...»[26]

La suerte de Jezabel, una de las grandes figuras pérfidas del Antiguo Testamento, se ajusta al arquetipo de «Orión el cazador», a quien siguen siempre sus perros de caza: el Can Mayor y el Can Menor. Jezabel, que fue maldita y aniquilada por el cazador, fue devorada por sus perros.

La muerte de Juan Bautista no es menos simbólica. El Herodes Antipas con quien se encara es hijo de Herodes el Grande, al que visitaron los magos por la época de la Natividad de Jesús.

Juan se ve envuelto en la disputa suscitada por el matrimonio de Herodes con Herodías. Ésta es sobrina suya, pero no es tanto el problema de su consanguinidad lo que enoja a Juan sino el hecho de que ella está casada con el hermano de Herodes, Felipe, a quien ha abandonado. Juan reprocha a Herodes su conducta porque va en contra de las leyes judías. Herodes, al igual que Ajab, el marido de Jezabel, era un hombre débil que se sentía cautivado por una mujer de fuerte personalidad. A fin de satisfacer los deseos de ésta, manda que encarcelen a Juan, confiando en dar así por zanjado el problema. Pero Herodías siente un profundo odio hacia Juan y desea su muerte. Su hija Salomé ejecuta la danza de los siete velos y Herodes, excitado por su seductora actuación, promete a la joven lo que le pida, hasta la mitad de su reino. Salomé, para satisfacer los deseos de su madre, le pide la cabeza de Juan sobre una bandeja. Así, de forma dramática, concluye la carrera de Juan Bautista, el último de los profetas hebreos y, en cierto aspecto, el primer cristiano. Con todo, la historia de su muerte encierra unos significados simbólicos más profundos.

El intenso odio de Herodías hacia Juan, según la explicación de unos clarividentes, brota del hecho de que así como él era la reencarnación de Elías, ella era Jezabel. Según esta lectura, la decapitación de Juan constituye a la vez el resultado de la maldición que arroja Jezabel sobre Elías y el resultado del «karma» de éste al matar a los profetas de Baal. Sea ello cierto o no, existe un claro vínculo entre las dos historias y un cierto simbolismo astrológico asociado con la muerte de Juan. La danza de los siete velos que ejecuta Salomé parece tener ciertas conexiones con las siete esferas planetarias. De fuera adentro, por decirlo así, desde Saturno a la Tierra, la esfera más próxima a ésta es la Luna. Los planetas exteriores representan la racionalidad, la autoridad y la madurez, mientras que a la Luna se la relaciona con el sueño, la embriaguez y la hipnosis. Salomé atrae a Herodes, que está borracho, y en este estado de ensoñación lunar le promete lo que ésta le pide. De forma similar, fue mientras dormía Sansón cuando Dalila le cortó el cabello, y fue la atracción que sentía Orión hacia Artemisa, la diosa lunar, lo que le llevó a su muerte. Según la historia de Juan Bautista, la bandeja de Salomé viene a representar el disco de la Luna, que de nuevo se cobra la vida del «hombre salvaje» de Orión. Ni siquiera Juan, precursor de Jesús y «reencarnación» de Elías, consigue escapar a su suerte y muere a manos de la Luna. Sin embargo, al igual que todos los otros personajes debe renacer como «dios» celestial, la constelación de Orión.

Al examinar estos datos comprendí que la esotérica conexión entre Juan y Orión seguramente era conocida por la Iglesia primitiva. Sus bautismos en el río Jordán recuerdan a Elías, quien tal como hemos visto abandonó sus orillas cuando el carro de fuego se lo llevó, separándolo de Eliseo. Por tanto, está claro que en los términos del Nuevo Testamento Juan Bautista es un profeta perteneciente a la «escuela» de Orión. No obstante, pese a haber comprendido esta cuestión, yo no estaba preparado para lo que iba a descubrir cuando acudí de nuevo al programa *Skyglobe* y empecé a analizar otras fechas, esta vez relacionadas con Juan.

Existían dos importantes festividades eclesiásticas asociadas con san Juan, la primera era el bautismo de Jesús en el Jordán. Aunque ya no se celebra constituía, tal como hemos visto, la Epifanía original y caía el 6 de enero. La segunda festividad, que todavía figura en el calendario eclesiástico aunque apenas se recuerda hoy en día, antiguamente constituía, al igual que Navidad, una excusa para organizar una gran fiesta. Se trata del nacimiento de san Juan, que se celebra el día del solsticio de verano, el 24 de junio.

Al observar la situación astronómica en la fecha del nacimiento de san Juan, me asombró comprobar que en tiempos de Jesús esta fecha se correspondía con la salida helíaca de Orión. Debido a los cambios precesionales que se verificaron en esa época, la última estrella de Orión, aunque se encontraba sobre el horizonte, no debía de ser visible antes de que la luz del amanecer hiciera que la constelación desapareciera del paisaje celeste. Sin embargo, ochocientos o novecientos años antes, cuando vivía Elías, toda la constelación debió de ser visible. La intención es clara: san Juan es visto como la reencarnación de Elías y su fecha de nacimiento, el 24 de junio, se corresponde con el renacimiento de Orión al amanecer tras haber permanecido un tiempo invisible.

El período en torno a Navidad también tenía un significado simbólico. En esa época del año el Sol se encuentra en su posición más meridional en el cielo. Por esa época Orión sale poco antes del ocaso seguido por Sirio después de que el Sol se haya puesto. Dicho de otro modo, Orión, la constelación asociada con Juan Bautista, no es visible hasta que la estrella que en Egipto simbolizaba a Isis, y en tiempos cristianos a la Virgen María, aparece sobre el horizonte. Ambas se deslizan juntas a través del cielo, visibles durante la noche, pero el Sol pasa por detrás de la Tierra. Invisible, penetra simbólicamente en «las aguas del abismo», atravesando los niveles más profundos a medianoche. Esto, en el Koreion de Alejandría, representaba el renacimiento del Logos y al parecer los cristianos asociaban esa idea con la idea de que Jesús fuera bautizado en el Jordán. El simbolismo encaja perfectamente. Juan (Orión) permanece visible en el cielo nocturno junto al «Jordán» (la Vía Láctea), mientras que el Logos o Jesucristo, simbolizado por el Sol, se sumerge en las aguas del abismo.

Ésta, o algo similar, era la idea que se encontraba en la celebración del bautismo en la Epifanía. Posteriormente la festividad pasó a ser el nacimiento en lugar del «segundo nacimiento» de Jesús y la llegada de los reyes magos. No obstante, tal como comprobé, fue un gran error. Jesús ya tenía una fecha de nacimiento, rebosante de significado simbólico. Estos datos sin duda eran conocidos por los «maestros de la sabiduría», y yo no tardaría en descubrir el verdadero significado de la historia de los reyes magos y la auténtica fecha del nacimiento de Jesucristo.

## NOTAS

1. J. B. Segal, *Edessa «The Blessed City»*, p. 174.

2. Fue el emperador que construyó la Catedral de Santa Sofía en Constantinopla y que llevó a cabo importantes mejoras en Edesa. Tras las grandes inundaciones registradas en el 525 d.C., Justiniano mandó construir una presa y un nuevo canal para eliminar el exceso de agua del Daisan. Su sistema impidió que a partir de entonces se produjeran graves inundaciones y sigue utilizándose hoy en día.

3. Nombre de un toparca.

4. Sumatar Harabesi es un yacimiento arqueológico situado al sureste de Urfa. En él se han hallado importantes restos relacionados con la cultura sabea de Harrán.

5. J. B. Segal, *Edessa «The Blessed City»*, p. 58.

6. Génesis, 10:6-12.

7. G. de Santillana y H. von Dechend, *Hamlet's Mill* (Gambit Inc., Boston, 1969), p. 166.

8. J. B. Segal, *Edessa «The Blessed City»*, p. 50.

9. En otra versión del mito ella lo mata después de que él trata de seducirla.

10. La constelación es invisible porque durante esa época del año se encuentra sobre el horizonte durante las horas de luz diurna. Después de su reaparición al amanecer, Osiris-Orión permanece visible a lo largo de más horas durante la noche hasta que unos nueve meses más tarde comienza a ponerse hacia el anochecer y vuelve a hacerse invisible. Véase *El misterio de Orión* para más detalles.

11. Es interesante hacer notar que existe un pozo *(Bir Eyüp)* junto al muro meridional de Urfa donde se cree que Job se bañó y curó de sus terribles dolencias. Cerca del mismo se hallaban los templos cristianos de dos santos locales populares, Cosme y Damián, que eran médicos. Las aguas sanadoras del pozo de Job siguen atrayendo a numerosos peregrinos enfermos, en especial a los afectados por problemas dermatológicos.

12. Giorgio de Santillana y Hertha von Dechend, *Hamlet's Mill*, pp. 165-166.

13. Jueces, 14:14.

14. Jueces, 16:28-30.

15. Jueces, 15:18-19.

16. J. B. Segal, *Edessa «The Blessed City»*, p. 9.

17. I Reyes, 17:1.

18. Baal era el nombre fenicio del Bel babilónico. Ambos significan «señor» y pueden referirse a cualquier dios, incluyendo, en ocasiones, a Yahvé, el Dios de los hebreos. Más frecuentemente Baal o Bel es asociado con el culto del planeta Júpiter. Sin embargo, el baalismo al que se oponía el profeta Elías veneraba la naturaleza e incorporaba ídolos, sacrificios y magia de carácter sexual.

19. II Reyes, 2:11-12.

20. Véase *El misterio de Orión* para más detalles sobre estos temas.

21. II Reyes, 2:12-14.

22. Se trata de una referencia a los dos últimos versículos del Antiguo Testamento. «Mirad: yo os enviaré a Elías, el profeta, antes de que venga el día de Yahvé, día grande y terrible. Él volverá el corazón de los padres a los hijos y el corazón de los hijos a sus padres, no sea que yo venga y entregue la tierra al anatema.» Malaquías, 4:5-6.

23. Mateo, 11:10-15.

24. Mateo, 3:4.

25. I Reyes, 19:1-2.

26. II Reyes, 9:33-36.

11

# NOSOTROS LOS REYES MAGOS

Quiénes eran los reyes magos, de dónde procedían y qué había detrás de su misión en el pesebre? Por fin empezaba a surgir un esquema, mientras yo regresaba a mis preguntas originales y al punto de partida de esta larga búsqueda que había comenzado en Belén en 1972. La respuesta a estas cuestiones, según empecé a comprender, residía en parte en la política de la época. Oriente Medio era entonces, al igual que ahora, una región muy turbulenta. Durante buena parte del siglo I a.C. existió una pugna incesante entre Roma y Partia para controlar lo que venía a ser el centro de la civilización. Numerosos pequeños reinos y principados estaban atrapados entre el martillo de Roma y el yunque de Partia. Cabe destacar Comagene, Osroene, Ponto y Armenia. Por tanto, todo parece indicar que los reyes magos de la tradición cristiana procedían de uno o varios de esos estados.

Durante breve tiempo Mitrídates, rey del Ponto, actuó a modo de revulsivo para los otros contra el inexorable avance de los romanos. Mitrídates, hombre duro y hábil soldado, consiguió durante un tiempo expulsar a los romanos no sólo de Asia Menor sino incluso de Grecia. Sin embargo, sus severos métodos le granjearon pocos amigos en sus nuevos territorios «liberados» y muchos griegos dieron un suspiro de alivio cuando al fin fue derrotado. Pompeyo, una figura clave en la política de la época y en muchos aspectos un general mayor que César, tuvo la prudencia de llegar a un pacto con los aliados de Mitrídates. En su «reorganización» les permitió conservar sus territorios como estados intermedios entre Roma y Partia. Confirmó a Antíoco como rey de Comagene, la dinastía de Ariú en Edesa y de Tigranes en Armenia.

Esta feliz situación podría haber persistido mucho tiempo de no haber sido, en primer lugar, por una serie de guerras civiles entre los romanos y, segundo, debido a las maquinaciones de un hombre: Herodes el Grande. Una espeluznante mezcla de Macbeth y Otelo, Herodes, a diferencia de otros monarcas de la región, no poseía una legitimidad hereditaria. Aunque no era judío [era un idumeo, esto es, descendiente de Esaú (Edom), hijo de Isaac, y no de Jacob (Israel)], usurpó el reino de Judea. Su padre Antípater había logrado establecer unas relaciones positivas con Pompeyo. Herodes, tratando de sortear los obstáculos de la política de Roma, se alió con Julio César, con Casio, con Antonio, con Augusto y por último con Tiberio. Aunque no gozaba de popularidad entre los judíos, con ayuda de los romanos consiguió permanecer en el trono durante treinta y tres años[1].

No obstante, sus planes no resultaron como él imaginaba. En el año 40 a.C. los partos trataron de derrotarlo invadiendo Palestina a fin de restituir a Antígono, un asmoneo pretendiente al trono[2]. Herodes huyó del país, pero no antes de haber raptado a Mariamne, nieta del anterior rey asmoneo, Hircano II. La encarceló bajo la «protección» de su propia familia en la fortaleza de Masada, un baluarte inexpugnable y, aunque los partos le pusieron sitio, no consiguieron tomarla. Entretanto, Herodes fue a Roma a través de Egipto y logró convencer al Senado para que lo nombraran rey de Judea. Lo que es más importante, se envió un ejército romano desde Siria, los partos fueron expulsados de Jerusalén y el camino quedó despejado para que Herodes asumiera el trono. A su regreso Herodes trató de legitimizar su posición repudiando a su primera esposa, Doris, para casarse con Mariamne. Puesto que Herodes asesinó posteriormente al hermano mayor de Mariamne, el sumo sacerdote Aristóbulo, ella fue la última de su linaje.

Pese a sus intentos de congraciarse con los romanos, Herodes tenía numerosos enemigos en otros lugares. En Mesopotamia lo odiaban, y no sin razón. El rey Antíoco de Comagene había aprobado, si no participado personalmente, la invasión parta de Siria y Palestina en el año 40 a.C. En cualquier caso, en el 38 a.C. Marco Antonio organizó una expedición contra Comagene, sitiando su capital, Samosata. Herodes, deseoso de congraciarse con el hombre que consideraba una nueva fuerza en la política romana, acudió en su ayuda. El episodio ha sido relatado por Josefo, el historiador judío:

> Cuando Herodes se enteró de que Antonio se proponía dirigir un ataque masivo contra Samosata, una ciudad fortificada junto al Éufrates, corrió en su ayuda, consciente de la excelente oportunidad que se le ofrecía de demostrar su valor y hacer que Antonio estuviera en deuda con él. Y así sucedió. Tan pronto como llegó puso fin al sitio, asesinando a buena parte del enemigo y capturando un inmenso botín, de forma que la vieja admiración que sentía Antonio por sus proezas se vio incrementada y le cubrió de honores, confirmando sus esperanzas de ascender al trono, mientras que el rey Antíoco se vio obligado a entregar Samosata[3].

Así, Herodes participó directamente en el derrocamiento de Antíoco, quien, como hemos visto, es probable que fuera el jefe de la sociedad secreta que Gurdjieff había descubierto, llamada la Hermandad Sarmoung. Para complicar aún más esta compleja situación, Marco Antonio se enamoró de Cleopatra, reina de Egipto. Ella, al igual que Herodes, no se sentía segura y fue desembarazándose de todos sus parientes. No obstante, sus ambiciones iban más allá de Egipto y en Marco Antonio vio la oportunidad de poner en práctica sus planes. Tal como refiere Josefo, ello tuvo unas consecuencias nefastas para sus vecinos, tanto cercanos como remotos:

> Antonio, destruido por su pasión por Cleopatra, se convirtió en esclavo de sus deseos, mientras Cleopatra iba liquidando a todos sus parientes, hasta no dejar ninguno vivo. Luego, sedienta de la sangre de extraños, se dedicó a calumniar a las autoridades de Siria y a animar a Antonio a que mandara ejecutarlos, pensando que de esta forma se convertiría en dueña y señora de todos sus bienes. Los ambiciosos proyectos de Cleopatra incluían a los judíos y los árabes, y maquinó para que sus reyes, Herodes y Malik, fueran asesinados.
>
> Antonio tuvo la sensatez de darse cuenta de que algunas exigencias de Cleopatra —la ejecución de hombres honrados y de reyes famosos— era completamente inmoral, pero les hirió en lo más profundo retirándoles su amistad. Se apoderó de gran parte de sus territorios, incluyendo el bosque de palme-

ras de Jericó del que procede el bálsamo, y se los ofreció a Cleopatra junto con todas las ciudades, excepto Tiro y Sidón, situadas a orillas del Eleútero. Dueña de estos dominios, Cleopatra acompañó a Antonio hasta el Éufrates cuando partió para luchar contra los partos, y luego se dirigió a Judea a través de Apamea y Damasco. Herodes aplacó su hostilidad con costosos regalos, y consiguió que Cleopatra le arrendara las tierras que le había arrebatado, por doscientos talentos anuales. Por último la acompañó hasta Pelusio, cubriéndola de atenciones. Al poco Antonio regresó de Partia, trayendo consigo a un prisionero —Artabazos, hijo de Tigranes— como regalo para Cleopatra, a la que, junto con el dinero y el botín, fue entregado de inmediato el desdichado joven[4].

En el relato de Josefo no consta lo que Cleopatra hizo con Artabazos, pero es probable que lo exhibiera en Alejandría antes de ejecutarlo. Por su parte, Mariamne era muy desgraciada en su matrimonio con Herodes. Lo odiaba por ser el enemigo de su familia, ya que había asesinado a su hermano y a su abuelo pero, según Josefo, era una mujer muy hermosa y Herodes estaba loco por ella. Este «amor» le producía unos intensos celos. En el 29 a.C., antes de partir de viaje Herodes la dejó al cuidado de su cuñado, José, marido de su hermana Salomé, ordenándole que en caso de que le ocurriera algo mientras estaba ausente matara de inmediato a Mariamne. Ésta no tardó en enterarse de la amenaza que pendía sobre su vida y cuando Herodes regresó, cometió la imprudencia de echárselo en cara. Salomé, que detestaba a Mariamne debido a su sangre real y a su belleza, difundió falsas habladurías sobre ella, alegando que José y Mariamne mantenían una relación adúltera. Herodes, convencido de que no hay humo sin fuego, mandó que los ejecutaran a ambos.

Mariamne había dado a Herodes cinco hijos, entre ellos dos varones que lograron alcanzar la adolescencia, Alejandro y Aristóbulo. Aunque Alejandro, el mayor, era el heredero del trono, ambos odiaban a su padre por lo que le había hecho a su madre. Éstos, a su vez, eran detestados por Antípater, su hermano mayor e hijo de Doris, la primera mujer de Herodes. Antípater conspiró contra sus hermanastros, convenciendo a Herodes de que se habían propuesto envenenarlo. Los jóvenes fueron conducidos a Roma para ser juzgados pero César Augusto los exoneró de todos los cargos. La historia sin embargo no termina aquí, y tras una larga serie de intrigas, Alejandro y su hermano Aristóbulo fueron estrangulados por orden de su padre. Para entonces Herodes era un anciano y aunque tenía una familia numerosa, formada por varias esposas, concubinas e hijos, no se fiaba de nadie. De hecho, mientras yacía enfermo, poco días antes de morir en el año 4 a.C., mandó que asesinaran también a Antípater, su heredero.

Dada la personalidad de este tirano, el Sadam Husein de su época, cabe imaginar cómo habría reaccionado ante la noticia de que había nacido un niño que no descendía de la línea relativamente reciente de los asmoneos, sino del mismo David. Hubiera pensado que la historia se repetía. Los nombres de María y José le habrían traído espantosos recuerdos de unos hechos acaecidos veinte años atrás, cuando había asesinado a Mariamne y a su guardián, quien también se llamaba José. Sin duda, de haber pensado que con esto resolvía el problema, no habría vacilado en matar a las inocentes víctimas de Belén.

Tal era la realidad política a finales del siglo I a.C. Vista bajo esta luz, la embajada de los reyes magos adquiere un intenso matiz político. Sea cual fuere el significado simbólico que se ocultaba detrás de los hechos descritos por Mateo en su deliciosa narración, los magos de aquella época debían de conocer la historia reciente de Judea y el papel desempeñado por Herodes en la caída de Antíoco Epífanes en Comagene. Sabían lo vulnerables que eran las regiones ubicadas al este del Éufrates ante el avance de los romanos y quizá confiaban en que el nacimiento de Jesús propiciara un nuevo comienzo; que de mayor expulsaría a los romanos no sólo de Judea sino de toda Asia. No obstante, la historia de los reyes magos encierra algo más que una lamentable crónica de guerras, poder político y ambiciones dinásticas. El relato de Mateo demuestra que esos hombres eran astrólogos y que vieron algo especial en el cielo que les llevó a partir hacia Judea. Ese «algo» era una estrella, tan grande y luminosa que siguió siendo visible mucho después de haber amanecido. Fue este importante augurio, tan significativo para cualquiera versado en temas herméticos, lo que animó a los magos a partir y, según nos han contado, lo que los condujo primero a Jerusalén y luego a Belén. ¿Qué estrella era ésa, mucho más brillante que las otras, y por qué era tan importante?

Los astrónomos modernos, capaces de levantar una carta astral referente a cualquier fecha de los últimos mil años con toda precisión, están de acuerdo en que es probable que se tratara de una importante conjunción de planetas. Es posible que lo que vieron los reyes magos, y lo que esperaban, fuera la unión de los mayores planetas del Sistema Solar, Júpiter y Saturno, de forma que su luz era doble y no podían distinguirse uno del otro. Se trata de un hecho muy raro y ocurrió en el verano del año 7 a.C. La mayoría de astrónomos coinciden en que es el único hecho celeste registrado en esas fechas que se ajuste al relato de Mateo. Sabiendo esto, creo que es posible reconstruir el horóscopo de Jesús y a partir del mismo averiguar numerosos pormenores sobre la suerte que le aguardaba.

Los reyes magos provenían de Oriente y más concretamente de lo que entonces constituía el Imperio Parto. Era un conjunto de estados menos compacto que su gran rival, el Imperio Romano. Como hemos visto, en Mesopotamia y en Anatolia existía cierto número de reinos más o menos independientes cuyas gentes los romanos y judíos consideraban «partos». Éstos eran los estados satélites que, por la época del nacimiento de Jesús, formaban una especie de «estado-valla» entre ambos Imperios. Los más importantes, al menos desde el punto de vista de la historia de los reyes magos, eran Comagene, Osroene (un principado que incluía Edesa y Harrán) y Armenia. Las pruebas halladas en Edesa apuntan hacia una tradición secreta, con resonancias egipcias, que antiguamente existió en aquella región. Esto, como hemos visto, indica ciertos vínculos entre las pirámides, la constelación de Orión y el misterioso simbolismo contenido en las historias de Sansón, Job y los profetas. Esta tradición presenta unos vínculos posteriores con tradiciones referentes a san Juan Bautista.

Comagene poseía su propia tradición celestial basada en una fusión de conceptos griegos, persas y egipcios. Antíoco Epífanes I instituyó un nuevo calendario basado en su fecha de nacimiento oficial. Construyó un pozo que apunta hacia el oeste en el lugar del cielo por donde todos los días cruza la estrella Régulo, el «pequeño rey», conocida también como el corazón del león. Cuando el Sol estaba en conjunción con esta estrella, como aquel 29 de julio, la estrella llamada Sirio hacía su primera aparición al amanecer. Ese día era sagrado para los egipcios, pues marcaba el comienzo de su año sotíaco o sirio. Todo indica que Antíoco pretendía emular este hecho cuando decidió transformar el calendario lunar de Comagene en un calendario solar y sideral[5]. Es evidente que esta nueva festividad, que Antíoco asociaba con la realeza y el nacimiento de los reyes de Comagene, estaba destinada a ser el comienzo oficial del año. De lo que se deduce que los reyes posteriores de Comagene, incluyendo a su hijo Antíoco II, que reinó en Comagene en el 7 a.C., sin duda sentían un gran interés por los fenómenos celestes que se registraban en esa época del año.

Se da la circunstancia de que aquel 29 de julio del 7 a.C., a comienzos del nuevo año en Comagene[6], era visible la conjunción entre los dos mayores planetas del Sistema Solar, Júpiter y Saturno. Este hecho debió de interesar profundamente a los astrónomos de Comagene y también de otros lugares del Oriente Próximo. A partir de estos datos básicos, podemos reconstruir la situación.

## El horóscopo de un Mesías

Al tratar de averiguar la fecha exacta del nacimiento de Jesús debemos tener en cuenta varios elementos. En primer lugar el Evangelio según san Mateo, que constituye nuestra principal fuente con respecto a la historia de los reyes magos, afirma que por la época de la Natividad había en el cielo una estrella que brillaba con gran intensidad, que los magos de Oriente siguieron. La estrella «se detuvo» sobre el lugar donde se hallaba el niño. Ahora bien, suponiendo que no estemos hablando de un OVNI u otro fenómeno extraordinario que pudiera parecerse a una estrella, la identificación de este cuerpo celeste resulta relativamente sencilla.

El hecho que seguramente suscitó este interés entre los magos debió de ser la rara conjunción de Júpiter y Saturno en la constelación de Piscis, el pez. Esto significaba para ellos el comienzo de la Nueva Era de Piscis.

En el Libro de las Revelaciones se describe a Jesucristo como un león:

> Y uno de los ancianos me dice: «Deja de llorar; que ha venido el león de la tribu de Judá, la raíz de David, para abrir el rollo de pergamino y sus siete sellos.»[7]

Esta descripción es correcta si Jesús nació bajo el signo de Leo, pero no si fuera un Capricornio, como ocurriría si su fecha de nacimiento cayera el 25 de diciembre. De hecho, tal como hemos visto, la celebración de la Navidad fue una decisión posterior de la Iglesia cuando absorbió los cultos romanos de Mitra y el

*Sol-Invictus.* Anteriormente la festividad del invierno era el Bautismo de Jesús, celebrado el 6 de enero. Mateo y otros iniciados cristianos entendían que Jesús era el Mesías de la Nueva Era y que su fecha de nacimiento simbólica, si no real, debía ser la adecuada a un rey Horus. Esta fecha y la que concuerda con los otros criterios es el 29 de julio del 7 a.C.

En el antiguo Egipto el día más importante del año era el nacimiento simbólico de Horus durante la salida helíaca de Sirio. (Poco antes del amanecer Sirio sale y es visible durante unos minutos, seguido del Sol.) Ese día el Sol debió de salir en conjunción con Régulo, la estrella de Leo cuyo nombre significa «pequeño rey». Para los egipcios la luz roja del amanecer simbolizaba la sangre de la diosa Isis al dar a luz a su hijo. En el cielo la pálida luz de Sirio, el alma de Isis y la estrella más brillante, pronto quedaría eclipsada por el Sol, el hijo de Isis. Por tanto, el Sol viene a ser simbólicamente el «hijo» de Sirio. Después de su nacimiento se convierte en Ra-Harakte, el hijo-dios halcón que era adorado en Heliópolis y cuyo glifo aparece inscrito en la parte superior del obelisco de la XII dinastía que se encuentra allí. Siguiendo el *dictum* hermético de «tal como arriba, abajo», este importante renacimiento del Sol que se produce cada año representaba el nacimiento de los reyes Horus.

La salida helíaca de Sirio marcaba el comienzo de un nuevo año sotíaco y tal como hemos visto este «nuevo año» parece haber sido adoptado por Antíoco de Comagene como la fecha de su nacimiento oficial y el de su padre. No obstante, el 29 de julio del año 7 a.C. los dos planetas Júpiter y Saturno estaban en conjunción, formando una estrella muy brillante. Dado que se trataba del cumpleaños regio oficial de Comagene (y posiblemente de otros reinos más pequeños de Mesopotamia) estos portentos debieron de atraer la atención de los magos; quizás hasta el extremo de enviar a unos emisarios en busca de un niño nacido bajo el signo divino.

Como indica el monumento sagrado de Antíoco, los reyes de Comagene creían hallarse bajo la protección de un gran león en el cielo, Leo, y de ciertos planetas, en particular Júpiter. Su culto real tenía fuertes vínculos con el zoroastrismo y consideraban que Júpiter era la encarnación de Ormuz, el dios supremo de los persas. Asimismo, conocían la profecía que afirmaba que Zoroastro, el profeta de Persia, tendría un hijo póstumo. Al contemplar la conjunción de Júpiter y Saturno en el cielo el mismo día en que se celebraba el cumpleaños oficial de sus reyes, los astrólogos lógicamente lo debieron interpretar como un portento que anunciaba un nacimiento mesiánico. Sabiendo que no se esperaba un nacimiento de esta importancia en su casa real, los astrólogos de Comagene debieron de consultar con sus vecinos de Edesa y Armenia. La casa real de Edesa estaba también vinculada con Leo puesto que su fundador se llamaba «Arya», un nombre que significa león en hebreo y en siríaco. Al comprobar que allí tampoco era inminente un importante nacimiento debieron de inquirir dónde iba a producirse. En Edesa existía una nutrida comunidad judía y lo más seguro es que el rey, Abgar, supiera que la casa real de Judea estaba también gobernada por Leo y que los judíos esperaban la llegada de un Mesías. Así, todo parece indicar que enviaron a unos «magos», que probablemente no eran reyes, desde Edesa, Armenia y Comagene para investigar el asunto.

Al llegar a Jerusalén, lógicamente consultaron con la corte de Herodes. Allí debieron de dispensarles un recibimiento cordial,

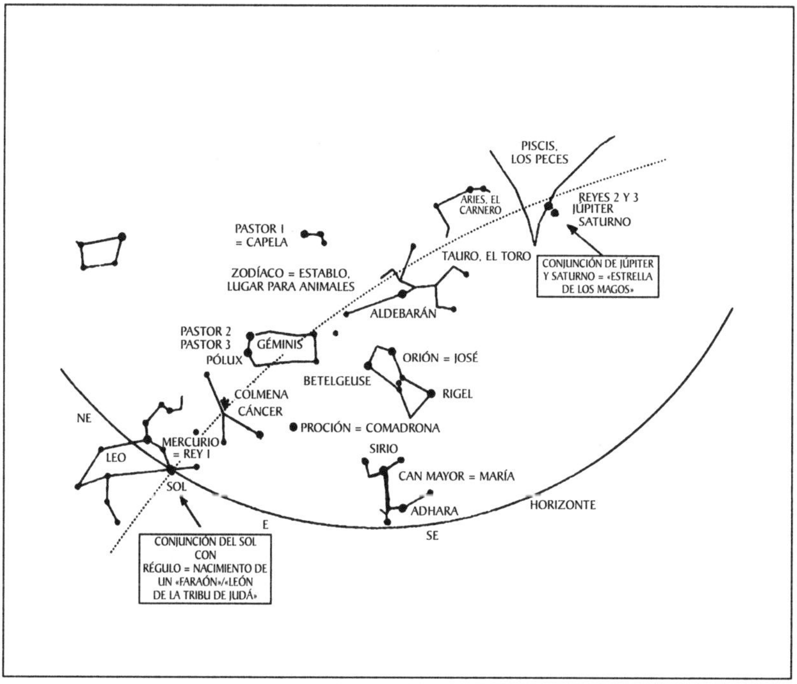


La Natividad de Jesús escrita en el cielo el 29 de julio del año 7 a.C.

como exigía su rango, pero les comunicaron que no esperaban ningún nacimiento real inminente. Tras preguntar entre los sumos sacerdotes y los ancianos del templo, los magos fueron informados sobre la antigua profecía que afirmaba que nacería un Mesías, hijo de la Casa de David, en una población vecina llamada Belén. A diferencia de Jerusalén, que está ubicada en las tierras que antiguamente pertenecían a la tribu israelita de Benjamín, Belén se encontraba en la provincia de Judá. Puesto que Judá era la tribu del león de Israel, la ciudad pertenecía al signo del león y astrológicamente era el lugar idóneo para que naciera un rey bajo la protección de Leo. Sin duda los magos se sintieron intrigados por esta profecía. Tras despedirse de sus anfitriones, se dirigieron apresuradamente a Belén, que distaba sólo ocho kilómetros, a fin de comprobar si se trataba de ese lugar. Su caravana llegó a Belén al amanecer, habiéndoles guiado simbólicamente la extraordinaria conjunción de Júpiter y Saturno desde Jerusalén. Aunque todas las demás estrellas han ido desapareciendo del cielo, cuando llegan los magos esta «estrella» todavía es visible, suspendida sobre el lugar donde ha nacido Jesús. Eufóricos por haber cumplido su misión, los magos se apean de los camellos y sacan de las alforjas unos regalos para el recién nacido: oro, incienso y mirra. Se acercan al pesebre y en honor del nuevo Mesías se arrodillan ante él y le ofrecen los regalos. Luego, tras intercambiar unas frases corteses con sus padres y prometerles ocuparse de la educación del niño, los magos acampan cerca de allí. Por la noche un ángel les advierte que no regresen junto a Herodes, de modo que los magos regresan a Edesa por otro camino, quizá dirigiéndose primero a Egipto para reunirse con unos amigos y solventar algunos asuntos.

Este hecho al estilo del «Dalai Lama»[8], posiblemente sea la leyenda histórica en la que se basa el relato de Mateo. Sin embargo, la historia de los magos encierra algo más. La Biblia está escrita a varios niveles y es obvio que, como todo lo que contiene su Evangelio, Mateo incluyó esa historia con un determinado propósito. Esa intención sin duda fue entendida por varios de sus lectores, «los que tienen oídos para oír», a quienes va dirigido el Evangelio. Éstos debieron de interpretar la presencia de los magos en la escena de la Natividad de modo distinto, como una forma muy concisa de describir el destino de Jesús.

## El horóscopo del Mesías

Mateo, que probablemente no era recaudador de impuestos aunque la Biblia del rey James se refiere a él como el «publicano», era un cristiano gnóstico. Seguramente residía en Antioquía o Alejandría y debía de tener muchos conocimientos sobre los cultos paganos de aquella zona. Su Evangelio estaba destinado a ganar adeptos a la nueva fe, de modo que se esmeró en que resultara interesante. Mateo debía de conocer las conexiones entre los antiguos misterios y el cristianismo y quiso subrayarlos de cara a los iniciados. Así, en el nuevo orden cristiano, la trinidad egipcia original compuesta por Osiris, Isis y Horus debe ser sustituida aquí por José, María y Jesús. Por tanto el nacimiento de Jesús representa simbólicamente lo mismo que el nacimiento de un nuevo rey Horus en la Tierra: es hijo del Eón de la Nueva Era que viene a sustituir a la vieja y trasnochada religión de Egipto y así debe de ser entendido. Los iconógrafos cristianos, basándose en el esquema de la historia según el relato de Mateo, tomaron nota de los detalles del horóscopo de Jesús. Convirtieron la historia en el arquetípico cuadro de la Natividad, un «legominismo» que ha alcanzado tal éxito que ha perdurado casi unos dos mil años. Consiguieron que no fuera olvidado ni censurado, como probablemente lo habría sido de haber comprendido las autoridades de la Iglesia lo que estaban haciendo. Teniendo esto en cuenta, estamos en disposición de analizar la tradicional escena de la Natividad y ver en ella un significado más profundo del que debieron ver esos iconógrafos iniciados cristianos.

Como ya hemos visto, María y José tienen unos homólogos estelares; en un sentido macrocósmico representan la estrella Sirio y la constelación de Orión respectivamente. No obstante, el simbolismo va mucho más allá. Según la tradición Jesús nació en un establo: un lugar para animales. Esto parece simbolizar el zodíaco, la senda «animal» del Sol mientras se desliza a través del cielo[9]. Aparte de María y José, se hallan presentes en el parto dos animales simbólicos que comparten el «establo», es decir la parte del zodíaco que es visible. Son el buey (Tauro) y la oveja o el carnero (Aries). También están presentes tres pastores. En mi opinión se trata de tres importantes estrellas que «muestran el camino»: Capela (cabra), una estrella amarilla muy brillante de la constelación de Auriga (el que conduce el carro), y Cástor y Pólux, los gemelos de Géminis. Estas estrellas fueron observadas por los antiguos y utilizadas para saber la hora del día. Salen antes que Leo y, en cierto sentido, actúan a modo de guía. Curiosamente, todas se encuentran sobre la línea de la eclíptica en una zona más septentrional del cielo que Orión y el Can Mayor (José y María). Esto es lo que parece significar el hecho de que los pastores se hallen «en las colinas», esto es, al norte de donde se produce el acontecimiento, cuando son llamados por los ángeles.

En la escena tradicional, el niño Jesús está reclinado en un «pesebre», el lugar donde comen los animales. La palabra Belén significa «casa de pan», y esta ciudad se encontraba también en los dominios tradicionales de la tribu de Judá. Cada una de las antiguas tribus de Israel pertenecía a uno de los signos del zodíaco, en total doce. Judá era la tribu del león y su «casa» era por tanto la tierra regida por Leo. Así, «Jesús en el pesebre» significa que está en Belén, y por tanto bajo el signo de Leo. Esto queda simbolizado por la salida del Sol (nacimiento) en el signo de Leo.

Proción, otra estrella muy brillante, está situada a medio camino entre María (Sirio) y el niño Jesús (el Sol en conjunción con Régulo). Proción sale un poco antes que Sirio y después que Orión. Por consiguiente se encuentra más próxima a María y José en el momento del «nacimiento». Curiosamente, Proción está en el Can Menor, la constelación del «perro pequeño», ligándola al Can Mayor, el «perro grande», como una versión menor o más joven del mismo. Si el Can Mayor representa a María, esta constelación debería ser una hembra. Por todas estas razones, creo que Proción representa a la «comadrona», quien según ciertas tradiciones era la hija del posadero.

Al amanecer sólo las estrellas más brillantes serían visibles y esto comprende todas las estrellas de esta región del cielo. Pasemos ahora a los planetas. Los planetas constituyen, según la filosofía hermética, los dioses de las regiones inferiores del cielo (esto es el Sistema Solar). Cada uno de ellos gobierna una de las «esferas de cristal» que rodean la Tierra. De acuerdo con la filosofía hermética, cuando nace un alma ésta recibe unos «regalos» de los planetas presentes en el nacimiento. La naturaleza de estos regalos, según decían, determinaba las aptitudes y la suerte de esa persona durante el resto de su vida en la Tierra. Por tanto era muy importante saber qué planetas estaban presentes en el momento del nacimiento, es decir, los dioses que se hallaban sobre el horizonte cuando uno nacía, puesto que eran los que ejercerían mayor influencia sobre la nueva vida.

Suponiendo que Jesús naciera al amanecer del 29 de julio del año 7 a.C., en el cielo había tres planetas visibles: Júpiter y Saturno, en tan estrecha conjunción que dan la impresión de ser una estrella muy brillante, y Mercurio, que era visible poco antes del amanecer como una estrella matutina. Del mismo modo que Sirio representa a María y Orión a José, estos tres planetas vienen a ser los homólogos astrales de los tres reyes magos de la tradición. Sus regalos son oro, que simboliza riqueza, incienso, que significa sabiduría espiritual y mirra[10], que representa longevidad. Unos regalos muy apropiados para los tres planetas en cuestión. Oro para Júpiter, mirra para Saturno e incienso para Mercurio.

En muchas pinturas de la «Adoración dc los Magos», dos de los reyes esperan discretamente para rendir tributo al nuevo salvador, mientras el tercero aparece postrado de rodillas ante el niño besándole el pie. Los dos primeros son obviamente Saturno y Júpiter en conjunción, mientras que el tercero debía de ser Mercurio. En griego este planeta se llamaba Hermes y se le asociaba con Hermes Trimegisto: «Hermes tres veces grande.» Aunque estamos más acostumbrados a ver a Mercurio representado como un joven mensajero de los dioses, bajo el aspecto del antiguo profeta Hermes Trimegisto aparece como un venerable anciano. Así, en las pinturas de la Natividad, el rey que está arrodillado suele ser el más anciano de los tres magos.

Todo ello indica que la situación del cielo en el momento de nacer Jesús es representada involuntariamente, en casi todos sus detalles, en innumerables cuadros de la Natividad. Lamentablemente, por motivos relacionados con el calendario y la política, la Iglesia trasladó la fecha del nacimiento de Jesús al 25 de diciembre. Esta festividad era originalmente la fecha del nacimiento de Sol-Mitra, el dios solar de los romanos y los persas. En los primeros tiempos de la Iglesia la festividad del solsticio invernal era la Epifanía, que se celebraba el 6 de enero. Esta fiesta, sin embargo, no tenía nada que ver con el nacimiento de Jesús sino con la celebración de su bautismo por Juan. En el siglo IV la Iglesia la transformó en la fecha del nacimiento de Jesús, probablemente porque el bautismo indicaba que Jesús tuvo que ser iniciado por Juan antes de empezar su ministerio. La doctrina de la Iglesia insistía en que, como Hijo de Dios y Segunda Persona de la Trinidad, Jesús era omnisciente y omnipresente desde su nacimiento. La idea de que Jesús tuviera que someterse a una serie de iniciaciones antes de adquirir todas sus facultades resultaba embarazosa para unos sacerdotes que habían olvidado, suponiendo que alguna vez lo hubieran sabido, en qué consistían aquéllas. El cambio de fecha satisfizo también a ciertos paganos alejandrinos, contribuyendo a su conversión. Éstos estaban acostumbrados a celebrar el nacimiento del Eón (en este caso el nuevo año) ante la Kore, o diosa virgen, el 6 de enero. Dicha circunstancia les permitía aceptar a Jesús como el Eón y a María como la Kore sin tener que modificar la fecha de su festividad más importante. Posteriormente, y casi por las mismas razones, Navidad fue trasladada al 25 de diciembre, la fecha de nacimiento del dios del sol, y el 6 de enero pasó a ser la festividad de los reyes magos.

La elección de un día cercano al solsticio de invierno para celebrar la fecha del nacimiento de Jesús tenía cierta lógica y se ajustaba al calendario romano. Significaba que la Anunciación a la Virgen, el día en que quedó embarazada nueve meses antes de la Natividad, podía celebrarse el 25 de marzo. Asimismo, según el Evangelio de Lucas, Jesús fue concebido seis meses después que san Juan Bautista. Esto significaba que la fecha de nacimiento de Juan podía celebrarse el 24 de junio, el día del solsticio de verano. Aunque según la Biblia fue Gabriel quien se apareció ante Zacarías, padre de Juan, para anunciarle que su esposa Isabel estaba encinta, esta otra «anunciación» corresponde al 29 de septiembre, la festividad del otro arcángel, San Miguel. Así, la Iglesia tenía unas festividades que encajaban con sus enseñanzas y recaían en los cuatro días angulares de las estaciones del año: invierno, primavera, verano y otoño.

### Los templos de la Virgen

En las enseñanzas de la Iglesia la religión estelar que ligaba Orión, Leo y Sirio con el nacimiento de Jesús fue disimulada y modificada para que no ofendiera a nadie. El calendario eclesiástico de festividades fijas se basaba en cuatro fechas trimestrales: Navidad el 25 de diciembre, la Anunciación el 25 de mayo, el nacimiento de San Juan Bautista el 24 de junio y la fiesta de San Miguel el 29 de septiembre. En épocas medievales la Anunciación señalaba el inicio del año legal, mientras que la fiesta de San Miguel constituía el comienzo del otoño. Sin embargo, el motivo de que esas importantes festividades no se celebraran exactamente en los equinoccios sino unos días más tarde fue un misterio para mí hasta que empecé a examinar la astrología de estas fechas.

En suma, los cuatro días están relacionados con los dos «primos», Jesús y Juan Bautista, y dos arcángeles, Miguel y Gabriel. La fiesta de la Anunciación, que figura en el calendario romano desde el siglo VII como mínimo, celebra el que Gabriel comunique a María el deseo del Padre de que, sin dejar de ser virgen, se convierta en la Madre del Mesías. Con esta memorable frase «hágase en mí según tu palabra», María acepta su destino y queda encinta con la semilla de Dios. Nueve meses más tarde, es decir, el día de Navidad, da a luz a Jesús en el establo de Belén. Así, las dos fiestas de la Anunciación y la Natividad se unen para formar una pareja de gran trascendencia desde el punto de vista teológico y biológico. Lo mismo sucede con el nacimiento de Juan, aunque menos importante a los ojos de la Iglesia. Juan nace el 24 de junio, de lo que se deduce que su concepción se produjo nueve meses antes y por tanto está relacionada con la fiesta de San Miguel. En los Evangelios esta historia está relatada con más detalle por Lucas que por Mateo, y es el mismo ángel Gabriel quien se aparece a Zacarías, el padre de Juan, para anunciarle que su esposa, de edad avanzada, va a tener un hijo.

Por tanto es el mismo ángel, aunque en diversas épocas del año, quien actúa como mensajero ante María e Isabel, la madre de Juan. Ambas mujeres quedan embarazadas por voluntad divina, aunque Isabel, a diferencia de María, es una esposa, no una virgen, y suponemos que la semilla con la que queda preñada es la de su marido Zacarías. No obstante, Juan «estará lleno del Espíritu Santo desde el seno de su madre»[11]. Aunque su nacimiento no es tan portentoso como el de su primo Jesús, no deja de ser asombroso que su madre, una mujer estéril y de edad avanzada, dé a luz. En cierto sentido, por tanto, Jesús y Juan son gemelos divinos, unos primos cuyas concepciones y nacimientos se asemejan mucho, y cuya generación es anunciada por el mismo ángel. Los detalles del Evangelio según san Lucas, quien nos informa que Gabriel se apareció a Isabel seis meses antes de presentarse ante María, indican que esta diferencia estacional es importante.

¿Quién es Gabriel y qué simboliza? Según la iconografía cristiana, éste, o quizás ésta, aparece a la manera tradicional como un hermoso ser alado. Su signo, que entrega a la Virgen como señal de su misión divina, es un lirio que representa la pureza. Pero esta flor posee un significado más profundo que un mero símbolo de virginidad. Este hecho fue comprendido y se encontraba en el corazón del misticismo europeo de la Edad Media, sobre todo en Francia, donde el culto a la Virgen alcanzó su apoteosis.

Acudí de nuevo al programa *Skyglobe* y de nuevo me llevé una sorpresa. Tras fijar una fecha en torno a 1150 y centrarla en París, comprobé que la constelación más significativa el día de la Anunciación y de san Miguel era, acaso lógicamente, Virgo. El 25 de marzo Virgo salió al anochecer. En ese momento preciso Espiga (Spica), la estrella más luminosa e importante de la constelación, aparecía sobre el horizonte y el Sol se ponía por el oeste. Al cambiar la fecha al 29 de septiembre observé que la situación astrológica era no menos interesante, ya que ese día el Sol salió en conjunción con Espiga. Por tanto ambas fechas, celebradas como el embarazo de María e Isabel respectivamente y anunciadas por el ángel Gabriel, estaban vinculadas con la constelación de Virgo.

Sin embargo, desde el punto de vista astrológico había algo que no encajaba en esta interesante disposición. La salida de Spica en conjunción con el Sol al amanecer constituía claramente el símbolo más poderoso de la Anunciación. Por consiguiente, debía de haber alguna relación con Jesús, como el Mesías, y no Juan, el profeta. Dicho de otro modo, debido a que la Iglesia había trasladado erróneamente la fecha de nacimiento de Jesús del verano, cuando el Sol estaba en conjunción con Régulo, al solsticio de invierno, el simbolismo de la Anunciación había quedado trastocado. Al darme cuenta de ello, decidí analizar el asunto más a fondo para averiguar si existían paralelismos entre la fiesta cristiana de la Anunciación y su equivalente egipcio, más antiguo, es decir, la «gestación» de Isis.

En *El misterio de Orión*[12], Robert Bauval y yo presentamos unas pruebas que demostraban que el pozo sur de la Cámara de la Reina en la Gran Pirámide estaba orientado de tal forma que, por la época en que se construyó la pirámide, apuntaba hacia Sirio en el momento en que ésta atravesaba el meridiano sur. Bauval y yo sosteníamos que este hecho estaba relacionado con un rito específico que antiguamente se llevaba a cabo en la Cámara de la Reina, en virtud del cual Sirio, la estrella de Isis, quedaba simbólicamente embarazada al alinearse con ese pozo al amanecer. Dado que sin duda se trataba del equivalente egipcio de la fiesta de la Anunciación, decidí averiguar cuándo se había registrado este hecho en El Cairo con anterioridad al 29 de julio del año 7 a.C., la supuesta fecha del nacimiento de Jesús. Asombrado, comprobé que el día correcto, cuando Sirio se alineó con el meridiano sur al amanecer, fue el día en que el Sol salió en conjunción con Espiga, el 22 de septiembre del año 8 a.C.

Dado que evidentemente no se trataba de una circunstancia fortuita, decidí examinar el simbolismo de la constelación de Virgo para averiguar quién o qué había representado esto en tiempos de los egipcios y qué relación tenía con la Virgen María o el ángel Gabriel. En un libro titulado *Astraea*, escrito por Frances Yates, encontré que la constelación de Virgo era una latinización de Astraea, la virgen justa de la edad «dorada». Yates comenta lo siguiente a propósito de una historia referida en las *Metamorfosis* de Ovidio:

> Existe una famosa descripción en el primer libro de las *Metamorfosis* de Ovidio que ocupa cuatro páginas. En aquella primera edad dorada, bajo el gobierno de Saturno, los hombres cogían su comida sin esfuerzo en una primavera perenne, todo el mundo era virtuoso por naturaleza y reinaba la paz

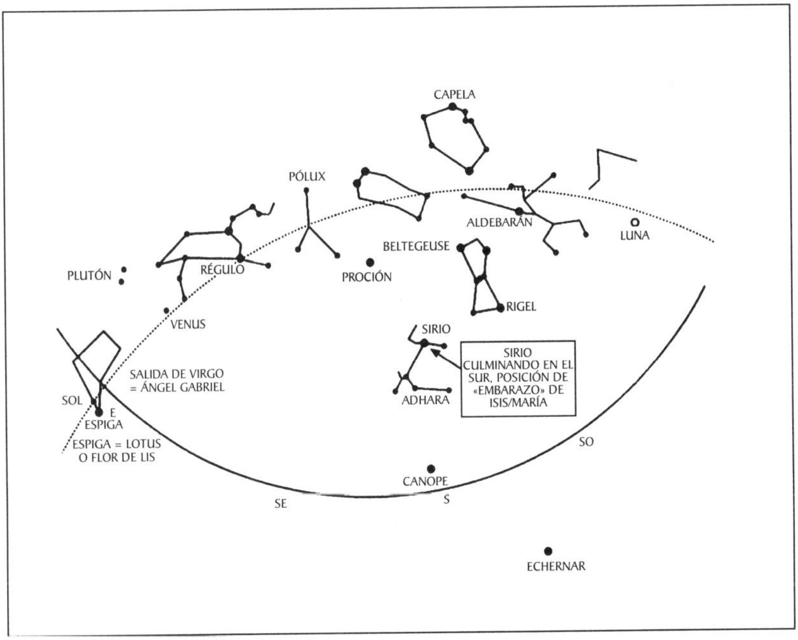


La auténtica Anunciación de la Virgen María escrita en el cielo el 21 de septiembre del año 8 a.C.

universal. Después de la edad dorada de Saturno vino la edad plateada de Júpiter, cuando la primavera eterna dio paso a las estaciones, los hombres sintieron por primera vez los rigores del calor y el frío y comenzaron los trabajos de labranza. La tercera edad fue la edad del cobre, más dura que las dos primeras, pero no impía. Por último vino la edad del hierro, cuando se desató la maldad. La modestia, la verdad y la fe desaparecieron de la Tierra; los hombres recorrían el mundo llevados por la codicia; cavaban la tierra en busca de metales. Vino la guerra, que agitó entre sus manos ensangrentadas los brazos de los contendientes. La piedad yacía derrotada, y la virgen Astraea, la última de los inmortales, abandonó la Tierra empapada en sangre[13].

El concepto de una antigua edad dorada y de abundancia es universal. En Egipto se caracterizaba por el reino mítico de su rey-dios Osiris y su esposa Isis, quienes establecieron juntos la civilización. Uno de los pilares fundamentales de la sociedad, al menos por lo que podemos deducir desde esta gran distancia en el tiempo, era la firme creencia en la justicia. Los egipcios personificaban la cualidad abstracta de la verdad y la justicia mediante la figura de una diosa llamada Maat. Su símbolo era la pluma de avestruz; los reyes de Egipto lucían dos de ellas en la llamada corona *Atef* de Osiris. Mantener la justicia era el deber principal del faraón en su intento de emular a Horus, que había restituido el orden en Egipto tras el asesinato de su padre a manos del usurpador Seth. Maat era el principio según el cual los egipcios confiaban ser juzgados después de la muerte. Esto queda simbolizado por «el pesaje del corazón», una ceremonia que observamos en innumerables papiros, como el del escriba Ani[14]. En esta ceremonia, que es posible que se celebrara en la Cámara del Rey de la Gran Pirámide, el corazón (simbolizado por el pequeño tarro en el que se deposita cuando el cuerpo es momificado) es pesado en la balanza contra Maat, la pluma de la verdad. Según los resultados de esta prueba, el alma del difunto consigue abandonar la Tierra para reunirse con Osiris en su universo celestial, o es devorada por un monstruo con cuerpo de león y cabeza de cocodrilo, que permanece agazapado junto a la balanza. La Cámara del Rey contiene un pozo orientado hacia el sur que en la época en que se construyó la pirámide (hacia 2450 a.C.) apuntaba directamente al punto culminante de la estrella Alnitak en el Cinturón de Orión. Un segundo pozo, desde el muro opuesto, estaba dirigido hacia la estrella polar, Alfa-Draconis. Si bien la corte de Osiris se asocia con Orión, que por tanto representa al cielo, la estrella polar está simbolizada por la diosa Tuart, que tiene cabeza de cocodrilo. Aparece siempre en avanzado estado de gestación y se asocia con el parto. De lo que se desprende que la proyección del alma a través de uno de los dos pozos representa los resultados alternativos del «pesaje del corazón». En un caso el alma se reúne con Osiris en el paraíso, en el otro debe ser devorado por Tuart a fin de renacer en la Tierra.

Maat, quien a menudo aparece de pie junto a las balanzas (Libra en el zodíaco), está representada en el cielo por la constelación de Virgo. En la mitología egipcia es la consorte de Tot, el dios de la ciencia y la escritura a quien los griegos llaman Hermes Trimegisto. Él es quien da constancia de los resultados del juicio en su «Libro de la vida» y actúa a modo de juez y jurado en el caso. Tanto el dios como la diosa desempeñan un papel decisivo, según parece, a la hora de determinar el destino de las almas, especialmente sus encarnaciones en la Tierra[15].

A propósito de la constelación latina de Virgo, Frances Yates nos dice:

> Ovidio se basa en fuentes griegas. La tradición sobre la edad dorada, apuntada por Hesíodo, fue ampliada por el poeta astronómico griego Aratos, quien al referirse a la constelación de Virgo nos explica que cuando la virgen Justicia abandonó el mundo durante la Edad del Hierro estableció su morada en el cielo como la constelación de Virgo; la figura de la virgen justa brilla ahora en el firmamento, sosteniendo una espiga de trigo en la mano. El atributo de la espiga de trigo —*virgo spicifera*— se repite en los traductores latinos e imitadores de Aratos, y una representación de la constelación es una mujer alada sosteniendo unas espigas de trigo. Las espigas de trigo marcan la posición de Espiga, una de las estrellas más brillantes de la constelación[16].

Según la versión original egipcia de Justitia, o Virgo como Maat, Espiga probablemente era una pluma de la justicia o una flor de loto[17]. La asociación del loto con el nacimiento de Horus como encarnación del Logos solar es clara. Escribe Rundle Clark:

> A veces los egipcios simbolizaban la aparición del gran espíritu de la vida que surgía de las aguas en un una flor de loto —un nenúfar— que abre sus pétalos para revelar al dios de la luz y el movimiento [...]. En ocasiones la flor muestra a un niño, que representa el sol matutino[18].

De ello se deduce que el niño de la flor de loto representa el alma, Horus, el hijo del Sol. Así aparece en el papiro de Ani, donde vemos un grupo de flores de loto que salen de un estanque cubierto de nenúfares, y de una flor situada en el centro brota una cabeza[19]. Es probable que el símbolo de Horus dentro del nenúfar esté relacionado con su misterioso parto del seno de Isis entre los nenúfares y lechos de papiros del Bajo Egipto.

Estos datos y consideraciones me convencieron de que astralmente el ángel Gabriel representa a Justitia, la constelación de Virgo. La Anunciación de la Virgen María se produjo, al menos simbólicamente, el 22 de septiembre del año 8 a.C. Desde el punto de vista de la simbología astral el que se le apareciera un ángel o no es irrelevante. Ese día, cuando Sirio alcanzó el meridiano al amanecer, el Sol estaba en conjunción con Espiga. Simbólicamente, el ángel (Virgo) ofrece un manojo de lirios entre los cuales se halla el alma del futuro rey Horus. María, simbolizada por Sirio en su culminación del ciclo, recibe la «semilla», o mejor dicho el alma, en su vientre. Por tanto, Jesús hecho hombre abandona las flores de loto en el cielo, o sea el lugar donde las almas descansan entre sus encarnaciones, y penetra en el marco del tiempo de la Tierra y el espacio. De este modo, al igual que las otras almas encarnadas, asume su suerte y su destino. En la Anunciación se contiene todo esto implícitamente, si bien no se manifiesta hasta su nacimiento, simbólico o real, unos diez meses más tarde, el 29 de julio.

Así, la correcta identificación de la Anunciación como 22 de septiembre sustenta la hipótesis de que el nacimiento de Jesús se produjo en verano y no en invierno. Su primo Juan, quien en su papel cósmico como profeta-hombre salvaje es simbolizado por Orión, debió nacer, si tenía seis meses más que Jesús, cuando el Sol estaba en Acuario, el aguador, un signo idóneo para un hombre destinado a bautizar a Jesús.

Al desechar los días trimestrales del calendario eclesiástico, que en cualquier caso no se basan en una correcta interpretación astrológica de los símbolos que pretenden representar sino en la fiesta romana de *Mitra-Sol-Invictus*, comprendí que el cristianismo está directamente relacionado con los antiguos misterios de Egipto. Pero en aquellos momentos no reparé en que el horóscopo de Jesús contenía más datos sobre la historia de los reyes magos, demostrando lo estrechamente implicados que estaban en su destino astral.

## Los regalos de los magos

La Iglesia abandonó la idea de que la fecha del nacimiento de Jesús coincidiera con el día de la salida helíaca de Sirio en el 7 a.C. en favor de un renacer simbólico del Sol en invierno. La fecha del nacimiento de julio habría demostrado sin ningún género de dudas la relación entre el cristianismo y la religión original de Osiris practicada en Egipto, dado que éste marcaba el comienzo del año sotíaco y durante milenios había constituido la base del calendario egipcio. En el 245 d.C. el «padre de la Iglesia» Orígenes, que nació en Alejandría, censuró la celebración del nacimiento de Jesús «como si fuera un faraón». Orígenes no se habría pronunciado en tal sentido de no saberse en Egipto, incluso durante su época, que la verdadera fecha del nacimiento de Jesús se correspondía con el comienzo del nuevo año egipcio y la fecha del nacimiento oficial de Horus. Lamentablemente, al perderse la auténtica fecha del nacimiento de Jesús y los datos que demuestran que nació bajo el signo de Leo, el significado de ciertas profecías bíblicas resulta oscuro, como en Revelaciones, 5:5, en la que uno de los ancianos dice: «Deja de llorar; que ha vencido el león de la tribu de Judá, la raíz de David, para abrir el rollo de pergamino y sus siete sellos.» El león de la tribu de Judá debe ser un Leo y es evidente que se trata de Jesús. Los siete sellos que él abre simbolizan los siete planetas que sellan las esferas de cristal confinando las almas en la Tierra. Esto no se entiende sin una referencia a la tradición hermética y sin conocer la astrología que rige el nacimiento de Jesús.

Por otra lado, los regalos de los reyes magos tienen un significado más profundo de lo que aparece a primera vista. Según la filosofía hermética, en la que Mateo parece estar muy impuesto, los siete planetas[20] constituían los reyes o gobernantes de los dominios inferiores del cielo. Tras haber caído en desgracia, el hombre quedó sometido al gobierno de esos planetas, lo que significa que estaba atrapado en unos ciclos de reencarnación. Podríamos decir que cada planeta, especialmente los que se encontraban sobre el horizonte en el momento del nacimiento, ofrecían una parte de su naturaleza al alma que acababa de encarnarse. Sin embargo, estos regalos podían ser una maldición o una bendición, según fueran utilizados con fines puramente egoístas o no.

En astrología, los regalos de los reyes magos pueden interpretarse como símbolos de las facultades especiales conferidas a Jesús en su nacimiento por los signos planetarios. Inmediatamente después de ser bautizado por Juan, Jesús es tentado tres veces por el demonio mientras practica el ayuno en el desierto. En este caso el demonio representa su verdadera naturaleza, o lado sombrío, que a diferencia de su espíritu eterno está condicionado por la situación astral en el momento de su nacimiento. Estas tres tentaciones parecen relacionadas con un posible mal uso de los regalos ofrecidos por los magos. En primer lugar Jesús siente la tentación de convertir las piedras en pan, esto es de llevar a cabo una transformación mágica de la materia, lo que cabe interpretarse como un mal uso de los poderes sacerdotales que le ha otorgado Mercurio, el planeta de lo mágico. A continuación se siente tentado a arrojarse desde el pináculo del templo convencido de que los ángeles lo sostendrán y amortiguarán su caída. Esto habría sido un mal uso de su poder saturniano destinado a cuidar la vida. Por último, Jesús siente la tentación de convertirse en rey del mundo, un mal uso de los dones de Júpiter, el plantea que gobierna a la realeza. Jesús rechaza esas tres tentaciones y demuestra que su destino es superior al de los dioses planetarios, simbolizados por los tres reyes magos. Curiosamente, los planetas ausentes en el momento de su nacimiento son Venus, Marte y la Luna. Desconocemos que Jesús fuera tentado por la lujuria (Venus), por la crueldad (Marte) o por la pereza (la Luna). El demonio, o el logos planetario de siete cabezas que mantiene las almas de los hombres ligadas al mundo material, sólo puede tentarlo según la naturaleza de su suerte.

Posteriormente, durante el ejercicio de su ministerio, Jesús usa sus facultades en bien de los demás. Utiliza sus poderes mercuriales para transformar el agua en vino y multiplicar los panes y los peces, no en provecho propio sino para satisfacer las necesidades de otros. Usa sus poderes saturnianos para curar a los enfermos y hacer que los muertos resuciten. Se desprende de su dinero y posición, otorgados por Júpiter, para convertirse en un mendigo errante. Así, el Evangelio de san Mateo es un relato de cómo se comporta un hermético moderno, con humildad, caridad y honor. Es la antítesis de los escribas y fariseos, los supuestos magos de su época, quienes al caer en las trampas tendidas por el demonio pasaban el día entregados a un diálogo erudito pero vacuo y exaltándose a sí mismos ante sus vecinos. Jesús los acusa de hipocresía, de apoderarse de las llaves del cielo (la ciencia hermética transmitida a través de Abraham, Moisés y los profetas) y ocultarlas:

> ¡Ay de vosotros, escribas y fariseos hipócritas, que cerráis a los hombres el reino de los cielos! Pues vosotros no entráis, ni dejáis que entren los que querrían entrar.
>
> ¡Ay de vosotros, escribas y fariseos hipócritas, que os preocupáis por el diezmo de la menta, del hinojo y del comino, mientras habéis descuidado lo de más peso en la ley: la justicia, la misericordia y la fidelidad! Bien sería hacer aquello, pero sin omitir esto. ¡Guías ciegos, que coláis un mosquito y os tragáis un camello![21]

Poco antes de morir, tras haber cumplido su misión pedagógica, Jesús devuelve los regalos de los «dioses», los reyes de los dominios astrales. Durante su juicio se niega a defenderse con palabras hábiles o trucos de magia. Es decir, renuncia a Mercurio. No trata de conquistar su libertad, lo que dadas sus influyentes relaciones no le habría sido difícil. Así renuncia a Júpiter. En tercer lugar, al morir en la cruz renuncia a la promesa de una vida larga. Con ello devuelve el regalo de Saturno. En resumen, Jesús devuelve a los reyes magos sus obsequios menos importantes, prefiriendo liberarse de las ataduras de una existencia terrenal.

Por supuesto, Jesús renuncia a un cuarto don: convertirse en rey de Judá. Éste fue el regalo de Apolo-Helios, el dios solar, simbolizado por la conjunción del Sol con Régulo en el momento de su nacimiento. En lugar de ello, deja que se mofen de él colocándole una corona de espinas y un cetro de caña. No obstante, es crucificado por orden de Pilatos con el cartel de «Jesucristo rey de los judíos» clavado en la cruz. Simbólicamente y en todos los sentidos, Jesús renuncia a todas las tentaciones del mundo planetario. Por tanto su gnosis es superlativa; es capaz de atravesar las esferas de cristal y, como habrían deseado todos los filósofos herméticos, sentarse a la derecha de Dios Padre, cuyo trono está más allá de nuestro insignificante Sistema Solar y sus pequeños reyes, los planetas.

Interpretada de esta forma, y sabiendo que la auténtica fecha de la Natividad era el 29 de julio del año 7 a.C., la historia de los reyes magos se convierte en una de las claves principales para comprender el resto del Evangelio de san Mateo. Al igual que todo el mundo, Jesús hombre nace con un sino astrológico. Sin embargo, no sucumbe sino que cumple su destino superior, que supone morir crucificado. Esto había sido predicho con anterioridad en la Biblia, repitiéndolo Jesús al exhalar su último suspiro:

> Hacia la hora nona, exclamó Jesús con voz potente: «*Elí, Elí, lemá sabajzani?*» Esto es: «¡Dios mío, Dios mío!, ¿por qué me has desamparado?» Algunos de los que estaban allí, decían al oírlo: «Éste está llamando a Elías.» Y uno de ellos corrió enseguida a tomar una esponja, la empapó en vinagre y, poniéndola en la punta de una caña, le daba de beber. Pero los demás dijeron: «¡Déjalo! Vamos a ver si viene Elías a salvarlo.» Entonces Jesús, gritando de nuevo con voz potente, exhaló el espíritu[22].

Entre los que se encontraban allí no debía de haber escribas ni fariseos, pues sin duda habrían reconocido la referencia al salmo 22:

> Dios mío, Dios mío, ¿por qué me has desamparado, ajeno a mi socorro y a mis gemidos...?
>
> Pero yo soy un gusano, más que un hombre, vergüenza del humano, desprecio de las gentes. Todos los que me ven me hacen mofa, despegando los labios y moviendo la cabeza: «Se dirige a Yahvé; que él lo defienda, que le libere él, ya que le ama.»
>
> Como el agua me disuelvo, todos mis huesos se dislocan; mi corazón es como cera, que se derrite en mis entrañas. Mi garganta está seca como una teja y mi lengua pegada al paladar: me has reducido a polvo inanimado.
>
> Mastines me circundan y me asedia una turba de malvados, ligadas mis manos y mis pies. Mientras cuento yo mis huesos, observan ellos y no quitan ojo. Reparten entre sí mis vestiduras y sobre mi manto tiran suertes[23].

Al leer este salmo de David y compararlo con la escena de la crucifixión descrita por Mateo, es difícil no interpretarlo como una profecía de los hechos acaecidos en el Calvario, incluidos la perforación de las manos y los pies y el reparto de las vestimentas de Jesús entre los soldados. De esta forma, arroja una potente luz sobre la naturaleza del destino en contraposición a la suerte. Con frecuencia se tiene la impresión de que la esencia de la historia se ha perdido por culpa de una Iglesia que se niega a reconocer la humanidad de Jesús hombre, como si no hubiera tenido que so portar esos tormentos. Jesús pudo haber aceptado sin más los regalos de los reyes magos y haber llevado una vida cómoda y digna antes de morir de forma respetable. La crucifixión le niega esta cómoda opción en favor de un camino más duro que hace que se cumplan las profecías de un Salvador agonizante y abre las puertas para que atraviese las esferas de cristal. Esto contiene un mensaje profundo y duro de asimilar: si queremos seguir los pasos de Jesús no basta con idolatrarlo. Debemos afrontar nuestro destino y, si fuera necesario, renunciar a nuestra suerte más cómoda pero necesariamente limitada.

## NOTAS

1. Desde el año 37 a.C. hasta su muerte en el 4 a.C.

2. La dinastía de los asmoneos, conocidos también como los macabeos, descendían de una familia de luchadores por la libertad que llevaron la independencia al estado judío en el siglo II a.C. Su categoría se asemeja en cierto aspecto a la de la familia real de Comagene, que adquirió la independencia por la misma época.

3. Josefo, *The Jewish War* (Penguin Books, Londres, 1977), p. 64. [*Guerras de los judíos*, Edit. Iberia, S.A., Barcelona, 1983].

4. Ibíd., p. 69.

5. El calendario sideral se basa en los movimientos cíclicos de las estrellas, especialmente Sirio, en lugar del Sol y la Luna.

6. El nuevo año en Comagene.

7. Revelaciones, 5:5.

8. Un par de años después de que muera un Rimpoché, tal como el Dalai Lama, envían un equipo de búsqueda para localizar al niño que constituye su encarnación. Una vez hallado, se ocupan de sus estudios y educación a fin de prepararlo para su trascendental destino.

9. Según el Oxford Dictionary, la palabra «zodíaco» proviene del vocablo griego *zoidion*, que significa «animal esculpido».

10. Los egipcios utilizaban la mirra para embalsamar los cadáveres durante el proceso de momificación.

11. Lucas, 1:15.

12. Véase capítulo 12.

13. Frances A. Yates, *Astraea* (Pimlico, Londres, 1975), p. 30.

14. Actualmente se halla en el Museo Británico.

15. Según el sistema griego de astrología, que en su mayor parte fue adaptado a partir de fuentes primitivas egipcias, Mercurio (Hermes) gobierna la constelación de Virgo.

16. Frances A. Yates, *Astraea*, pp. 30-31.

17. En el zodíaco de Denderah, donde se encuentra Virgo claramente representada, ésta parece sostener una planta de tallo largo como una caña o un lirio.

18. R. T. Rundle Clark, *Myth and Symbol in Ancient Egypt.*

19. Existe otro significado, por cuanto las flores de loto representan también la zona del delta del Bajo Egipto, donde se ocultaron Horus y su madre Isis cuando él nació.

20. Antiguamente éstos comprendían el Sol y la Luna pero no así Urano, Neptuno ni Plutón, que no habían sido descubiertos todavía.

21. Mateo, 23:13, 23-24.

22. Mateo, 27: 46-50.

23. Salmos, 22:1, 6-8, 14-18.

## 12

# LA SEGUNDA CRUZADA Y EL TEMPLO JUNTO AL RIN

Uno de los factores impulsores, si no el más importante, de la primera cruzada fue la esperanza relativa al milenio. La derrota de los bizantinos en Mansura ocurrió exactamente mil años después de que los romanos destruyeran, en el 70 d.C., el Templo de Jerusalén y expulsaran a los judíos de Tierra Santa. A medida que se acercaba el siglo XI, en el mundo cristiano existía el presentimiento de que el regreso de Jesucristo, profetizado en la Biblia, no estaba lejos y, dado que se esperaba que apareciera en Jerusalén, era deber de los cristianos recuperar la Ciudad Santa y disponerlo todo para su llegada. Ésta fue, sin duda, la razón principal por la que Godofredo de Bouillon se negó a ser coronado rey de Jerusalén, prefiriendo asumir el título de *Advocatus Sancti Sepulchri*. Deseaba preparar el trono para que lo ocupara Jesús, que, según creían, aparecería en el año de 1100.

Aunque Godofredo lo ignoraba, esto no ocurriría. Murió el 18 de julio mientras al Salvador todavía le quedaban unos meses para cumplir esa promesa. Un mes antes de alcanzar el milenio, y la evidente fecha de Navidad, Balduino I aceptó lo que su predecesor había declinado y se hizo coronar el 11 de noviembre de 1099, la fiesta de San Martín. Aunque ese hecho les pareciera a algunos una blasfemia, no existía motivo para que Balduino no ocupara el trono mientras aguardaban la llegada del «león de Judá». No obstante, ese gesto indica que en ciertos círculos empezaban a sospechar que la espera iba a ser larga, que el Mesías elegiría él mismo la fecha de su regreso y que el año de 1100 no tenía una magia especial.

A medida que transcurrían los años y Ultramar, como se conocía el estado franco de los cruzados en Palestina, empezaba a asemejarse a cualquier otro estado feudal, parte de la magia de Jerusalén comenzó a disiparse. Lo que hasta entonces había sido una ciudad exótica, vista únicamente en los dibujos de los manuscritos ilustrados y en los bordados de algunos tapices, había pasado a ser un sitio como otro cualquiera. No sólo eso, sino que estaba muy lejos de ser un lugar paradisíaco; en verano hacía un calor insoportable y la mayor parte del territorio era un desierto. No era un país rico ni era fácil hacer fortuna allí, ni mediante el comercio ni la conquista. Para colmo, el reino estaba rodeado de enemigos musulmanes que, en caso de unirse, no tardarían en sojuzgar al pequeño estado. A medida que la gente empezaba a darse cuenta de esas realidades, Tierra Santa comenzó a perder su atractivo para los emigrantes y dejó de acaparar la atención de la gente.

En aquel entonces la primera cruzada estaba casi indisolublemente ligada a la idea de la búsqueda del Santo Grial. En Antioquía se había hallado una antigua lanza sepultada bajo el suelo de la catedral, como le había sido revelado antiguamente a Pedro el eremita en una visión. Muchos creían que esta lanza era la misma que el centurión Longinos había utilizado para traspasar el costado de Cristo y por tanto se trataba de una reliquia sagrada. Al blandirla en la batalla, los cristianos habían logrado hacer retroceder al ejército musulmán impidiendo que tomara la ciudad de Antioquía. A partir de entonces se inició la afanosa búsqueda de otras reliquias sagradas.

Una de las más importantes era el legendario Mandylion de Edesa, que según decían ostentaba la imagen de Jesucristo. Aunque los bizantinos creían tenerlo en su poder, es muy posible que lo que tuvieran fuera una copia y que el original se encontrara todavía en Edesa en 1099. En cualquier caso, Balduino, Tancredo y un pequeño grupo de caballeros fueron a Edesa y Balduino se convirtió en el primer conde franco. El Castillo de Edesa, con sus estanques de peces y sus leyendas, concuerda con la descripción del castillo del rey pescador que figura en las historias del Santo Grial. Un rey Abgar, cuyo nombre significa cojo o que padece una hernia, invitó a Jesús a vivir en Edesa. Él y sus sucesores custodiaban el Mandylion que, según decían, confería una protección especial a la ciudad. Dado que se suponía que el Mandylion, al menos según una tradición posterior, estaba pintado por manos no humanas, es evidente que poseía ciertas semejanzas con el Grial.

Al poco tiempo de su llegada a Edesa Balduino asumió el importante papel de rey de Jerusalén. Es probable que, de habérsele confiado el Mandylion, auténtico o falso, Balduino se lo habría llevado consigo. Entretanto su primo, Balduino Le Bourg, aceptó el condado de Edesa. Posteriormente accedió al trono de Jerusalén y fue el rey que concedió una carta a la Orden de los Templarios. Éstos tenían a su cargo el monte Moriá, el lugar donde Abraham ofreció sacrificar a su hijo Isaac y donde antiguamente se alzaba el Templo de Salomón.

Balduino II murió en 1131 y le sucedió en el trono su yerno Foulques, conde de Anjou. Foulques era un hábil soldado que tras la muerte de su primera esposa legó sus propieades en Francia a su hijo y decidió dedicar el resto de sus días al servicio de la cruz. Su reinado no fue pacífico, pues tuvo que afrontar no sólo la constante amenaza de una invasión musulmana sino la insurrección de algunos de sus nobles más poderosos y la creciente consolidación bizantina en la región. La muerte de Foulques debido a un accidente ecuestre en 1143 dejó un peligroso vacío de poder. Aunque su viuda, Melisenda, asumió el control del gobierno junto con su joven hijo Balduino III, no fue una solución satisfactoria. Sin embargo, el mayor desastre, que no habían previsto y para el que no estaban preparados, fue la caída de Edesa en 1145. Aunque anteriormente habían tenido que afrontar numerosas dificultares y contratiempos, ésta era la primera pérdida importante de territorio sufrida por el movimiento de las Cruzadas, que significó un cambio de rumbo.

La pérdida de Edesa obligó a Occidente a tomar medidas. Casi de inmediato se envió una solicitud al papa Eugenio para que autorizara una segunda cruzada a fin de reconquistar la ciudad y reforzar los restantes estados de Ultramar. La fuerza motriz que impulsó esta cruzada, sin embargo, no fue el papa sino san Bernardo de Clairvaux. Era el clérigo más importante de su época y su encendida oratoria bastaba para inducir al cristiano más escéptico y perezoso a cumplir con su deber y empuñar la espada. San Bernardo recorrió Francia y Germania pronunciando múltiples sermones, exhortando a la nobleza y al campesinado a unirse a la cruzada. El resultado fue otro movimiento masivo, pero esta vez no estuvo encabezado por las ramas más jóvenes de las grandes familias sino por el mismo rey Luis VII y su esposa, Leonor de

Aquitania. Desafortunadamente para Luis, su cruzada no tuvo un fin glorioso. Desde el principio estuvo marcada por la desorganización y sólo sirvió para enajenar aún más el Imperio Bizantino, unir a los musulmanes en una causa común y poner de relieve la desunión de sus enemigos. Los cruzados no llegaron a aproximarse siquiera a Edesa, sino que perdieron el tiempo en una larga marcha a través de Anatolia y un infructuoso asedio de Damasco.

Éste no fue el fin de la cruzada, pero sí su declive. En 1187, los francos perdieron Jerusalén y casi toda Palestina tras la desastrosa Batalla de Hattin. Posteriormente las Cruzadas, como la de Ricardo Corazón de León, hijo de la reina Leonor y su segundo esposo, Enrique II de Inglaterra, consiguieron retrasar, pero no evitar, el día en que todo el Levante y Anatolia caería en manos islámicas. En mayo de 1453, el trofeo más preciado, Constantinopla, fue conquistado por los turcos otomanos. La gran Catedral de Santa Sofía se transformó en una mezquita, y sus murales y mosaicos fueron cubiertos con yeso para que los musulmanes no se sintieran ofendidos ante aquel alarde iconográfico. Así permaneció durante casi cinco siglos, hasta que en el año 1934 pasó a ser un museo.

No obstante, el movimiento de las Cruzadas tuvo unos efectos más importantes y duraderos que la retención de un territorio relativamente reducido en el Levante. El efecto más importante fue que abrió la puerta a Oriente, permitiendo que un torrente de ideas alcanzara ciertas zonas de Europa Occidental, dispuesta y ansiosa de verse enriquecida por ellas. Directa o indirectamente, las personas clave implicadas en este proceso fueron los Templarios. Aunque Hugo de Payen, el líder de los primeros nueve caballeros, era un hombre relativamente pobre, se encontraba bajo la poderosa protección de otros personajes más influyentes. El primero de ellos era san Bernardo, quien en calidad de guía luminoso de la orden cisterciense a la que estaban afiliados, redactó sus ordenanzas y el juramento que debían prestar al incorporarse a ella. Es difícil afirmar hasta qué punto estuvo implicado en el desarrollo posterior de la orden. Lo que es evidente es que su intolerancia con respecto a los cátaros del sur de Francia, que fueron brutalmente suprimidos en posteriores cruzadas e inquisiciones, hace que sea poco probable que viera con complacencia la implantación en Francia de unas ideas «heréticas» procedentes de Oriente. No obstante, la carta de los Templarios los definía como una orden independiente exenta de toda jurisdicción, religiosa o civil, salvo la del papa. Por tanto, gozaban de relativa libertad para hacer lo que gustaran y aunque Bernardo probablemente tuvo gran influencia sobre ellos hasta su muerte, en 1153, es posible que no estuviera al corriente de sus esotéricos intereses.

El hombre que ejerció mayor influencia sobre la orden, al menos en los primeros tiempos, fue el señor feudal de Hugo de Payen, el conde Hugo de Champaña. Era uno de los grandes barones de Francia y fue él quien donó las tierras en las que se erigió la Abadía de Bernardo en Clairvaux. En 1125, renunció a sus propiedades y a su familia para convertirse en un Templario, como siempre había deseado hacer. Puesto que no tenía heredero, el condado de la Champaña pasó a su soberano, Teobaldo II conde de Blois. Su primogénito, Enrique, que había acompañado al rey Luis VII en la segunda cruzada, debió de causar una excelente impresión al monarca, pues no sólo heredó el condado de la Champaña en 1152, sino que en 1164 se casó con María, hija del rey y de su primera esposa, la reina Leonor de Aquitania. En 1181 le sucedió su hijo primogénito, Enrique II, quien, en 1190, partió también hacia Tierra Santa. Dos años más tarde contrajo matrimonio con la reina viuda Isabel, nieta de Foulques y Melisenda. Así, al cabo de dos generaciones los señores de la Champaña no sólo emparentaron con la casa real de Francia, sino que ocuparon el trono de Jerusalén. El movimiento de los Templarios, que debía sus orígenes a la corte de la Champaña, no podía estar más estrechamente vinculado con las sedes de poder en Francia y Oriente.

Troyes, la principal ciudad del condado de la Champaña, albergaba en 1070 un importante centro de estudios esotéricos. Su hijo más famoso, Chrétien de Troyes, escribió *Le Conte du Graal*, la primera historia francesa sobre el Grial, poco después de que Enrique I partiera con las cruzadas en 1178. Chrétien, aunque no logró concluir su relato, parece que conocía ciertos datos sobre este misterioso objeto. La historia del Grial fue contada por otros escritores, entre ellos Wolfram von Eschenbach. Su obra, *Parsifal*, pone de manifiesto la relación entre la búsqueda del Santo Grial y los caballeros Templarios. Von Eschenbach afirma haber oído la historia de labios de un Templario llamado Kyot (probablemente Gyot de Provenza, un conocido trobador, monje, poeta y apologista de los Templarios). De ello se deduce que tras el desastre de la segunda cruzada, un objeto conocido como el «Grial», probablemente el Mandylion de Edesa, fue trasladado a la Champaña para ponerlo a buen recaudo. Esto sin embargo no era sino un símbolo de un hecho mucho más importante, el trasvase de conocimientos de Oriente a Occidente.

### Los templos de la Virgen

Cuando el rey Luis y la reina Leonor emprendieron su cruzada en 1147, partieron acompañados por un contingente de Templarios. Su protección impidió que durante una peligrosa etapa del viaje, cuando el resto del ejército se enzarzó en una agria disputa que motivó que los soldados se dispersaran, el rey y la reina cayeran de forma inevitable en manos de los turcos. Por esa época y posiblemente como resultado de su estrecha relación con los Templarios, Luis adoptó la flor de lis como divisa heráldica. Éste era probablemente el símbolo de una orden aún más secreta que los Templarios con los que estaban relacionados[1]. Dado el marcado cambio de talante que experimentó el rey durante la cruzada, intensificándose su sentimiento religioso, es probable que la adopción de esta insignia especial, que no tardó en convertirse en el escudo de armas de Francia, esté relacionada con la iniciación del rey en esta orden.

Como hemos visto, el lirio era un símbolo popular no sólo en Egipto sino también en Bizancio. La flor de lis, que Luis VII adoptó como su divisa hacia 1047, durante la segunda cruzada, debe su nombre a Fleur-de-Luce o Iris. Es la versión europea del lirio o la flor de loto entregada a María por el ángel Gabriel. Como tal, se asemeja a la espiga que sostiene la figura de Virgo y que representa esotéricamente la flor de la que emergerá el alma de un nuevo rey. El motivo de que la flor de lis alcanzara tal importancia en Francia ha sido siempre un misterio. En 1966 se publicó un libro titulado *El enigma de la catedral de Chartres* que viene a confirmar su esotérico significado. Su autor se hace llamar Louis Charpentier, pero dado que el propietario de los derechos del libro es un tal Robert Laffont, todo hace suponer que se trata de un seudónimo. En cualquier caso, el libro de «Luis el Carpintero» muestra profundos conocimientos de una tradición esotérica que une a los Templarios con la construcción de las grandes catedrales de Francia. La traducción inglesa del original francés contiene un prólogo de Janette Jackson, quien en las décadas de los años sesenta y setenta era muy conocida en Inglaterra por ser la fuerza motriz detrás de la RILKO[2], la organización que publicó este libro. Según escribe Jackson,

> [...] Charpentier abre un nuevo panorama de posibilidades. Sostiene que Chartres y otras catedrales, al igual que los grandes monumentos de Egipto y Grecia, eran la manifestación de un secreto transmitido a la humanidad por medios ocultos o místicos.

El libro, escrito de forma que sólo deja entrever algunas pistas sin revelar demasiados secretos, no explica la naturaleza de este enigma ni cómo fue transmitido. Por otra parte, tiende a confundir al lector con disparatadas afirmaciones, generalizaciones y simplificaciones de unos conceptos muy complejos. Con todo, es evidente que Charpentier no descubrió ni inventó todos los datos que ofrece en su libro. Da la impresión de ser un experto en la materia, de haber sido instruido cuando menos en algunos de los conceptos que expone. Esto, a su vez, sugiere que era (o es) un iniciado del tipo de escuela a la que nos hemos referido[3].

En el libro de Charpentier, el autor asegura que los nueve primeros caballeros Templarios fueron acusados por san Bernardo de descubrir y llevar a Francia el Arca de la Alianza, que había sido sepultada en el monte Moriá antes de la destrucción del primer Templo de Salomón. La evidencia que apoya esta historia es muy endeble. Nada permite pensar que el arca física de Moisés fuera transportada a Francia ni a Etiopía. Sin embargo, si consideramos el arca como lo que es realmente, un símbolo, está claro que consiste en algo más que una caja de madera que contiene unas viejas tablas de piedra: representa la auténtica gnosis, la cual sí fue llevada a Francia por los Templarios. Charpentier nos ofrece prueba de ello en lo que a primera vista parece ser una digresión de su tema central. Nos demuestra que las catedrales de Nôtre-Dame del norte de Francia fueron proyectadas de acuerdo con un determinado plan. El autor aduce que la misma arca contenía lo que podría interpretarse como los planos del templo, los cuales, tras ser llevados a Francia por los Templarios, fueron utilizados por los arquitectos medievales como bocetos para construir unas catedrales góticas como la de Chartres.

Con anterioridad a 1150 sólo existían en Europa unas pesadas catedrales románicas, tipificadas por la de Durham, en Inglaterra. Más tarde, a raíz de la segunda cruzada, se desarrolló un nuevo método de construcción, el estilo gótico, caracterizado por la bóveda de crucería, arbotantes, inmensas ventanas con vitrales de colores y, sobre todo, el arco apuntado u ojival. Estos elementos, aunque desarrollados y llevados a sus extremos en Francia, no se originaron allí sino en Oriente. La profusión de arcos ojivales entre las ruinas de los viejos edificios de Edesa confirman la existencia en esta región antes de 1145, puesto que a partir de esa fecha no se construyeron iglesias allí, de un primitivo estilo «gótico».

Otros indicios de ello los encontramos en Mardin, una ciudad que nunca conquistaron los francos y que permaneció bajo el control de los turcos durante el período en que Edesa era una ciudad de las Cruzadas. Mi esposa Dee y yo visitamos Mardin, deseosos de comprobar qué aspecto presentaba esta antigua ciudad construida sobre una colina y que albergaba antiguamente una numerosa comunidad jacobita. Tras atravesar la calle mayor llegamos a un edificio que, aunque en la actualidad era un taller, antiguamente había constituido una iglesia. Nos sorprendió ver no sólo que la puerta de entrada había sido construida formando un arco ojival sino que estaba rodeada por una tracería en zigzag que en Gran Bretaña solemos asociar con los normandos. Puesto que ni los normandos ni los francos habían construido esta iglesia, era obvio que el estilo no se había originado en Francia sino en Armenia o en Mesopotamia septentrional. A raíz de esta transferencia cultural, en menos de un siglo el paisaje de Europa cambió a medida que se levantaban estas imponentes estructuras. Las grandes catedrales de Francia venían a ser los rascacielos de su época, los edificios más altos que se habían erigido en el mundo desde la Gran Pirámide de Gizeh.

Lo que más me llamó la atención del libro de Charpentier fue no sólo su aprecio del gótico, que es maravilloso, sino su revelación de que las catedrales de Nôtre-Dame del norte de Francia estaban proyectadas de acuerdo con un determinado plan. Cada catedral, Rouen, Chartres, Laon, Reims y otras, representa una estrella. Juntas, esas «estrellas» componen el cuerpo principal de la constelación de Virgo. Aunque Charpentier no lo dice, esta disposición (que puede ser comprobada por cualquiera que disponga de un mapa de Francia y un dibujo de la constelación de Virgo) expresa de forma tangible el proverbio hermético: «Tal como arriba, abajo.» Puesto que la idea fundamental que dirigía la construcción de las pirámides egipcias de la IV dinastía era también una correlación estelar, ello indica una continuidad en la tradición. No obstante, si bien en Egipto la ejecución de los planos de los arquitectos comprendía una zona relativamente pequeña que cubría los campos donde se hallan las pirámides cerca de El Cairo[4], la figura que representa Virgo en Francia es inmensa[5].

Está claro, por tanto, que los constructores que levantaron estas catedrales estaban muy motivados, inspirados por una visión de inmensa magnitud. Ellos y sus benefactores, entre quienes debían de contarse el rey y los condes de la Champaña y la Borgoña[6], llevaron a cabo un plan secreto de extraordinaria importancia. Construir una sola catedral debía de ser muy costoso en términos de tiempo y recursos. El levantar una docena no sólo debió de ser difícil sino que sin duda requirió una gran perseverancia y voluntad de compromiso. Las preguntas que cabe hacerse son: ¿por qué se tomaron tantas molestias? ¿Qué propósito tenía ese gigantesco empeño?

La respuesta a estas preguntas aparece con toda claridad si tenemos en cuenta el ambiente que predominaba en los tiempos en

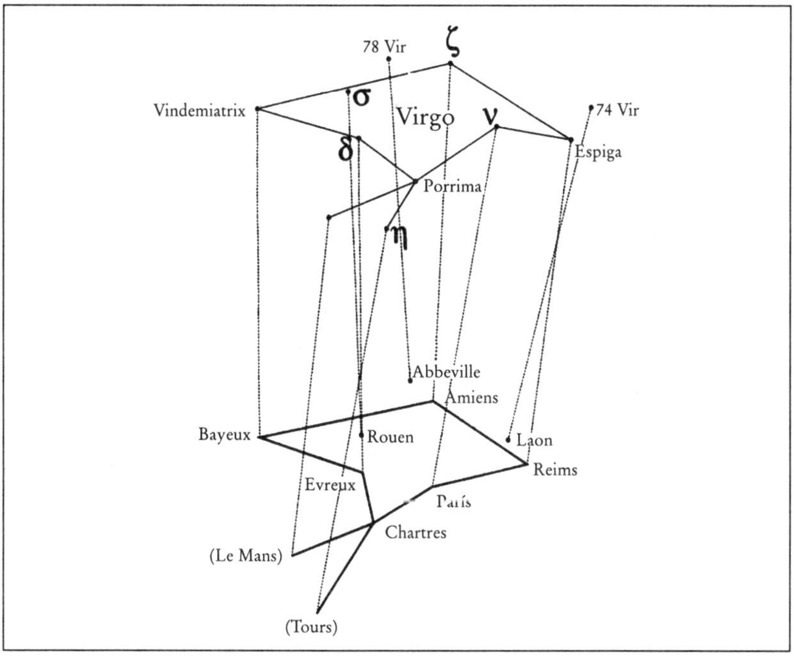


Las catedrales del norte de Francia y el patrón de Virgo. (Las de Le Mans y Tours son las únicas catedrales que no están consagradas a la Virgen.)

que se levantaron las catedrales. El fracaso de la segunda cruzada fue un duro golpe no sólo para los francos sino en particular para los cristianos de Oriente, quienes comprendieron que el reino de Jerusalén no estaba seguro y que pronto o tarde caería, al igual que Edesa, en manos de los turcos. Algunos probablemente consideraron esta circunstancia de forma favorable, dado que a fin de cuentas Tierra Santa había estado gobernada durante varios siglos por los musulmanes y que los francos no gozaban de gran popularidad. Pero otros, como los armenios, estaban atemorizados. Muchas de estas gentes, entre ellas los arquitectos[7] que conocían la bóveda de crucería y el arco ojival, mantenían buenas relaciones con los francos. Balduino I había fomentado los matrimonios entre sus seguidores y la aristocracia local de Edesa, y su último conde, Joscelin II, era medio armenio. El caso es que algunos armenios, y posiblemente otros grupos, decidieron regresar a Francia junto con Felipe, donde podían poner en práctica sus conocimientos en materia de construcción.

Al parecer ciertos individuos, probablemente armenios, que estaban también vinculados con la misteriosa Hermandad Sarmoung, recibieron orden de poner al corriente de sus intenciones a algunos francos, entre ellos a Luis. La clave de su misión aparece claramente si observamos con detenimiento el mapa del norte de Francia y lo comparamos con la figura de Virgo. No deja de ser chocante que la Catedral de Reims representa en la figura de Virgo a la estrella Espiga, que aparece simbolizada al mismo tiempo como una espiga de trigo y un lirio. También sorprende que debido a sus vínculos regios fuera Reims, en lugar de Chartres, la catedral más importante en Francia durante el Medievo, el lugar donde durante siglos fueron coronados los reyes de Francia. Por consiguiente Reims, en teoría y en la práctica, representa el lugar de la flor de lis. Significa la Anunciación, la elección de una determinada mujer como Madre del futuro Mesías. De forma muy sutil la figura de Virgo que se iba extendiendo por todo el norte de Francia indicaba la esperanza, sin duda compartida por Luis, de que el próximo Mesías fuera francés y de sangre real. Así pues, Luis tenía el deber de preparar el camino para este advenimiento, que ya no se creía que tuviera lugar en Jerusalén sino en Francia. Esto explica la adopción por parte del rey de la flor de lis, el símbolo de Horus, como insignia personal.

## La ciudad de los magos

Los franceses no fueron los únicos que trataron de trasladar el lugar de nacimiento del Mesías de Palestina a Europa. Cuando el papa convocó una cruzada para recuperar Edesa, no imaginó que sus palabras suscitarían una inmediata respuesta tanto al este como al oeste del Rin. Hasta entonces los alemanes habían demostrado escaso interés por las Cruzadas, prefiriendo cumplir con su deber cristiano de sojuzgar a los paganos ubicados en sus fronteras orientales. Sin embargo, esta vez el emperador Conrado estaba decidido a asumir un papel protagonista y no se contentó con permanecer en un discreto segundo plano mientras Luis se llevaba todos los honores. Su decisión tendría unos sorprendentes resultados diecisiete años más tarde y lejos de Tierra Santa, en la ciudad catedralicia de Colonia, a orillas del Rin.

La Catedral de Colonia es una de las obras maestras góticas de Europa aunque, al igual que el estado alemán al que simboliza en muchos aspectos, no fue completada hasta fines del siglo XIX. La ciudad romana, que fue fundada en el remoto rincón del Imperio por el emperador Claudio a instancias de su mujer, Agripina, se llamaba originariamente *Colonia Agrippinensis*. El cristianismo probablemente llegó a Colonia en una fecha temprana, y en el año 313 d.C., tras la proclamación de Constantino en Milán concediendo la libertad de practicar su fe a todos los cristianos, estaba lo suficientemente arraigado como para permitir que un obispo local, Maternus, construyera una gran iglesia sobre una colina que dominaba la ciudad. El lugar donde se alzaría la catedral había estado ocupado previamente por un pequeño templo consagrado a Mercurio Augusto. Hacia el año 330 d.C., sólo cinco años después del concilio de Nicea, Colonia fue tomada por primera vez por los francos. Éstos no ocuparon inmediatamente la ciudad, pero en el 475 pasó a ser la residencia principal del rey Childerico, mientras los francos se convertían al cristianismo. A lo largo de los siglos siguientes la iglesia fue reconstruida repetidamente. Creció en tamaño e importancia, reflejando los cambios experimentados por la ciudad y el reino franco, que en aquella época comprendía no sólo Francia sino Germania y el norte de Italia.

El 23 de diciembre del año 800, en uno de los grandes momentos de la historia europea, Carlomagno, rey de los francos, se hizo coronar emperador de Occidente por el papa. Trasladó su capital a Aquisgrán (Aachen), pero el arzobispo de Colonia seguía siendo el prelado de mayor importancia en Germania, ocupándose de una amplia sede que se extendía desde el sur de Bélgica hasta Bremen. En vida de Carlomagno, Aquisgrán fue la brillante capital de una Europa Occidental renaciente y reunida. El emperador envió emisarios a Constantinopla y la Catedral de Colonia continuó ampliándose durante este perído gobernado por los francos, reflejando su creciente poder. Pero el acontecimiento más decisivo, el que la convertiría en un importante centro de peregrinaje, ocurriría tres siglos y medio más tarde, durante el reinado del emperador Federico Barbarroja, un acontecimiento ligado directamente a la historia de la Natividad.

Federico Barbarroja, emperador del Sacro Imperio Romano, fue en su tiempo el hombre más poderoso de Europa. Era hijo de Federico II, duque de Suebia (una provincia ubicada en el extremo suroccidental de Germania) y de Judit, hija de Enrique IX, duque de Baviera. Tras heredar el título de su padre siendo todavía un joven de veinticuatro años, Federico se incorporó de inmediato a la segunda cruzada junto con su tío, el emperador Conrado.

Al igual que los franceses, el contingente germano partió muy esperanzado pero, debido a su pésima organización, estaba abocado al fracaso. No obstante, Federico sacó provecho de la experiencia y se comportó con gallardía en el campo de batalla. Demostró tener dotes de líder y su tío le cogió gran afecto, recomendando que a su muerte fuera él en lugar de su hijo el elegido para heredar el título de emperador. Así ocurrió y el 9 de marzo de 1152 Federico fue coronado emperador del Sacro Imperio Romano en Aquisgrán. Al poco tiempo emprendió varias campañas en Italia con el fin de restablecer la autoridad imperial, lo que inevitablemente, y en más de una ocasión, lo enfrentó al papado. En 1158, durante su segunda campaña italiana, Milán cayó de nuevo bajo el control imperial.

En 1163, tras sufrir en sus campañas un fracaso que le impidió apoderarse de Sicilia, a la sazón un estado normando independiente, Federico centró de nuevo su atención en Germania y arrebató a Milán una de sus colecciones de reliquias más importantes: los huesos de los reyes magos. Éstos fueron trasladados a Colonia en 1164 por petición del arzobispo Reinaldo von Dassel. Posteriormente se decidió construir un nuevo templo para albergar estas importantes reliquias. Sin embargo, no fue hasta 1247 cuando la catedral sería reconstruida siguiendo el estilo gótico. Las obras comenzaron en 1248, antes de que un oportuno incendio destruyera la vieja iglesia. El nuevo edificio se construyó de acuerdo con un ambicioso proyecto y desde el principio quedó claro que la nueva catedral debía tener unas proporciones gigantescas. No obstante, el proyecto sufrió numerosas demoras y no fue hasta el 15 de octubre de 1880 cuando se colocó la última piedra sobre el florón de la torre sur, en presencia del káiser Guillermo I.

Federico Barbarroja no pudo prever las consecuencias del traslado de las supuestas reliquias de los reyes magos a Colonia, aunque es evidente que tenían gran importancia para él. El fracaso de la segunda cruzada había puesto de relieve la debilidad de los estados francos en Ultramar. Por otra parte, existía un creciente sentimiento de nacionalismo en Europa y el afán de crear unos lugares de peregrinaje más próximos a casa. Al convertir Colonia en un santuario, Federico consiguió trasladar Belén a Germania. A partir de entonces los peregrinos germanos, franceses, holandeses e ingleses no tuvieron que realizar el arduo y peligroso viaje a Belén para sentir que formaban parte de la historia de la Navidad, sino que bastaba con que visitaran Colonia. Esta circunstancia incrementó la riqueza, el comercio y el prestigio de lo que se había convertido en un importante centro comercial.

¿Pero era eso todo? Hoy en día nadie puede sostener seriamente que las reliquias trasladadas a Colonia por Federico pertenecieran a aquellos «primeros cristianos», los misteriosos magos que habían visitado el establo en Belén. La Edad Media fue una época de intensa fe y la mayoría de iglesias poseía las reliquias de algún santo, pero esa idea resulta inverosímil. Federico no era tonto y no temía desafiar siquiera la autoridad del papa cuando le convenía. No es probable que se dejara convencer de la autenticidad de esas sospechosas reliquias. No obstante, tenían un gran valor para él. Uno de los motivos del apego que sentía hacia ellas, así como de la gran popularidad de la que gozaba la leyenda de los reyes magos entre otros reyes medievales, era que de alguna forma venían a simbolizar los ideales de la cruzada. Pues del mismo modo que esos reyes extranjeros, Melchor, Gaspar y Baltasar, habían emprendido una peregrinación para postrarse a los pies del niño Jesús desafiando a Herodes, los cruzados habían vuelto a llevar Belén al redil del cristianismo. Según este razonamiento, los reyes magos constituían los santos patrones lógicos de los cruzados y merecían tanto o más respeto que otros santos.

Sea cual fuere la verdad que se escondía en las reliquias, el ideal mediveal de los tres reyes que se presentan en Belén casi se hizo realidad para Federico. En Oriente se había producido un nuevo desastre, que amenazaba la futura existencia de Ultramar. Debido a la invariable escasez de hombres y confiando en la desunión del mundo musulmán, aquél prácticamente había sido sojuzgado por las fuerzas de su mortal enemigo, Saladino. En julio de 1187, un ejército cristiano, el más numeroso enviado al campo de batalla por el pequeño reino, partió para liberar Tiberíades, que se hallaba bajo el asedio del enemigo. Fue un error fatal. Mientras marchaban a través de las colinas de Galilea, fatigados y sedientos, cayeron en una emboscada en Hattin. Las fuerzas cristianas fueron exterminadas y, a resultas de ello, Saladino conquistó fácilmente Jerusalén y prácticamente todas las demás ciudades amuralladas y los castillos del reino, que se vio obligado a rendirse. El papa, Gregorio VIII, predicó una nueva cruzada para reconquistar los territorios perdidos y en 1190 Ricardo I Corazón de León, rey de Inglaterra y Felipe, rey de Francia, emprendieron una nueva cruzada. Fueron precedidos por Federico, ya anciano, ansioso de enfrentarse de nuevo al reto de la cruz. Pero la reconquista de Palestina no formaba parte de su destino, pues Federico murió ahogado antes de que su ejército alcanzara Antioquía. Sin su férrea mano para imponer orden y disciplina entre el contingente germano, que hasta entonces había demostrado una conducta ejemplar, éste se vino abajo. De haber vivido Federico, es muy probable que las fuerzas unidas de Germania, Francia e Inglaterra hubieran logrado tomar de nuevo Jerusalén. Federico, Ricardo y Felipe, al igual que antiguamente los tres reyes magos, habrían podido visitar el pesebre en Belén y postrarse ante la cuna. Pero las fuerzas de las Cruzadas sólo lograron reconquistar una parte del viejo reino. Jerusalén y Belén permanecieron fuera del ámbito del pequeño estado, cuya capital se había establecido en Acre. Al cabo de un tiempo también se perdieron esos territorios, al igual que todas las posesiones francas en el Próximo Oriente.

### La oración de Ricardo II

Cuando Ricardo II ascendió al trono de Inglaterra en 1377, siendo un niño de diez años, la situación había cambiado mucho. Las grandes catedrales del norte de Francia estaban más o menos terminadas pero dos grandes tragedias, una que afectaba a la salud de las personas y la otra política, habían servido para degradar lo que pudo haber sido la época dorada de la cultura francesa. La primera de esas tragedias fue la peste, que entre 1348 y 1349 aniquiló a un tercio de la población en Europa. La segunda fue la absurda Guerra de los Cien Años entre Inglaterra y Francia. Aunque en ella participaron arqueros galeses y alabarderos ingleses, en realidad fue una lucha entre dinastías francesas rivales. La causa de esta titánica pugna por apoderarse de uno de los países más ricos de Europa fue el divorcio de Leonor de Aquitania y Luis VII, tras la segunda cruzada, y el matrimonio de Leonor con Enrique II de Inglaterra. Leonor aportó como dote el valioso territorio de Aquitania, que vino a sumarse a las otras tierras francesas propiedad de la Casa de Anjou, es decir, los Plantagenet. Las tierras pertenecientes a la corona inglesa en Francia eran considerables y al cabo de un tiempo estalló un conflicto entre los angevinos y la Casa reinante de Valois sobre quiénes eran los pretendientes legítimos al trono de Francia. Eduardo III, el abuelo de Ricardo, invadió Francia y ganó varias batallas, incluyendo la de Crécy en 1346. Diez años más tarde, Eduardo el Príncipe Negro derrotó y capturó al rey Juan de Francia, junto con su joven hijo el delfín, en la Batalla de Poitiers. Ninguna de esas batallas consiguió sin embargo resolver el conflicto. ¿Cómo podía la Casa de Anjou, cada vez más inglesa, reivindicar el trono de Francia? ¿Y cómo podía el rey de Francia esperar que el rey de Inglaterra, el conde de Anjou, le rindiera vasallaje como si fuera un mero súbdito?

La crisis seguía sin resolver en 1377, cuando Ricardo, que era hijo del Príncipe Negro, subió al trono. Es posible que le rezara a la Virgen María para que le ayudara a resolver este conflicto entre dos casas reales emparentadas que había envenenado las relaciones entre dos países durante más de una generación. Su matrimonio con Ana de Bohemia, hija del emperador alemán, simbolizó nuevas esperanzas y perspectivas. Ricardo descendía a través del Príncipe Negro de Felipe el Hermoso de Francia y Eduardo I de Inglaterra, así como de muchos otros ilustres linajes reales. Debido a su unión con el Sacro Imperio Romano, todos confiaban en que se produjera un resurgimiento del cristianismo.

De forma insólita y tangible, el Díptico de Wilton parece aludir a ello directamente. Ricardo, acompañado por los reyes magos y san Juan Bautista, reza ante la Virgen. Pero el díptico encierra más de un significado. Las manos extendidas de Ricardo parecen invitar a la Virgen a entregarle el Niño Jesús, cuyo pequeño pie ofrece su madre al rey. Dado que éste luce en su insignia la flor de lis, es más que probable que conociera el secreto que residía en la construcción de las catedrales francesas y el significado de Reims. En este adorno destinado a un altar Ricardo parece invitar al Mesías a que sea su hijo. Pero la historia de crímenes y guerras truncó sus esperanzas. ¡Qué distinta habría sido la historia de la Edad Media de haber alcanzado Ricardo sus fines! Quizás habríamos tenido a un Mesías sentado en el trono del león de Inglaterra, ostentando la flor de lis de Francia y coronado en Reims. Posiblemente nos habríamos ahorrado siglos de guerras y habríamos asistido a un renacimiento aún más glorioso en Europa.

## Los maestros de la sabiduría

Mi búsqueda de los reyes magos tocaba a su fin. Estaba convencido de que el nacimiento de Jesús seguramente había tenido lugar en verano, en una fecha que se correspondía con la salida helíaca de Sirio, la estrella del Can Mayor. En ese día, el 29 de julio del 7 a.C., su nacimiento hizo que se cumplieran no sólo las profecías de los judíos sino también las de los astrólogos egipcios y caldeos. Una embajada de magos (quizá más de una) atravesó la región de Mesopotamia septentrional en busca del lugar donde se había producido el nacimiento de un rey. Las personas que integraban esta misión eran sin duda miembros de una hermandad, conocida como las «abejas» o *sarman*, de la cual Antíoco Epífanes de Comagene había sido su guía luminoso treinta años antes. Los magos conocían sin duda el peligro que representaba el paranoico y megalómano Herodes, quien treinta años antes había ayudado a Marco Antonio a sitiar Samosata. Por tanto, estaban dispuestos a hacer cuanto estuviera en su mano para ayuda a Jesús y mantener oculta la ubicación del establo en Belén. La Biblia dice que los visitantes regresaron a su país por otro camino y que es posible que se dirigieran a Egipto antes de regresar a casa. Es probable que en su vida cotidiana los magos fueran comerciantes y que viajaran periódicamente a Egipto para resolver sus asuntos. Allí, anticipándose a la huida de María, José y Jesús, les habrían buscado un alojamiento seguro. En cualquier caso, según una tradición muy difundida, el niño fue llevado por sus padres a Heliópolis, el centro original de la antigua religión egipcia. Al igual que el esperado regreso del ave fénix para inaugurar una nueva era, Jesús llegó a la ciudad del Sol.

Aunque no sabemos nada sobre la vida de Jesús entre los doce años y el comienzo de su ministerio público, a los treinta, todo indica que fue un niño precoz. Los Evangelios nos explican que de adolescente fue capaz de enzarzarse en un erudito debate con los ancianos del templo, al que Jesús se refiere como la «Casa del Padre». Otras leyendas afirman que de joven visitó Persia y la India además de Egipto y según una repetida historia llegó a Inglaterra en compañía de su tío materno, José de Arimatea. No podemos desestimar categóricamente esas leyendas. Dado su temperamento curioso, no es improbable que Jesús, al igual que Pitágoras varios siglos antes, tratara de localizar a todos los magos que le fuera posible, no sólo pertenecientes a su país y religión, sino también de Oriente Medio y otros lugares más lejanos. La insólita naturaleza de su ministerio y sus dotes como sanador y maestro indican que, al igual que Moisés, Jesús fue iniciado en los niveles superiores de los misterios antes de iniciar su labor. La gnosis, en la que debió de ser instruido por los maestros de la sabiduría, sin duda comprendía los conocimientos de astrología que hemos comentado en este libro.

Según las enseñanzas herméticas, las almas humanas constituyen unas entidades superiores que hace tiempo se dejaron cautivar por la Tierra y, como moscas en una telaraña, quedaron atrapadas entre sus espirales evolutivas. Todo esto ha sido expuesto de forma muy hermosa en el primer diálogo del *Corpus Hermeticum*, el *Poimandres*:

> Pero el Padre de todo, aquel que es Vida y Luz, creó al Hombre, un Ser semejante a Él. Y le satisfizo contemplar al Hombre, que era su Hijo; pues el Hombre tenía una apariencia divina, debido a la semejanza que guardaba con su Padre. Dios tenía motivos para contemplar al Hombre con satisfacción, pues era su propia forma la que Dios contemplaba satisfecho. Y entregó al Hombre todas las cosas que habían sido creadas.
>
> El Hombre ocupó la esfera del Creador, y observó las cosas hechas por su hermano[8], quien estaba situado sobre la región del fuego; y tras haber observado la creación del Hacedor en la región del fuego, decidió convertirse también en Creador; y su Padre le dio permiso, pues poseía todos los atributos de los Administradores (los planetas); y los Administradores, satisfechos de él, le confirieron una parte de su naturaleza.
>
> Tras haber aprendido a conocer a los Administradores y

haber recibido una parte de su naturaleza, el Hombre decidió escapar del círculo de sus órbitas que lo mantenía atrapado; y miró hacia abajo a través de la estructura del cielo, tras haber atravesado la esfera, y mostró a la Naturaleza que se extendía a sus pies la hermosa forma de Dios.

La Naturaleza, al contemplar la hermosa forma de Dios, sonrió enamorada del Hombre, mostrando el reflejo de esa bella forma en el agua y en las sombras en la Tierra. Y el Hombre, al ver esta forma, idéntica a la suya, reflejada en la tierra y en el agua, se enamoró de ella y deseó morar allí. Sus deseos se cumplieron de inmediato, y el Hombre fundó su morada en la materia desprovista de razón. Y la Naturaleza, una vez que hubo conseguido al Hombre, de quien estaba enamorada, lo abrazó y ambos se fundieron en un solo ser; pues se amaban profundamente.

Y éste es el motivo de que el hombre, a diferencia de otras criaturas que habitan en la Tierra, posea una doble naturaleza. Es mortal en razón de su cuerpo, e inmortal en razón del Hombre de eterna sustancia. Es inmortal, y tiene poder sobre todas las cosas; pero padece el sino de un ser mortal, pues está sometido a los caprichos de la suerte. Es exaltado sobre la estructura del cielo, pero es un esclavo de la suerte[9].

El hecho de que el hombre quede atrapado en las redes de la naturaleza constituye el equivalente hermético de la historia de Adán y Eva en la Biblia. Según esta lectura, la «fruta» mortal del Árbol de la Ciencia del bien y del mal es el planeta. Al comer la «fruta prohibida», esto es al asumir su forma encarnada, el hombre queda atrapado en la vida a nivel planetario y por tanto está sometido a la muerte. Según la doctrina hermética, pocas almas son capaces de huir de los tentáculos del abrazo de la Tierra. El resto, aquellos que no son santos, pasan por innumerables existencias, de muerte en muerte, en una interminable cadena de reencarnaciones. Según esta doctrina, necesitamos ayuda «de arriba» a fin de liberarnos de este Sistema Solar.

En su libro *Deeper Man*, J. G. Bennett dice que las almas con un destino superior, las que son capaces de procurar esa ayuda, nacen dotadas de unas condiciones especiales[10]. Un ejemplo de ello es la esmeradísima educación que recibe un Dalai Lama, después de que unos emisarios hayan encontrado al niño que constituye la nueva encarnación. Según parece, la misión de los reyes magos era similar. Las pruebas indican que procedían de la misma escuela con la que siglos más tarde se puso en contacto Gurdjieff. Suponiendo que fuera cierto, lo lógico es que se hubieran encargado de conservar el recuerdo de un acontecimiento de tal magnitud. Gurdjieff nos dice que esto solía hacerse a través de lo que él denomina un «legominismo», es decir, un símbolo que en cierto sentido contiene el significado de lo que se pretende transmitir a las generaciones futuras. Las pirámides de Egipto, el monumento sagrado de Antíoco y el Templo de Arsemia constituyen unos ejemplos de «legominismos» arquitectónicos. Bennet afirma que Gurdjieff le habló sobre este proceso:

> Él [Gurdjieff] me explicó que de vez en cuando aparece un ser de otro mundo —«de arriba»—, un individuo sagrado encarnado en forma humana y al que se le ha asignado una misión muy especial, cuyos pormenores no son visibles en este mundo y sólo pueden ser percibidos por unos discípulos o colegas que hayan recibido también una preparación especial. Esta misión no la lleva a cabo en este mundo excepto en cuanto el ser que debe realizarla está encarnado en forma humana. Desde un ámbito donde lo imposible no existe se introduce una determinada posibilidad. Es algo nuevo que no se adscribe al sistema de causa y efecto de este mundo, y por tanto modifica por completo la situación. Los mecanismos de este proceso no son visibles; pero, generalmente, es preciso que se perciba o manifieste algo, para que lo que es nuevo pueda operar en el mundo visible entre personas dotadas de una percepción normal. Al objeto de que se cumpla la segunda parte de la misión se crea una imagen sagrada, que posee un poder limitado puesto que sus orígenes están más allá del mundo existente. Esta imagen sagrada la vemos en la figura del fundador de una religión, un profeta o la encarnación de Dios, quien despierta nuevas esperanzas en la vida del hombre[11].

La forma en que la fecha de nacimiento de Jesús fue registrada está en la historia de los reyes magos y, más concretamente, el icono de la Natividad que ha venido utilizándose en la tradición para ilustrar este acontecimiento. El poder de esta «imagen sagrada» de la Encarnación es extraordinario. Ha sido reproducida en innumerables cuadros, esculturas, tarjetas navideñas y se representa cada vez que una escuela monta una obra sobre la Natividad[12].

La escena, básicamente, siempre es la misma: María, José y el niño Jesús en la cuna, rodeados por los pastores y los reyes magos. Sobre el establo en el que se encuentran aparece la estrella de Belén. Se trata de una estrella egipcia de cinco puntas[13] en lugar de la estrella de seis puntas de David, que en realidad representa el Sol. No obstante, puesto que la estrella que «guió» a los reyes magos era en realidad dos planetas, Júpiter y Saturno en estrecha conjunción, quizá sería más adecuado representarla con una estrella de diez puntas.

Sin embargo, el significado secreto de la imagen permanece invisible y oculto a los piadosos cristianos. Se trata de un «legominismo», y bajo la guisa de los «pastores», los «reyes magos» e incluso la Sagrada Familia se esconde el horóscopo de Jesús. Una vez que comprendemos el verdadero simbolismo astral, éste nos revela que el pequeño Mesías no es simplemente un profeta de Israel sino un auténtico faraón o rey Horus[14]. Los faraones de Egipto poseían numerosos títulos, entre ellos el de «apicultor», el cual probablemente indica su papel como jefe de las «abejas», que recogen el néctar de la sabiduría. El título más importante que ostentaban era el de «hijo del Sol». Como hemos visto, la fecha del nacimiento oficial de un rey Horus se producía el día de la salida helíaca de Sirio y la conjunción del Sol con Régulo. La naturaleza divina de ese nacimiento regio estaba simbolizada en el antiguo Egipto por la Esfinge, un hombre con cabeza de león[15].

A los reyes de Egipto se les asociaba también con el símbolo del halcón. Este animal en la iconografía egipcia es emblemático de Horus, tanto en su forma macrocósmica como microcósmica. Del mismo modo que el halcón observa desde el aire todo cuanto sucede abajo, Horus el mayor, el dios del cielo egipcio original, revolotea sobre nuestro mundo contemplando todo lo que sucede en la Tierra. Simboliza el primer Logos o frase divina del Padre, cuya voluntad propicia la creación de todas las cosas. Dentro del mundo de nuestro «universo» local, el Sol es el asiento del poder creativo. En cuanto entidad o «cosmos» de pleno derecho, el Sol propicia la creación de su familia de planetas, el Sistema Solar. La manifestación de la voluntad del Sol, esto es el logos solar, era venerada en Egipto como Ra-Harakte, Ra (el dios del sol) en su forma de halcón. Éste aparece esculpido en la parte superior del obelisco de la XII dinastía de Sesostris III en Heliópolis.

La conjunción al amanecer de Ra-Harakte, el dios solar con cabeza de halcón, con Régulo, la estrella del León por excelencia, simboliza el nacimiento de «Horus el joven» u «Horus hijo de Isis». Es el Horus microcósmico, el profeta que es el logos solar hecho hombre. El Horus de la Esfinge o Sphincter, el guardián inescrutable de la puerta del cielo que impide la entrada a los no iniciados. Según la leyenda, los faraones de Egipto eran unas encarnaciones divinas y esto aparece representado en la espléndida estatua de Kefrén, el constructor de la pirámide central de Gizeh, donde el rey está sentado con un halcón (Horus) posado sobre sus hombros y abraza con la alas la parte posterior de su cabeza.

Esto es en esencia, a mi entender, la gran gnosis que se enseñaba a los iniciados de los templos de Egipto, varios siglos antes del nacimiento de Jesús. Es esta enseñanza egipcia, referente a la manifestación del principio del logos solar que se encarna en forma humana, lo que atrajo a los primitivos filósofos cristianos, deseosos de hallar unos vínculos entre las tradiciones antiguas y la nueva religión, y que escandalizó a sus posteriores descendientes. Éstos estigmatizaron la antigua revelación de la religión de Osiris como obra del diablo. Las similitudes entre las enseñanzas y ritos cristianos y egipcios eran atribuidas al diablo, quien según afirmaban había «plagiado anticipadamente» las doctrinas y los sacramentos sagrados de la Iglesia. Sin embargo lo cierto es que, históricamente, de existir un plagio éste se habría producido en sentido contrario. No obstante, creo que ello se debe no sólo a que el cristianismo, a medida que se fue convirtiendo en una religión cada vez más «gentil», asumió los atributos de las religiones que pretendía suplantar, sino a que el propio Jesús era un iniciado en las tradiciones de los misterios.

El conocimiento de los estrechos lazos que ligaban el cristianismo con las religiones no judías de la región desapareció de Egipto durante las persecuciones de los paganos llevadas a cabo en el año 390 d.C., cuando fueron clausurados los últimos templos, si bien la «herejía» del gnosticismo siguió prosperando más al este entre grupos como los nestorianos «persas». La expulsión de la «escuela de los persas» de Edesa a Nisibis en el año 489 d.C. eliminó del territorio del Imperio Romano a los últimos defensores visibles de esas ideas. A partir de entonces la ortodoxia religiosa asumió un papel preponderante en todo el Imperio y las personas que sustentaban ideas gnósticas las mantenían en secreto para evitar ser perseguidas por herejía. Con todo, persistía una corriente clandestina de ideas, que hacía tiempo había desaparecido en Occidente, que ligaba la obra de Jesuscristo con la tradición hermética de Egipto y la revelación zoroástrica de Persia. Todo indica que en el siglo XII las jerarquías superiores de una organización secreta, al parecer una primitiva encarnación de la Hermandad Sarmoung con la que Gurdjieff se puso posteriormente en contacto, tomaron la decisión de transmitir parte de sus conocimientos a Occidente. Estos conocimientos, que suponemos fueron conferidos, al menos en parte, a los Caballeros de San Juan, se referían al importante papel de su santo patrón.

En el mundo antiguo existía la creencia de que los faraones egipcios personifican el logos solar, es decir, la inteligencia del Sol. Como tal el faraón o rey constituía un «dios» viviente a quien correspondía defender la civilización en la Tierra. Con la conquista de Egipto, primero por Julio César y posteriormente por su sobrino Augusto, esta idea pasó a Roma. Los césares se consideraban los sucesores de los faraones, un nuevo linaje de «reyes Horus» con los derechos y las obligaciones de unos dioses. Bajo el símbolo del águila[16] en lugar del halcón, afirmaban ser los portavoces del logos solar y crearon un nuevo Imperio en su nombre. El Imperio Romano fue extremadamente brutal y cruel y en el Libro de las Revelaciones se le otorga el número de la bestia, el 666. Ello representa el gobierno del Sol, cuyo número 6 se convierte en este caso en «tres veces grande» como gobernante del cuerpo, la mente y el espíritu.

No es de extrañar que el papa y demás padres de la Iglesia del siglo IV se escandalizaran ante la idea de que Jesús fuera representado casi como un faraón simplemente debido a su fecha de nacimiento. No obstante, lo que no comprendieron en Occidente era que el misterio cristiano iba más allá que el egipcio. Por la época de las pirámides e incluso más tarde, se creía y aceptaba que el faraón, en cuanto última encarnación de Horus el joven, era el «portador» del logos solar. Era la personificación de la inteligencia del Sistema Solar. Éste era el origen de su poder o carisma, que en hebreo se denomina *Baruch*, en árabe *Baraka* y en persa *Hvareno*. Los símbolos del faraón eran el cayado y el látigo, el primero para demostrar que era un buen pastor de su rebaño y el segundo que era el azote de sus enemigos. Jesús, en su ministerio, descartó el látigo e impartió el mensaje de que debíamos amar a nuestros enemigos. Lo hizo porque, debido a lo que había sucedido con motivo de su bautismo, su autoridad era superior incluso a la del logos solar.

El papel especial de san Juan Bautista consiste en que por un lado, como el último de los profetas del Antiguo Testamento, representa la tradición de Elías. Y por otro, como figura de Orión simboliza el cielo estrellado más allá del Sistema Solar, un lugar lejos del alcance del logos solar al que los faraones soñaban con ir después de muertos. El bautismo de Jesús, por tanto, representa el punto culminante de la iniciación en los misterios más allá del cual, según parece, nadie había llegado. No obstante, para Jesús esto no era sino el principio. Escribe Mateo:

> Entonces Jesús llega de Galilea al Jordán, y se presenta a Juan para que lo bautice. Pero Juan se negaba, diciendo: «Soy yo quien debería ser bautizado por ti, ¿y tú vienes a mí?» Pero Jesús le contestó: «Permítemelo por ahora; porque es conveniente que así cumplamos toda disposición divina.» Entonces Juan se lo permitió. Apenas bautizado Jesús, salió enseguida del agua; y en esto se abrieron los cielos y se vio al Espíritu de Dios descender, como una paloma, y venir sobre él, mientras de los cielos salía una voz que decía: «Éste es mi hijo amado, en quien me he complacido.»[17]

El Espíritu de Dios, simbolizado por una paloma, es el Logos Primario y está por encima del Sol y las estrellas. Es amor puro e incondicional y como tal se encuentra más allá de todos los mundos creados. El hecho ocurrido a orillas del Jordán, el segundo nacimiento de Jesús por gracia del Espíritu Santo, debe entenderse como un nuevo inicio. Si Jesús nació en un establo con los derechos y privilegios de un faraón, en ese momento trasciende su sino para cumplir un destino aún mayor bajo el signo no del halcón sino de la paloma.

Éste es el significado que encontramos en la historia del bautismo, que ocurre en el Evangelio según san Mateo inmediatamente antes del ejercicio de su ministerio. En Siria era un hecho que todos recordaban, pues durante siglos se conservaron y veneraron allí unas reliquias de san Juan. Actualmente estas reliquias, o al menos eso se supone, se hallan en el Museo Topkapi de Estambul. Allí, en un relicario engarzado con gemas, reposa un fragmento del cráneo del santo, supuestamente rescatado de manos de Herodías y Salomé. Más importantes debido a su simbolismo, como la mano que vertió el agua sobre la cabeza de Jesús autorizándole a cumplir su misión, son los huesos de su mano y brazo derechos, contenidos en un estuche dorado en forma de brazo. El que Ricardo II, quien consideraba a Juan como su santo patrón, conociera estos hechos es tema de debate. Resulta tentador pensar que los conocía y que debido a ello el Díptico de Wilton posee aún hoy tanta fuerza y poder. Sirve para recordarnos que la auténtica Navidad no cae el 25 de diciembre ni el 23 de agosto[18] sino en el 6 de enero, la festividad que asociamos con la llegada de los reyes magos pero que en realidad es el bautismo de Cristo.

## NOTAS

1. Tras la publicación del libro *The Holy Blood and Holy Grail* escrito por Baigent, Leigh y Lincoln, han circulado muchas conjeturas sobre una misteriosa orden conocida como la «Orden del Priorato de Sion» y su posible relación con los Templarios. Esta orden, según dicen, no sólo fue la fuerza motriz que impulsó el movimiento de las Cruzadas sino que estaba empeñada en destituir a la dinastía de los Capetos (de la que descendía Luis VII) y sustuirla por la dinastía merovingia, más antigua que la primera pero que reivindicaba sus derechos al trono. Según este análisis, los Templarios no eran sino una fachada tras la que se ocultaba este movimiento. Esta hipótesis no me convence, sino que creo que los Templarios constituían una hermandad mística más que política, que la misteriosa orden con la que mantenían contacto era la Sarmoung y que su símbolo en aquella época era el lirio o flor de lis.

2. Research into Lost Knowledge Organization (Organización para la investigación de los conocimientos perdidos).

3. El «comentario» del traductor, sir Ronald Fraser, que figura inmediatamente después del prólogo del editor, nos procura una clave sobre la naturaleza de esta escuela. En él Fraser afirma que la versión original del libro, en francés, fue confiada a la señora Jackson nada menos que por J. G. Bennett.

4. Un área de unos 20 por 10 km.

5. Aproximadamente en forma de diamante y que mide 210 por 160 km.

6. La orden cisterciense, a la que estaban adheridos los Templarios, se estableció en la Borgoña bajo patrocinio del conde.

7. Los armenios eran unos excelentes arquitectos. Su gran Catedral de Ani es uno de los edificios más hermosos del mundo y fueron unos arquitectos armenios a quienes llamaron los bizantinos para que repararan el deteriorado techo de la Catedral de Santa Sofía en Constantinopla.

8. La inteligencia demiúrgica, el equivalente del Elohím bíblico.

9. Scott, *Hermetica*, p. 50.

10. Véase capítulo 2.

11. J. G. Bennett, *Sacred Influences*, pp. 38-39.

12. Se trata de un fenómeno universal. Yo he visto personalmente en el México tropical construir unos escenarios gigantescos para representar la Natividad e instalarlos en las esquinas de las calles.

13. En Egipto todas las estrellas representadas tienen cinco puntas. Podemos

ver ejemplos de ello en las pinturas del techo de las pirámides posteriores y las tumbas del Valle de los Reyes.

14. Aunque algunos faraones posteriores, como Ramsés II, solían ser unos crueles autócratas, el título se aplicaba originalmente al palacio y significa «la gran casa».

15. Unos trabajos recientes del autor John Anthony West y el geólogo Robert Schoch indican que la Gran Esfinge de Gizeh es probablemente mucho más antigua que las pirámides. No obstante, la cabeza está tallada según el estilo de la IV dinastía, lo que indica que cuando menos este elemento data de la época en que se construyeron las pirámides, hacia 2450 a.C. Según parece la cabeza, que originalmente debía de ser la de un león, fue esculpida de nuevo. El modelo en el que se inspiró el autor fue probablemente Keops, el constructor de la Gran Pirámide.

16. El águila imperial se remonta a los tiempos de Babilonia y era el símbolo equivalente al halcón egipcio utilizado por los Imperios de Asiria, Persia y Grecia.

17. Mateo, 3:13-17.

18. Debido a los cambios precesionales registrados a lo largo de los siglos, la conjunción del Sol con Régulo ocurre actualmente a finales de agosto en lugar de julio.

# EPÍLOGO

En marzo de 1966, Dee y yo regresamos a Francia en busca de pruebas que demostraran que los conocimientos esotéricos referentes a la tradición de los reyes magos habían sido transmitidos de Oriente a Occidente en la Edad Media. Nuestra primera escala fue Reims, la capital de la Champaña, cuya catedral representa la estrella Espiga (Spica) en el diseño de Virgo descrito por Charpentier. Habíamos procurado que nuestra visita coincidiera con el inicio de la primavera y, de hecho, llegamos la víspera del 25 de marzo, la fiesta de la Anunciación del ángel Gabriel a la Virgen María. Nos pareció una fecha apropiada dada la relación con Virgo, pero hacía mucho frío para esa época del año y tuvimos que abrigarnos.

Aunque casi totalmente reconstruida después de los bombardeos sufridos durante la Primera Guerra Mundial, Reims resultó ser una venerable e interesante ciudad. Antiguamente había sido el corazón espiritual de Francia y fue aquí donde el día de Navidad del año 498 Clodoveo, el primer rey cristiano de los francos, fue bautizado por el obispo local, san Remigio. De esta forma, Remigio colocó los cimientos del futuro reino de Francia asegurando al mismo tiempo la pervivencia de la Iglesia católica tras la caída del Imperio Romano en Occidente. En el 816 subió al trono Ludovico Pío (Luis el Piadoso)[1], nieto de Pipino el Breve e hijo de Carlomagno. Aunque sus ilustres antepasados habían destituido a la antigua dinastía merovingia, habiendo sido Carlomagno coronado emperador en el 800 por el mismo papa, Luis vinculó su dinastía con la de Clodoveo al ser coronado en Reims. A partir de entonces casi todos los reyes franceses siguieron su ejemplo y fueron coronados en Reims; la coronación posiblemente más célebre de todas fue la de Carlos VII, quien, a regañadientes, fue conducido a su destino por Juana de Arco en 1429.

El culto de la realeza que rodeaba Reims y el privilegio de sus arzobispos de ser los oficiantes de las ceremonias de coronación está apoyado en una leyenda que afirma que una paloma bajó del cielo portando una ampolla sagrada que contenía un óleo y se lo entregó a san Remigio para que lo utilizara en el bautismo de Clodoveo. Esta ampolla se guardaba en la tumba de Remigio, en una basílica situada a unos dos kilómetros de la catedral, y era llevada con gran ceremonia en las procesiones de coronación[2]. Reims siguió siendo la ciudad donde se celebraban las coronaciones en Francia hasta 1825, cuando Carlos X, de la casa restaurada de los Borbones, asumió durante pocos años el trono. Las suntuosas vestiduras de coronación lucidas por él y su hijo el delfín, así como los espléndidos sobretodos de sus acompañantes y numerosos y exquisitos tapices, forman el núcleo de la colección del museo que ahora ocupa el palacio de los obispos, junto a la catedral. Éstos eran algunos de los objetos que Dee y yo habíamos venido a ver.

Después de aparcar el coche en una pequeña plaza situada al nordeste, nos encaminamos hacia la catedral que a aquella distancia sólo era visible a través de las aberturas entre los edificios. A medida que nos aproximábamos, estos espacios se iban agrandando hasta que de golpe apareció ante nosotros en toda su majestuosidad. Aunque no es la mayor catedral de Francia —este título le corresponde a Amiens—, es un edificio maravillosamente proporcionado que contenía, antes de que las guerras modernas y la contaminación causaran estragos, probablemente la más impresionante colección de estatuas medievales del mundo. Por fortuna, una esmerada restauración y, en casos necesarios, una sustitución han conseguido reparar en gran medida los daños. Hoy en día la catedral, a modo de ave fénix, se yergue de nuevo orgullosa como un gran buque que espera ser liberado de sus contrafuertes y lanzado al mar.

Las obras de la catedral actual, que se alza en el lugar de un antiguo edificio que había sido destruido por el fuego, comenzaron en 1211 y la mayor de ellas finalizó antes de 1275. Aunque nunca se completó del todo —siempre le ha faltado la mayoría de las torres diseñadas por los arquitectos originales, aun antes de ser bombardeada en 1914— no deja de ser una obra maestra del arte gótico. Su mayor realce, sin embargo, siguen siendo las estatuas exteriores, que, en términos gráficos, ilustran las creencias y tradiciones fundamentales de la Iglesia católica. La Catedral de Reims fue en esencia un templo consagrado a la Virgen y, como tal, sus obras de arte están principalmente relacionadas con los misteriosos gozosos: la Anunciación, la Natividad y la Asunción. Cuando uno pasea alrededor del edificio es imposible no identificarse con el aspecto gozoso del cristianismo. Es cierto que los sufrimientos de Jesucristo aparecen representados en toda su crudeza en piedra y cristal, pero estas sombrías y deprimentes imágenes no dominan el conjunto.

Lo que también observé de inmediato al examinar superficialmente las estatuas fue la naturaleza esotérica de esta iconografía. Mi mujer y yo tuvimos la sensación de que cada una de las estatuas ocultaba una intención. Un ejemplo de ello era la conexión entre la Catedral de Reims y el mundo angélico e invisible. Sobre los contrafuertes que sostienen desde fuera los muros del edificio había una legión de ángeles, con las alas desplegadas, cantando las alabanzas de la Virgen, la madre de Dios. En el extremo oriental del coro, presidiendo el edificio desde una torre, aparecía un ángel dorado sosteniendo en la mano una cruz de la salvación que era un pararrayos. Aunque en las guías turísticas no se especifica a quién o qué representa esta figura, supuse que se trataba de Gabriel, el ángel de la Anunciación.

En un plano más personal y humano, Dee y yo comprobamos que Gabriel aparece representado dos veces entre las estatuas que adornan las tres puertas de la fachada occidental. Estas esculturas se cuentan entre las obras más destacadas de la Edad Media y evidencian cierta influencia bizantina. Según P. Demouy, el autor de una guía contemporánea de la Catedral de Reims, ello podría ser a causa de la cuarta cruzada.

> El elemento más original de las estatuas se observa en la segunda escuela (con anterioridad a 1240), la cual, después de algunas piezas experimentales destinadas al crucero norte, produjo las obras de arte de la puerta de la fachada. En particular el grupo de la Visitación, que pese a cierta gravedad parece descender de la antigüedad. Los cuerpos cobran vida como si se elevaran sobre el pequeño espacio en el que reposan, los pliegues de sus túnicas se mueven, los rostros expresan

una profunda vida interior. Esto se explica por la presencia en la zona de varios monumentos galo-romanos. Es posible que la moda de imitar la antigüedad procediera de Grecia. En 1204, por la época de la cuarta cruzada, los caballeros, a instancias de Venecia, se apoderaron del Imperio Bizantino. Muchos señores de la Champaña participaron en la expedición, siguiendo los pasos de los Villehardouins y los Champlittes que crearon para sí mismos unos pequeños principados en Grecia[3].

Las estatuas del grupo de la Visitación son clásicas en su gesto y vestimenta y apoyan la tesis de que los cruzados, o mejor dicho los artesanos que viajaban con ellos, aprendieron ciertas técnicas de los bizantinos e iniciaron un pequeño Renacimiento en Reims en el siglo XIII. No obstante, las esculturas más extraordinarias corresponden a una escuela indígena posterior que consiguió alcanzar una síntesis entre el pasado y el presente, creando algunas de las esculturas más sutiles e inspiradas que existen en el mundo. La más famosa de ellas es el llamado «ángel sonriente», cuya imagen desde la puerta más septentrional de las tres que hay en la fachada se ha convertido, curiosamente, en un icono de la comercialización de Reims como destino turístico. Hoy en día aparece representado en todo tipo de objetos, desde tarjetas postales hasta servilletas y tazas de café. Que se trata del arcángel Gabriel, y por tanto Virgo, queda demostrado por la otra estatua del ángel situada junto a la entrada principal. En ella aparece, con el mismo rostro sonriente, en el momento de anunciar a María la buena nueva de que ha sido elegida como Madre de Jesús. En la actualidad ambos ángeles aparecen con las manos vacías pero es casi seguro que antiguamente sostenían un lirio o el bastón de un heraldo.

La relación entre la catedral y la flor de lis francesa aparecía con meridiana claridad en las numerosas representaciones de este emblema. Los bordes del tejado estaban cubiertos de flores de lis junto con tréboles, símbolos representativos de la Trinidad. Dado que el edificio quedó desprovisto de techado a finales de la Primera Guerra Mundial, es evidente que es obra de unos artesanos modernos, pero había otros símbolos de flor de lis esculpidos en la tracería de piedra de las mamparas que rodean el coro y en unos escudos de la época en que se construyó la catedral. En el jardín contiguo a la catedral crecían unos lirios, como si el mundo vivo plasmara el artístico (o puede que al contrario). En cualquier caso, la tesis de que para las gentes medievales esta ciudad y este edificio venían a representar unos primitivos homólogos de la estrella Espiga quedaba ampliamente demostrada por los elementos de su arquitectura mística que han sobrevivido.

El interior de la catedral resultaba un tanto sombrío e inhóspito. Al trasponer la puerta occidental, nos envolvió una gélida ráfaga de aire. El ambiente del interior de la iglesia era mucho más frío que en el exterior, donde reinaba una temperatura relativamente cálida, hasta el extremo de que veíamos el vaho de nuestro aliento. No obstante, quedamos admirados de la belleza y grandeza de la nave, mucho mayor de lo que habíamos imaginado. Fiel a la tradición gótica, que se hallaba en su apogeo cuando comenzaron las obras del edificio, las columnas que sostenían el techado eran estrechas y refinadas. La gran bóveda del techo, altísima, parecía flotar en el aire. En realidad su peso había sido transferido, gracias a la pericia de los constructores, a los recios contrafuertes instalados en el exterior.

Recorrer la nave hacia el altar mayor era como penetrar en el túnel del tiempo. A nuestro alrededor había imágenes pertenecientes a un período anterior de la historia de Francia, que nos resultaban familiares por haberlas contemplado en libros pero ajenas a la realidad de la moderna República francesa. El culto de la realeza, simbolizado por la flor de lis, había ocupado antiguamente el centro de la vida y la cultura en Francia. Aunque similar en esencia a nuestras tradiciones británicas, en otros aspectos había sido único. Uno no podía por menos de sentir que algo más precioso que la vida de un hombre se había perdido con la decapitación de Luis XVI en tiempos de la Revolución. Por imprudente que fuera, éste había constituido un vínculo palpable con un extraño y misterioso pasado que había muerto o al menos se había desvanecido cuando el rey murió en la guillotina.

Al cabo de un rato salimos de la catedral y caminamos bajo el tibio sol hacia el lado sur del edificio, hasta el patio del Museo Tau. Yo estaba convencido de que los maestros de la sabiduría habían colocado allí algún objeto, tal vez un mensaje más relevante a nuestra época que a la suya. Supuse que sería algo relacionado con la astrología y no andaba equivocado, pues de golpe mi esposa me tiró de la manga y señaló una estatua situada sobre el aguilón del crucero sur. Era un centauro que se disponía a disparar una flecha hacia el suelo. Dee estaba encantada pues se trataba indudablemente de su signo de nacimiento, Sagitario, aunque no comprendimos qué hacía situado sobre un fresco de la Asunción. Según averiguamos más tarde, no era un hecho fortuito sino una prueba de la relación entre la escuela de constructores que habían erigido la Catedral de Reims y la tradición de los reyes magos.

### La astrología de la Catedral de Reims

Uno de los motivos principales de nuestra visita a Reims era comprobar si el edificio contenía algunas pistas sobre su significado astrológico. Una de las más evidentes había sido, lógicamente, su orientación. Aunque todas las iglesias antiguas solían estar orientadas de forma que su eje principal estaba situado sobre una línea que se extendía aproximadamente en dirección este-oeste, existía una tradición según la cual la iglesia debe estar encarada hacia el lugar de la salida del Sol en la fiesta del santo al que está consagrada. Por tanto, estaba impaciente por averiguar si la catedral estaba orientada hacia la salida del Sol el 25 de marzo, la festividad de la Anunciación. Con ayuda de una simple brújula, la misma que habíamos utilizado en Comagene, no tardamos en comprobar que el eje principal situado sobre los pasillos de la nave estaba dirigido a un punto treinta grados al noreste. Eso no era lo que yo esperaba y desde luego no concordaba con la fecha de la Asunción, cuando el Sol sale más o menos hacia el este. ¿Cuál podía ser la razón? Tras consultar el programa *Skyglobe* a nuestro regreso a Inglaterra observé con asombro que la catedral estaba orientada hacia el lugar por donde salió Régulo en la época del nacimiento de Jesús en el año 7 a.C. Es decir, la catedral estaba dedicada a la fecha de la Natividad, el 29 de julio del 7 a.C. ¿Es esto lo que significa la figura de Sagitario?

Dado que el eje principal de la iglesia indicaba treinta grados al noreste, era razonable suponer que la línea que discurría a través de los cruceros norte y sur experimentaba también un desvío de treinta grados. Esto significaba que la línea que había bajo la figura de Sagitario estaba dirigida hacia un punto situado treinta grados al este-sureste. De nuevo, utilizando el ordenador, logré constatar que en la fecha en que se iniciaron las obras de la presente catedral, en 1211, ésta estaba alineada con la posición de salida de la estrella *Caus Austral*, en la cola de Sagitario, una estrella de magnitud 1,9 y la más brillante de esa constelación escasamente luminosa. Era evidente que no se trataba de una coincidencia, pero lo que me llamó más poderosamente la atención fue el hecho de que esta estrella salió heliacalmente con el Sol el 6 de enero, la fiesta de los reyes magos.

La fecha del 6 de enero estaba claramente ligada con la leyenda referente al bautismo de Clodoveo. Según las guías turísticas, este hecho ocurrió la Navidad del 598 o 599 d.C. Sin embargo, teniendo en cuenta la figura de Sagitario y otros simbolismos implicados en el tema, es evidente que debía de tratarse de la Navidad «antigua», es decir, la Epifanía, y no el 25 de diciembre, pues ésta representaba también el bautismo de Jesús. El que la Iglesia hubiera decidido mantener esto en secreto no debe asombrarnos puesto que el simbolismo del bautismo de Clodoveo tiene unas implicaciones casi blasfemas. La sagrada ampolla había sido supuestamente traída desde el cielo por una paloma. Por tanto, Clodoveo y todos los reyes sucesivos de Francia habían sido confirmados en su título por un símbolo que significa el descenso del logos superior sobre Cristo cuando, durante su bautismo en el Jordán, el Espíritu Santo, en forma de paloma, descendió sobre él y la voz de Dios anunció que era su amado Hijo.

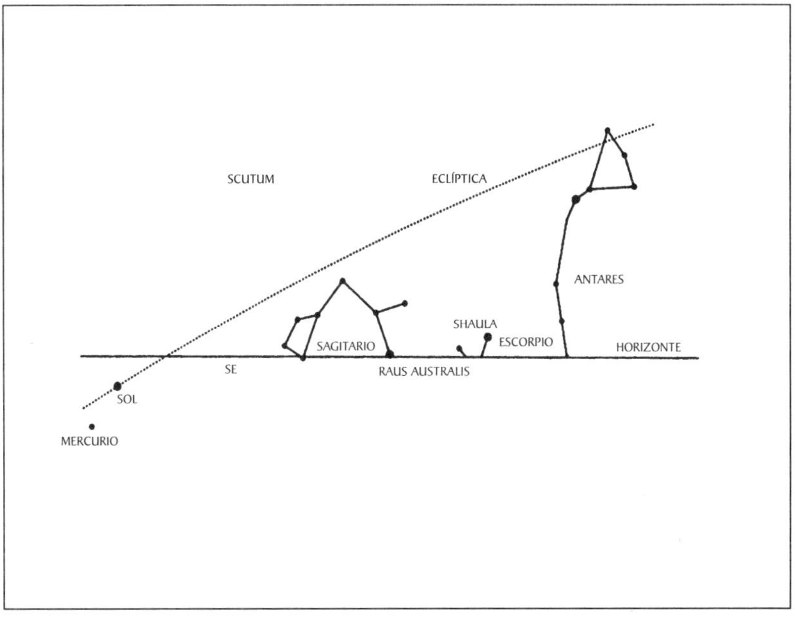


La alineación en la salida de Sagitario de la Catedral de Reims en la festividad del bautismo de Jesús, el 6 de enero de 1211.

La consecuencia era clara e inequívoca: a los ojos de la Iglesia, y sin duda a los de Clodoveo y sus sucesores, los reyes de Francia gobernaban por derecho divino. En esta compleja y deliberada recreación en Reims del bautismo de Jesús por san Juan Bautista en el Jordán, según parece san Remigio asumió el papel de Juan Bautista. Como cabe esperar, la parte más antigua de la iglesia es un baptisterio situado sobre lo que originariamente constituían los baños romanos, aún más antiguos. Éstos se hallan en el lado norte de la iglesia y recientemente se han emprendido unas excavaciones en ese lugar. Junto a ellos está el triple portal de la entrada norte, con abundantes relieves y estatuas. Como suele ser habitual en este lado de una catedral, los relieves y esculturas que lo adornan están principalmente relacionados con el juicio final. Sobre la entrada central había un enorme relieve. En su parte inferior aparecía ilustrada, con gran detalle, la suerte de las almas caídas. Éstas, unos personajes de aspecto acomodado, eran conducidas por unos demonios grotescos hacia una caldera. En la zona superior del relieve había unas escenas de resurrección pobladas de individuos desnudos que salían de sus sepulturas. Sobre ellos, ocupando la parte superior del tímpano, se encontraba la figura de Cristo representado como juez, una clara referencia al antepenúltimo capítulo de la Biblia:

> Y vi un gran trono blanco y al que estaba sentado en él. De su presencia huyeron la tierra y el cielo, y no se encontró lugar para ellos. Vi a los muertos, grandes y pequeños, de pie delante del trono, y fueron abiertos los libros. Y fue abierto otro libro, que es el de la vida; y los muertos fueron juzgados de lo que estaba escrito en los libros, según sus obras. El mar dio los muertos que en él estaban; y la muerte y el Hades dieron los muertos que había en ellos; y fueron juzgados cada uno según sus obras. Y la muerte y el Hades fueron precipitados en el lago de fuego. Ésta es la segunda muerte: el lago de fuego. Y cuantos no se hallaron inscritos en el libro de la vida fueron precipitados en el lago de fuego[4].

La idea del juicio final al término de una época era algo que me había dado mucho que pensar mientras trabajaba en *The Mayan Prophecies*, mi libro anterior, que había escrito junto con Maurice Cotterell. En esa obra comentábamos la creencia maya de que la era actual concluiría en el año 2012, y relacionábamos ese dato con las tesis de Cotterell referentes a los ciclos de manchas solares. Sin embargo, el mundo cristiano también sostenía unas creencias relativas al milenio que parecían estar relacionadas con nuestra época y los símbolos que rodean la Natividad. ¿Era posible que nosotros asistiéramos a la segunda venida de Jesús, según profetizaba la Biblia?

### La segunda venida y la profecía de Nostradamus

Habían transcurrido casi veinticinco años desde que John y yo emprendiéramos aquella peregrinación a Belén y ahora, por fin, tenía la sensación de haber hallado las respuestas a algunas preguntas que tanto nos habían intrigado. Sin embargo, persistía la pregunta más importante: ¿nos estamos aproximando al fin del eón? ¿Asistiremos en nuestra época a la segunda venida de Jesucristo? Son preguntas de gran calibre y no debemos tomarlas a la ligera. No obstante, no podemos eludir el hecho de que el descubrimiento de Robert Bauval de una conexión entre las pirámides de Egipto y la constelación de Orión, junto con la circunstancia de que Juan Bautista-Elías está de algún modo ligado al mismo grupo de estrellas, nos ha procurado la clave para interpretar ciertas profecías. En los dos últimos versículos del Antiguo Testamento, se anuncia que Elías será enviado para preparar el camino del Mesías.

> Mirad: yo os enviaré a Elías, el profeta, antes de que venga el día de Yahvé, día grande y terrible. Él volverá el corazón de los padres a los hijos y el corazón de los hijos a sus padres, no sea que yo venga y entregue la tierra al anatema[5].

Si bien no podemos descartar la posibilidad de que un individuo extraño, vestido con una piel de camello y un cinturón de cuero, se ponga de nuevo a realizar bautismos junto al Jordán, existe también una interpretación astrológica de la profecía. Durante los últimos doce mil años y medio, desde el fin del último período glacial, la constelación de Orión se ha desplazado sistemáticamente hacia el norte en su ciclo precesional. Por la época en que se construyeron las pirámides, hacia 2450 a.C., Alnitak, la estrella inferior del Cinturón, se alineaba una vez al día con el pozo sur de la Cámara del Rey en la Gran Pirámide. Hoy ya no ocurre así puesto que el Cinturón se ha «movido» más al norte. De hecho, ha alcanzado su posición más septentrional en el cielo, al final del medio ciclo precesional. Curiosamente, Mintaka, la estrella del Cinturón situada más al norte, se encuentra ahora a pocos minutos de distancia del arco debajo del ecuador celeste, el círculo imaginario que recorre el cielo que, al igual que su homólogo terrestre, separa el hemisferio boreal del hemisferio austral. Mintaka no llegará a atravesar esta línea antes de comenzar a desplazarse de nuevo hacia el sur. Por tanto, nos aproximamos al fin de lo que podemos llamar la «era de Orión».

La idea de que las épocas del hombre están ligadas al ciclo precesional interesaba profundamente a Bennett. Durante mi conversación con él le pregunté si creía que nos aproximábamos al fin de una era y qué significado tenía para nosotros. En aquel momento no comprendí lo que quiso decir al afirmar que efectivamente vivíamos en una época de grandes cambios, que un proceso que se había iniciado al término del último período glacial, hacia el año 10.000 a.C., llegaba a su fin. Añadió que preveía que se produciría otro importante cambio en un futuro no demasiado lejano. Por fortuna, en su último libro, *The Masters of Wisdom*, Bennett abunda en este tema, que queda perfectamente explicado:

> Llegados a este punto quiero decir algo sobre la duración de lo que yo denomino «épocas». Existe una opinión muy difundida que asocia los ciclos de la historia con la precesión equinoccial y divide el gran año —o gran ciclo— de veinticinco mil años siderales en doce signos del zodíaco [...]. A mi entender es evidente que se han producido grandes cambios en la vida humana a intervalos de doce mil años —o sea aproximadamente la mitad de un gran ciclo—, a partir de los orígenes de Adán[6], hace treinta y siete mil años[7].

La precesión de los equinoccios tiene otras interesantes ramificaciones. Comoquiera que Orión está a punto de alcanzar su máxima elevación en la zona septentrional del cielo, su «mano» o vara extendida se ha desplazado también hacia el norte. En los tiempos en que los reyes de Comagene se dedicaban a construir monumentos el Sol pasaba y «estrechaba la mano» de Orión el 26 de mayo. En la actualidad lo hace en el solsticio de verano, el 21 de junio. De nuevo, Orión parece señalar el fin de un ciclo. ¿Es posible que el profundo interés de los antiguos por Orión, tanto si lo llamaban por su nombre o Hércules, Sansón, Elías o Nemrod, se debiera a que sabían que su papel consistía en indicar el tiempo, que sus movimientos marcaban el paso de las épocas? En tal caso, la «mano» del reloj celeste indica inexorablemente las doce. Es el mediodía de la gran era del hombre.

En el Evangelio según san Mateo, el capítulo 24 está dedicado a unos portentos referentes al fin de una era. Durante siglos la gente ha tratado de interpretar estos crípticos escritos en los que Jesús explica a sus discípulos las señales que deben buscar y que indican que se aproxima el fin del mundo. Una detallada interpretación de estas profecías, complejas y que requieren un profundo conocimiento del Antiguo y del Nuevo Testamento, rebasaría los límites de este libro. No obstante, lo que es interesante en el presente contexto son ciertos portentos astrológicos de evidente importancia:

> [...] Porque, como el relámpago sale de oriente y se deja ver hasta occidente, así será la parusía del Hijo del hombre. Donde esté la carroña, allí se juntarán los buitres.
>
> Inmediatamente, después de la tribulación de aquellos días, el sol se oscurecerá, y la luna no dará su brillo, las estrellas caerán del cielo y el mundo de los astros se desquiciará. Entonces aparecerá en el cielo la señal del Hijo del hombre [...][8].

Lo que significa «la señal del Hijo del hombre en el cielo» no está tan claro. Mateo parece dar por supuesto que la reconoceremos en cuanto la veamos. Sin embargo, lo interesante desde el punto de vista astrológico es que el 24 de agosto de 1999 el cielo presentará un aspecto muy parecido al que ofrecía el 29 de julio del año 7 a.C., la fecha que parece corresponder a la auténtica Natividad de Jesús. El patrón de los «tres reyes», es decir, los planetas Júpiter, Saturno y Mercurio, no es exactamente igual, pues aunque Mercurio aparece de nuevo «arrodillado» ante el Sol en conjunción con Régulo, los dos gigantes no forman una estrella brillante y se encuentran en Aries en lugar de Piscis. Por otra parte Venus, que no se hallaba presente en el horóscopo del 7 a.C., en esta ocasión se encuentra sobre el horizonte. Pese a estas diferencias, existe una estrecha correlación entre los dos horóscopos. Este tipo de alineación de los planetas no ocurre a menudo y jamás ha ocurrido cuando Orión (símbolo del profeta Elías) había alcanzado la culminación de su ciclo, anunciando un gran acontecimiento. ¿Es posible que ésta sea la señal que esperamos? No es preciso que aguardemos mucho para averiguarlo.

Tras el descubrimiento del horóscopo de Jesús, yo estaba impaciente por ver qué aspecto tendría pintado al estilo tradicional, como en un cuadro de la «Adoración de los Magos». Una cosa era explicar con palabras que la historia de Belén estaba «escrita en las estrellas» y otra muy distinta mostrar a la gente una imagen del acontecimiento según los cánones de la tradición hermética. La ejecución de la pintura al óleo se la encargué a un viejo amigo mío, Bengt Alfredson, un pintor sueco de extraordinario talento. Es un artista autodidacta perteneciente a la vieja escuela, una especie de Rembrandt moderno, acostumbrado a pintar fantasiosas escenas extraídas de la mitología. Yo sabía que Bengt comprendería a qué me refería cuando le explicara que las estrellas representaban a distintos personajes en la historia de la Natividad y que deseaba que lo plasmara todo en un cuadro lleno de luz y color. La única condición que le puse fue que debía ser astronómicamente riguroso, y para asegurarme de ello le envié una

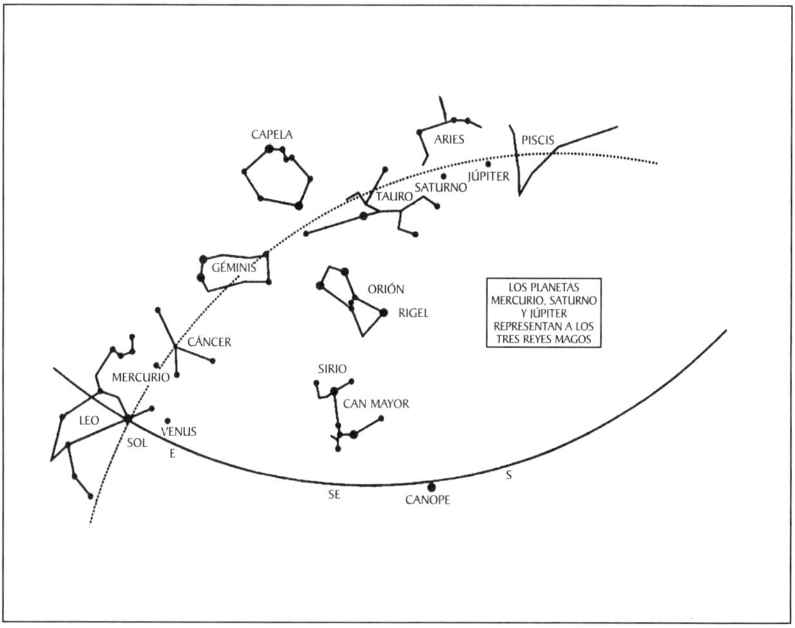


Las estrellas que marcan el regreso de los magos, el 24 de agosto de 1999. ¿La segunda venida?

diapositiva del cielo tal como aparecía al amanecer del 29 de julio del 7 a.C.

El 8 de junio de 1996, tras varios meses de trabajo, Bengt me enseñó el trabajo. Fue un momento tenso para todos mientras le quitábamos la envoltura a una obra que iba a sobrepasar ampliamente mi imaginación. El cuadro no sólo era técnicamente exacto sino muy bello. Un artista había conseguido plasmar, quizá por primera vez, una escena de la Natividad ejecutada según el dictado hermético: «Tal como arriba, abajo», la esencia de las enseñanzas contenidas en la tabla esmeralda de Hermes. Este cuadro constituye una fuente secreta de inspiración, capaz, si sabemos escuchar, de guiarnos hacia el milenio. Quizá parezca mucho tiempo, pero en la historia oculta del mundo veinticinco años o incluso una vida entera no es sino un momento. Me siento privilegiado y agradecido por haber contemplado al menos un fragmento de la historia secreta. Me basta haber sentido que formaba parte de ese proceso, siquiera por un instante. Con la autorización de Bengt hemos reproducido aquí su cuadro de la «Adoración», dejando que sea el lector quien juzgue este «legominismo» de nuestra época.

Adrian Geoffrey Gilbert, 25 de junio de 1996

## NOTAS

1. El nombre de Luis, muy popular entre los reyes de Francia, procede de Clodoveo.

2. Según parece, esta ampolla sagrada junto con muchos otros tesoros fue robada o escondida durante la Revolución Francesa. Si actualmente se conoce su paradero, es un secreto celosamente guardado.

3. P. Demouy, *Reims Cathedral*, p. 44.

4. Revelaciones, 20:11-15.

5. Malaquías, 4:5-6.

6. Según el sistema de Bennett, «Adán» representa el nacimiento evolutivo de la inteligencia en el género humano.

7. J. G. Bennett, *The Masters of Wisdom*, p. 30.

8. Mateo, 24:27-30.

## APÉNDICE 1

# EL NACIMIENTO DE HORUS Y LA GRAN ESFINGE DE GIZEH

Uno de los enigmas que no se han resuelto en el mundo es el que rodea a la Gran Esfinge de Gizeh. La egiptología contemporánea nos dice que es una representación del faraón Kefrén y que probablemente fue tallada por la misma época en que se construyó su pirámide central en Gizeh. Sin embargo, esta teoría no se acepta universalmente y existen muchas conjeturas sobre la fecha en que la estatua fue esculpida. Ampliando el trabajo de Schwaller de Lubicz sobre este tema, el egiptólogo independiente John Anthony West y su colaborador, el geólogo Robert Schoch, han presentado pruebas que sugieren que la Esfinge es mucho más antigua de lo que imaginábamos. Al analizar el deterioro sufrido por el cuerpo de la Esfinge y la roca en la que está tallada, han llegado a la conclusión de que se construyó en una época anterior a que Egipto se convirtiera en un desierto. La evidencia de la erosión causada por agua indica que debe de remontarse cuando menos a ocho mil o nueve mil años a.C. Esta nueva datación de la Esfinge es muy polémica y no es aceptada por los egiptólogos ortodoxos, quienes insisten en que la estatua no es más antigua que las pirámides y fijan la fecha de construcción hacia 2500 a.C. Lo que es incontrovertible es que la cabeza de la Esfinge está esculpida al estilo de un faraón de la IV dinastía. Según West y Schoch ello se debe probablemente a que, a diferencia del cuerpo de león sobre el que reposa, la cabeza fue tallada de nuevo durante la época de las pirámides. Con todo, aun aceptando este hecho, persiste la pregunta: ¿por qué?

Al igual que todas las religiones importantes, la del antiguo

Egipto tenía una naturaleza reveladora. Se creía que en el pasado remoto una familia de «dioses» había llevado la civilización a los pobladores del Nilo. Esos personajes divinos, encabezados por Isis y Osiris, eran hijos de la diosa del cielo, Nut. Según la mitología, repetida hasta la saciedad en obras de misterio y especialmente en la liturgia funeraria, Osiris fue el primer rey de un Egipto unido. Su gobierno fue justo y su liderazgo transformó una nación bárbara en una de las primeras grandes civilizaciones. Pero su hermano, Set, sintió celos de él y asesinó a Osiris. Set usurpó el trono y desmembró el cadáver del difunto rey diseminando los fragmentos a lo largo del Nilo. Su desconsolada viuda, Isis, que era hermana y consorte de Osiris, recogió en secreto los fragmentos del cadáver y los unió para crear la primera momia. Por medio de ritos mágicos e invocando la intercesión de Ra, el dios del sol, Isis consiguió que Osiris resucitara durante el tiempo suficiente para recibir su semilla y quedarse encinta. Tras haber cumplido su misión terrenal, Osiris regresó a las regiones celestiales, donde gobernó y se convirtió en juez de los muertos. Entretanto, Isis se ocultó en las marismas del delta y, al cabo de unos meses, dio a luz un hijo llamado Horus. Éste, al alcanzar la mayoría de edad, desafió a su tío a un duelo y, después de una prolongada lucha, logró recuperar el reino. El joven rey impuso de nuevo la ley, simbolizada por la diosa *Maat*, y puso fin a la anarquía que amenazaba con destruir el reino durante el período en que había reinado Set. El gobierno de Horus, más aún que el de su padre Osiris, representó el arquetipo de los reinados de todos los faraones posteriores. En vida eran venerados como encarnaciones vivas de Horus y al morir, tras una serie de ritos funerarios, se decía que iban a reunirse con Osiris.

La leyenda de Osiris constituyó la base de una religión celestial muy sofisticada. Se asociaba a Osiris con la constelación de Orión mientras que a Isis se la identificaba con la constelación de la «vaca» del Can Mayor y, más concretamente, con su estrella más brillante, Sirio. El dicho hermético: «Tal como arriba, abajo», rigió el pensamiento egipcio con respecto a todos los asuntos religiosos y los egipcios buscaron constantemente paralelismos entre la vida en la Tierra y los movimientos de las estrellas en el cielo. No es preciso abundar aquí en los pormenores de esta religión celestial, que constituyó la fuerza motriz que impulsó la construcción de las pirámides, por cuanto el tema es ampliamente comentado en *El misterio de Orión*. No obstante, el libro no se refiere a la relación entre la religión estelar de Osiris y el culto al Sol de Ra-Herakte. Puesto que constituye un enigma para mucha gente, merece la pena tratarlo más detalladamente.

Los antiguos egipcios no creían que la Tierra fuera un cuerpo giratorio y, por tanto, consideraban la salida y puesta del Sol, la Luna y las estrellas como un gran misterio. Según ellos, el oriente era el lugar de nacimiento y poniente el lugar de la muerte. Cada día el Sol salía al amanecer, ascendiendo por el cielo como un ave antes de descender de nuevo y ponerse. Por tanto, el Sol estaba simbolizado por Ra-Herakte, el dios-halcón. A diferencia de otros pueblos del mundo antiguo, el calendario egipcio no era solar ni lunar, sino sotíaco. Para ellos el día más importante del año era la salida helíaca de Sirio, una fecha que se producía en julio y marcaba el comienzo de un nuevo año. Todos los años las aguas del Nilo se desbordan por esa época, debido a que se funde la nieve en las montañas que se yerguen sobre los grandes lagos que la alimentan. Así, el regreso de Sirio-Isis después de un período de invisibilidad representaba para los egipcios un nuevo comienzo.

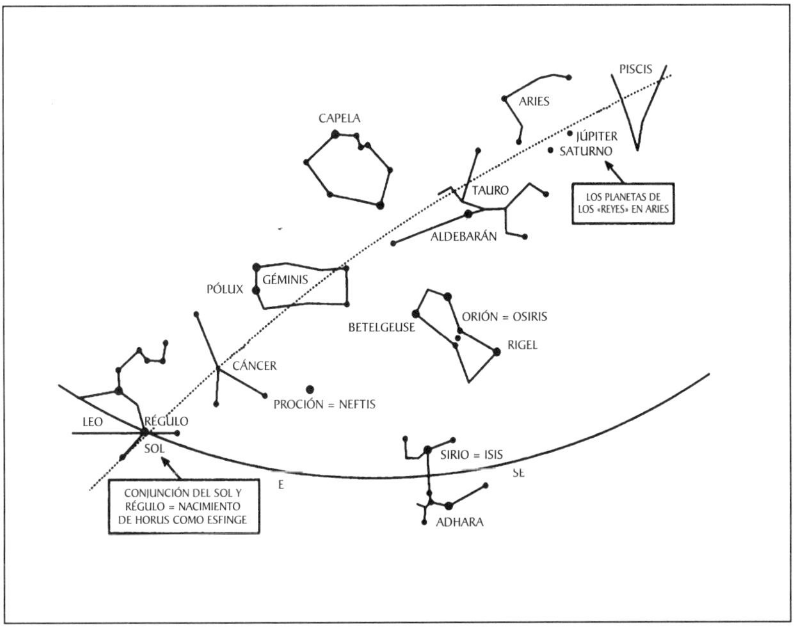


El nacimiento de un «rey Horus» en la época de las pirámides, el 13 de julio de 2450 a.C.

No menos importante era el renacimiento de Horus, que ocurría también por esa época. La conjunción del Sol con Régulo, la estrella más brillante de Leo, simbolizaba el nacimiento del rey en cuanto «hijo del Sol». Todo indica que esto es lo que viene a simbolizar la Gran Esfinge de Gizeh. Al margen de que la cabeza fuera o no tallada de nuevo, es indudable que ese elemento de la Esfinge es contemporáneo de las pirámides. En *El misterio de Orión* Robert Bauval y yo propusimos la fecha aproximada de 2450 a.C. con respecto a la construcción de la Gran Pirámide. Robert se decidió por este año tras analizar la alineación astronómica de los «pozos de ventilación». Así, es interesante observar que al amanecer del 13 de julio, el día en que el Sol estaba en conjunción con Régulo aquel año, los planetas Júpiter y Saturno se hallaban casi en conjunción en la constelación de Aries. Aunque el tercer «rey», Mercurio, permanecía invisible bajo el horizonte, este horóscopo es extraordinariamente parecido al de Belén. Puede que se tratara en efecto de la fecha de nacimiento de un rey Horus y la Esfinge fuera tallada en un principio o reesculpida para dejar constancia de este acontecimiento. En tal caso, es probable que represente a un rey de la IV dinastía, aunque sospecho que se trata de Keops en lugar de Kefrén, puesto que es la pirámide de Keops la que constituye la clave de estos misterios.

APÉNDICE 2

# ORIÓN EL CAZADOR

Los habitantes de Oriente Medio no son los únicos en sentirse fascinados por las estrellas de Orión y haberlas asociado a su mitología. En los orígenes de las leyendas tradicionales de muchas culturas y sociedades, entre ellas las europeas, observamos mitos estelares. Esta influencia de la astronomía sobre la mitología ha sido ampliamente documentada por los profesores Giorgio de Santillana y Hertha von Dechend en su clásica obra *Hamlet's Mill*[1], que examina los mitos contenidos en *Hamlet*, la obra de Shakespeare, remontándose hasta los períodos glaciales. En su libro, Santillana y Dechend demuestran, de forma convincente, que en el principio de muchos mitos antiguos se hallan unos hechos astronómicos y que muchos de los extraños detalles contenidos en las leyendas sólo pueden entenderse vistos en este contexto. Orión, por ser una constelación tan importante y luminosa, aparece bajo diversas formas en todas las mitologías y suele ser reconocible una vez retiradas las envolturas culturales que lo cubren.

En el mito griego de Orión observamos más influencias egipcias que en el mito hebreo. La leyenda según la cual Orión fue cegado por el rey de Chíos se asemeja al asesinato de Osiris por Set, mientras que tanto Isis como Eos son diosas del amanecer y ambas convencen al dios del sol (Ra-Helios) para que devuelva la vida a Osiris-Orión. La principal tarea de Orión en los mitos griegos es eliminar a los animales salvajes de las islas, lo cual, aunque a nosotros pueda parecernos un acto antiecológico, debe interpretarse como un intento de lograr que la gente se sienta más segura y por tanto contribuir a la civilización. Asimismo, aunque aparentemente no era un cazador, Osiris era el dios a quien los egipcios atribuían el origen de la civilización. Luego está la leyenda de la muerte «accidental» de Orión a manos de Artemisa, que también es un equivalente griego de Isis. De nuevo es el hermano de Artemisa-Isis quien maquina la muerte de Orión-Osiris y en ambos casos, después de su muerte, éste ocupa un lugar entre las estrellas de la célebre constelación. El mito griego, por supuesto, difiere notablemente de la leyenda egipcia sobre Osiris, entre otras cosas en la representación de Orión como un cazador de animales salvajes en lugar de un dios civilizador. Sin embargo, la cuestión de la «caza» presenta otro aspecto: para que una sociedad se civilice debe renunciar a sus instintos más salvajes. Este aspecto probablemente se hallaba también en la base de los mitos sobre Sansón. El hecho de que le corten el cabello simboliza que su naturaleza animal se hace más civilizada. Al mismo tiempo, el cazador tiene que demostrar su valía a través de sus proezas capturando y matando bestias salvajes. Orión es un cazador y Sansón mata a un león con sus manos. Todo indica que en cierto modo esta domesticación del lado animal contenida en el mito se encontraba en los ritos egipcios que rodean las festividades del toro Apis, al igual que en los mitos griegos posteriores sobre Teseo y el Minotauro.

Este culto al toro estaba muy difundido por las regiones del Mediterráneo y Oriente Medio y, al menos en Creta, contaba con la participación de unos acróbatas dispuestos a arriesgar su vida saltando sobre los cuernos del toro. En tiempos de los romanos, el culto al toro cobró nuevo ímpetu con la introducción del mitraísmo de Irán. Este culto, aunque envuelto en la mitología y vocabulario iraníes, es considerado hoy en día básicamente griego[2]. El icono más popular del culto de Mitra, el *Mithra Tauroctonus*, muestra la figura del dios disponiéndose a matar a un toro. Según el famoso mitógrafo Joseph Campbell, la estatua original que representa este hecho fue creada probablemente por un escultor de la escuela de Pérgamo hacia finales del siglo III a.C.[3] En toda Europa se encuentran centenares de copias de esta estatua, una de las cuales se exhibe en el Museo Británico. El simbolismo de la estatua es sobre todo astrológico. La figura de Mitra, que al parecer estaba inspirada en la fisonomía de Alejandro Magno, representa a Orión, mientras que el toro es nuestro viejo amigo Tauro. Mitra hunde una espada en el corazón del toro y de la herida brotan unos granos de trigo, que seguramente representan la Vía Láctea. En la escena aparece un perro que lame esa «sangre» y que sin duda representa la constelación del Can Mayor. Detrás del toro, al fondo, aparecen los gemelos divinos, Géminis, un signo que en el zodíaco se encuentra junto a la constelación de Tauro. En la parte inferior, devorando los testículos del toro, vemos un escorpión, el signo opuesto a Tauro y que «gobierna» esta parte del cuerpo. Por tanto, es evidente que el cuadro posee un carácter astronómico: representa a las constelaciones al salir por el este durante la puesta de sol en la fecha del nacimiento de Mitra, el 25 de diciembre.

El culto de Mitra era muy popular entre los romanos y constituía el rival más serio del cristianismo antes de que Constantino lo convirtiera en la religión estatal. Existen, por supuesto, grandes diferencias entre ambos, pues si bien el cristianismo afirma que Jesús murió crucificado para salvar a la humanidad, Mitra es un cazador que persigue y mata al toro celestial para que la vida perdure. Existen evidentes interpretaciones filosóficas respecto al acto de matar al toro y el control de la pasión sensual, pero ante todo Mitra representa el sacrificio que produce frutos: el toro bravo debe morir a fin de que pueda establecerse la civilización, sólo entonces se podrá cosechar el trigo para que el hombre y el perro coman. El culto de Mitra fue difundido por toda Europa por las legiones romanas, entre las que era muy popular, y París se convirtió en uno de sus centros principales. No es casual que el gorro frigio de Mitra fuera adoptado catorce siglos después de la caída del Imperio Romano por los *sans culottes*, de la Revolución Francesa. Éstos, al igual que todos los revolucionarios, se consideraban unos héroes con la misión de destruir el viejo orden para que uno nuevo ocupara su lugar. Otra derivación obvia del culto de Mitra es la corrida de toros española. La lucha entre el hombre y el animal apela a los instintos primitivos pero sobre todo celebra el heroísmo del torero, que representa el papel de Orión el cazador.

La visión de la constelación de Orión como un gran cazador en el cielo es muy común en todas las mitologías del norte de Europa. Aunque el mito cambia y evoluciona con el paso del tiempo y según el lugar, ciertos elementos básicos permanecen inmutables. Orión es un cazador y un héroe y, por regla general, se le representa como un gigante. Es valiente, apuesto, fuerte, con gran atractivo para las mujeres y de espíritu libre. En *Hamlet's Mill*, Santillana y Dechend reconocen a Orión en el héroe germano Earendel, cuyo nombre se escribe también Orendel, Oervandill y Aurvandil. Es un cazador que lucha contra gigantes y monstruos, aparte de vivir diversas aventuras como la de naufragar y llegar a una isla desierta, antes de conquistar la mano de Breide, una joven bellísima. En una curiosa historia, que se recoge en el *Edda*, Tor narra que en una ocasión transportó a Oervandill a través de un río helado, el Eliwagar, en una cesta. Pero uno de los dedos de los pies de Oervandill, que asomaba a través de la cesta, se congeló. Entonces Tor se lo arrancó y lo lanzó al cielo, donde se convirtió en una brillante estrella conocida como «el dedo del pie de Oervandill». Está claro que el río helado llamado Eliwagar puede interpretarse como la Vía Láctea y que la estrella en la que se convirtió el dedo del pie de Oervandill es Sirio, que se halla cercana al «pie» de Orión.

El origen del nombre Orendel (en todas sus variantes) proviene, según Santillana y Dechend, del noruego antiguo «ör», que significa «flecha», y el sufijo «endel»:

> Parece decisiva la derivación de *ör*=flecha, sugerida por Grimm y por Uhland, quienes describen a Orendel como «el que opera con una flecha» (en contraposición con su abuelo, Gerentil, que utilizaba el *ger*=arpón)[4].

Santillana y Dechend hallaron en numerosas fuentes antiguas referencias a la Vía Láctea, bien como un sendero, como las huellas de un animal o como los surcos que deja en la nieve el hombre que habita en el bosque. Según parece el cazador persigue a un animal por la Vía Láctea y en algunas ocasiones se trata de un ciervo:

> Independientemente de que esa figura sea el Hijo de Dios, el hombre que habita en el bosque o el oso, el caso es que logra cazar un ciervo en la Vía Láctea, lo despedaza y disemina sus restos por el cielo, a la derecha y a la izquierda del sendero blanco, separando a Orión y a la Osa Mayor[5].

En este contexto Orión aparece como un arquero que, tras haber alcanzado al ciervo que persigue (supuestamente otra versión de Tauro) por la Vía Láctea, tensa su arco y se dispone a disparar una flecha.

Dado que Orendel era bien conocido por los anglosajones en tiempos precristianos, resulta tentador ver en él al cazador Herne (o Cerne), el dios dotado de cuernos del mito pagano. Lo reconocemos en la figura del gigantesco Cerne Abbas de Dorset. Este monumento, probablemente celta, pone de relieve la relación entre Orión y la fertilidad al mostrar al gigante desnudo y con el falo erecto. Todo parece indicar que Herne fue la figura en la que se inspiran los mitos referentes a otro gran arquero: Robin Hood. La conexión aquí es claramente escandinava, ya que la parte de Inglaterra más asociada con esta leyenda (Yorkshire, Nottinghamshire y Lincolnshire) formaba parte del territorio danés y estaba poblada por numerosos vikingos. Durante la Edad Media la caza no era un simple pasatiempo sino una práctica necesaria para la supervivencia. La imposición por parte de los normandos de nuevas leyes forestales que restringían los derechos de caza del pequeño terrateniente fue mal acogida entre la gente. En una región donde las leyendas escandinavas todavía eran recordadas, no es improbable que un héroe local, como Robin Hood, fuera confundido con los mitos que rodean a Orendel.

El relato de Robin Hood contiene todos los elementos típicos de la historia de Orión. Tenemos al gigante, que en este caso no es Robin Hood sino su compañero Little John; a la fiel doncella-esposa Marian (Isis-Eos); al malvado rey Juan que pretende matarlo (Set-Oenopion, rey de Chíos) y por último a la abadesa de Kirklees, la mujer que provoca su muerte (Artemisa-Dalila-Salomé). La leyenda de la muerte de Robin Hood resulta muy interesante en el contexto de Orión. Nuestro héroe es conducido por Little John a la Abadía de Kirklees, pero, en lugar de curarlo, la pérfida abadesa hace que Robin se desangre lentamente hasta morir. A pesar de estar ciego debido a la pérdida de sangre, Robin consigue, con ayuda de John, disparar una última flecha para señalar el lugar donde desea ser enterrado. No es necesario abundar en la ceguera y pérdida de virilidad a manos de una mujer, pero la flecha parece ser una referencia a algo diferente. En *Hamlet's Mill* Santillana y Dechend afirman que en muchas mitologías Sirio constituye a menudo el blanco hacia el cual apunta la flecha. Así pues, podemos interpretar la última flecha disparada por Robin Hood como la partida de su alma, liberada y dirigiéndose hacia la estrella más brillante: el dedo del pie de Orendel, o Sirio.

El mito de Orión, el cazador divino, no ha muerto del todo ni siquiera en nuestra época, aunque ha adoptado un inesperado giro. Los antiguos romanos veneraban a un dios llamado Saturno a quien posteriormente identificaron con Cronos, el dios griego. Éste era el «padre del tiempo» original, un anciano con una larga barba blanca que portaba un reloj de arena y una hoz. Aunque se le solía asociar con el planeta Saturno, cuyo período orbital de aproximadamente treinta años es el más largo del planeta visible, no es preciso tener mucha imaginación para comprender que esta figura que representa el tiempo era originariamente Orión. Como hemos visto, la constelación sale al anochecer en Navidad, pero cabe decir que también sale hacia el amanecer durante los meses de verano y cuando sale hacia la medianoche significa que estamos en otoño. Orión sigue marcando las estaciones y nos proporciona el sentido del tiempo.

Debido a la influencia cristiana, el culto de Orión se ha visto desplazado por un extraño mito en el que se conjugan los elementos del cazador y los del padre del tiempo. Se trata de la leyenda de Papá Noel o Santa Claus. Dejando de lado la faceta cristiana de san Nicolás y su tradicional generosidad, vemos a la figura del padre del tiempo anunciando el Nuevo Año. Sin embargo, Papá Noel también es un Orión escandinavo que ofrece comida y regalos (quizás originalmente el botín de los saqueos perpetrados por los vikingos) a su esposa e hijos. No obstante, a diferencia de Robin Hood, no persigue a un ciervo por la Vía Láctea, sino que ha domesticado al animal salvaje y lo utiliza para que tire del trineo. Si observamos el cielo después del anochecer en Navidad, lo vemos deslizándose sobre las chimeneas en un trineo arrastrado por Rudolph, su reno preferido. La «nariz roja» del animal no es otra cosa que nuestra amiga la estrella Aldebarán, el gigante rojo de las Híades denominada ojo de Toro.

La salida y el ocaso de la constelación de Orión y su vecina Sirio, la estrella más brillante del firmamento, parecen hallarse en el origen de muchos de los mitos más constantes. El deseo de formar parte de las estrellas queda maravillosamente expresado en los Textos de las Pirámides, y parece ser el motivo que llevó a la construcción de las mismas. Sin embargo, otros ansían también formar parte de estas estrellas, tal como expresa de modo conmovedor la última flecha disparada por Robin Hood. En cierto sentido la historia de Orión es la de un hombre cualquiera que se enfrenta a la naturaleza, se resigna a su vida terrenal, acepta su ceguera y su destino después de la muerte y expresa el deseo de habitar en un mundo mejor entre las estrellas del firmamento. Nuestro Papá Noel es un pálido reflejo de los antiguos mitos, pero demuestra que el modelo original no ha muerto en el subconsciente colectivo.

# NOTAS

1. Giorgio de Santillana y Hertha von Dechend, *Hamlet's Mill* (Gambit Inc., Boston, 1969), pp. 165-166.

2. Boletín del Seminario sobre Egiptología, 3 (1981), p. 20.

3. Campbell, J., *The Masks of the Gods - Occidental Mythology* (Souvenir Press, Londres, 1974), p. 257.

4. Giorgio de Santillana y Hertha von Dechend, *Hamlet's Mill*, p. 357.

5. Ibíd., p. 247.

## APÉNDICE 3

# EL VIAJE DE ABRAHAM A LA TIERRA PROMETIDA

Las profundas creencias de las gentes de Mesopotamia septentrional de que Urfa debe ser identificada con la ciudad denominada Ur en la Biblia me llevaron a examinar de nuevo los primeros capítulos del Génesis. Quería comprobar si Abraham procedía realmente de allí y si esta legendaria migración se correspondía con la historia que conocemos.

Datar algo que aparece en la Biblia es problemático, en especial cuando se trata del Génesis. Es una historia escrita a muchos niveles, en parte alegórica, en parte simbólica y en parte memoria de un pueblo. Ante todo, es un documento religioso destinado a reforzar las creencias de determinadas gentes, los israelitas, en su identidad como pueblo elegido de Dios. Por lo que se refiere a si existió realmente una familia encabezada por un patriarca llamado Abraham, que realizó el viaje desde Ur a Canaán, es una cuestión de fe más que ciencia. Lo único que podemos afirmar con certeza es que las personas que escribieron esta historia probablemente tenían buenos conocimientos de geografía y ciertos recuerdos, por vagos que fueran, sobre unos hechos reales que les habían ocurrido a sus antepasados.

En la Biblia Abraham es un pastor y jefe de una tribu. Tras reunir a su rebaño, su esposa Sara y los seguidores, viaja desde Ur a Harrán y de allí a Canaán, la «Tierra Prometida» bíblica. Sin embargo, debido a una gran hambre, Abraham se traslada durante un tiempo a Egipto, donde, después de mentir declarando que Sara no es su mujer sino su hermana, ésta es «conducida a casa del faraón». Cuando se descubre el engaño, el faraón expulsa de Egipto a Abraham y a los suyos, obligándoles a regresar a Canaán.

Ahora bien, según la mayoría de expertos en la materia, la «Ur de los Caldeos» mencionada en la Biblia se encuentra en el sur de Mesopotamia, a doscientos veinte kilómetros al este de Babilonia. Esta Ur era la capital de Sumer, la civilización más antigua de aquella región. Sus ruinas en Tell el Mukayyar en Irak fueron excavadas por Taylor en 1854, pero no fue hasta después de la Primera Guerra Mundial cuando se llevó a cabo una investigación a fondo de las mismas. A mediados de los años veinte, bajo la dirección de Leonard Woolley, se realizaron los hallazgos más importantes. Woolley excavó un enorme zigurat, o torre escalonada, además de volver a visitar los restos en Tell el Obeid de un antiguo monumento dedicado a Sin, el dios lunar, que había sido excavado por primera vez en el año 1919 por H. R. Hall. Los hallazgos de Woolley, expuestos en el Museo Británico, resultaron ser extraordinariamente antiguos. En abril de 1925 Woolley escribió lo siguiente en *The Illustrated London News*:

> Lo que hace que este templo y todo lo referente a él tenga un interés excepcional es su antigüedad. Por medio de la tablilla de su fundación averiguamos que fue construido en honor de la diosa Nin-Jursag por Aannipadda, el segundo rey de la primera dinastía de Ur, la cual, hasta el descubrimiento de esta prueba material de su existencia, solía ser considerada como una dinastía mítica. Es prematuro fijar la fecha de este reinado, pues las listas de dinastías babilonias contienen numerosos errores y es preciso hallar más pruebas; pero sin duda su reinado corresponde al cuarto milenio a.C., y el cálculo más conservador atribuiría a nuestro templo una antigüedad de unos cinco mil cuatrocientos años.

Las excavaciones más importantes de Woolley, sin embargo, se producirían más tarde. En 1928 publicó una serie de artículos relatando los hallazgos de importantes objetos funerarios, entre los que se encontraban la tumba intacta de una reina y el enterramiento en masa de un harén de esclavas, sirvientes y guardaespaldas destinados a acompañar al difunto rey en su viaje al más allá. La tumba de la reina Shub-ad contenía un magnífico tocado de oro, que actualmente se alberga también en el Museo Británico, así como numerosos objetos de oro, plata y piedras preciosas. Woolley, quizá debido a su relación implícita con la leyenda de

Abraham e Isaac en la Biblia, se sintió muy intrigado por este hallazgo de un sacrificio humano en Ur, a propósito del cual escribe:

> No menos asombroso que los objetos descubiertos el invierno pasado en las tumbas reales de Ur fue el hallazgo de unos ritos de sacrificio humano que acompañaron el enterramiento de un rey. En toda la literatura sobre Babilonia no aparece ninguna indicación de esa bárbara costumbre; mucho antes del período histórico al que se remontan los documentos escritos de que disponemos, esta práctica había sido suspendida y el recuerdo de la misma olvidado u ocultado por escritores que se avergonzaban de las atrocidades cometidas antiguamente. Pero ahora tenemos una prueba contundente de que en el cuarto milenio antes de Jesucristo el rey de Sumer fue a la tumba en compañía de una legión de soldados, cortesanos y mujeres, quienes, al igual que los recipientes para la comida y la bebida, las armas y las herramientas colocadas en la tumba del rey, debían satisfacer sus necesidades y caprichos en el otro mundo.

Por la época en que Woolley emprendió las excavaciones en Ur existía cierta rivalidad entre los arqueólogos que trabajaban en Egipto y Mesopotamia sobre quién lograría hallar los tesoros más antiguos y extraordinarios. Habían transcurrido pocos años desde que Howard Carter descubriera la tumba de Tutankamón en el Valle de los Reyes y el hallazgo de unas sepulturas tan importantes en Ur debió de ser motivo de orgullo para los que trabajaban en Sumer. Naturalmente, Woolley se sentía satisfecho de que sus hallazgos indicaran que Ur había gozado de un alto grado de civilización durante varios cientos de años antes de la fundación del Antiguo Imperio en Egipto, cuando se construyeron las pirámides. ¿Pero no estarían exagerando los arqueólogos al sugerir una conexión bíblica entre esta ciudad dorada de Ur y el patriarca Abraham?

La rivalidad académica entre los egiptólogos y sumerólogos no se limitaba al hecho de demostrar que una u otra civilización era más antigua, sino que se refería también al tema de la financiación. Las excavaciones importantes solían depender del apoyo de ricos benefactores, tales como lord Carnarvon en el caso de Howard Carter y el hallazgo de Tutankamón; pero existían otros grupos interesados. Entre éstos cabe destacar unas sociedades dedicadas a demostrar la autenticidad de la Biblia. Bajo nombres como «Fondo de Exploraciones en Egipto» o «Fondo de Exploraciones en Palestina», suministraban gran parte del dinero necesario para financiar los trabajos de un Woolley o un Petrie. Naturalmente, estos promotores querían también sacar algunos beneficios: cuando fuera posible había que dar una interpretación bíblica a los hallazgos, confirmar en lugar de desmentir la palabra de Dios. A menudo se llevaban una decepción ya que más de una vez las excavaciones proporcionaban unas pruebas neutrales o que no se correspondían con la cronología bíblica. No obstante, en Ur, Woolley y los otros consiguieron satisfacer las aspiraciones de esos grupos. Tell el Mukayyar pasó a ser «Ur de los Caldeos» y se dio por sentado que éste fue el lugar del que Abraham y su padre Téraj habían partido hacia la Tierra Prometida. El descubrimiento de importantes tumbas reales y la gran antigüedad del yacimiento realzaban esta visión romántica, pues indicaba que Abraham no era el rústico jefe de una tribu de beduinos itinerantes sino un habitante urbano, quizás incluso un personaje real, procedente de las regiones más antiguas de la capital. La datación de Ur, fijada en el cuarto milenio, concordaba asimismo con la idea de un «ciclo de redención» de siete mil años desde los tiempos de Abraham hasta el fin del milenio. Así, había cuatro mil años desde Abraham hasta Jesús, una especie de período preparatorio; dos mil años de «períodos posteriores» desde los tiempos de Jesús hasta el «fin de los días»; y por último mil años de milenio tras su regreso hacia el año 2000. Según estos cálculos, Abraham debió de vivir hacia 4000 a.C., poco antes de la fecha de la Ur arqueológica. Al asociar a Abraham con esta «Ur de los Caldeos» los arqueólogos no ofendían a nadie y complacían a sus benefactores judíos y cristianos. ¿Pero cuál era la verdad?

En 1953, durante sus peregrinaciones a Irak, Siria y Turquía, J. G. Bennett visitó los yacimientos excavados por Woolley. Ur le entusiasmó y sus escritos indican que consideraba a Sumer como la cuna de la civilización.

Por el contrario, Bennett no se sentía atraído por Egipto y no existe ningún documento escrito que demuestre que hubiera visitado ese país. Incluso añade una advertencia al extrapolar las pruebas de los trabajos arqueológicos. En su diario escribió:

> Me encontraba ante las tumbas de Ur, contemplando la oscura cavidad de la que habían salido esos tesoros. Tuve la fortísima impresión de que nos separaba un abismo del pasado

remoto. De vez en cuando, accidentalmente, hallamos unos restos del mundo antiguo. Según lo que hallamos procedemos a reconstruir las condiciones de vida de aquella época apoyándonos en nuestra intuición. Estoy convencido de que si no se hubieran descifrado las inscripciones y si las tumbas no hubieran sido descubiertas, nadie habría atribuido un elevado nivel de cultura a estas ciudades antiguas[1].

El viaje de Abraham no parece tener sentido si éste era un habitante urbano del cuarto milenio procedente del sur de Irak. Aun suponiendo que existieran pastores en la región de Mesopotamia meridional, no creemos que la crianza de animales constituyera el sistema predominante de explotación de tierras. En las llanuras del Bajo Tigris-Éufrates era posible cultivar más de una cosecha al año de trigo y hortalizas. No habría sido práctico criar grandes rebaños de ovejas para que pastaran en esas tierras cultivables. Este tipo de explotación de tierras es más propio de regiones escarpadas o montañosas donde las ovejas y las cabras pueden utilizar unas tierras que no son productivas. Tampoco tiene sentido el que Téraj, padre de Abraham, trasladara a su familia de Tell el Mukayyar hasta Harrán cuando su destino era Canaán. Debían de existir unas rutas más rápidas desde Sumer a Canaán sin tener que pasar por Harrán. No obstante, si Abraham había vivido, tal como suele creerse, en el segundo milenio en lugar del cuarto a.C. y no provenía de Ur en Sumer sino de Urfa (Edesa), esto nos ofrecería un escenario histórico mucho más lógico que concuerda con las tradiciones islámicas que seguían vigentes en aquella región.

Aunque no lo reconozca abiertamente, el profesor Segal deja entrever que está de acuerdo con este criterio ya que en una nota a pie de página en su obra *Edessa, The Blessed City*, cita a un jacobita metropolitano llamado Miguel el Sirio, un amigo de Zangi, que conquistó Edesa en 1044. Miguel dice que el nombre «Orhay» deriva de «Ur», que significa «ciudad», y «hay» significa «de los caldeos», debido a que fueron éstos quienes la poblaban. El nombre «Chaldini» hace referencia a cómo se llamaban en tiempos antiguos los habitantes de Uratu, el país que posteriormente vino a denominarse Armenia. Éstos procedían de la región del monte Ararat y, hacia 1500 a.C., emigraron hacia las fértiles llanuras de Mesopotamia septentrional. Allí fundaron un poderoso reino llamado Mitani. Orhay era una de sus ciudades y era caldea, a diferencia de Ur en Sumer, que durante su época dorada no lo fue.

Los mitani, que dominaron Mesopotamia septentrional a mediados del segundo milenio a.C., formaban parte de un numeroso grupo de individuos llamados hurritas, cuya situación en la historia comienza a ser mejor comprendida. Hacia 1670 a.C. un pueblo conocido como los hicsos o «reyes pastores» invadió Egipto. Esta invasión se produjo durante el segundo período intermedio. Los hicsos ocuparon la región del delta y sus reyes se convirtieron en las dinastías XV y XVI. En el Museo Egipcio de El Cairo pueden verse unos frisos esculpidos que muestran a los hicsos con unas pobladas barbas negras y unos rasgos más semíticos que egipcios. Esto indica que su invasión de Egipto formaba parte de la extensa emigración de pueblos procedentes de las regiones de Turquía oriental, alrededor del monte Ararat y hacia las «cunas» de la civilización: Mesopotamia y Egipto. Las gentes que llevaron a cabo esa invasión eran unos guerreros de las estepas rusas que actualmente denominamos hurritas.

Aunque casi ha caído en el olvido, la invasión hurrita de Mesopotamia y Egipto fue uno de los acontecimientos más importantes de la historia. Los hurritas fueron los primeros en introducir en las apáticas civilizaciones de Oriente Medio el carro de guerra, un invento que trajeron consigo de las estepas de Rusia[2]. Con ayuda de este nuevo artilugio, los mitani lograron crear un Imperio, que aunque breve[3] tuvo gran importancia por constituir el primer reino sirio. Los hurritas construyeron o se apoderaron de numerosas e importantes ciudades de la región, incluyendo Carchemish, Urfa y Harrán. Ésta aparece en la Biblia como el lugar donde la familia de Abraham se estableció después de abandonar Ur de Caldea:

> Tomó Téraj a Abram, su hijo; a su nieto Lot, el hijo de Harán, y a Sarai, su nuera, la mujer de su hijo Abram, y los hizo salir de Ur de los Caldeos, para ir a la tierra de Canaán. Y llegados a Harrán, se establecieron allí. Y fueron los días de Téraj doscientos cinco años; y murió Téraj en Harrán[4].

Dadas estas circunstancias, no es descabellado suponer que Abraham fuera un refugiado, expulsado de su casa en Ur (Urfa) por estos insurgentes y posteriormente de la vecina Harrán, o que sus parientes fueran unos emigrantes hurritas. El Génesis aporta unas pruebas que apoyan esta tesis en el anterior relato de Noé, cuya familia emprendió una migración parecida de Armenia a Mesopotamia.

## Mesopotamia, cuna de la civilización

Las civilizaciones que se desarrollaron en las tierras regadas por los ríos Tigris y Éufrates eran anteriores incluso a las del Antiguo Imperio Egipcio. Aunque en cierto sentido la tierra de Mesopotamia constituye el terreno aluvial situado entre esos dos ríos que antiguamente se llamaba Babilonia y que ahora se halla en el moderno Irak, los ríos tienen sus fuentes muy al norte de esta planicie aluvial, en la montañosa meseta de Turquía oriental. Todo indica que esta meseta, dominaba por el monte Ararat, era el lugar donde se encontraba el Edén bíblico.

> Salía del Edén un río para regar el jardín, y de allí se dividía en cuatro brazos. El nombre del primero es Pisón; es el que rodea toda la tierra de Evila, donde hay oro. El oro de aquella tierra es fino. Allí se encuentran bedelio y ónice. El segundo río se llama Guijón, y es el que rodea toda la tierra de Kus. El nombre del tercer río es Tigris, que corre al oriente de Assur. El cuarto río es el Éufrates.[5]

La narración del Génesis referente a los cuatro grandes ríos del Edén posee un claro significado simbólico relacionado con la idea de la cruz, cuyos brazos señalan los cuatro puntos cardinales. No obstante, todo hace suponer que existía un cuarto lugar geográfico destinado al Edén y que la inclusión del Tigris y el Éufrates en la lista indica que los ríos eran reales y no unos meros ideales abstractos. El problema con que se topan los cronistas ha sido siempre el de identificar a los dos primeros, el Pisón y el Guijón. Abandonando todo sentido de la geografía, se han aventurado a identificarlos con ríos tan diversos como el Nilo, el Ganges e incluso el Yangtsé. No obstante, si aceptamos lo que dice la Biblia respecto a que se trataba de una tradición real, los cuatro ríos debían de tener sus fuentes relativamente próximas unas a otras. Así, estos dos, al igual que el Tigris y el Éufrates, debían de tener sus manantiales en la meseta de Anatolia oriental.

De hecho, hay dos grandes ríos cuyas fuentes se hallan muy cerca de las del Tigris y el Éufrates en esta misma región. El primero es el Araxes, que nace cerca de Erzerum. Es probable que se trate del Pisón bíblico y sus aguas discurren más o menos hacia el este, hasta desembocar en el mar Caspio. Hoy en día, marca la frontera entre Armenia, Turquía e Irán. El nombre Pisón significa «fluir libremente» y lo cierto es que es un río turbulento que en invierno resulta impracticable y peligroso, aunque en verano se puede navegar por él. La tierra de Evila probablemente se identifica con Georgia, situada relativamente cerca y al norte de este río, y antaño era la mítica tierra de Cólquida. Fue aquí donde se dice que Jasón y los argonautas partieron en busca del vellocino de oro. Se trata probablemente del río Halys (Kizil Irmak), el río más largo de Asia Menor, que surge de unos manantiales junto a Kizil Dag, hacia el norte de las fuentes del Éufrates. Este río fluye hacia el oeste antes de doblar hacia el norte y desembocar en el mar Negro. El Halys divide las regiones oriental y occidental de Anatolia y antiguamente abrazaba el corazón del antiguo imperio hitita cuya capital se hallaba en un lugar llamado Bogazkoy (Hattusa).

La región montañosa de Anatolia oriental en la que nacen estos cuatro grandes ríos parece que fue el mítico Edén. No lejos, hacia el este del «Edén» se encuentra el lago Van, acaso el «jardín» original, y al norte del mismo, dominando el valle del Araxes situado cuatro mil metros más abajo, se alza el monte Ararat donde según el relato se posó el arca de Noé. Al margen de si creemos la leyenda del diluvio y del arca de Noé en el monte Ararat, todas las pruebas indican que esta región fue el lugar de donde la extensa «familia» de Noé partió para conquistar el mundo conocido. Una rama o tribu de este grupo eran los abrahamitas. Otro grupo, tal vez más numeroso, eran los *Chaldini* (caldeos), quienes consideraban a un mítico antecesor, en la Biblia el bisnieto de Noé, llamado Nemrod, su patriarca.

Teniendo en cuenta todos estos datos, parece probable que la tribu de Abraham estuviera formada por hurritas pertenecientes a distintas ramas de la familia proveniente de los mitani de Caldea. Es posible que las leyendas conservadas por las gentes de Urfa hasta nuestros días referentes a un conflicto entre Abraham y el rey local, a quien identifican con el Nemrod bíblico, se basen en un hecho histórico. Por otra parte, las similitudes lingüísticas entre «hurrita», Harrán (la ciudad) y Harán (el hermano de Abraham) apuntan a una conexión entre éstos. Un observador imparcial estaría obligado a reconocer que es posible que Abraham naciera en Urfa y tuviera que emigrar con su familia, primero a la vecina Harrán y luego a Canaán. A menos que se descubran unas inscripciones que confirmen esta tesis, seguramente jamás averiguaremos la verdad. No obstante, ésta parece una teoría más probable que la opinión generalizada que afirma que provenía de Ur en Sumer. También contribuye a explicar el motivo de que la región de Mesopotamia septentrional continuara siendo un importante centro de conocimientos esotéricos, muchos de ellos relacionados con la Biblia, hasta nuestros días.

## NOTAS

1. J. G. Bennett, *Journeys in Islamic Countries*, vol. 2, p. 21.

2. Es difícil para nosotros apreciar la importancia de este hecho en términos de la ciencia de la guerra según se entendía en aquellos tiempos, pero en muchos aspectos los carros de guerra venían a ser los equivalentes de los tanques modernos. Constituían la armadura que procuraba a las fuerzas de ataque su empuje y podían alterar el curso de una batalla. A diferencia de un soldado de infantería, que tenía que cargar constantemente con sus armas y su escudo, y por tanto sólo era capaz de transportar una espada y una lanza, un auriga podía llevar consigo todo un arsenal de armas, lo cual le permitía luchar cuerpo a cuerpo con su enemigo o disparar proyectiles a distancia. Incluso los soldados de caballería estaban en desventaja con respecto a los aurigas, puesto que el carro era capaz de transportar a más de una persona. Así, mientras el auriga conducía el carro, el acompañante podía disparar una lluvia de flechas contra los soldados a caballo que los perseguían, y el mismo carro les ofrecía cierta protección contra el fuego del enemigo. La aparición del carro de guerra en la política de Oriente Medio debió de provocar grandes agitaciones, puesto que el equilibrio de poder cambió de la noche a la mañana.

3. Al cabo de unos doscientos años fue sometido por sus vecinos hititas e incorporado a su reino.

4. Génesis, 11:31-32.

5. Génesis, 2:10-14.

## APÉNDICE 4

# LA ASCENSIÓN DE JESÚS

El Evangelio según san Mateo termina con una exhortación por parte de Jesús resucitado a sus once discípulos (Judas se ha ahorcado) para que prediquen sus enseñanzas a todas las naciones, «bautizándolas en el nombre del Padre, del Hijo y del Espíritu Santo». Marcos, abundando en la historia de Jesús, nos dice a propósito de su «Ascensión al cielo»:

> Así pues, el Señor [Jesús] después de hablarles, se elevó al cielo y se sentó a la diestra de Dios[1].

Lucas, en su Evangelio, nos proporciona más detalles sobre la Ascensión, diciéndonos que ocurrió en Betania, una aldea próxima a Jerusalén donde vivían Marta, María y Lázaro, los amigos de Jesús:

> Después los llevó hasta cerca de Betania; y levantando las manos los bendijo. Y mientras los bendecía, se apartó de ellos [y fue llevado al cielo.] Ellos [después de adorarlo] se volvieron a Jerusalén, llenos de inmenso gozo. Y estaban continuamente en el templo bendiciendo a Dios[2].

El relato más pormenorizado y en el que se basa la imagen tradicional de la Ascensión se halla en los Hechos de los Apóstoles:

> [...] Hasta el día en que fue arrebatado a lo alto después de haber dado instrucciones por medio del Espíritu Santo a los apóstoles que él se había elegido; a quienes también, con nu-

merosas pruebas, se les mostró vivo después de su pasión, dejándose ver de ellos por espacio de cuarenta días y hablándoles del reino de Dios [...].

Los reunidos le preguntaban: «Señor, ¿es ahora cuando vas a restaurar el reino a Israel?» Él les dijo: «No os corresponde a vosotros saber los tiempos o momentos que el Padre ha fijado por su propia autoridad, sino que recibiréis la fuerza del Espíritu Santo que sobre vosotros vendrá; y seréis testigos míos en Jerusalén y en toda Judea y Samaria y hasta los confines de la Tierra.»

Y dicho esto, a la vista de ellos, fue elevado, y una nube lo ocultó a sus ojos. Estaban ellos mirando atentamente al cielo mientras se iba, cuando de pronto se les presentaron dos hombres vestidos de blanco, que les dijeron: «Hombres de Galilea, ¿qué hacéis ahí parados mirando al cielo? Este mismo Jesús que os ha sido arrebatado al cielo volverá de la misma manera que le habéis visto subir.»[3]

La historia de la Ascensión de Jesús al cielo es uno de los dogmas esenciales de la Iglesia y se celebra como una importante festividad cuarenta días después de Pascua. A primera vista este intervalo parece simbólico, como los cuarenta días que Jesús pasó ayunando en el desierto. Sin embargo, un análisis más detenido revela un dato asombroso: la Ascensión de Jesús posee un claro significado astrológico.

Existen muchas conjeturas con respecto al año exacto en que se produjeron los hechos de la crucifixión, resurrección y ascensión. En un exhaustivo artículo que versa sobre las pruebas documentales y astronómicas, la *Encyclopaedia Britannica* propone el año del 29 a.C. como el más probable:

En resumen: las diversas fechas e intervalos, cuya veracidad este artículo pretende establecer en la medida de lo posible, no ofrecen por separado más que un valor aproximado y probable. Acaso su armonía y convergencia contribuya a prestarles credibilidad y evite que alguna de estas fechas —la Natividad en el año 7-6 a.C.; el bautismo en el 26-27, y la crucifixión en el 29 a.C.— presente un error de bulto[4].

La última cena, que tuvo lugar el primer Jueves Santo, era en realidad la Pascua de los hebreos.

Esta comida se celebra siempre la víspera entre los decimocuarto y decimoquinto días del mes hebreo de Nisán. En tiempos modernos esto significa el primer día de luna llena después del equinoccio primaveral. El año en que murió Jesús, este hecho se produjo el día anterior al Sabbath, que comenzó al anochecer del viernes. La Resurrección, nuestra festividad moderna de Pascua, tuvo lugar dos días más tarde, el domingo siguiente, y la Ascensión cuarenta días más tarde.

Existe cierta vaguedad respecto a las fechas, que presentan una variación de hasta tres días, según cómo calcule uno la luna llena. No obstante, en el 29 a.C. la Pascua hebrea debió tener lugar entre el 14 y el 16 de abril, Viernes Santo entre el 15 y el 17 y Domingo de Pascua entre el 16 y el 18 de abril. Si contamos cuarenta días a partir de esa fecha llegamos al 26 y el 28 de mayo. A través del programa *Skyglobe* observamos que esos tres días el Sol se hallaba en la posición del «apretón de manos», sobre la mano derecha extendida de Orión. Todo indica que el horóscopo de la Natividad de Jesús (29 de julio del 7 a.C.) concuerda con la fecha del nacimiento de los reyes de Comagene, de modo que su «Ascensión» se corresponde también con la orientación del pozo en Arsameia y tuvo lugar en la fecha idónea para que se produjera un «ascenso real» a las estrellas.

En *The Mayan Prophecies* puse de relieve, por cortesía de *Hamlet's Mill*, la creencia difundida en todo el mundo antiguo de que en ambos «extremos» de la Vía Láctea había una puerta de acceso a las estrellas.

Según Santillana y Dechend estas puertas se encontraban en el punto donde la eclíptica, o trayectoria anual del Sol, atravesaba la Vía Láctea. La puerta meridional estaba cerca de la cola de Sagitario y la septentrional en Géminis, cerca de la posición del «apretón de manos» sobre Orión. Esta idea era bien conocida en tiempos de los romanos y es recogida por Macrobio, un escritor de principios del siglo V d.C.[5]

La conclusión, aunque tal vez escandalice a muchos cristianos, es que al igual que Orión simbolizaba a Osiris, el «padre» de los faraones egipcios, en la actualidad representa al «Dios Padre» en el cielo, a cuya diestra está sentado Jesús. Esto no quiere decir que Dios Padre sea una constelación ni que Jesús sea el Sol, sino que, una vez más, viene a cuento el célebre dicho hermético de «tal como arriba, abajo». Todo indica que la Ascensión de Jesús al cielo, al igual que la de Elías, está estrechamente vinculada con Orión y que según se cree Jesús partió justo hacia ese punto en el cielo. Si ello fuera cierto, tendríamos sobrados motivos para tomar nota del hecho de que Orión, «el padre del tiempo», está alcanzando su punto culminante en el firmamento. ¿Podría ello significar que está a punto de abrirse una de las puertas de acceso a las estrellas?

## NOTAS

1. Marcos, 6:19.
2. Lucas, 24:50-53.
3. Hechos de los Apóstoles, 1:3-11.
4. *Encyclopaedia Britannica*, vol. 3, 1951, p. 527.
5. Véase *The Mayan Prophecies*, pp. 155-158, y *Hamlet's Mill*, pp. 243-245.

# El árbol genealógico de los reyes de Comagene

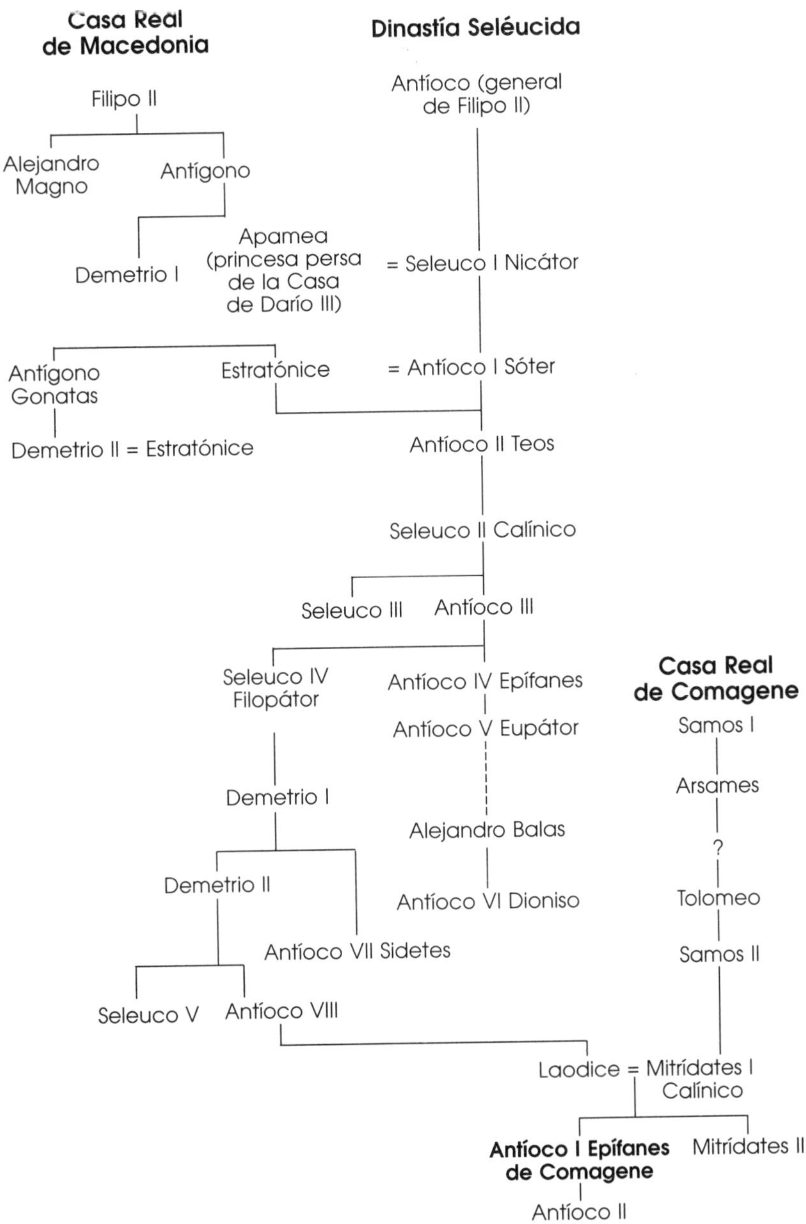

# El rey Herodes y la sucesión asmonea y herodiana

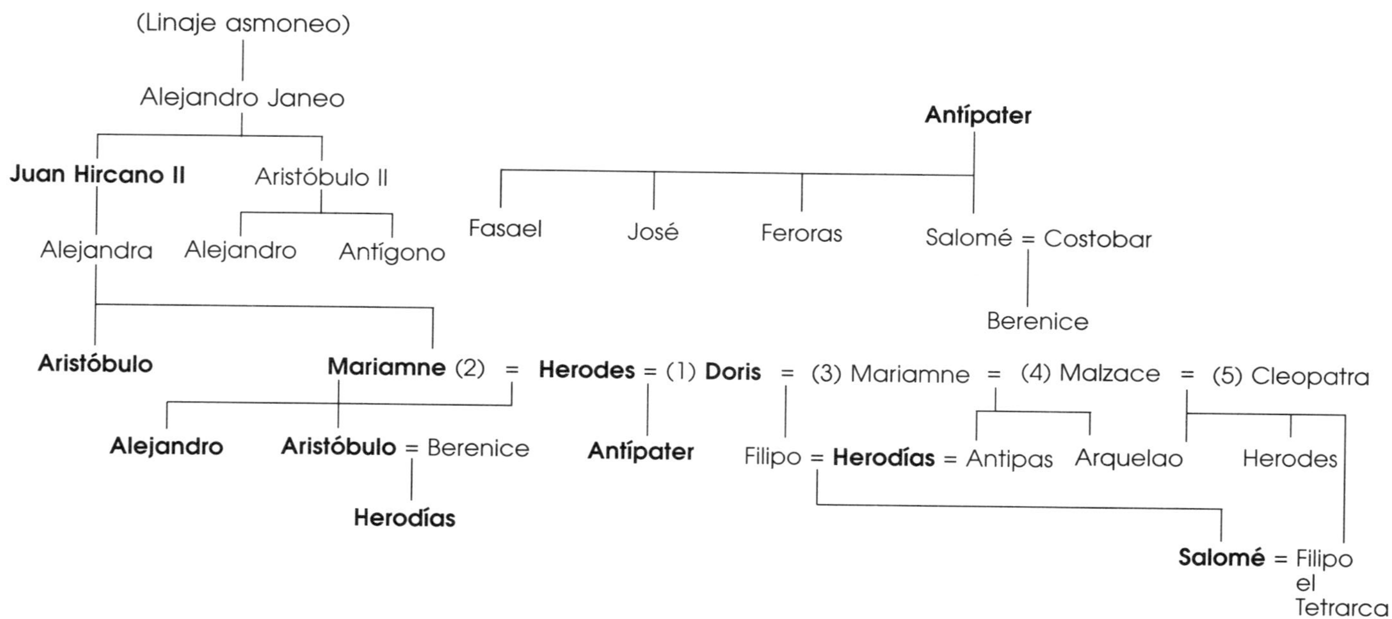


No se mencionan todas las ramas del árbol genealógico de esta compleja y en ocasiones incestuosa familia. Los personajes importantes aparecen en negrita.

# BIBLIOGRAFÍA


Baigent, M., Leigh, R. y Lincoln, H., *The Holy Blood & Holy Grail*, Jonathan Cape, Londres, 1982.

Bauval, R. y Gilbert, A. C., *The Orion Mystery*, William Heinemann, Ltd., Londres, 1994. (Versión castellana: *El misterio de Orión*, EMECÉ, Barcelona, 1995.)

Bennett, J. G., *Deeper Man*, Turnstone Press, Londres, 1978.

—, *Gurdjieff Making a New World*, Turnstone Press, Londres, 1973.

—, *Journeys in Islamic Countries*, Coombe Springs Press, Gloucestershire, 1977.

—, *Sacred Influences*, Coombe Springs Press, Gloucestershire, 1982.

—, *The Maters of Wisdom*, Bennett Books, Santa Fe, 1995.

—, *Witness*, Turnstone Press, 1975.

Boyce, M., *Zoroastrians*, Routledge & Kegan Paul Ltd., Londres, 1987.

Campbell, J., *The Masks of the Gods - Occidental Mythology*, Souvenir Press, Londres, 1974.

Charpentier, L., *The Mysteries of Chartres Cathedral*, R.I.L.K.O., Londres, 1976. [*El enigma de la catedral de Chartres*, Plaza Janés, Barcelona, 1978.]

De Santillana, G. y von Dechend, H., *Hamlet's Mill*, Gambit Inc., Boston, 1969.

Gilbert, A. G., *The Cosmic Wisdom beyond Astrology*, Solos Press, Shaftsbury, 1991.

Gordon, D., *The Wilton Diptych*, National Gallery Publications, Londres, 1993.

Gurdjieff, G. I., *All and Everything. Series I, Beelzebub's Tales to his Grandson*, 3 vols., Routledge & Kegan Paul Ltd., Londres, 1976.

—, *Meetings with Remarkable Men*, Picador, Londres, 1978.
Guthrie, K. (trad. y comp.), *The Pythagorean Sourcebook and Library*, Grand Rapids, Phanes Books, Michigan, 1987.
Harvey, J., *The Plantagenets*, Fontana, Glasgow, 1976.
Hone, W. (traduc.), *The Lost Books of the Bible*, Gramercy Books, Nueva York, 1979.
Josefo, *The Jewish War*, Penguin Books, Londres, 1977. [*Guerras de los judíos*, Iberia, S.A., Barcelona, 1983.]
Kingsland, W., *The Gnosis in the Christian Scriptures*, Solos Press, Shaftsbury, 1993.
Luckenbill, D., *Ancient Records of Assyria and Babylonia - Parts I-II*, Histories and Mysteries of Man Ltd., Londres, 1989.
Mead, G. R. S., *Fragments of a Faith Forgotten*, University Books Inc., Nueva York, 1960.
—, *Thrice Greatest Hermes*, vols. I-III, John M. Watkins, 1964.
Millar, F., *The Roman Near East - 31 BC-AD 337*, Harvard University Press, 1994.
Picknett, L. y Prince, C., *Turin Shroud, in Whose Image?*, Bloomsbury, Londres, 1994. [*El enigma de la Sábana Santa*, Edit. Martínez Roca, S.A., Barcelona, 1996].
Riley-Smith, J., *Oxford Illustrated History of the Crusades*, Oxford University Press, Oxford, 1995.
Runciman, S., *A History of the Crusades*, vols. I-III, Penguin Books, Londres, 1990. [*Historia de las Cruzadas*, Alianza Edit., S.A., Madrid, 1973.]
Rundle, Clark, R. T., *Myth and Symbol in Ancient Egypt*, Thames & Hudson, Londres, 1978.
Scott, W. (trad. y ed.), *Hermetica*, Solos Press, Shaftsbury, 1992.
Segal, J. B., *Edessa: «The Blessed City»*, Oxford at the Clarendon Press, Oxford, 1970.
Tácito, *The Histories*, Guild Publishing, Londres, 1992. [*Historias*, Ed. Clásicas, S.A., Madrid, 1996.]
Uspienski, P. D., *A New Model of the Universe*, Routledge & Kegan Paul Ltd., Londres, 1977.
Walker, J., *Armenia - the Survival of a Nation*, Croom Helm, Londres, 1980.
Wilson, I., *The Turin Shroud*, Victor Gollancz, Londres, 1978.
Wynn-Tyson, E., *Mithras, The Fellow in the Cap*, Rider, Londres, 1958.
Yates, F. A., *Astraea*, Pimlico, Londres, 1975.
—, *Giordano Bruno and the Hermetic Tradition*, Routledge &

Kegan Paul Ltd., Londres, 1982. [*Giordano Bruno y la tradición hermética*, Edit. Ariel, S.A., Barcelona, 1994.]
Young, R., *Analytical Concordance to the Bible*, Lutterworth Press, Guilford, 1975.
Zechner, R. C., *The Teachings of the Magi*, Sheldon Press, Londres, 1975.

# AGRADECIMIENTOS

Quisiera expresar mi gratitud a las siguientes personas e instituciones por haberme ayudado a realizar este proyecto:

A mi viejo amigo, John Harvey, quien me acompañó durante muchos kilómetros y fue testigo del comienzo de mi búsqueda; al personal del Museo Británico por su amable ayuda, en particular la doctora Dominique Collon; al Instituto Warburg; al Museo Sanliurfa de Arqueología; gracias especiales a Mark A. Haney de KlassM Software por su programa para ordenador *Skyglobe*, el cual me permitió descifrar el misterio de los reyes magos. (Si alguien desea conseguir una versión del programa, puede ponerse en contacto con él a través de PO Box 1067, Ann Arbor, MI 48106, USA.) A John Baldcock, quien me habló sobre las asombrosas esculturas de los magos que se hallan en la catedral de Autun; a Ann Walker y «White Arrow», por su continuo apoyo; a Bengt Alfredson, por su extraordinaria pintura, astronómicamente exacta, de *La Adoración de los Magos*; a Bill Hamilton y a Sarah Fisher de A. C. Heath & Co., por cuidar de un autor sin fuerzas; a Kathy Rooney y a todo el personal de Bloomsbury por su fe y su paciencia durante los últimos dos años; y por último a mi esposa Dee, quien me acompañó en la mayoría de mis periplos y me brindó su valioso apoyo.

Deseo asimismo dar las gracias a las siguiente organizaciones por autorizarme a citar pasajes de sus obras publicadas:

A Bennett Books por las citas extraídas de los siguientes títulos de J. G. Bennett: *Deeper Man; Gurdjieff making a New World; Journeys in Islamic Countries; Sacred Influences; The Masters of Wisdom; Witness*. A Penguin/Arcana por las citas extraídas de los libros de P. D. Uspienski, *A New Model of the Universe* y *In Search of the Miraculous; Meetings with Remarkable Men*, de G. I.

Gurdjieff; *The Jewish War*, de Josefo; y *A History of the Crusades*, de S. Runciman. A Routledge & Kegan Paul por la obra *The Zoroastrians*, de M. Boyce; *Giordano Bruno and the Hermetic Tradition* y *Astraea*, de Frances Yates. A Harvard University Press por *The Roman Near East*, de F. Millar. A Oxford University Press por la obra de J. Riley-Smith *Oxford Illustrated History of the Crusades.* A Oxford at the Clarendon Press por *Edessa: «The Blessed City»*, de J. B. Segal. A Thames & Hudson Ltd. por *Myth and Symbol in Ancient Egypt*, de R. T. Rundle Clark. A Souvenir Press London por la obra de Joseph Campbell *The Masks of the Gods - Occidental Mythology*. A Collins/Fontana por *The Plantagenets*, de J. Harvey. Vaya mi agradecimiento también a muchos otros autores y editores que no figuran en la lista citada más arriba y cuyos libros inspiraron la presente obra y contribuyeron a fertilizar mis pensamientos.

**Procedencia de las fotografías**

Deseo dar las gracias a la National Gallery de Londres por haberme autorizado a reproducir las siguientes obras: *El Díptico de Wilton* (anónimo); *El Bautismo de Jesús* de Piero della Francesca y *Santa Verónica con el Sudario*. A Bengt Alfredson por su espléndida *Adoración de los Magos*. Los derechos de las demás ilustraciones y diagramas son propiedad de Dee y Adrian Gilbert.

# ÍNDICE ONOMÁSTICO

# ÍNDICE